2003-2023

中国保险资产管理行业20周年

展望未来

中国保险资产管理行业高质量发展之路

IAMAC

中国保险资产管理业协会◎编著

中国财经出版传媒集团
中国财政经济出版社

图书在版编目（CIP）数据

展望未来：中国保险资产管理行业高质量发展之路 / 中国保险资产管理业协会编著. -- 北京：中国财政经济出版社，2023.8

ISBN 978-7-5223-2422-7

Ⅰ.①展…　Ⅱ.①中…　Ⅲ.①保险业－资产管理－经济发展－研究－中国　Ⅳ.①F842.3

中国国家版本馆CIP数据核字（2023）第154206号

责任编辑：郁东敏　　责任印制：刘春年
封面设计：中通世奥　　责任校对：胡永立

展望未来：中国保险资产管理行业高质量发展之路
ZHANWANG WEILAI：ZHONGGUO BAOXIAN ZICHAN GUANLI HANGYE GAOZHILIANG FAZHAN ZHI LU

中国财政经济出版社 出版

URL：http：//www.cfeph.cn
E-mail：cfeph@cfeph.cn

社址：北京市海淀区阜成路甲28号　邮政编码：100142
营销中心电话：010-88191522
天猫网店：中国财政经济出版社旗舰店
网址：https：//zgczjjcbs.tmall.com
中煤（北京）印务有限公司印刷　各地新华书店经销
成品尺寸：155mm×230mm　16开　34印张　449 000字
2023年8月第1版　2023年8月北京第1次印刷
定价：98.00元
ISBN 978-7-5223-2422-7
（图书出现印装问题，本社负责调换，电话：010-88190548）
本社图书质量投诉电话：010-88190744
打击盗版举报热线：010-88191661　QQ：2242791300

编委会

序 言

中国保险资产管理行业
改革创新二十年　高质量发展再出发

曹德云

中国保险资产管理业协会

党委书记、执行副会长兼秘书长

2003年，第一家保险资产管理公司成立，标志着我国保险资产管理行业专业化、市场化改革发展正式启航。经过20年的改革探索，我国保险资产管理行业实现了从无到有、从小到大、从稚嫩走向成熟的质变跃升，也完成了从乱到治、从分散到集约、从管理内部保险资金到全能资管机构的发展蜕变，在支持实体经济、国家重大战略、资本市场建设、服务民生保障和保险主业发展等方面发挥重要而独特的积极作用。

2023年是保险资产管理行业第三个十年的起步之年，也是全面贯彻党的二十大精神的开局之年。党的二十大报告指出，高质量发展是全面建设社会主义现代化国家的首要任务，这也为保险资产管理指明了发展方向。保险资产管理行业作为我国金融体系和金融市场的重要组成部分，现有保险资产管理公司33家，多层次、差异化的市场体系和发展格局已初步形成；行业资产管理规模近27万亿元，资金来源涵盖保险资金、银行资金、企业年金、养老金等，投资品种实现金融市场所有细分领域全覆盖，产品体系不断丰富，专业人才队伍持续壮大，市场化、产品化的模式探索成效显著；逐步形成并确立了“管理长期资金、配置长期资产、创设长期产品”的核心业务专长，为行业高质量发展奠定了坚实基础。

在充分肯定成绩的同时，也要清醒地看到，近年来，保险资产管理行业发展内外部环境的复杂性、多变性和不确定性显著上升。负债端，保险业正处在转型阵痛期，保费增长、结构转型、模式调整持续承压；资产端，利率中枢长期下行和优质合意资产供给短缺，配置难度加大。此外，行业在发挥长期资金优势、践行长周期考核、规范公司治理、加强能力建设等诸多方面仍需不断改进提高。

站在新的发展起点，保险资产管理行业面临高质量发展新要求、经济金融新形势、大资管竞合新格局、保险业转型调整新变革，以及养老金融、绿色发展、数字中国、资本市场建设、高水平对外开放等新机遇。展望未来，保险资产管理如何准确识变、科学应变、主动求变，探索形成高质量发展的理念共识、道路共识，是行业妥善应对风险、突破发展瓶颈需要慎重思考的重大课题，也是在变革趋势下实现行业转型升级、增强发展韧性的难得机遇。

为此，中国保险资产管理业协会组织33家保险资产管理公司和相关保险系机构主要负责人，围绕战略规划、优化经营、改革创新、完善机制、合作开放等领域深入思考，共同擘画行业未来高质量发展宏伟蓝图，既为行业20年改革发展历程之纪念，又为行业未来提供规划指引。协会愿与各界同仁一起，推动行业高质量发展取得新的突破和进展，以高质量发展成果助力中国式现代化建设！

目 录

其他资产管理机构篇

保险资产管理公司篇

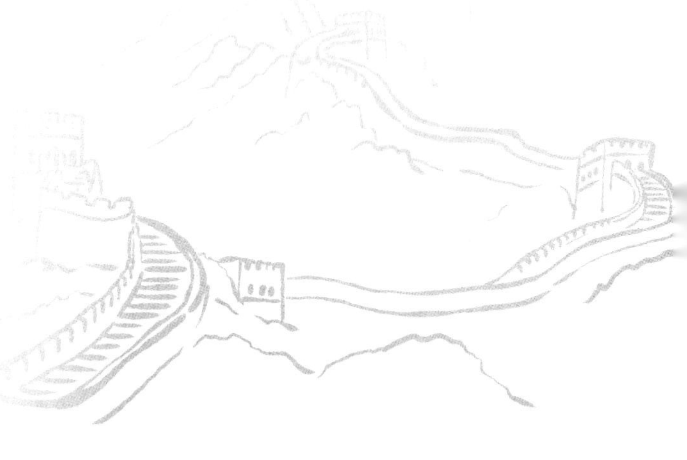

曾北川

中国人保资产管理有限公司

原人保资产党委书记、总裁，经济学博士，高级工程师。曾在原建设部中国村镇建设发展总公司、中国建设银行、国家开发银行任职，曾任华夏银行北京管理部副总经理（主持工作）、总行营业部副总经理、党组副书记（分行行长待遇）、稽核部总经理，中国人寿保险股份有限公司市场拓展部总经理，人保金控筹备组成员，中国华闻投资控股有限公司（上海新华闻投资有限公司）党委书记、董事、总裁，中泰信托有限责任公司董事长，人保投资控股有限公司党委委员、副总裁，广西柳州市委常委、副市长（挂职），人保资本投资管理有限公司党委书记、董事、总裁等职。

构建保险资产管理公司差异化核心能力的思考与探索

中国人保资产管理有限公司　曾北川

党的二十大胜利召开，为大资管行业提出了新的发展要求。保险资管机构唯有认清自身内在特征，围绕“一方为基、绝对为轴、配置为王、固收为本、权益为擎”，加强差异化核心能力建设，方能在服务实体经济高质量发展的同时，勇立潮头、基业长青，实现自身持续稳健发展。

一、保险资管行业进入差异化能力建设的新阶段

我国保险资管机构设立之初，主要定位于为系统内保险资金运用提供服务。随着资金运用规模增长与资本市场完善，保险资管机构逐步发展壮大并向专业化迈进。经验表明，保险资管机构的发展与保险市场发展水平、资本市场成熟度和利率环境等因素息息相关，但也受制于特定的国情，呈现出显著的国别差异。例如，美国资本市场活跃、居民理财需求旺盛，投资型年金险成为主流，独立账户权益资产占比高达70%以上；日本面对低利率冲击，负债端更加注重发展纯保障型产品，对投资端的收益要求较低，2006年以来保险资金运用平均收益率仅为1.9%。

当前，中国保险资管行业面临着高质量转型的主业发展趋势、快速扩容的财富市场以及具有鲜明中国特色的资本市场发展特征，核心能力建设进入新发展阶段。自《关于规范金融机构资产管理业务的指导意见》（以下简称资管新规）发布5年来，各类资管机构规模占比呈现了“此升彼降”格局。总体来看，公募基金及其子公司超越银行理财子公司，成为市场份额最多的机构，从2017年底的20.4%上升到24.6%，复合增速为17.5%，居首位。其次是私募基金和保险资管，也

维持了两位数的增长。此格局的形成有两方面动因：一是资管新规发布后，“去通道”对资管机构的主动管理能力提出了更高要求；二是对投资人而言，“打破刚兑”后将立足评估自身风险承受能力，因此会对不同的产品作出理性选择。从保险资管的情况看，规模得以不断增长的原因主要有两方面：一是保险主业资金稳健增长。我国从2017年以后，保费的收入已经超越日本，连续5年排在全球第二；二是保险资管的三方规模快速提升，其中来自于保险机构之外的资金占19.1%，同比增长29.93%，保险资管的能力初步得到了市场的认识和认可。但同时资管新规进一步打破各类投资机构间的壁垒，目标客户争夺更加激烈，对保险资管机构的专业化能力、市场化思维、特色化定位提出了更高要求。

二、保险资管机构的内在特征是构建差异化核心能力的逻辑起点

从表面上看，资管新规发布以后，资管行业的格局重塑是投资人“用脚投票”的结果，但底层逻辑源于各资管机构自身遗传基因，以及所呈现的资源禀赋的差异化。

（一）保险资管机构的首要使命为承担集团内保险资金的受托责任

保险资管机构通过提供长期稳定的投资收益实现保险资金的保值增值，支持保险端稳健运营。当前，我国利差益对寿险公司的利润贡献超过40%，大部分中小财险公司需要投资收益弥补承保亏损并实现盈利。保险资管机构的遗传基因，决定其发展应当先立足于完成集团内受托使命，行有余力再服务第三方。

（二）保险资金承担给付责任，负债端具有成本约束

保险资金主要由保费构成，属于表内资金，因此，保险资金运用必须充分考虑负债特性。目前，国内大部分寿险产品的预定利率为

2.5%~3.5%，大部分中小财险公司承保亏损，叠加运营费用等，负债端的综合成本甚至更高。刚性的负债成本决定了保险资金运用有最低收益要求。公募基金、券商资管、信托公司等其他资管机构，甚至银行理财子公司，在资管新规实施后以净值化管理为主，这些机构理论上不再有资金负债成本约束。如果不考虑投资者风险偏好的差异，上述资管机构绝对收益的追求动机显著弱于保险资管机构。

（三）保险资金对于期限匹配要求较高，需要平衡长期配置与当期流动性要求

寿险资金与财险沉淀资金具有长久期的属性。目前我国保险行业平均负债久期约为13年，资产久期不到6年，存在较高的利率风险敞口。面对利率下行的大趋势，为了降低利率和再配置风险，保险资管机构需要加大长久期资产的配置力度。与此同时，为满足负债端给付、分红、费用支出等资金流出，以及保险公司自身当期利润的要求，需要投资端保障更优良的资产当期收益和流动性。保险资管机构拉长久期和应对更为复杂多变的流动性需求，构成保险资管区别于其他资管同业的另一个显著特征。

（四）三方业务成为保险资管行业核心能力输出的新增长极

一方面，随着保险资管机构的核心能力不断成熟，监管机构有序引导保险资管行业加大能力输出，进入“委受托+产品+专业子公司”的高质量发展3.0阶段。另一方面，大资管时代的演进与财富市场需求的多元化，也需要保险资管机构跳出“内守”圈，与各类资管机构“同台竞技”。这就要求保险资管机构，不但要在负债端刚性成本和偿付能力要求下实现绝对收益，还要保持有市场竞争力的相对收益。近年来，保险资管行业为寻求市场化发展的增长点，积极拓展三方业务。从国际领先保险资管机构经验来看，三方业务是规模与利润的重要贡献来源，安联资管三方资管业务2021年管理规模已经达到2万亿欧元，

占总规模的75%，也贡献了大部分营业利润。

三、内在特征塑造了保险资管行业以资产配置为核心的能力优势

过去20年，保险资金在兼容复杂性和长期性的基础上，较成功地平滑了资本市场的起伏波动，投资收益呈现“较低波动，中上收益”的鲜明特征。上述投资业绩的取得，主要依靠保险资管行业业已成熟的资产配置核心能力优势。

（一）保险资产配置已形成完整价值链条

经过近20年发展，保险资产配置已形成完整价值链条，通过齿轮咬合的部门设置和流程管控，确保收益和风险目标达成。首先是负债分析：通过分析账户负债特征，明确账户的负债成本、风险资本约束、流动性要求、风险偏好、年度投资预算和预期收益目标；其次是制定战略资产配置（SAA）：以负债特性分析为基础，在对宏观经济形势和资本市场状况进行研究的基础上，分析各类资产的风险—收益关系，按照投资目标和风险政策，确定资金在固定收益产品、股票、私募股权以及另类投资等资产大类的投资比例；再次是制定战术资产配置（TAA）：以SAA为基础，对各类资产短期相对价值的变动进行调整，主动再平衡，获取超额收益，控制整体风险；然后是风格资产选择：以大类资产的细分类别资产为配置对象，制定更加具有针对性的投资策略，利用市场的风格转换来挖掘潜在的投资机会、分散投资风险，改善投资组合结构，获取超额收益；最后是交易执行与监控。上述完整闭环是保险资管机构经营和部门设置的底层逻辑，从最根本层面确保了资产配置的质量和执行。

（二）保险资产配置能匹配不同负债特性和发展阶段

受发展阶段和资源禀赋影响，不同保险公司负债特性差异很大，

保险资产配置适应性地采取了不同策略。一方面，财险和寿险资金需要构建差异化的资产配置组合。财险资金具有“杠铃型”特征，即1年以内的短期负债和历年承保盈余形成的长期沉淀资金“两头重”，其资产配置应充分考虑以下三点特性：一是流动资金占比要求较高，以满足短负债持续支付需求；二是面临的负债约束少于寿险公司，不同产险公司资产配置差异较大，需要兼顾股东的利润要求和风险偏好；三是沉淀资金是真正的长期资金，可充分挖掘其长期无约束投资价值配置。从国际经验来看，财险资金运用中股票资产的占比通常高于寿险一般账户。寿险资金具有复杂性、长期性和成本刚性等特点，使得其资产配置尤为重视期限匹配和成本收益匹配，对拉长久期和降低波动的诉求强于财险资金。另一方面，不同规模的保险资金需要构建差异化的资产配置组合。大型保险公司负债成本相对可控，偿付能力约束与收益缺口压力均小于中小保险公司，资产配置追求收益与风险的均衡；中小保险公司面临较高的负债成本和渠道成本，资产配置更为激进，权益和低资质固收等风险资产占比相对较高，在收益、风险、资本的多维平衡中往往优先选择收益。

（三）保险资产配置实现了多目标的平衡

受产品多样性、经营复杂性和负债长期性等特征约束，保险资金运用面临诸多限制条件，保险资管机构通过资产配置以达到多目标的平衡。首先是绝对收益与相对收益的平衡，保险资管机构在以固收资产为主的配置结构上灵活调整风险资产的占比，力争在满足负债成本要求的基础上为股东创造超额收益；其次是风险和收益的平衡，保险资管机构除了管理资产端的市场风险、信用风险外，还在资产配置中统筹考虑“偿二代”下的资本占用风险和整体投资收益的波动风险；最后是资产与负债匹配的风险，保险资管机构与负债端保持密切沟通，针对产品的投资风险和回报提供资本市场方面的建议。

四、新时代对保险资管能力拓展的新要求

党的二十大明确，要以中国式现代化推进中国经济的深度转型发展，保险行业的负债业务和资金运用面临新的发展环境。新时代下，保险资管机构核心能力建设有了新内涵。

（一）负债成本刚性仍是未来一段时间保险资管行业面临的首要现实，资产配置的核心能力建设不可偏废

“十四五”时期，我国保险业仍处在大有可为的战略发展阶段。整体来看，保险业发展将主要呈现以下特征：一是保费收入将继续保持中高速增长态势。截至2021年末，我国保险行业的密度和深度由2009年的837元和3.2%分别增长到3 180元和3.9%，但仍低于全球4 214元的保险密度和6.5%左右的保险深度，未来我国保险业仍有较大发展空间。二是转型发展成为行业共识，新的商业模式仍在探索，费用投入预计加大。内外部环境发生深刻变化，人口红利逐渐消失，过往依赖资源投入和熟人展业的粗放式增长模式将难以为继。三是成本刚性仍是未来一段时间保险资管行业面临的首要现实。自2013年3月《关于人身保险预定利率有关事项的通知（征求意见稿）》发布以来，国家金融监督管理总局（原银保监会）对保险行业进行了大刀阔斧的费率市场化改革，普通险、分红险及万能险的费率市场化相继完成。保险市场作为典型的买方市场，消费者面临同质化的产品供给，费改形成了强大的竞争压力。为抢占市场份额，保险公司均保持了相对较高的定价利率，使得负债成本相对刚性。在新的商业模式建立之前，负债成本刚性的现实仍将持续较长一段时间。尤其是在利率中枢持续下行的背景下，资产配置的核心能力建设不可偏废。面对日益显现的利差损风险，保险资管机构必须强化资产配置能力，加大利率择时、利率交易与信用风险管理能力，以降低净投资收益的下滑斜率，减缓利差损风险，利率每年30BP以上的波动幅度为上述能力提供了施展空间。

（二）宏观与产业政策强化，要求保险资管机构强化投研的平台化建设

从国际经验来看，为应对高速增长阶段的终结，日本和韩国减少了政府对经济的干预；而中国正在逐步扩大宏观和产业政策的范围和强度，以新型举国体制的优势推动新兴产业的发展。依靠自下而上市场化方式，形成的宏观和产业趋势通常有一个逐步酝酿的过程，尚可通过投资经理的紧密跟踪把握；而依靠自上而下顶层设计方式，形成的宏观和产业政策更多体现为国家意志，且有严格的保密要求，市场的可测性较差。若继续依赖于过去自下而上的分散化、纯专业研究，势必“只见树木，不见森林”而“错失荆州”。因此，自上而下的平台化、系统化、集约化研究能力，为自下而上的研究提供强有力的平台支撑，既凸显重要，又迫在眉睫。当前，世界百年未有之大变局下地缘冲突频发、政治经济的不确定性增强，平台化的投研能力是应对复杂投资环境的关键，当超预期事件发生后能更早厘清事件真相、更全面分析市场影响、更加多维地交叉验证。

（三）金融服务实体经济要求下，保险资管机构要发挥深度联接的行业认知优势

自成立以来，保险资管机构以股权、债权等多种直接融资方式为实体经济发展提供资金，是服务国家战略、支持实体经济发展、激发经济增长动能的重要力量。党的二十大再次强调要把发展经济的着力点放在实体经济上，其内涵在新时代进一步升华。一是产业升级和高杠杆的宏观背景更强调以股权融资方式支持实体经济发展；二是股权资本作为一种稀缺资源，要进一步强化使用效能；三是股权市场具有高风险、高回报特性，尤其是在经济结构转型背景下新技术、新商业模式不断涌现，对资管机构审慎决策、审慎定价的能力提出更高要求。

当前，保险资管机构开展股权投资迎来重要战略机遇期。一是资本市场注册制改革已经实施，一级市场股权投资退出渠道更加通畅；二是股权投资市场逐渐回归理性，估值虚高的情况得到大幅缓解；三是保险行业转型的步伐更加坚定，生态圈建设成为各家保险公司转型的核心赛道。只有通过股权投资进一步打造差异化的生态圈，才能根本上解决保险资管机构同质化竞争的痼疾，以保险业的“专精特新”，将服务实体经济做实、做深、做精。

五、人保资产近三年探索对保险资管行业特征的内在认知

2003年人保资产的率先成立，标志着保险资产管理市场化、专业化改革进程的开启。成立之初，人保资产一度承担着为行业开拓和试水的重托，在委受托关系、资金托管、资产配置、产品创新、风险管理等方面探索出多个行业首创的管理模式；同时作为行业发展的一个缩影，也为行业提供了难得的镜鉴。人保资产在艰苦的探索历程中，也曾有过认识和实践上的两极摇摆：一个极端是类财务公司，固守在一方资金运用的窠臼里，缺乏市场对标的危机意识，逐步偏离了赛道，落后于同业；另一个极端是迫于市场化竞争的压力，单纯去模仿公募基金，最终带来的结果是公募基金的长处难以复制，而自身固有优势逐步“钙流失”。

近三年来，得益于人保集团的“卓越战略”和对人保资产的“赋能工程”改革，人保资产深入分析保险资管行业的内在属性，立足主业发展形势与大资管时代竞争需要，逐步探索出符合人保集团禀赋优势的差异化发展模式，从六个方面进行改革转型，走出了从“我像谁”到“我是谁”的道路自信。一是加强党的领导，发挥政治优势，重塑公司文化；二是从基本建设、基本技能、基本理念等维度推进“三基工程”建设，全面夯实基础，重构管理秩序；三是强化市场导向，提升竞争能力，重回行业赛道；四是坚守专业标准，提升投研能力，重

归资管规律；五是实施“赋能工程”，完善激励机制，激发内生动力；六是重整人才队伍，强化约束机制，突出权责对等。在2020—2022年疫情期间，公司总资产管理规模逆势增加了50%；净利润复合增速超21%（2017—2019年为3%）；ROE提升4个百分点（2017—2019年下降1个百分点）；受托系统内保险资金总投资收益率剔除虚增的长股投收益后，仍平均超越行业25BP（2017—2019年为落后行业47BP）；人均管理规模、人均营业收入、人均净利润复合增速分别达8.5%、7.7%和15.1%（2017—2019年分别为3%、-4%和-3%）。

（一）一方为基：匹配一方资金属性与诉求，做好一方服务

对保险资管机构而言，保险主业为一方资金，为其管理资金是基本职责。由于各保险机构（如财险、寿险、健康险等）负债属性不一样，且处在不同发展阶段，因此相匹配的投资策略具有很强的综合性、个性化特征，一家一策、一期一策，必须考虑一方资金的属性与诉求来进行资产管理。从全球情况看，绝大多数保险机构都成立了自己专属的资管机构。截至2022年末，我国已经有33家保险资管机构，保险资管机构的遗传基因，决定着其有“胎里带”的特点。

（二）配置为王：构建差异化的客户群体，充分发挥禀赋优势

经过多年发展，保险资管机构已形成相对完善的资产配置能力，这是相较于银行、基金、券商资管的核心优势所在。自2012年保险资金运用新政以来，保险行业平均收益率为5.3%，期间资本市场剧烈起伏，而保险资金运用的波动率仅为1.1%。一方面，一方资金对于保险资管机构的委托是账户委托，大多数是总体委托，这种委托相当于把资产的配置权交给了保险资管机构；另一方面，保险公司具有绝对收益目标，要求保险资管基于宏观趋势和市场研判，通过股债等大类资产科学配置来实现财务收益，而不能够仅仅去“选边”和“押宝”。相比公募基金而言，公募基金主要从品种投资开始，投资人通过申购和

赎回自主行使配置权，所以往往可以专注于行业、赛道，构建相对基准的能力和产品，而保险资管则要求具备全产业链的能力构建。在管理保险资金过程中，保险资管机构强调基于宏观经济长期趋势把握的大类资产配置能力，构建了从投资研究到资产配置，到组合管理，再到品种投资的前、中、后台完整体系，通过战略和战术资产配置取得稳定收益，而不是单靠对个别投资品种和投资机会的把握。

保险资管机构要充分发挥资产配置能力优势，构建差异化的客户群体。从资管产品谱系来看，银行理财的客群主要来自原有银行存款客户转化，这些客群希望在保本基础上增强抵御通胀的能力。与之适配，银行理财的资源禀赋在于丰富的信贷资产和较强的债券配置能力，以非标、债券为底层资产的理财产品呈现低风险、稳收益的特征。基金公司的客群通常具有资本市场投资经验，投资理念相对成熟，能够承受比较高的风险，也希望获取高收益。与之适配，基金公司的禀赋优势在于丰富的投研资源和强大的投资能力，以二级市场股票和债券为底层资产的公募基金呈现高收益、高波动的特征。在银行理财与公募基金之间，存在着广阔的空白地带，这些客群较多地具有“中高收益、低回撤”的诉求，这正是保险资管机构的禀赋优势所在。随着资管新规后所有产品向净值化转型，依靠资产配置能力实现的稳定中高收益产品将具有广阔发展空间。

（三）绝对为轴：以“绝对收益为轴，相对收益为弦”，将优势转化为第三方竞争力

1. 锁定绝对收益机构客群，发展专户定制化产品。银行理财子公司、中小保险机构、城农商行等机构具有中等收益、低回撤的投资诉求。尤其值得重视的是，截至2022年末，企业存款余额高达75万亿元，也是保险资管机构三方业务的潜在合作对象。根据不同资金属性的差异化约束条件，可以通过定制化专户产品满足个性化的投资需求。如果能使其中部分资金转化为购买保险资管产品，则保险资管机构的

管理规模将再上一个台阶。但遗憾的是，目前保险资管的能力优势尚未被完全了解。这需要监管部门指导保险资管机构，既要加大与大型工商企业就保险资管禀赋特征和能力优势的交流力度，也要加强与相关监管部门的沟通协调。

近三年来，人保资产积极开拓三方业务，锁定目标客群，构建了客户导向、专业导向、市场导向的客户服务体系和客户经理负责机制，历史上首次实现对客户的分类管理和差异化服务，充分发掘与金融同业特别是银行理财子公司、中小保险公司合作的机会与潜力，完成对银行理财子公司客户的全面覆盖。受托第三方资产管理规模复合增速为28%（2017—2019年为6.0%），组合类资管产品复合增速为71%（2017—2019年为6%）。近期，人保资产更是与中国移动建立委受托合作关系，实现了为龙头工商企业定制专户产品的零突破。

2. 锁定绝对收益高净值人群，提供理财服务。随着我国经济的高速发展和居民财富的快速积累，高净值人群的专业财富管理需求日益增加。从国际高净值财富管理市场的发展历史来看，专业化的大类资产配置已取代以产品为主导的投资方式。随着我国资本市场的快速发展以及投资者理念的逐渐成熟，大类资产配置将成为我国未来财富管理行业的一大重要发展趋势，有望成为保险资管机构三方市场新的增长极。

2020年，《保险资管产品管理暂行办法》公布，新规赋予保险资管市场化定位，约定保险资管产品不仅可以面向银行理财、城农商行等大型机构，还可以面向高净值人群销售。在过去3年资本市场大幅波动中，保险资管产品以自身相对稳健的绝对收益特性，证明了有能力与银行理财、券商资管等其他资管机构处于同一梯队，为客户提供保险资管的差异化理财服务。

（四）固收为本：依托丰富的投资管理经验，重点发力“固收”及“固收+”产品

从国内外经验看，保险资金本质上是一只超大规模的“固收+”产

品：以固定收益类资产为“基本盘”（通常占组合资产的比例达到70%以上），以灵动的权益等其他资产比例为“胜负手”，最终实现“中高收益、低回撤”的绝对收益目标。

上市险企公布的年报显示，保险资金固收资产占比普遍介于70%~80%之间，权益资产围绕10%的中枢上下波动。国际保险公司的大类资产配置比例也处于类似区间。比如，安联资管旗下有两家资管公司：一家是以固收投资见长的主动管理型机构PIMCO，其固收的资产配置大约占91%，权益只占5%；另一家是擅长均衡配置的主动管理型机构AGI，其固收资产配置仍然占到31%，排名第一，权益也仅仅排在第二占27%。

因此，保险资金在一方资金运作过程中积累了丰富的固收投资及“固收+”产品管理经验，在固收主动管理和大类资产配置两个层面贡献收益。与银行理财子公司、公募基金、券商资管相比，保险资管公司发行的固收投资能力具有几个鲜明的特征：一是债券投资偏好长久期，是市场上10年期品种的主要配置力量；二是债券波段交易偏向于大级别，重视利率的中期趋势，年度内择时频率较低；三是信用品种偏好高评级，严守信用风险不下沉的底线。“固收+”产品是以固定收益类资产为底仓，通过灵活加入不同比例的权益、可转债、衍生品等工具，达到增厚收益、平滑波动的目标，其中资产配置与择时能力是“固收+”产品制胜的关键。上述特征使得保险资管公司发行的“固收”及“固收+”产品因信用风险发生大幅回撤的概率较低，在债券或股票中期趋势相对明确时具有较强的向上弹性。

2020年以来，人保资产持续将多年来沉淀的多资产配置绝对收益能力输出到市场端，重点打造具有保险特色的“固收”及“固收+”产品体系，两类产品占所有三方产品的比例超过90%。截至2022年末，人保资产债券配置收益率超越对应品种日均YTM收益率10BP以上；年内债券交易实现价差收入26亿元；4只固收领域产品位于保险资管同类前30%，其中3只位于前10%。

（五）权益为擎：打造绝对与相对相结合、长期与短期投资兼顾的权益投资能力

资管新规以后，保险资管公司既要为一方服务，还要为第三方客户提供更有竞争力的收益回报，因此必须要通过权益投资的手段增厚收益，将加强权益投资能力作为提升收益的引擎来建设。与公募基金无负债成本约束、权益投资重视相对排名不同，权益资产是保险资金运用的有机组成部分，依从于保险资金整体的内在特性，需要兼顾绝对与相对收益、长期与短期收益，符合朴素的哲学原理：系统的各部分因系统整体需要而存在，部分服从于整体。

人保资产近年来围绕兼顾“绝对+相对、长期+短期”的权益投资能力进行了系列探索：一是对权益资产进行更细维度的分类，根据底层标的的风险收益特征分设OCI股票、TPL股票和FOF投资三大组合。OCI股票主要着眼于持有分红等稳定长期收益；TPL股票主要着眼于买卖价差实现当期收益和增强权益投资能力；FOF投资将公募基金作为工具化产品配置，主要着眼于增厚收益和节约“偿二代”资本占用，打造兼顾稳定收益和投资锐度的整体权益组合。二是将配置能力优势进一步下沉至三个层面，首先是在市场大势研判基础上强化整体仓位的灵活调整，其次是在整体仓位中进一步拟定三类细分权益组合的合理比例，最后是强化在行业和风格层面的具体落实，从长期视角精准选择产业和赛道进行行业配置，充分发挥保险资金的长期属性优势。三是重视平台化能力的构建，强化对指数、风格、个股的合理定价，在整体层面统一语言、统一思想、统一行动，确保投资经理操作不偏离“绝对+相对、长期+短期”的投资目标，在整体投研平台基础上做好集中统筹下的个体投资，扩展投资经理单兵作战能力。

1.基于IFRS9实施，区分OCI账户和TPL账户。新会计准则实施使权益资产的会计分类产生剧烈变化，将加大利润表的波动和管理难度。绝对收益的诉求要求控制新会计准则下投资收益的波动，因此有必要

合理设定OCI账户和TPL账户的比例。

为提前应对IFRS9实施，人保资产充分分析OCI股票和TPL股票的特征，对其风险收益特征进行差异化设定。OCI组合重点挖掘具有高分红特征的股票，底层持仓将根据分红和估值变动适时调整。结合市场风格特征，人保资产于2022年大幅加配OCI股票，在全年中证100指数大幅下跌20%的情况下实现了正收益。

无论对于保险资金还是对于资本市场而言，OCI账户的设立均具有重大意义。一方面，由于其投资的品种多为股息较高的蓝筹股，“偿二代”下的风险因子相对较低，有利于降低日益稀缺的资本占用；另一方面，在没有重大基本面变化的情况下，保险资金倾向于长期持有，在当前股票市场炒短、炒小盛行的背景下，有利于引导树立长期投资、价值投资的理念。建议监管及相关部门考虑在税收和“偿二代”风险因子等方面，进一步向OCI股票品种倾斜，助力资本市场长远健康发展。

2. 差异化建设权益投资能力，TPL股票精准对标公募基金。面临利率下行的大趋势和刚性的负债成本要求，保险资金必然在组合中加入进攻型的资产品类，TPL股票就承担着这样的重任。

TPL账户业绩基准主要为可比A股股基排名，目标是把握市场交易机会，获取超越市场的投资收益。TPL账户投资经理有什么样的业绩，就享受什么样的市场对标薪酬，彻底打破论资排辈、以级定薪。同时，人保资产TPL组合强调“整体+个体”的权益投资能力建设。在整体层面：一是搭建专业化投研机制，构建“四表三会”投研工业化体系，打造“监测—分析—验证—服务”价值链、“投研晨会—月会—投委会”决策链、“内部研究合作—外部卖方资源”共享链。二是组建市场策略团队，开展行业配置和行业轮动两方面的研究，强化中观层面对股票投资经理的支持。2022年人保资产市场策略团队相对指数的超额收益贡献超过3%。三是对符合社会经济发展趋势的重点赛道加大资源投入，组建四大赛道团队，由股票投资经理任团队牵头人，强化投研效率转化。在个体层面，根据权益细分资产特性和公司整体投资目标，为投资经理设置差异化的投资权限，在公司整体统筹基础上做好投资经理的灵活应对。例如，公司设置股票的禁投池、基础池和核心池，要求OCI组合的重仓股必须全部来自核心池，但TPL组合的重仓股不受此限制，强化TPL组合投资经理应对市场风格和行业变化的灵活性。2022年人保资产股票组合收益率超越中证800指数8%，在可比公募基金中排名前25%。

3.强化FOF投资，打造保险资管权益投资的独特优势。与公募基金发行的FOF产品相比，保险资管机构的FOF投资有以下天然优势：一是全市场选基，不囿于同一家公司；二是依托公司整体资源，打造平台化的FOF投资能力；三是资金规模较大，基金公司的投研服务和策略交流相对充分。

近年来，人保资产强化科技赋能，已完成了FOF系统的三期升级迭代，以公共模拟平台建设为核心抓手，不断丰富基金种类的筛选评价体系，优化灵活多变的市场环境下的决策和应对机制，FOF投资业绩近3年持续处于对标基金池前35%分位。

4.深度依托保险公司，构建长期股权和另类项目挖掘的“标签能力”。新时代股权融资的新特征要求保险资管机构依托主业特色禀赋、客户资源和文化基因，构建标签化的长期股权和另类项目挖掘能力。人保资产也将充分利用行业转型机遇，深度依托主业的产业链开展布局，助力主业摆脱同质化竞争，形成差异化供给，改变行业多依靠保险产品定价利率竞争的囚徒困境，建立起基于生态圈优质服务的牢固护城河，由投资对保险的单向赋能向投资与保险的双向互动转变。

一方面，基于保险主业对所处产业的持续认知，在投资中抢占先机，建构“保险—投资—产业”的闭环。由原先单纯向客户提供保险产品转变为提供多样化的产品和全方位的服务，以满足客户多层次的需求和良好的消费体验。目前，行业头部机构纷纷沿着主业构建差异化的生态圈，如中国人保的汽车产业链、泰康和国寿的大健康平台、太保与太平的高端养老社区。但保险行业差异化生态圈的建设总体尚处初级阶段，还有进一步挖掘拓展的空间。另一方面，借助保险主业专有的风险保障手段和遍布全国的网点优势，构建具有保险特色的风险评估和管理能力。比如，人保财险长于机构法人业务，对当地经济状况和所投主体有更深刻的认知，可以帮助保险资管机构及时识别风险。

以非标项目的拓展机制为例，随着资管新规正式落地以及经济结构转型，保险资管非标项目开发与投资呈现出一些新的特点：一是在利率长期下行背景下，非标资产供不应求仍是主旋律，行业另类产品投资收益率呈现持续下降趋势。2022年行业债权投资计划平均投资收益率下行至4.52%，较2021年、2020年同期分别下降66BP和114BP，而且随着行业保债计划的到期规模逐年增加，优质另类资产的竞争程度与缺口趋势将更为明显。二是在风险分化加剧、结构性宽信用背景下，信用风险蔓延至地产、城投等保险资管传统重点领域。合意资产获取难度加大，是保险资管非标项目开发与投资面临的最大挑战。三是非标项目开发与投资要逐步适应国内经济转型升级的时代需求。过去以城镇化过程为核心的投融资模式高峰已过，未来要更多围绕新兴产业创新产品开发手段，探索以股债融合的方式进行新基建、新业态的投融资。

为了应对上述变化，人保资产通过创新网格化投保联动拓展机制带动另类业务稳健增长，为行业探索了一条破局新路径。网格化拓展是依托人保集团“网点布局到基层、法人客群为基础、服务政府是基因”的特色禀赋，将拓展区域切割成一个个网格，逐级分解到团队和个人；再深度对接人保属地公司，双方互设业务专员，编制投资产品速查手册，适时联办客户对接会。比如在浙江区域，把经济比较发达的杭州、宁波、温州和绍兴这类城市划分为一类城市，列出所有的可投资级别的客户名单，然后再统筹所有的渠道资源，主动对接客户的融资需求，并定制有针对性的投保整体解决方案，逐步实现了从“自我产品导向”到“客户需求导向”的转型。2022年，在行业“股+债”提款增速整体-16%的背景下，人保资产依靠创新性网格化管理，实现逆势增长109%。

于泳

中国人寿资产管理有限公司

经济学硕士，高级经济师。现任中国人寿资产管理有限公司党委委员、副总裁，国寿安保基金管理有限公司党委书记，中国人寿养老保险股份有限公司董事。曾任中国人寿资产管理有限公司党委委员、总裁助理；中国人寿保险（海外）股份有限公司党委委员、副总裁等。于泳先生是中国保险资产管理业协会责任投资（ESG）专业委员会主任委员、保险资产管理产品专业委员会副主任委员。

守正创新担使命　扬帆起航开新篇
——探索保险资产管理公司高质量发展之路

中国人寿资产管理有限公司　于泳

一、保险资产管理公司发展面临新挑战、新要求

从初创到成熟历经二十载，保险资产管理公司坚决贯彻落实党中央决策部署，始终坚守价值投资、长期投资和审慎投资理念，充分发挥保险资金运用投资期限长、管理规模大、资金来源稳定、风险偏好稳健、投资工具丰富的特点，站在战略全局的高度，紧贴国民经济社会发展需要，积极参与和支持经济建设，兼顾获取长期稳健收益和助力实体经济发展，已成为促进经济社会健康发展和维护资本市场稳定的中坚力量。经过20年改革探索，保险资产管理业市场规模与投资收益稳步提升，行业发展韧性增强。2023年5月末，保险资金运用余额已达26.35万亿元，较2004年末的1.08万亿元规模已增长20余倍，近十年间保持每年均实现正收益，年均投资收益率达到5.28%且波动幅度远小于其他机构投资者，有效覆盖承保成本并成为保险行业利润的主要来源。

党的二十大报告明确提出，高质量发展是全面建设社会主义现代化国家的首要任务，发展是党执政兴国的第一要务。中央经济工作会议再次强调，要“着力推动高质量发展”，“推动经济运行整体好转，实现质的有效提升和量的合理增长”。立足保险资金投资实践和行业发展现状，保险资产管理行业走向高质量发展仍然面临新挑战、新要求。

（一）专业化能力建设仍需加力

当前保险资产管理已成为国内大资管行业的重要组成部分，在国

际财经媒体IPE最新发布的“2023全球资产管理机构500强”榜单中，保险资产管理公司已包揽国内前三。此项行业成果的取得更多得益于国内保险行业多年发展形成的雄厚积累，以及行业在国内保险资金委托管理中的“主力军”地位。尽管保险资产管理行业已经形成大类资产配置能力等核心竞争力，并在固定收益投资等领域构建了相对鲜明的业务优势，但总体来看，与国内大资管行业其他同业相比，保险资产管理公司在综合投资能力、产品创新能力、中后台运营能力等领域尚未真正建立起有效的专业化优势，在权益投资能力、客户服务能力等重要方面还存在较大提升空间。专业化能力是行业高质量发展的基石，全方位、全流程提升投资管理专业化水平，既是行业高质量发展的客观需要，也是深化改革创新的必然要求。

（二）发展同质化格局仍待破题

从发展历史看，保险资产管理行业受益于长期管理保险资金积累的业务优势，已经初步建立起以长期稳定收益为核心优势的特色化能力体系。但从行业内部发展情况看，各家机构的能力谱系和客户结构趋同化态势明显，由此导致的同质化竞争削弱了在大资管行业中的竞争能力。目前国内大资管行业中市场化程度最高、发展相对更为成熟的公募基金行业，已初步形成“综合化+精品化”的整体行业生态，既有管理规模巨大、着力构建全面竞争优势的大型公司，也要集中有限资源，在主动管理、公募REITs、量化投资、养老金融等优势领域、特定赛道上谋求战略突围的精品化公司，逐步形成了多种类型机构协同发展、良性竞争的行业生态和积极开拓创新、寻求新竞争优势的行业氛围，最终推动公募基金行业迈向更高质量发展。未来，各家保险资管机构亟须找到匹配各自基因、文化和能力的特色化经营模式和发展路径，立足保险强能力、跳出保险看资管，树立差异化战略目标，打造自身突出优势，确保市场竞争力，共同助力行业赢得更大的发展空间。

（三）拓展服务三方客户能力仍有弱项

运用投资管理能力服务更为广泛的三方客户，既是保险资产管理行业深化金融供给侧改革、服务共同富裕战略目标的重要途径，也是进一步提升综合能力、强化自身市场竞争力的重要举措。近年来，行业机构已经逐步认识到第三方业务的重要性，越来越多的保险资产管理公司与公募基金、银行理财、券商资管、信托等机构同台竞技，深耕第三方来源资金，加速壮大第三方资产管理规模。但与高质量发展要求相比，当前行业第三方来源资金占比仅为23%左右，仍有较大提升空间。同时，随着保险资产管理新规的落地实施，保险资产管理公司第三方业务发展将逐步呈现出从单纯服务机构客户转向机构与个人客户并举，从注重资产管理向资产管理与投资顾问服务并举，从投资、产品两轮驱动转向投资、产品、渠道、销售多轮协调互动，从偏重于行业内竞争转向金融业跨界竞争的特点。面对转型，保险资产管理公司尚存在着个人客户资源缺乏、投资收益缺少竞争力、销售渠道狭窄、产品创新经验不足等问题。这些问题本质上是服务个人客户能力建设不足的问题，补齐这些短板是打造“以客户为中心”的财富管理能力的基础。

（四）服务科技创新领域能力仍存短板

加大金融支持实体经济的力度，促进资金和产业更好融合是当前金融工作的重点领域，长期以来行业已经通过开展另类投资等多种途径，引导长期资金积极服务关系国计民生的重大战略产业发展，但目前看行业机构在支持科技创新领域的投资仍然存在短板。“专精特新”项目普遍存在体量相对较小、产业周期相对偏早的特点，难以确保稳定的资产收益率和现金流回报，与保险资金传统的投资项目偏好存在明显差距。从深层次看，行业机构在价值发现、产业周期方面的认识和把握仍相对偏弱，在私募股权投资领域的能力培育、模式创新和投资实践上还存在差距，难以与新经济、新技术、新兴科技领域项目的投资需求对应衔接，难以满足为新兴产业发展提供有效资金支持的需要。

二、聚焦重点领域，明确行业机构高质量发展路径

新发展格局不断深化推进，既对金融体系高质量发展提出了全新要求，也对金融企业履行服务实体经济职责提出了更高标准。行业机构在推进高质量发展的过程中，必须在全面建设社会主义现代化国家新征程中找准自身定位、发挥职责作用，把能否做到政治性、人民性和专业性作为判断是否实现高质量发展的重要衡量标准。同时，还需在财富管理、数字化转型和风险管理等专项领域进一步提升专业化能力，夯实高质量发展基础。

（一）立足金融“三性”要求，明确高质量发展逻辑起点

立足服务中国式现代化建设的需要，行业机构必须将金融“三性”要求作为高质量发展的逻辑起点。一是做到政治性，要坚决贯彻党中央决策部署，落实金融工作“三项任务”。当前全球政治经济格局错综复杂，国内改革发展稳定任务艰巨繁重，世界之变、时代之变、历史之变正以前所未有的方式展开。在这种时代背景下，需要深刻把握金融本质和规律，把党中央决策部署和金融“三项任务”作为开展投资的先决条件和重要前提。二是做到人民性，要不断深化金融供给侧结构性改革，把服务人民作为保险投资的价值坐标和行动遵循。目前保险资产管理公司管理的保险业内资金，投资成效关系到数以亿计保单持有人的切身利益。要坚持以人民为中心的发展理念，稳健审慎开展投资，寻求长期确定性收益。要深化金融供给侧结构性改革，满足居民日益增长的多样化财富管理需求，为实现共同富裕贡献行业力量。三是做到专业性，必须打造与实体经济发展适配的投资能力，打造可以满足更广大客户财富管理需求的服务运营能力，提升应对市场竞争和国际竞争的核心竞争力，使行业发展长期保持蓬勃活力。

（二）强化服务实体经济担当，找准高质量发展着力点

服务实体经济、满足经济社会发展需要是金融的天职和宗旨，也是行业高质量发展过程中必须牢牢坚持的主线。中国式现代化道路为资产管理行业发展带来重要机遇，保险资产管理公司要更加注重从国家战略部署中寻找“长期投资密码”，不断优化投资布局。要重点聚焦科技创新、战略性新兴产业、先进制造业、节能环保、能源转型、数字基建与安全等领域，把握其中蕴含的长期、巨大、确定性投资机会，加快投资模式和产品创新步伐，持续丰富产品体系，将保险资金更好地配置到中国经济的“增长引擎”中去，确保自身发展与服务国家发展同频共振。

（三）提升财富管理能力，服务共同富裕目标达成

在居民收入快速增长、多层次资本市场日趋完善和居民财富管理意识逐步提升的背景下，国内财富管理市场有望迎来爆发式增长，以中长期稳定收益获取为特色的保险资产管理公司将有望获得更大发展空间。根据麦肯锡预测，2022—2030年中国个人金融资产将保持9%的年均增长，2030年预计个人持有资产管理产品规模将达到人民币118万亿元，较2022年新增70万亿元资金净流入，以“固收+”为代表的理财替代产品及以被动策略为代表的工具类产品可能将是最大的受益品类。保险资产管理公司应当深入研判财富管理领域发展趋势，结合自身资源禀赋，围绕产品设计、投资策略、销售运作等方面下功夫，立足“普惠”特色持续创新业务模式，为客户提供更丰富的财富管理产品和服务，在推动实现共同富裕进程中，打造机构业务高质量发展新增长点。

（四）深入推进数字化转型，赋能行业经营管理模式变革

数字化转型是资产管理行业高质量发展的关键抓手。从全球领先机构的实践来看，金融科技在渠道能力、运营管理、风控合规、投资

研究等重点领域赋能效果显著，已成为核心竞争力和创新驱动力。数字化转型成功与否，取决于能否充分融入经营管理模式变革，使数字化思维贯穿经营管理各项工作全链条。保险资产管理公司要持续加大科技投入，提升数据治理水平，探索运用大数据、区块链和人工智能等金融科技手段，优化客户服务、投资研究、风险管理等应用场景。不仅要对现有业务提质增效，更要面向未来加强对新业务模式、新应用场景的创新研究，强化科技赋能高质量发展。

（五）加强全面风险管理，保障高质量发展行稳致远

当前，世界百年未有之大变局的加速演进可能带来全球市场大波动，我国发展进入战略机遇和风险挑战并存、不确定难预料因素增多的时期，各种“黑天鹅”“灰犀牛”事件随时可能发生，对我国金融安全和金融稳定造成冲击。保险资产管理公司需要站在总体国家安全观的高度，常观大势、常思大局，主动识变应变求变，主动防范化解风险，坚决守住不发生系统性风险底线。要强化风险意识，科学预见形势发展走势和隐藏其中的风险挑战，为极端情况做好准备。要适应全领域、大规模、高质量投资要求，健全完善公司风险管理框架，充分运用金融科技手段，提高风险形势研判、监测和预警水平，深化全面主动智能的现代化风险管理体系，推动风险管理能力走在业务曲线之前，成为可持续发展的护城河。

三、发挥“头雁”作用，为中国式现代化贡献国寿力量

国寿资产与行业同龄。经过20年的发展，公司综合实力显著增强。截至2023年6月末，公司管理资产规模已突破5.2万亿元，其中受托第三方资金突破7 200亿元，成为中国首家管理资产超过5万亿元的保险资产管理公司，在IPE最新发布的榜单中列全球第31位、中国第1位。作为中国市场最大的机构投资者，国寿资产坚持发挥“头雁”引领作用，以党建引领凝心聚力，以战略引领转型升级，确立“中国领先、

国际一流”全能型资产管理机构发展目标，始终保持战略定力，在守正中坚定航向，在创新中变革图强，在构建投资方法论、产品服务体系、投资管理能力、绿色低碳发展、数字化转型等多个领域积极探索、全面推进，积极服务国家经济发展大局和实体经济发展，努力做好金融市场的“稳定器”和“压舱石”。

（一）探索特色投资方法论体系，做金融工作“政治性、人民性”的坚定践行者

作为中管金融企业子公司，国寿资产具有鲜明的政治属性，不仅承担着国有资产保值增值的经济责任，还承载着党和国家赋予的政治使命。必须统筹好政治责任和经济责任，要善于用政治眼光思考和分析经济问题和经营问题，善于洞察把握经济活动和经营决策的政治影响。首先，深化党建对投资业务的引领，着力构建具有自身特色的以贯彻落实党中央决策部署为主线的“双线配置”投资方法论，将是否有效贯彻落实党中央决策部署作为投资决策前置评判条件，最终实现党中央决策部署与公司投资决策部署“双维落地”。其次，建立以党中央决策部署、国家重大战略作为投资研究逻辑起点的研究体系，提升投资研究的政治性、人民性、专业性。系统发挥研究驱动作用，全面、完整、准确贯彻党中央要求，推动将落实国家重大战略部署的主动意识、有效措施、严的标准，深度融入公司经营管理、投资管理各层级关键决策，促进形成丰富和精准的改革发展、投资管理实践，切实将党中央决策部署落实到位。

（二）创设多元化产品服务体系，做服务共同富裕战略目标的探索实践者

国寿资产在管理长期资金的过程中形成大类资产配置能力和绝对收益投资能力，充分发挥固收投资、权益投资、另类投资等传统优势，不断完善策略体系。坚持客户视角，构建“母子公司联动”、跨市场、

全天候产品服务布局。打造特色化产品线，统筹打通一方和三方产品协同拓展，满足客户多样化需求。香港子公司利用区位优势、充分发挥特色，服务资金“出海”“入境”需求，建立第三方业务境外募资新模式，提升产品竞争力。国寿安保基金公司充分发挥公募业务平台作用，开拓服务个人客群途径，主动参与国寿综合金融体系建设，加快推进投顾业务，推动公募基金管理规模和个人客户数量持续增长。

（三）建设行业领先的投资管理能力，做社会价值的稳定创造者

心怀“国之大者”，坚持人民至上，聚焦价值创造和效益提升，强化能力布局和改革创新，坚定不移地把满足社会需要、客户需要作为公司改革发展的价值所在、灵魂所在。投研能力是资产管理机构立身之本，随着机构投资者在市场中逐渐占据主导地位，获得超额投资收益将更加依赖于机构的投资方法论和投研制度体系。国寿资产积极建设与经济结构转型升级相适配的投研体系，形成以宏观政策研究为主导的投资研究框架和逻辑，在自上而下深度研究中寻找具有时代性、持续性、先进性的核心赛道和核心资产，在推进保险资金与实体产业的高水平循环中，不断提升投资能力和投资收益。探索建设具有国寿特色的投研平台，加快完善团队化的投研体系，结合投研平台建设，沉淀公司投研能力，提升投研体系的标准化、高效化水平，不仅实现平台对研究员和投资经理的赋能，也能逐步积累形成公司在投研领域的长期优势和核心竞争力。

（四）形成绿色低碳发展突出特色，争当绿色投资的行业领跑者

绿色是高质量发展的底色。党的二十大报告中指出，推动经济社会发展绿色化、低碳化是实现高质量发展的关键环节。作为国内首家签署联合国支持负责任投资原则并践行ESG投资理念的保险资产管理公司，国寿资产始终致力于将绿色发展理念融入公司经营管理全流程

各环节，通过绿色保障、绿色引擎、绿色运营三个方面，推动保险资金绿色投资能力建设和实践探索，用实际行动落实“双碳”目标。公司成立ESG/绿色投资管理委员会，建立ESG/绿色投资制度体系和评价体系，着力培育并形成“机制健全、特色鲜明、能力卓越、服务多元、运维高效”于一体的绿色发展新动能，通过聚焦绿色投资，有效突破优质资产供给不足困境，较好缓解保险资产端面临的收益率下降和波动加大的挑战。截至2023年6月末，国寿资产绿色投资规模突破3 700亿元，存量股权投资绿色项目超过30个，投资领域涉及水电、风电、光伏、传统能源节能改造等方面，在绿色投资领域的广度和深度均处于行业领先水平。此外，公司还推出国内保险资产管理行业首只ESG债券指数和权益指数，为投资者践行ESG投资理念提供有效的市场价格走势信息和参照基准。

（五）打造一体化投资管理平台，做数字化转型的先锋引领者

国寿资产加快推进数字化转型，全力构建完善的金融科技体系、领先的金融科技能力和强大的科技创新能力，以新动能推动新发展，赋能投资工作迈向新征程，为建设数字中国、发展数字经济贡献力量。国寿资产CLIMB平台自2018年3月启动建设，以投资数据为中心，广泛应用微服务、大数据、人工智能、RPA等前沿技术，建成统一数据、统一流程、统一界面的一体化投资管理平台，包含50余个子系统，覆盖组合管理、风险管理、合规管理、品种投资、信用管理、运营管理等关键业务环节，初步实现数字化转型的目标，显著提高投资工作效率，提升了投资研究、投资管理和运营服务能力，高效支持万亿级资产的投资运作，成为国寿资产高质量发展的“新引擎”，荣获首都金融创新激励项目“金融创新成果奖”。

站在新的历史起点上，国寿资产将始终坚持市场化、专业化、国际化的发展方向，积极融入新发展格局，勇于承担行业和社会责任，在服务国家大局中推动自身高质量发展。未来，公司将以卓越的品牌

形象、一流的能力业绩、优秀的人才队伍、丰富的产品体系、优质的客户资源、强大的运营能力和专业的服务体系为标准，努力打造高质量发展核心动力，为达成“中国领先、国际一流”全能型资产管理机构愿景奋斗，为全面建设社会主义现代化国家贡献力量。

杨平

华泰资产管理有限公司

现任华泰保险集团资深副总经理兼首席投资官、华泰资产管理有限公司总经理、华泰保兴基金管理有限公司董事长。毕业于中国人民大学国际金融专业及北京大学国际MBA，从事金融投资工作三十余年，具有丰富的投资及管理经验。曾任长城证券有限责任公司副总裁、中国人民保险（香港）公司投资部总经理、中国人民保险公司投资管理部投资总监等职务。

全球资产管理机构的发展趋势与启示

华泰资产管理有限公司　杨平

一、全球资产管理行业运行情况及发展趋势

（一）全球资产管理行业运行的六大特点

2022年全球经济进入拐点，供给中断、地缘政治紧张、通胀压力激增等新挑战不断。人们之前熟悉的种种情景，如贸易和资金流的快速全球化、利率长期保持在低位、央行不断扩大的资产负债规模以及宽松的财政政策等，都已渐行渐远。宏观经济变动给全球资产管理行业带来了较大的负面影响。在此背景下，全球资产管理行业呈现六大特点：

第一，规模增长大幅回落，北美和欧洲是主要拖累。2022年全球资产管理规模为98.3万亿美元，降至2020年水平，同比下降10%。其中，北美资产管理规模为46.5万亿美元，欧洲为22.2万亿美元，同比分别下降14%、11%；日本和澳大利亚资产管理规模为7.1万亿美元，同比小幅下降3%。而拉丁美洲、中东和非洲、亚太地区（除澳大利亚和日本以外）均实现正增长，同比增长分别为5%、5%、2%（见图1）。

第二，市场波动加剧，收入增长保障不足。根据波士顿咨询公司（BCG）的测算，过去的17年中，收入增长的90%都来自市场表现带来的资产增值。也就是说，2005—2022年，全球资管收入增长1 010亿美元，其中920亿美元来源于资产升值。然而，2022年的市场表现显著拖累了资管收入，致使收入同比减少70亿美元（见图2）。

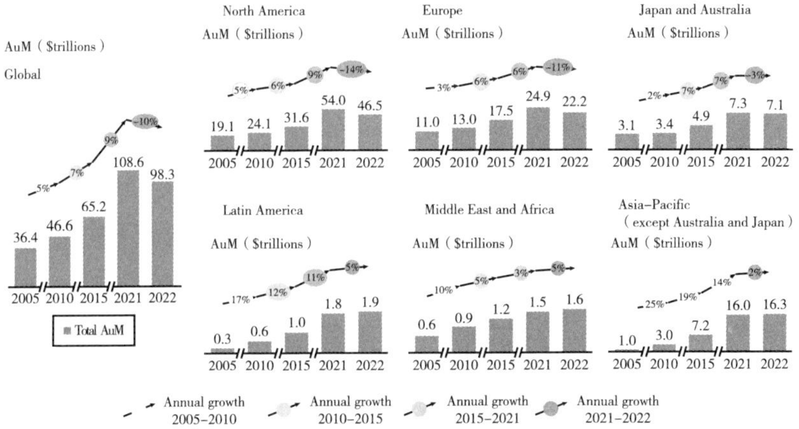

图1　全球资产管理行业规模出现下降

资料来源：BCG《Global Asset Management 2023：The Hide Has Turned》

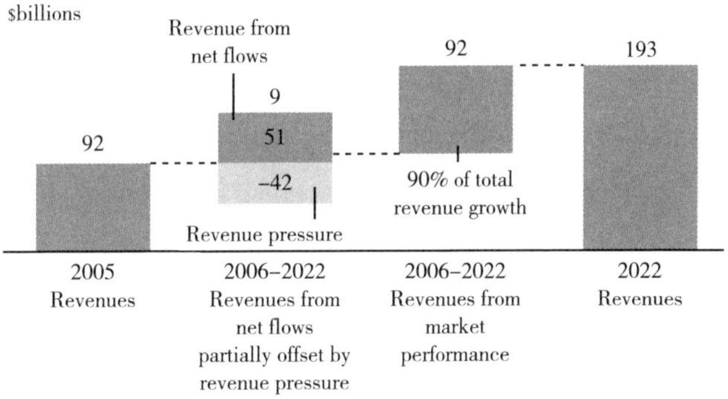

图2　资产管理行业收入增长的90%都来自市场表现带来的资产增值

资料来源：BCG《Global Asset Management 2023：The Hide Has Turned》

第三，各种传统投资策略收益显著转负，曾经可靠的资产组合构建和长期投资方法受到质疑。2022年美股表现不佳，标普500指数下跌19.44%，而往日通常被视为避险资产的固定收益类资产，在通胀压力下，10年期美债收益率上行至年初的1.56倍。过去传统投资策略（如60/40策略、目标日期基金、平衡型基金等）的收益均显著转负。2022年上半年的收益率均在-14%以下（见图3）。这使得很多机构和零售客户对曾经可靠的资产组合构建和长期投资方法提出了质疑。

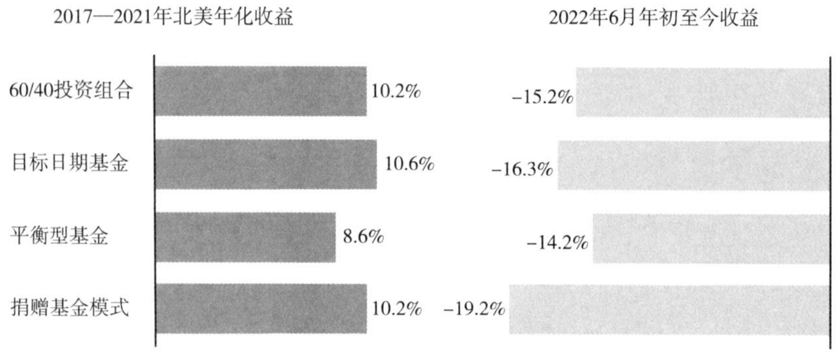

图3　北美资产管理行业不同策略的年化收益

注：平衡型基金是指晨星全球适度资产配置品类；捐赠基金模式基于捐赠基金指数美元收益得出，以ETF模型解决方案建立，复制大学大型捐赠基金的投资策略。

资料来源：麦肯锡《金融行业中国金融业CEO季刊：全球洞见，中国实践》

第四，固收资产首次出现大幅净流出，权益资产勉强维持正流入，以固收为主要策略的资产管理机构遭受重创。过去十年，固收资产每年都能带来稳定的收益，而2022年上半年，通胀及利率的上行打击了固收资产的收益率，导致北美的固收资产净流出2 190亿美元，而权益类资产则因投资者能够快速调整投资组合而勉强维持了790亿美元的正流入（见图4）。在这种背景下，以固收为主要策略的资产管理机构，包括对通胀敏感度较高的资产管理机构遭遇重大坎坷，此类公司占比26%。相反，一些被动型公司或投资策略拥有自身特点的中小型资产管理公司崭露头角（见图5）。

第五，管理费压缩趋势仍在加速。自2010年以来，全球资产管理行业的平均费率不断下降，12年间平均费率下降了17.8%。其中，第一个五年中下降1BP，相当于平均每年下降0.2BP；而后七年中，费率下降的速度显著加快，下降幅度4BP，相当于每年下降0.57BP，是第一个五年的近3倍。

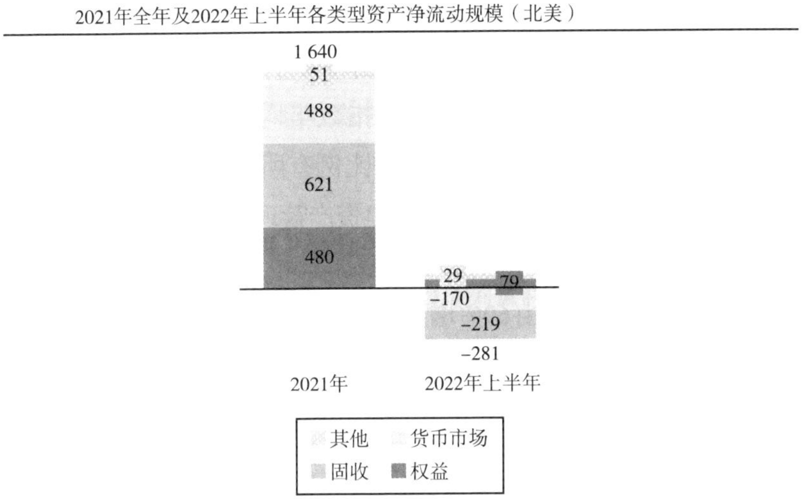

图4　北美资产管理行业各类型资产净流动规模（10亿美元）

资料来源：麦肯锡《金融行业中国金融业CEO季刊：全球洞见，中国实践》

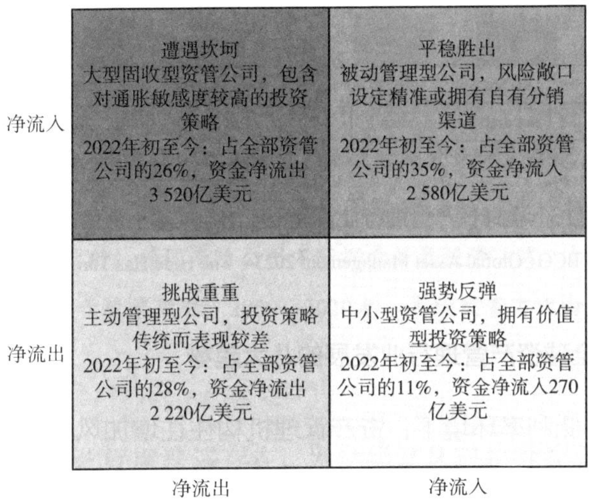

图5　北美开放型基金2022年上半年净资金流（10亿美元）

注：开放型基金包括公募基金、货币市场基金以及交易所交易（ETF）基金；不包括母基金。样本为晨星内700家资管公司的所有基金。

资料来源：麦肯锡《金融行业中国金融业CEO季刊：全球洞见，中国实践》

险，获得更高的收益水平，海外养老金实践的特点主要有三点：一是以直接投资和委托投资相结合，将权益、另类等风险较高的资产委托给专业投资机构；二是由于基金信息透明、专业投资能力强，养老金基金化管理成为常见模式；三是以多资产配置实现长期投资目标和风险控制。

专栏二：日本政府养老投资基金——公共养老金的专门投资机构

在高度老龄化的社会背景下，日本政府养老金投资基金（Government Pension Investment Fund，GPIF）于2006年成立，是日本公共养老金的专门投资管理机构。截至2021财年，GPIF资产管理规模达到197万亿日元。总结其投资运营经验，主要有三点：

一是投资理念对资产配置和投资收益产生长期重要影响。GPIF认为，投资理念有助于有效确保其管理层的专业性，并提高投资政策的一致性。因此，GPIF明确提到“从长远角度以最小的风险确保养老金可持续发展所需的收益”。

二是相对独立的组织架构保障高效化管理和专业化投资。GPIF于2006年确定了基金管理的独立性地位，使其尽可能在长的时期内管理基金，有助于形成高度专业化的投资团队。而厚生劳动省的责任仅在于制定基金的中期发展目标，通过由社会各界专家组成的“评估委员会”来监督基金运营管理和评价基金运营绩效，从而减少政府的行政干预。目前GPIF采取委托投资为主、直接投资为辅的运营模式，以增强公共养老金投资的市场化程度。

三是积极尝试增配权益资产及海外资产、探索另类投资等多元化投资方式提升长期投资回报。一方面，GPIF自2013年开始研究另类投资，并进行积极尝试。2020年3月首次进行了全球私募股权投资委托，并积极与欧美的26家大型养老基金开展合作投资。另一方面，增配风险资产。受益于国内及海外权益资产配置比例上升，2014—2019年GPIF投资收益率从1.64%上升至2.16%。

第三，ESG投资仍是长期增长点。在经历了三年的快速增长后，北美可持续发展基金市场呈现进入休眠期的迹象。2022年上半年，北美可持续发展基金净流入80亿美元，为上年同期的1/4（见图7）。随着地缘政治冲突频发、大宗商品价格急剧上升以及利率的上行，过去几年推动可持续发展基金收益增长的行业板块（如新能源）的表现发生逆转。此外，ESG投资的快速增长也吸引了政府及监管机构的注意。欧美各监管机构公开处理了几起涉嫌“洗绿”的行为，并不断加强信息披露的透明性。但从长期来看，更清晰的标准和更高质量的数据将更有益于ESG投资的长期增长。

专栏三：富达国际把握政策窗口期，快速开展养老金业务

美国的养老投资领域，富达国际是当之无愧的先行者。1981年美国401（K）计划刚一生效，次年就可通过富达共同基金产品线进行购买。截至2019年末，富达国际管理了DC计划27.2%的资金，而且富达国际2021年管理的资产中，有近一半（2万亿美元）为养老资金。

富达国际的养老金产品不断向“一站式解决方案”“后退休解决方案”进阶。1988年，富达国际推出了**目标风险系列基金**（Fidelity Asset Manager）；后又与富国银行和巴克莱全球投资（BGI，现已被贝莱德并购）先后推出了**目标日期基金**，开启了美国养老储蓄的“一站式解决方案”；2007年，为满足退休后人群的投资和消费需求，富达投资又率先推出了**退休收入系列产品**；2017年后又将其与美国传统IRA账户的强制最低提款要求相结合，形成了集储蓄、投资和自主赎回功能于一体的**后退休解决方案**。

专栏四：欧洲ESG投资的特点及其实践

欧洲ESG投资的特点：最为常用的策略为负向筛选/排除筛选，其次为公司参与和股东行动策略。例如，Pictet、Nordea等众多资产管理公司列出了明确的排除清单或筛选政策；而影响力投资和主题投资的应用较少。从趋势上看，排除筛选策略的使用比例在逐渐下降，公司参与一直为欧洲主动型可持续基金所重视，ESG整合策略应用在2016年以来提升最明显。

法国巴黎资产管理公司（BNP Paribas Asset Management）：法国巴黎资管自2002年推出了首只社会责任投资基金后，一直为ESG投资的积极参与者，该公司认为可持续投资有四大支柱：（1）ESG整合，为可持续投资的核心；（2）管理（Stewardship），积极与发行人保持沟通交流；（3）负责任的商业行为；（4）前瞻视角“3E”：能源转型、环境可持续性、平等为当下可持续发展的三大关键问题。基于四大支柱，法国巴黎资管将可持续产品分为增强型ESG基金、主题型ESG基金、影响力投资ESG基金三大类。

瑞士百达资产管理公司（Pictet Asset Management）：瑞士百达资管的可持续投资策略包括ESG整合、正向倾斜、同类最优、积极影响力投资、代理投票、公司参与等。百达资管ESG整合的基础为其开发的专有ESG打分卡，由专家委员会专门管理，每季度开会讨论模型，从公司治理、产品和服务、经营风险、争议四个方面进行打分，实现在行业内和跨行业、跨地区对公司进行统一比较。百达资管还制定了明确详细的排除政策框架，基于有争议经营活动及其收入阈值、国际规范等，将严重不符合ESG标准的公司或主权发行人排除在外。

专栏五：美国ESG投资的特点及其实践

美国ESG基金投资具有两大特点：行业配置方面，青睐科技公司，规避传统能源。美国的ESG基金在行业配置上倾向于信息科技、通讯服务等低碳行业，规避碳密集行业，尤其是对传统能源依赖度强的公司。例如Parnassus禁止公司所有基金投资于有10%以上营收来自化石燃料、核能源等业务公司。根据MSCI的研究报告，标普500指数的科技板块成分股受到全球众多ESG基金的青睐。ESG基金投资广泛的公司包括Alphabet、微软、赛默飞世尔科技等。**策略运用方面，ESG整合、筛选策略相结合**。根据全球可持续投资联盟（GSIA）的统计，截至2020年，美国可持续投资应用最广的是ESG整合，其实是ESG负面筛选策略；而正面筛选、筛选标准和影响力投资在美国ESG资管中的应用很少。ESG整合操作复杂，可实现ESG研究和传统投资分析法的有机融合，从而提升组合的风险收益表现。

Parnassus：纯ESG共同基金的先驱。（1）Parnassus投资公司1984年创立于旧金山，拥有超过37年的历史，为全球最大的纯ESG共同基金，2016年管理资产规模即超过200亿美元。（2）基金产品：目前Parnassus旗下一共5只不同策略的基金产品，即核心股票基金、中盘基金、奋进基金、中盘成长基金和固定收益基金，其中成立于1992年的Parnassus核心股票基金多年蝉联美国净资产规模最大的ESG基金。（3）投资策略：Parnassus的研究流程先从负面筛选开始，再进行深入ESG研究，选定投资对象后，根据内在价值和市场价格选择买入时点。

Calvert：美国成立最早的社会责任投资基金。（1）Calvert基金成立于1976年，是美国成立最早、目前规模最大的社会责任投资基金之一，资管规模达到390亿美元。（2）基金产品：提供36只ESG基金选择，包括11只主动型权益基金、7只被动型权益基金、12只固定收益基金、6只多元资产配置型基金。（3）投资策略：将ESG研究和传统财务分析相结合，将其研究覆盖的超4 000家公司划分为195个小组，每个小组的公司具有相同的ESG风险和相似的公司规模。Calvert通过约200个ESG关键指标衡量公司的ESG表现。重要性矩阵是Calvert研究方法的核心和基石，Calvert对各小组的各项ESG指标进行不同的重要性分配。

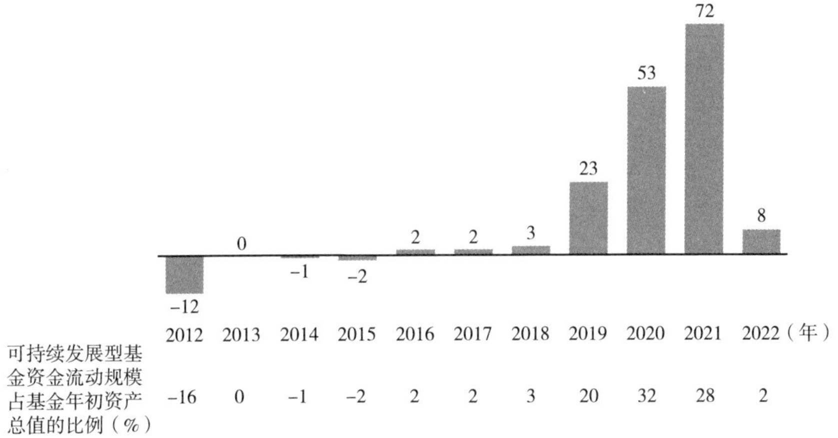

图7　北美可持续发展型开放式基金净资金流总规模（10亿美元）

注：基于晨星“可持续投资—总体”定义可持续发展型基金，表明基金拥有能够强化可持续性的投资方法。由于晨星的分类方式曾有调整，历史数据可能存在偏差。

第四，在房地产收缩周期中，另类资产投资往往借势发展壮大。放眼全球，过去一个世纪已经历了多次房地产泡沫事件，包括1923—

1926年美国佛罗里达州房地产泡沫、1986—1991年日本房地产泡沫与失去的二十年、1991—1997年东南亚房地产泡沫与亚洲金融危机、2001—2008年美国房地产泡沫与次贷危机。在不同的情形下，资产管理机构对房地产泡沫问题的应对也不尽相同。抓住经济下行期的逆周期投资机会从而成功穿越经济周期的机构有之，如在美国房地产危机中发展起来的另类资产管理机构黑石集团（近期受累于美国房地产市场的波动，黑石在地产业务中不断暴露出问题）；受房地产拖累形成银行业危机的亦有之，如日本房地产泡沫破裂中的银行业。

专栏六：日本从地产泡沫到银行危机

20世纪90年代房地产等泡沫被刺破引爆日本银行危机。从1991年到2002年，累计180家大小银行和金融机构相继破产。

虽然日本银行危机始于房地产泡沫破裂，但由于僵化的金融体系，导致其过于被动应对问题是根源。第二次世界大战后日本形成大藏省独揽大权的监管体系，以及间接金融为主+主银行制度的金融体系，同时政府主导的护卫船团模式为银行提供不破产的保险。该模式在战后日本经济快速恢复和发展的过程中起过积极作用。但20世纪70年代后，随着可支配资源充裕、经济增长动能转换等，原有的高度行政化保护机制的弊病逐渐显露，如缺乏透明度、缺乏竞争及优胜劣汰机制等。日本金融体制的固有问题，加大了在泡沫时期银行的过度信贷行为，也使日本在面对不良债权问题早期缺乏危机敏锐度和执行力，以至于不良资产风险越来越大。

最终日本走向存款保险制度的完善。随着大型银行的倒闭，护卫船团模式解体。1997—2002年，日本以“金融大爆炸”方式进行全面改革，引导不良资产处置从政府主导、全面救助转向自由竞争、效率主导的模式，推动监管机制改革，完善存款保险制度及过渡银行制度等来处理破产银行问题。2002—2006年日本政府铁腕处置不良资产，进一步完善金融厅为核心的监管体系。随着存款保险机制、整理回收银行（RCC）有效处理不良贷款，以及国内外经济回暖等，主要银行不良贷款率才大幅下降。

专栏七：美国另类投资机构在房地产泡沫破裂中发展壮大

由于历史上通常具有抗通胀、抵御利率波动等金融属性，房地产成为国际另类投资机构的重要投资领域。因此，很多另类投资机构设立房地产板块，并投入大量精力进行房地产投资。另类投资机构的发展壮大多伴随着金融经济危机及行业周期的起起落落，凭借其专业的行业研究能力及对经济、行业周期的准确把控，获得了更多的优质资源与价值提升空间。

黑石集团于20世纪80年代末的美国房地产泡沫危机中开始了其房地产业务。当时，美国政府组建了重组信托公司（RTC）来应对房地产泡沫的破灭。黑石集团也于1991年组建了房地产部门，募集房地产投资基金，从重组信托公司收购不良房地产。

早期，黑石房地产投资多采取“买入——修复——卖出”的策略，专注于以低于重置成本的价格收购优质资产，通过加强管理和投入资金，解决资本结构、运营等问题，改善资产质量之后利用市场上升周期择机出售，持有年限超过3年，并经历了从收购个别写字楼向收购整个房地产公司的转型。

2008年金融危机期间，黑石集团又实施了房地产债权策略（Blackstone Real Estate Debt Strategies，BREDs），将业务重心放在商业房地产抵押贷款之上，为客户提供夹层融资、高级贷款、流动性支持，设有高收益的优质房地产债权基金、流动房地产债权基金、抵押信托以及房地产投资信托基金。

阿波罗在2007年全球金融危机中拓展了房地产业务。为把握房地产领域的债权投资机会，阿波罗大量募集基金，与银行合作开展房地产信贷融资业务，增强在房地产领域的投资能力。同时，阿波罗将房地产业务与其私募股权投资协同运作，利用私募股权投资中房地产资产组合、房地产运营平台及房地产公司的收购和重组机会，广泛开展针对商业房地产及住宅的债权和股权投资。

第五，内部多经理人或多策略管理模式破解过度依赖基金经理“明星化”难题。首先，随着资本市场广度和深度的不断延展，投资的复杂性与日俱增，多基金经理共管模式能突破个人的局限性。通过多位风格互补的基金经理互相配合，提高对市场的适应性，更好地应对市场波动，同时拓宽管理规模的边界。其次，在行业竞争加剧、人才流动加快的背景下，多基金经理共管模式是对过往基金经理“明星化”生态的一种修正，可以预防明星基金经理离职带来的一系列问题。

专栏八：部分领先资产管理机构的多经理人或多策略管理模式实践

美国资本集团（Capital Group）最早于1958年开始尝试多基金经理共管模式，同一只基金通过分仓的方式由多位基金经理共同参与管理，每位基金经理在自己的分仓范围内进行相对独立的操作。

资本集团旗下的基金通常有3~13名经理；除了研究外，还会尽可能做更多的实地调研工作。这些基金经理具有多样化的背景、不同的投资风格和策略，在相关投资问题上也有着明显不同的思维方式。虽然基金经理经常交流投资见解，但他们会根据各自的观点作出独立投资。在这样的模式下，他们构建的投资组合汇集多元化的投资理念，使投资组合可在不同的市场下表现卓越。

美国保德信金融集团也采取了这种独特的多经理人管理模式，根据不同的投资策略来划分不同团队的业务范围，分别专注于权益资产、固定收益、房地产、量化权益投资、商业抵押、私募固定收益、共同基金和国际投资，而且这八个专业团队均以**独立法人**形式从事相应的专业投资。依据投资策略来进行部门划分使各个团队能够专注于各自的优势业务，也为投资者提供多样化的选择。其中，权益、固定收益、房地产等相关策略分别由两个团队来具体负责不同的细分策略。

第六，全球资产管理行业Alpha与Beta分化的格局仍在深化，指数基金继续崛起，主动基金表现不佳。（1）2022年上半年主动管理型基金表现不如对标基准的情况仍在持续，主动型权益基金中这一占比为55%，而固收类基金中为70%。被动投资基金方面，1990—2022年，大约每十年ETF资金净流入占比以翻三倍的速度增长。2010—2022年，ETF的净流入占比高达90%。（2）相较于主动型基金，被动型基金具有费率低、底层资产透明（不存在风格漂移）、交易灵活的优点，因此有助于快速提升资产管理规模。虽然费率低，但如果规模增长量较大，将打开利润空间。而对于主动基金来说，由于工具化产品越来越便宜，剔除管理费后将越来越难以产生超额收益。这就导致为追求收益，主动型基金必须向多资产、多策略、另类资产等方向转变与深化。

如图8所示：（1）左边的基金为被动指数基金，基本没有Alpha，并且零跟踪误差，但会占据更多的市场份额。（2）右边的基金则拥有较好的Alpha，但会多资产、多策略，从而拓展更加多元的收益来源，比如，以一级私募市场为主的黑石，以多资产进行配置的二级资管桥水对冲基金等。（3）低跟踪误差而又无法获得较高的Alpha收益的基金将是基金的死亡高发区域。但在此区域，低费指数增强类基金（即Smart Beta类基金）存在机会，因为其能够以较低的管理费产生一定的Alpha。

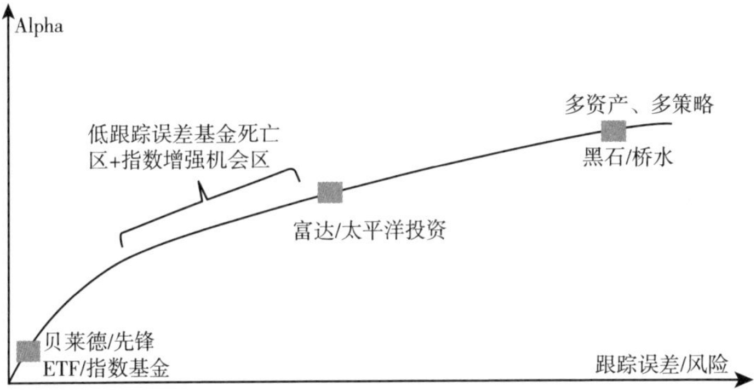

图8　不同类型基金Alpha与Beta的分化

专栏九：美国资产管理巨头指数基金发展经验

全球排名前三的资产管理机构，其指数基金占据绝对的优势地位。其中，贝莱德的指数基金规模占比约为65%，先锋领航的指数基金规模占比约为79%，道富环球的指数基金规模占比约为90%。20世纪70年代至80年代美国股市牛短熊长，进入21世纪后由科技股泡沫破裂及次贷危机引发的两次金融危机再次重创股市，期间主动型基金收益下滑。随后，被动投资逐渐兴起。

贝莱德：1988年成立后就率先开拓指数投资与量化投资策略；2000年后，通过并购美林投资管理和巴克莱国际投资管理，将主动投资和指数投资进行结合，进而为客户提供更加全面的投资解决方案。2009年收购巴克莱全球投资者公司（BGI），获得旗下全球最大的ETF交易平台iShares，进一步扩大了被动投资规模。随后，iShares ETFs成为贝莱德权益、固收类产品规模和业绩的根基和主要增长点。截至2022年末，iShares ETFs为其权益型基金的管理费收入贡献30%，主动型基金以5%的管理规模占比贡献了14%的管理费收入，债券型基金合计管理费贡献为25%。

先锋领航：于1976年推出首只指数基金，即第一指数投资信托基金（后更名为Vanguard 500 Index Fund），不过早期该指数基金并不受市场认可，后期随着计算机技术不断进步以及股票交易成本下降，先锋的指数化概念逐步赢得投资者和市场认可。1985—1999年末，先锋500指数基金总回报率达1 204%（大盘股混合基金类平均回报率886%），该基金规模持续扩张，发行时仅1 400万美元，1988年突破10亿美元，2000年跃升至1 070亿美元。20世纪80年代至90年代公司又相继推出债券市场及股票市场指数基金、国际股票指数基金等被动产品，发行多种挂钩低/中/高市值、新兴/发达市场的产品，在被动投资方面具备较强的先发优势。2021年末先锋指数基金规模4.2万亿美元、占比50%（贝莱德3.4万亿美元、占比34%）。

道富环球：借助ETF成功实现向资产管理业务的转型。1993年道富公司依托先进的计算机与交易跟踪系统开发出了美国第一款ETF基金，1994年成立子公司道富环球投资管理，资产管理业务开始真正发力。之后，道富又不断开发符合共同基金与养老金客户口味的各种国内外市场联接基金，被动投资管理基金开始带动公司资产管理规模的快速增长。

第七，包括PE和私募另类投资等在内的私募市场韧性较强。相对于公募市场投资组合价值的下降，私募市场的规模仍然表现了一定的韧性。2022年上半年，私募市场募资规模达到6 000亿美元，与2021年相差不大（见图9）。在市场疲软之际，投资者为了应对当前宏观环境，对收益导向、通胀保值以及可抵御利率波动的投资策略（如基础设施以及某些类别的房地产和信贷资产）的需求明显增加。

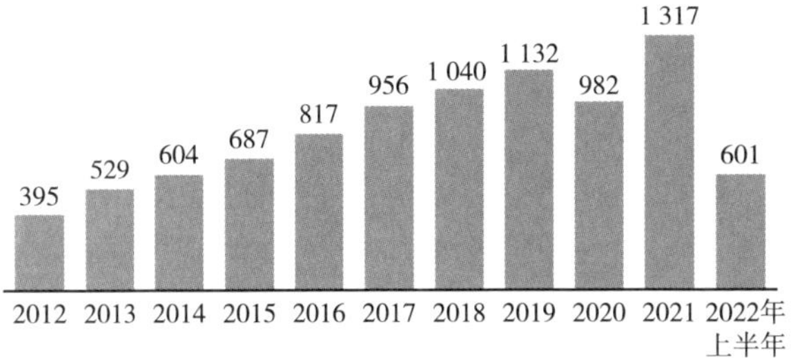

图9　全球私募市场募资规模（10亿美元）

资料来源：麦肯锡《金融行业中国金融业CEO季刊：全球洞见，中国实践》

第八，组合型解决方案兴起。过去十年中，众多北美资产管理机构调整了投资服务重点：所提供的产品不再是针对单一风险敞口的投资，而是更关注投资组合的总体结果，具体方法包括多资产战略、管理账户、提供收费的咨询服务等。而在市场波动较大的时期，对组合型解决方案的需求将更大。在2022年的市场大波动中，标准投资组合、OCIO（外包首席投资官）等投资组合型的解决方案越发受到青睐（见图10）。

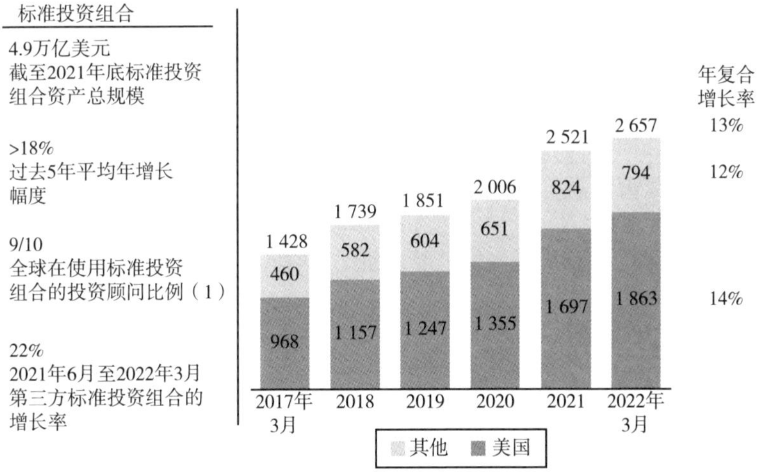

图10　全球OCIO模式资产管理规模（10亿美元）

注：（1）基于2022年3月至4月在全球调研的2 700名投资顾问的观点。

（2）外包首席投资官司。

资料来源：麦肯锡《金融行业中国金融业CEO季刊：全球洞见，中国实践》

专栏十：外包首席投资官的发展

外包首席投资官（Outsourced Chief Investment Officer，OCIO），即投资外包的一种管理模式，由Jonathan Hirtle于1988年创立，2008年全球金融海啸后得到蓬勃发展。经过30年的发展后，截至2022年3月，全球OCIO模式的资产管理规模达到2.66万亿美元，其中近九成资产来自美国的机构投资人，包括养老金、捐赠基金、保险公司和超高净值家庭。

美国Makena Capital成立于2006年，是由斯坦福大学基金团队转型管理而来的独立投资公司，只为客户（大学捐赠基金、家族办公室、主权基金和其他财富投资人）提供资产管理服务并分享收益，不提供管家服务等其他增值服务。目前管理资金总规模70亿美元。该公司采用独立的OCIO模式进行投资，之所以采取OCIO模式，是因为规模低于10亿美元的非营利机构或者家族办公室很难自己投资。

同期诞生的还有Agility（科罗拉多大学，2007）、Global Endowment Management（杜克大学，2007）、Investure（弗吉尼亚大学，2003)、Morgan Creek（北卡罗来纳大学，2004）以及Spider Management（里士满大学，2001）。

二、国内资产管理行业运行情况及发展趋势

（一）资管新规推出5年来国内资产管理行业的四大变化

2018年资管新规正式发布，通过匹配期限、限制通道等角度，从破刚兑、限非标与降杠杆三方面规范资产管理业务，从而拉开了国内资产管理行业转型的大幕，国内资产管理行业正式进入以标准资产为主体、完全净值化的时代。截至2022年末，中国资产管理行业规模为133万亿元，成为仅次于美国的全球第二大资产管理市场（见图11）。

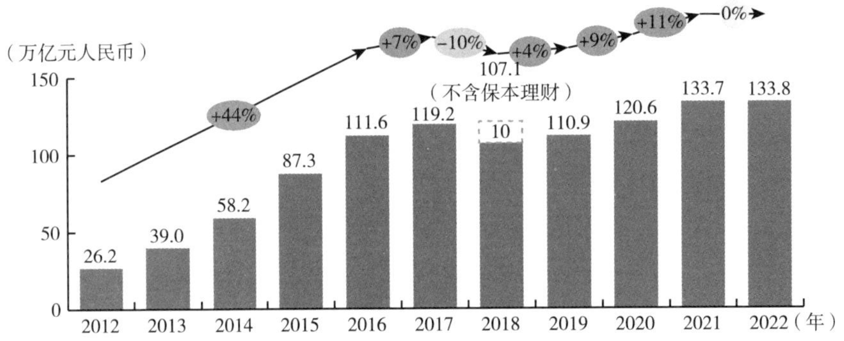

图11　中国资产管理行业规模

资料来源：光大理财《中国资产管理市场报告（2022—2023）》

近五年来，国内资产管理行业出现以下四大变化：

第一，通道业务大幅压缩，主动管理成为主流。在破刚兑、限非标与降杠杆的资管新规要求下，影子银行规模大幅缩水，证券资管、信托、基金子公司压缩通道业务，转向主动管理。根据麦肯锡的测算，截至2022年，影子银行相关业务规模已压降至约20万亿元，已净值化的银行理财产品占比95%（见图12）。

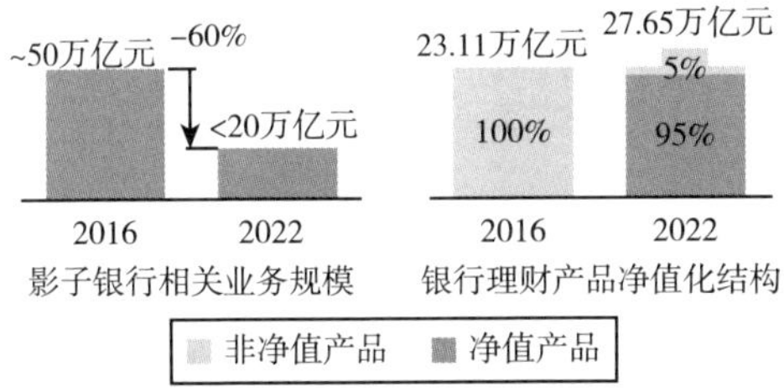

图12　影子银行业务规模与银行理财产品净值化结构变化

资料来源：麦肯锡《金融行业中国金融业CEO季刊：全球洞见，中国实践》

第二，产品策略更加多元。更多创新策略落地，客户产品选择也更加多元。其中，2017—2022年，固收+、被动、FOF、ESG等投资策略高速增长，产品规模年化增速分别为71%、33%、33%和34%。

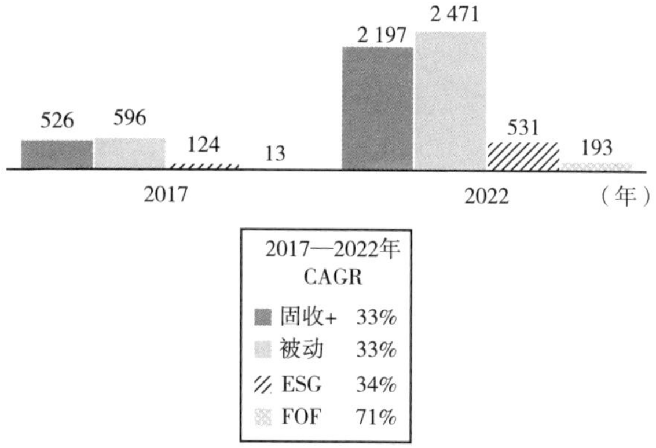

图13　各类型投资策略基金产品规模（10亿元人民币）

资料来源：麦肯锡《金融行业中国金融业CEO季刊：全球洞见，中国实践》

第三，个人投资者数量显著提升。在投资门槛进一步降低和数字化渠道崛起的驱动下，更多个人投资者参与到投资当中。截至2021年，国内公募基金个人投资者数量约为7.2亿人，是2016年个人投资者数量的近3倍；2022年银行理财产品个人投资者数量为9 575万人，是2019年数量的近4倍（见图14）。

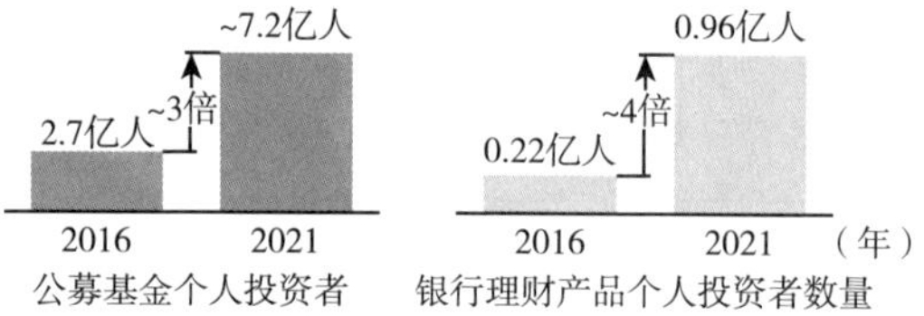

图14　公募基金和银行理财产品个人投资者数量

资料来源：麦肯锡《金融行业中国金融业CEO季刊：全球洞见，中国实践》

第四，参与主体更加多元。一是银行理财子公司和券商资管子公司机构化发展。截至2023年1月，共计31家银行理财子公司正式开业，其中外资控股机构5家。券商资管子公司也不断发展，从2019年的17家增加至2022年的25家。二是信托、理财子公司等更多机构开始布局资产管理业务。保险资产管理方面，保险资产管理公司最早进入资产管理领域，目前管理的大部分资金来自保险公司或养老金，越来越多的保险资产管理公司将目光投向了第三方资金。信托方面，过去十年，主要与私募基金通过法律通道合作，几乎未涉足资管领域。在资管新规非标压降的变化下，越来越多的信托公司将资产管理作为新的业务增长点。理财子公司方面，银行理财子公司是最新进军资管领域的公司，依靠其广阔的分销渠道和庞大的资产负债表，逐渐将自己定为兼具资产和财富管理的金融服务机构。

（二）国内资产管理行业发展的八大趋势

第一，净值波动成为常态，资产管理机构投研能力和净值化运营能力将面临更大考验。净值化转型对于资产管理行业的影响极为深远：一是在产品端驱动业务模式转型，从资金池模式向独立运作模式转变；二是在投资端驱动策略转型，从配置型策略向交易型策略转变；三是在销售端驱动投资者教育升级，从“隐性刚兑”向“买者自负”转变。此外，为配合净值化转型，资产管理机构需针对投资者不同风险偏好，主动优化产品货架设计，完善资产配置策略，同时加强投资者教育和投后陪伴，引导投资者理性认识估值波动，并树立正确风险偏好和长期投资的理念。

第二，国内也将走向全球的Alpha与Beta分化格局，以“固收+”和FOF为代表的多资产、多策略品种，以被动投资为代表的工具类品种，有望实现快速增长。被动投资近年来驶入发展快车道，产品类别日益丰富。投资方向从过去单市场的股票投资逐步发展到跨市场股票指数、债券指数、商品指数和境外指数等，在投资风格上也从宽基指数逐渐细分到行业指数、主题指数、策略指数等。在费率劣势下，为追求收益，以“固收+”、FOF为代表的多资产、多策略方向将持续深化。展望未来，两者均为重要机遇，越早设立的产品越可能占据更高的市场份额。

第三，作为现有投资组合的有益补充，另类投资逐渐兴起。另类资产与股债相关性较低，能够帮助组合更好地穿越周期，平滑收益。展望未来，四大赛道存在机会。一是不动产和REITs。REITs工具加速落地，为不动产投资退出提供关键路径。新周期下新型城镇化、新基建、专业产业园区等领域大有可为。二是逆周期特殊机遇投资。随着环境不确定性加剧，在产业转型和整合加速的背景下，特殊机遇投资将迎来机会。三是并购型私募股权投资。在高质量发展引领下，国内产业结构优化与企业提质增效提速，产业整合与企业分拆、剥离趋势上升，为中国并购基金带来广阔的发展空间。四是私募债权投资。资管新规落地后，中国私募债权融资模式和资金主体将逐步转变，基金化私募债权投资规模有望持续提升。

第四，财富管理市场将成为增长亮点。近几年，我国财富管理市场蓬勃发展，根据麦肯锡测算，2030年中国个人持有资产管理产品规模预计将达到118万亿元，相比2022年将带来70万亿元的资金净流入。目前中国的财富管理市场尚未出现具有绝对优势的机构，私人银行、信托机构和部分财富管理平台虽已凭借渠道、产品等优势捷足先登，但该市场仍有较大空白待填补。展望未来，财富管理市场将呈现客户人群多元化、产品结构权益化、线上线下无缝客户体验、资产配置全球化等特点。

第五，养老金市场迎来发展机遇。养老金是全球资产管理市场最重要的资金来源之一，在日益严重的老龄化压力下，国内的养老金市场规模将持续扩大。根据中国保险行业协会发布的《中国养老金第三支柱研究报告》预测，未来5~10年，中国预计将面临8万亿~10万亿元的养老金缺口。具体来看，国家社保基金将随国资划转而加速扩容，职业年金和基本养老金市场化管理规模与日俱增，个人退休账户计划（Individual Retirement Accounts，IRA）也有望迎来发展良机。根据欧美的经验，资产管理机构如能在养老金市场分一杯羹，就能在资产管理市场中拥有一席之地（见图15）。

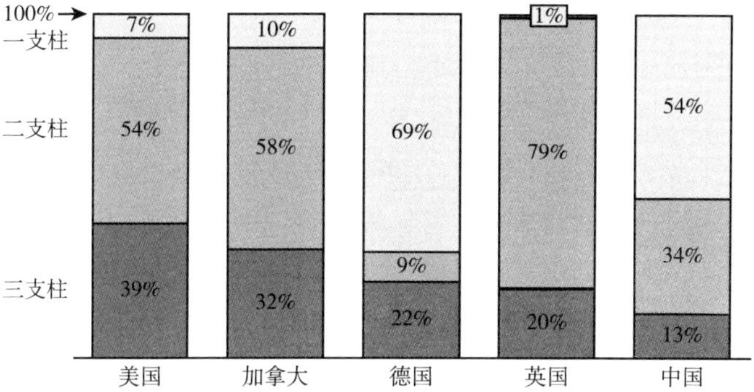

图15　2021年各国养老金体系结构

注：（1）德国为养老金年缴费规模占比，2020年数据。

（2）2020年数据。

资料来源：麦肯锡《金融行业中国金融业CEO季刊：全球洞见，中国实践》

第六，费率下降已成行业共性趋势，利润空间被压缩。从全球经验看，费率下降已经成为行业的共性趋势。中国市场近年来各类基金费率也呈稳中有降趋势，其中债券型基金降幅最为显著，2012—2021年降幅达43%。从全球23BP的平均费率来看，国内费率或还将进一步下降。在日益激烈的竞争格局下，资产管理行业利润率将进一步承压（见图16）。

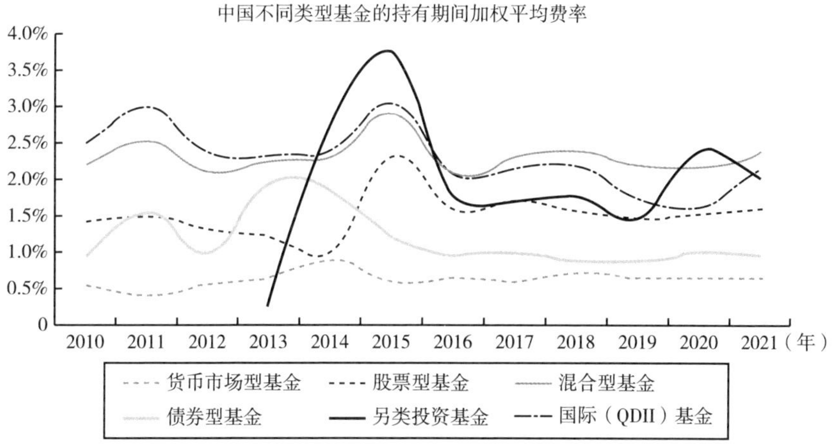

图16　不同类型基金的持有期间加权平均费率

资料来源：中金公司

第七，商业模式由“产品销售”向“客户需求驱动的投顾模式”转型。目前国内大多数财富管理机构仍采用销售自有产品为主的经营模式；尚未实现以客户为中心，客观、中立、专业的投顾服务，导致不少客户需通过多个机构进行分散资产配置，无法满足其一站式、多元化的财富管理诉求。然而，随着资产配置逐步走向多元化，对资产配置的专业性要求不断提高。由于国内个人投资者的理财知识、投资理念尚未跟上供给端的演变，其自主参与投资的难度正在加大，对专业投顾的需求也日益增加，能够为客户提供解决方案式资产管理服务的机构将获得更多先发优势。

第八，科技将在业务发展上扮演更为重要的角色。科技已经广泛应用到资产管理业务的各个环节，金融科技对资产管理机构传统业务模式的渗透和颠覆仍在继续，科技优势将成为资产管理机构的核心竞争力之一。无论是既有资产管理机构在实现规模倍增时有效提升管理效率，还是新进入者跨越护城河时填补市场空白、解决痛点，都需要科技赋能。国内尚未出现贝莱德阿拉丁式的资管集成系统，也缺少可在行业内规模化推广应用的资管科技平台，在资产管理机构的转型过程中，能够在科技上占据领先优势的资产管理机构可能获得碾压式优势。

李巍

中再资产管理股份有限公司

现任中再资产管理股份有限公司党委书记、副董事长、总经理，中再资产管理（香港）有限公司董事长。

1971年出生，香港大学经济及工商管理学院管理学博士，北京大学光华管理学院高级工商管理专业硕士。拥有20余年经济金融从业经历，对保险市场、保险公司资产负债管理、全面风险管理有深入理解，熟悉资本市场运作和保险资产管理，海外资产管理领域经验丰富。任中国金融40人论坛常务理事，中国保险资产管理业协会行业发展研究专业委员会主任委员。

曾任中国再保险（集团）股份有限公司战略客户部总经理，中国大地财产保险公司党委委员、副总经理，北京分公司党委书记、总经理，光大永明资产管理有限公司党委委员、副总经理，光大永明人寿保险公司业务总监等职务。

坚持价值原则　坚持系统观念
双循环新格局下推进保险资产管理公司高质量发展

中再资产管理股份有限公司　李巍

一、新形势下资产管理与投资范式面临嬗变

当前全球政治经济格局处于新旧秩序交替，科技革命和产业变革加速发展的阶段，多元分化与不稳定性、不确定性成为常态。

（一）全球经济发展的前景面临不确定性，产业安全成为高质量发展重要主题

基于经济资源配置和产品流通的比较优势，全球构建了相互联结的供应链，形成全球化红利。2008年金融危机后，由于贸易摩擦加剧以及金融监管不断加强，贸易层面和金融层面全球化有所放缓。2020年新冠疫情暴发进一步暴露出全球供应链脆弱性，全球经济跌入大萧条以来最为急剧的衰退。俄乌冲突再次引发地缘风险巨变，逆全球化由“自下而上”向“自上而下”演变，“脱钩断链”负面影响持续释放，全球经济滑向“金德尔伯格陷阱”风险增加，全球产业链面临深度重构。

美国相继推出《2021美国创新和竞争法案》《芯片与科学法案》等，加快关键产业链本土化进程。我国产业链供应链面临着多重压力，“卡脖子”技术供给短缺、产业安全成为中国面临的最大发展挑战。能否在国际遏制的环境下完善自身产业链，补足科技短板，成为中国未来能否安全发展的决定性因素，更加凸显加快构建新发展格局的迫切性。助力找准“两个市场”和“两种资源”比较优势，服务产业转型升级应对逆全球化和全球价值链重构，更高效地参与全球分工，成为

金融高质量发展的全新要求。

（二）国内经济修复的力度节奏存在不确定性，数字经济有望成为新增长引擎

短期来看，三年疫情冲击导致企业和居民的资产负债表阶段性受损，报复性消费和住房投资反弹的力度可能有限，需要时间进行修复，疫情余波可能继续压制干扰经济复苏；经济结构亦有待深度优化，部分过剩产能出清的尾部风险加快释放，信用风险还在高发阶段等。长期来看，人口老龄化持续加重和高债务杠杆削弱和抑制总需求，潜在经济增长的中枢下移是新常态新特征。

过去30年中国市场凭借劳动力红利与制度改革红利等多种优势，吸引了全球资本，经济实现长期稳定增长。转向高质量发展阶段后，经济增长由量的增长转向质的提升，劳动力、土地等传统要素的比较优势正在趋于紧张，传统增长动能趋弱，亟须创新驱动成为新动力源泉，实现生产要素重新组合。当前，数字经济已经呈现出智能化、量子化、跨界融合、深度渗透、变革速度指数化等新特征，有望对现有的社会结构、供需结构，以及生产、交换、分配、消费、投资等生产全过程带来改变。在此过程中，如何更好地服务于实体经济创新发展，成为金融高质量发展的重要导向。

（三）金融市场的稳定充满高度不确定性，资产管理和投资范式面临系统性转换

发达经济体通货膨胀持续高企与政策激进调整，经济衰退风险加剧，“黑天鹅”与“灰犀牛”事件频出。2022年以来相继爆发英国养老金危机、黑石CMBS基金违约、硅谷银行风险事件。过去40年来经济全球化和金融自由化带来的金融过度扩张，在通胀和利率抬升的新环境下，经济金融的薄弱环节和脆弱地带的风险容易突然暴露并迅速向外传导，形成流动性风险、市场风险与信用风险相互交织、螺旋式传

导上升的复杂局面。金融的核心和本质是配置风险，为应对国际经济金融形势的变化，不断提高风险管理水平成为金融机构高质量发展的关键议题。

全球货币紧缩的影响向国内市场传导，资产价格波动加剧。一级市场交易呈现二级化现象，私募股权投资成长类项目承压，融资受阻，甚至产生流动性压力；二级市场方面，资管机构强化防御性投资能力，价值风格回归，保持成长与价值均衡配置成为更为理性的策略。投资者更加关注另类资产通胀对冲作用，安全成为重要的投资主题，Flight to Quality成为主流的投资趋势。

疫情暴发强化了机构投资者对责任投资理念的重视和认可。在极端气候挑战及全球“双碳”目标引领下，可持续投资已经成为全球共识性价值观。根据GSIA统计，ESG投资资产管理规模年复合增速约15%，超过全球资产管理行业增速。全球领先资管机构正在推动ESG能力体系，从“被动筛选”到“主动管理”、从“标准化应用”到“多元化组合”、从“融入式投资管理”到“生态化服务体系”三大转变，可持续投资正在成为金融高质量发展的主旋律。

二、恪守价值、回归本源，深度融入新发展格局

（一）坚持回归保险经营客观规律，着力强化推动资产负债协同发展

保险公司的利润来自承保利润和投资收益。过去10年，保险资金运用渠道的不断拓宽，跨市场、跨周期的投资管理能力不断提升，有效实现了保险资金长期保值增值的目标，对保险公司提高经营效益有着重要的作用。利率中枢趋势下行过程中，资本市场波动加大，靠投资驱动的传统保险盈利模式面临风险与挑战。需从保险行业本身的价值链特点出发，进一步提升承保端盈利能力，发挥投资对保险公司价值链的改进和优化作用，平衡资产、负债收益创造，通过承保、投资协同发展创造价值，将成为持续高质量发展的关键内容。

2023年部分保险公司开始实施IFRS9金融工具准则、IFRS17保险合同准则。财务报表不仅是保险公司经营活动成果的计量，也是高质量发展能力的反映。在新准则下，保险公司应当综合考虑当前宏观经济周期与金融周期特点，树立经营理念和盈利模式，综合平衡会计利润、净资产波动和资本管理要求，更加合理地设置经营目标和投资收益目标。保险资管机构作为保险公司主要受托管理人，努力参与资产负债管理全链条工作，根据负债端所面临的市场变化，主动优化大类资产配置，调节资产久期，减少保险资产与负债在期限、收益和风险上的错配。负债端则要坚持稳健为主的产品定价策略，产品、精算、投资、销售协调一致，严格防范产品定价风险和利差损风险。通过资产端、负债端的良性互动，实现动态、可持续的匹配。

（二）坚持回归保险投资基本逻辑，着力强化机构投资管理能力建设

保险资金投资目标为保单持有人带来长期可预期的稳定回报。在长期实践过程中，保险投资逐渐形成了“SAA（战略资产配置）—TAA（战术资产配置）/动态再平衡—投资管理人选择和绩效评价—组合管理”较为成熟的投资价值链环节，并根据发展阶段、资源禀赋和能力特征，不断优化改善各个环节业绩贡献。过去10年，保险行业财务收益率平均约5.3%，实现了持续稳定的正收益，有效覆盖了负债资金成本，且收益率波动性远低于其他机构投资者。与此同时，由于面临着来自委托人中短期要求、年度财务披露需要与同业竞争压力，保险资管机构也形成了“兼顾短期与长期、平衡相对与绝对”的均衡投资风格。

在新发展格局下，经济增长模式、融资模式、政策调控思路转变，资本市场中长期特征影响市场主体行为、资产风险收益特征都发生了显著变化。对于保险资管机构，一是要进一步深刻理解保险资金属性特点，深刻认识保险投资规律，树牢长期投资、价值投资、稳健投资的理念，着眼趋势性、结构性的变化，增强对市场的敏感性；二是要继续不断完善自上而下的投资研究框架，拓宽保险资金可投资产品种，

丰富风险管理工具箱，提高投资组合的韧性和质量，统筹做好收益性、安全性、流动性管理，力争穿越市场周期和短期波动；三是要强化公司治理、全面风险管理和资本管理，将ESG融入保险资产管理核心理念，实现价值投资与价值观的统一。

（三）坚持回归保险行业本源初心，着力强化推动服务实体经济发展

金融是实体经济的血脉，保险是现代金融体系重要支柱，加快构建以国内大循环为主体，国内国际双循环相互促进的新发展格局，扩大内需是促进国内大循环的关键一步。保险作为扩大内需潜力、居民消费提供强大的支撑力量，能够充分发挥保险经济补偿、资金融通和社会管理职能，满足人民群众日益丰富的风险转移和财富管理需求。

保险资金长期性、稳定性的特点，有助于实现保险投资的连贯性，意味着能够承担相对更高的波动、相对更低的流动性要求，在市场出现定价偏差时进行左侧投资、逆向投资和价值投资，获得长期可预期的稳定回报的同时，降低市场大幅波动风险，成为资本市场稳定运行的“压舱石”。

在中国经济结构升级、创新发展过程中，作为世界上最大的制造业经济体，核心资产内生价值创造逻辑将进一步确立。高端制造业、创新企业和引领性产业集群需要长期资本和耐心资本支持。保险资金能够很好地在重点领域发挥骨干作用、在薄弱环节发挥引领作用、在关键时期发挥逆周期调节作用。近年来，监管逐步放宽保险资金投资创业投资基金和股权投资基金的要求，为实体经济提供更多股权性资本，为经济社会发展注入长期资金“活水”。

截至目前，保险资金通过固定收益投资、权益投资等方式累计为实体经济提供中长期资金超过20万亿元，积极创设多元化的保险资管产品直接对接基础设施领域和重大工程项目，聚焦乡村振兴、科技创新、社会治理等重点战略领域，金融服务实体经济质效明显增强。

三、守正创新、协同发展，推进再保险资管能力优势释放

（一）秉承“再保险”稳健基因，完善再保险资金投资方法论

再保险作为“保险的保险”，既是一种特殊形态的保险，兼具保险资金的属性；同时也作为保险机构在更大范围内化解风险的渠道、缓释保险业风险和保障实体经济发展的“稳定器”。再保险由于本身业务属性，资金来源更为国际化、资金成本更加市场化的典型特征，在宏观经济周期、保险行业周期与金融市场周期“三期叠加”，在气候风险、巨灾频发的整体环境下，对再保险资金投资管理都提出了更高要求。

近年来中再资产管理股份有限公司（以下简称中再资产）持续资产配置方法论，在实践中不断迭代更新，深入完善与负债、资本、风险一体化工作机制，持续加强投研—配置—投资联动，逐步形成了从资产配置、策略管理、品种投资和风险管控的闭环管理模式。在资产配置上，坚持以跨周期的长期价值投资思维，以多资产、多策略、定量与定性相融合的组合动态管理思维，不断优化战术资产配置动态调整与平衡机制，增厚资产配置的贝塔收益。固定收益投资始终坚持长周期与短周期相结合，通过稳健配置，持续发挥“压舱石”作用；公开权益投资坚持价值投资理念，灵活把握结构性机会；另类投资秉承中再特色“基金+直投”投资策略，市场影响力保持活跃。

中再集团的全球化业务特点、国际化机构布局客观上决定了必须开展跨区域资产配置、跨市场投资布局。伴随国家金融对外开放及集团自身国际化战略稳步推进，进一步平衡境内、境外保险业务拓展及投资资产分布，真正具备全市场、全品种、多资产、多策略的投资管理能力，将成为可持续跨越发展的关键因素。与此同时，通过资产端—保险端—再保险业务的联动，将保险公司的诸多风险以业务组合方式承保到再保险公司的资产负债表上，有助于巨灾、长寿等风险在不同地域之间分散，实现社会总体的风险缓释作用。

（二）把握“再保险”资金特点，找准服务国家战略的着力点

由于再保险业务特点，现金流呈现相对偏紧张，规模体量不具有显著优势，因此公司更加重视找准投资管理与服务国家战略的结合点，提高专业性、效率性和灵活性，并通过投资端与产品端“双轮驱动、双向发力”，聚焦重点区域、重点领域、重点行业、重点企业，精准提供适配的金融服务和产品，确保把宝贵金融资源投向国家发展战略和政策需要的重点领域和薄弱环节。

在服务实体经济方面，通过基础设施、不动产债权计划、资产支持计划等方式，助力地方基础设施和重大项目建设，降低实体经济融资成本、保障民生，拉动经济增长。通过创新投资小微债等方式为中小企业发展提供长期稳定资金支持；不断挖掘具备长期发展潜力，能为国家经济做出更多贡献的优秀公司作为长期投资品种；积极推动基础设施领域REITs健康发展，助力盘活存量资产，增强资本市场服务实体经济能力。

在服务科技强国战略方面，持续跟踪科技前沿领域、战略性新兴产业发展方向，积极布局半导体、人工智能、新科技等科技前沿领域、战略性新兴产业。以高科技、产业转型升级领域作为投资重点，持续加大投资力度服务高科技产业创新发展，主动对接产业结构转型升级的投资机会。

在服务绿色转型发展方面，积极参与绿色债券、能源企业债券投资、绿色非标项目，发展匹配国际能源格局调整相适应的金融支持体系，把握绿色低碳经济发展机遇，服务“碳中和、碳达峰”目标。推动ESG产品体系构建与创新，设计开发ESG主题产品、绿色债产品等创新产品，丰富资产配置方向，践行ESG社会责任。

在服务健康中国战略方面，探索参与疫苗药物、基因快速检测技术、健康管理、医疗“智慧化”等医疗健康服务的行业发展，将该领域作为完善投资组合的优先选择方向，加大投资力度，在稳健经营、

有效控制风险前提下，配置符合服务健康中国战略的私募股权基金或相关优质企业。

（三）坚持系统观念，推动保险、再保险、资产管理生态圈健康发展

经济增长模式转向创新驱动，需要与之匹配的综合金融体系支持。与其他类型资产管理机构相比，保险资产管理机构拥有全品种投资优势，也拥有投行业务牌照；同时，由于长期管理保险资金，对于风险管理更有深刻的理解和认识。近年来，再保险行业从保险承保能力提供者向保险行业与实体经济的连接平台转变，向风险管理产品服务与支持创新引领者转变。

中再资产积极协同中再集团系统优势，以“保险、再保险+资产”，探索构建形成再保险资管公司特色的服务实体经济的新业态。一方面，充分发挥中再资产金融服务能力、产品管理能力，强化对企业综合支持能力，在更多领域开展更为广阔且深入的合作，推动产业融合集群发展，拓展服务区域，为重大战略、科技自立自强、产业链供应链现代化、绿色低碳发展，为实体经济健康发展提供多元化资金渠道。另一方面，充分发挥国有再保险公司的政策、科技、数据等方面优势，引入风险管控和农业风险管理手段，探索有针对性的保险、再保险业务合作，满足客户引进产业、培育产业和风险管理的综合金融需求。

罗水权

平安资产管理有限责任公司

2017年加入平安资产管理有限责任公司，历任公司副总经理、常务副总经理，现任公司党委书记、总经理。同时担任中国保险资产管理业协会资管科技专委会主任委员、上海资产管理协会副会长兼金融科技专委会主任委员。

罗水权先生在金融领域服务超过20年，在资产管理公司经营管理、投资业务数字化建设、战略创新业务发展等方面具有丰富的经验，2020年荣获“上海领军金才”称号，2021年荣获“沪上金融家”称号。

把握机遇　未来可期
——保险资产管理公司高质量发展的平安实践

平安资产管理有限责任公司　罗水权

党的二十大描绘了中国式现代化的宏伟愿景，为金融报国和金融服务经济高质量发展提供了根本遵循。深入学习贯彻党的二十大精神和中央经济工作会议精神，以习近平新时代中国特色社会主义思想为指导，坚定不移走中国特色金融发展之路，把党的二十大作出的重大决策部署付之于行动、见之于成效，奋力书写金融服务中国式现代化新篇章，是我们每个金融机构的责任和使命。

高质量发展需要高质量金融。党的二十大报告提出了全面建成社会主义现代化强国的发展目标，开启了建设中国式现代化的新征程，为金融资产的未来布局和配置指明了方向，同时也提出了新的要求。

作为我国金融体系和金融市场的重要组成部分，面对当前国际国内复杂多变的经济金融新形势，站在新起点上，我们要充分守护好保险资管业自身的独特优势，加快自身能力建设，把握新理念、认清新形势、应对新挑战，走好中国特色保险资管高质量发展之路，为中国式现代化建设贡献力量。

一、保险资管行业发展实践

保险资产管理业经过20年的改革探索，逐步形成并确立了管理长期资金、配置长期资产、创设长期产品的核心业务专长，在支持实体经济、国家战略、民生建设和保险主业发展方面发挥了重要而独特的作用。

（一）保险资管深化价值创造，支持经济高质量发展

峥嵘二十年，保险资管坚守“金融报国”的初心，紧扣“保险姓保”使命，积极融入经济高质量发展新格局，以高质量行业发展推动高质量经济发展。

一是保险资管是险资运用的主力军，为险资长期保值增值提供专业投管服务。回顾我国保险资金的管理模式，1980年起，保险业恢复经营，险资运用缺乏明确规则；至1995年，《保险法》确立了安全性至上的原则，投资许可范围大幅收窄。2003年以后，随着保险业资产规模的增长，保险资金运用领域推行一系列改革措施，逐渐形成目前的投资管理模式，其中包括支持大型保险公司设立保险资管公司、通过独立法人运作吸引投资专业人才。目前保险资管公司受托管理保险业70%以上的资金，成为保险资金运用的主力军。过去十年，专业保险资产管理机构从最初的13家增至33家，管理规模从4.98万亿元增至21.35万亿元，累计增长3.29倍。保险资金管理规模从4.94万亿元增至17.83万亿元，累计增长2.61倍，年均增速14.04%。与此同时，保险资管产品业务也发展迅速，存续产品数量3 494只，存续规模6.37万亿元，年均增速37.33%，成为长期资金服务实体经济的重要工具。保险资管受托管理的保险资金虽是期限最长、风险偏好最低、约束条件最多的资金之一，但保险资管利用自身管理集约化、运作规范化、投资多元化的优势，经过十余年改革与探索，为保险资金的长期保值增值做出了持续贡献。近十年来，保险资金的年均财务收益率为5.3%。

二是保险资管是实体经济的压舱石，是服务实体经济的重要力量。金融是实体经济的血脉，为实体经济服务是金融的宗旨和天职，也是防范金融风险的根本举措。过去十年，在引导长期资金支持实体经济的大背景下，保险资管行业踔厉奋发，与实体经济同频共振。保险资金通过债券、股票、股权、保险资管产品等方式，为实体经济提供中长期资金支持。截至2022年末，债权投资计划、股权投资计划和保险

私募基金共登记（注册）2 882只、规模近6.33万亿元，主要投向战略性新兴产业发展、重点基础设施、区域发展、国企混改、民生建设、防疫抗疫、脱贫攻坚与乡村振兴等。

三是保险资管是资本市场的稳定器，是资本市场的主要机构投资者。投资期限长是保险资金的天然属性和最大特点之一，这决定了保险资金必然成为资本市场长期资金的重要来源。近年来，保险资金债券和股票投资规模稳步增长。截至2022年底，债券投资超10万亿元、股票投资规模超3万亿元，保险资管机构已成为债券市场、股票市场最大的机构投资者之一。

（二）保险资管面临的新形势新挑战

从行业外部环境看，宏观层面，世界政治经济格局深刻变革和重塑，国内外环境更趋严峻复杂，不确定性加大，困难风险增多，扰动因素增加。中观层面上，金融市场运行震荡波动，大资管竞争日趋激烈，国内消费尚未完全恢复，保险业已步入低增速阶段。政策层面，随着保险资管相关政策出台和监管体系逐步完善，保险资产管理业逐步迈向高质量发展的新阶段，保险资管机构要在推动转型、规范发展、提升质量、维护安全等政策目标多元化、管理细密化的前提下，统筹协调、积极适应新环境，满足行业发展新需求。

从行业内部发展看，负债端层面，一方面宏观经济不确定性冲击居民保险产品消费意愿，偏离市场需求和客户细分的同质化产品市场受限，保费增长承压；另一方面，保险业自身在发展理念、公司治理、经营方式等方面，正处在从粗放式发展向高质量发展的转型阵痛期，新的业务模式尚未成熟，传统业务模式难以为继。资产端层面，利率中枢长期下行，险资长期收益率面临挑战。资本市场在不稳定的宏观环境下波动性加大，更增加了资产配置、风险管理的难度，风险和收益的平衡面临更大的挑战。随着国内经济增长进入高质量发展阶段，传统地产、基建等行业融资需求回落，近年来国内债券市场利率中枢持续下行，可能带来严重的利差损失风险。信用风险日益加大，资产质量面临考验，2018年以来信用债新增违约主体大幅增加。

（三）新的监管政策出台，为保险资管行业发展升级了顶层设计

2022年8月，银保监会修订发布了《保险资产管理公司管理规定》，从六方面为保险资管公司发展升级了顶层设计：第一，明确保险资管的功能定位和价值取向，为保险资管行业全面参与中国大资管时代市场化发展奠定了基础；第二，新增公司治理专章，强调经营权与所有权的分离，全面强化公司治理监管约束；第三，将风险管理独立成章，从风险管理体系、关联交易管理等方面进行增补，对保险资管公司行稳致远提出了更高要求；第四，调整股东准入及股权管理要求，明确保险资管行业的一参一控标准，允许境外机构持有股份超过25%，加强保险资管公司的股权管理；第五，全面优化经营管理监管体系，细化经营范围规定，使保险资管对外专业能力输出有了法律依据，同时保留设立分支机构的内容，为搭建全能型资管公司预留空间；第六，增强监管手段和违规约束，丰富监督检查方式方法，同时增加专业机构违规责任、财务状况监控和自律管理等内容。该管理规定的出台必将引领保险资管公司进一步建立市场化、长期化的经营理念，从而更好地推动保险资管行业实现高质量发展。

二、平安资管努力发挥专业优势，积极融入新发展格局

平安资管作为保险资管行业重要成员之一，始终牢记初心和使命，努力发挥自身优势，在高质量发展中担当作为，积极助力资本市场建设和实体经济发展。

在服务资本市场方面，平安资管持续保持增长，在资本市场直接持有的债券和股票已达2.3万亿元，并通过持有公募基金、组合类保险资管产品、其他金融产品等方式持续支持资本市场发展建设。

在服务实体经济方面，平安资管始终牢记“回馈社会、建设国家”

的初心使命，坚持长期投资、价值投资、多元投资策略，在助力乡村振兴、服务国家区域战略、绿色投资、先进制造产业、新基建等多个领域持续投入，累计投入实体经济的资金超1万亿元，连续多年新增投资规模位居行业第一。以长江经济带为例，横跨中国东中西三大区域的长江经济带发展是以习近平同志为核心的党中央作出的重大决策，是中央重点实施的“三大战略”之一。多年以来，平安资管通过与长江经济带各重要省市，如上海、武汉、重庆、南京等地的地方政府或企业机构合作，累计为市政基础设施类工程项目投资逾400亿元，为交通类项目投资逾700亿元。近几年，平安资管还在环保领域持续发力，强化绿色金融理念，坚持以服务人民生活为本，切实履行自身社会责任，为实体经济发展持续贡献力量。

（一）始终坚持党建引领，践行平安新价值文化

中国平安的每一步跨越，都离不开中国共产党的坚强领导，离不开党的改革开放政策和创新发展的伟大实践。进入新征程，中国平安提出“以人民为中心，以民族复兴为己任，为实现‘中国梦’而不懈奋斗”的平安愿景。在新时代，平安以新价值文化激发金融创新，推动平安高质量发展，核心在于坚持和加强党的全面领导，坚持以人民为中心的发展思想，落实金融工作的政治性和人民性。作为混合所有制的领先金融企业，平安创新提出“三个融入”的非公党建模式，党的领导融入公司治理，党的建设融入组织建设，党的精神融入文化发展。

作为平安集团投资板块核心成员之一，平安资管持续推进高质量党建，坚持党委执委融合，紧跟国家战略，践行新价值文化，努力打造具有中国特色、具有保险资管特色的经营发展优势。一是全面落实党委班子与经营管理班子“双向进入，交叉任职”，强调一岗双责；建立双周党委执委联席会议制度，确保党组织前置研究公司重大问题，把方向、管大局、促落实。二是持续完善组织建设，发挥党员带头模范作用。根据业务特点将支部建在部门，夯实基层基础，增强队伍战

斗力；党员干部冲锋在前，表现突出，在公司绩效Top 20中，党员占比40%。三是持续开展“三不腐”教育，健全纪委监督体系，推动党的监督触角延伸至每个业务角落。

（二）不断夯实投研能力，用专业创造价值

平安资管不断夯实专业的投资管理框架，形成更有体系的资产配置、组合管理、风险管理等内部流程，围绕固收投资和权益投资业务线持续发力，运用科学的投资决策方法以及先进的科技系统工具，提高资产管理工作的专业性和纪律性。

一是强化投资队伍。立足内部培养，兼顾吸收外部新鲜血液，持续打造风格稳定、积极进取的投研团队。投研团队人员构成稳定，超过80%人员具备5年以上投研相关经验，多名成员具有海外知名机构学习及工作经验。完善内部人才梯队，培养潜才；升级配套激励机制、保障短期业绩的同时，兼顾促进业务长期、稳健发展。

二是完善投资体系。提炼投资方法论，加强固收投研体系建设，启动权益行业比较体系建设，夯实资管投资实力。完善资产配置能力，建立资产配置方法论，覆盖宏观、策略、组合管理；迭代品种投资能力，依托投资方法论及配置能力建设，进一步提升品种投资能力。具体而言，在投资决策流程方面，平安资管注重全流程管理，在实践过程中总结形成了一套完善的决策机制；以固收投资业务为例，投资决策流程主要包括投资研究、投决指引、组合构建、风险管理四个方面。在投资理念方面，在长期的投资实践中，平安资管逐渐形成了具有实战性的投资理念。如基金投资业务，以风险为导向，以策略配置为出发点，精选管理人，做分散化投资，分散组合风险、分散收益来源，以获取长期稳定的收益目标。

三是研发“先进武器”。平安资管加大科技投入，把保险资管的业务和科技有机结合，着力通过科技手段和系统建设全面提升投资能力、交易运营能力、风险管理能力、销售客服能力等。在FOF投资方面，

研发的KYMF平台将平安资管FOF投资“专于配置，精于选人”的理念落地在系统平台，实现基金经理初筛打分、画像，组合构造及风险管理多种功能，有效助力FOF投资，为客户提供最适合的FOF投资方案，真正践行“以客户为中心”的经营理念。在固收投资方面，打造的KYZ Bond实现高效、动态、主动的固收投资管理，通过编制平安信用、经济、货币等周期指数，刻画市场环境，打造八象限债券投资时钟，实现优化和构建MOPO组合，深入跟踪资产配置情况，系统化挖掘相对稳健的结构性Alpha。

（三）强化风险管理水平，用专业守护价值

平安资管积极在建立全面风险管理体系、夯实风险管理能力方面进行了相关探索。

一是在信用风险管理方面，建立风险预判和提前处置机制。在风险预判上，平安资管部署了“鹰眼计划”，高频扫描持仓信用主体，及时对高风险企业进行预警。近两年通过排查主体4 700家（次），预警100余家主体，并识别20多家风险主体，将其纳入“鹰眼计划”。在提前处置上，平安资管推行“斩首行动”，推动前瞻性处置，根据预警信号高效运作执行，近两年来共处置风险债券超70亿元，及时有效地降低了信用风险暴露。

二是在市场风险管理方面，健全前瞻性动态风险预算管理，根据目标收益和底线风险要求，构建风险与收益相匹配的市场风险管理方案，并对风险预算进行动态监测，及时进行风险资产仓位调整。通过一系列举措，守护长期资金收益稳健。

三是在流动性风险管理方面，公司构建了流动性风险指标体系，在投资和交易过程中，严格执行流动性的比例，对资产组合流动性风险暴露程度进行动态监控和评估。针对货币产品的流动性管理，公司跟踪市场资金利率情况，定期检视货币类产品资产端变现及融资能力，及时提示流动性风险。

四是在合规风险管理方面，深化“法规+1”，坚守合规经营。不断提升全员合规意识，强调底线思维，通过合规宣导常态化，围绕“三不腐”塑造清廉文化；及时自查自纠，做好内部合规监控，加大问责处罚力度，严格落实对违规行为合规问责；完善合规内控制度，提升管理效能，在全量检视公司现有制度基础上开展制度“立改废”工作。

三、把握机遇，创新共赢，未来可期

党的二十大擘画了中国未来发展蓝图，为今后发展指明道路，为现代化建设奠定基础。我们要提高站位，用宏观视野和长远眼光来看待自身的发展；要深刻认识新环境、新形势和新变化，深刻领会国家的新战略、新政策、新制度，把保险资金运用与实体经济发展、国家战略实施、资本市场运行、社会及民生建设和保险主业需要等更加紧密融合在一起，实现共同发展。

平安资管作为平安集团内险资的核心受托方，在新的时代机遇下，在集团的帮助和支持下，将从增强金融服务实体经济水平、服务“数字中国”和“健康中国”等国家战略出发，以专业实干践行新价值文化、以创新发展实现价值最大化。

（一）牢记初心使命，服务实体经济

党的二十大把“创新”作为引领发展的第一动力。坚持创新，坚持高质量支持实体经济，是新时代新格局下金融机构首要的、长期的、必须保质保量完成的政治任务。保险资管应发挥长期投资特色，坚定不移实施创新驱动发展战略。从平安资管的实践出发，将从以下四方面着手：第一，培育经济增长“新动能”，积极布局新基建、高端制造、“双碳”投资等战略性新兴产业，持续助力区域协同、乡村振兴、国企混改等国家重点领域；第二，探索实体赋能“新方式”，加大直接投资力度，积极探索夹层投资、Pre-IPO、Pre-REITs、并购等多种模式；第三，构建机构发展“新能力”，强化创新业务人才队伍建设，构

建直接投资创新业务专项考核激励体系，鼓励创新文化；第四，筑牢风控合规“新防线”，构建审慎稳健的风险政策体系，细化全业务链内控管理流程。

（二）夯实投资能力，深化业务创新

平安资管将利用自身差异化的经验和能力去打造具备竞争力的投资能力和产品体系，为保险资金应对资本市场的低利率和高波动挑战提供能力和工具。

一是打造突出的长期资金管理能力，不断丰富“固收+”、可转债等投资策略，聚焦底层资产拓宽另类投资范围，努力构建与保险资金风险收益特征相匹配的大类资产组合。

二是要利用自身在FOF投资领域“起步早、配置强、选人准”的优势，继续提升“资产配置—行业比较—精选基金—构建组合”的基金投资方法体系，助力险资抓住权益市场发展机会，平滑风险收益。

三是要抓住养老金融体系建设的新机遇，发挥保险资管机构管理长期资金的经验专长，受托管理好各类养老金，让百姓养老钱实现长期保值增值；结合集团“综合金融+医疗健康”的战略升级，通过养老产业投资，布局养老产业链，助力打造“保险+养老”的生态圈。

四是要着力提升产品创设水平，在依法合规、风险可控的前提下，深化保险资管产品业务创新，进一步丰富期限结构、扩大融资范围、增加服务对象、提高产品化程度；不断完善优化产品全生命周期管理，增强获取金融资源和市场客户的能力。

五是要切实将ESG融入保险资产管理核心理念、贯穿投资决策管理全流程，不断优化ESG体系建设，前瞻性地完善ESG产品线布局，不断加快自身投资理念和投资方法的升级革新，在资管行业内树立平安资管独有的ESG品牌。比如平安资管协助平安寿险与中债指数公司定制的“中债—平安人寿ESG整合策略信用债指数”，为保险行业内第一条ESG债券指数；公司首只ESG主题产品“平安资产青松ESG1号

资产管理产品”成功募集。

（三）强化科技赋能，推动提质增效

公司将聚焦“管理建在制度上，制度建在流程上，流程建在系统上，系统建在数据上，数据建在模型上”的管理理念，将数字化内嵌到公司的日常管理之中，继续充分运用数字科技，强化投研能力、提高风险管理能力、提升公司经营效率，力争实现公司全面数字化经营。

一是在数据方面，建设公司级数据中台。建立统一的企业级大数据湖，对内汇集投资业务、研究业务、风控业务、交易业务、运营业务等不同业务线的原始数据，形成内部私有数据湖。对外作为外部数据源的统一入口，归类各类投资相关的公开市场数据和信息。内部+外部数据流汇集统一，逐步形成覆盖公司全业务、全流程的大数据湖。同时，狠抓数据治理，夯实数据质量，综合考虑数据的各种特性，加强顶层设计，建立数据、架构、质量标准及规范，使数据“敢用、能用、好用”。

二是在模型方面，搭建面向业务的智能分析工具。借助专家经验，加上“人机结合”的模式，将人工智能（AI）与人类智能（HI）进行有机结合，将公司在业务中积累的知识、经验、方法论归纳总结，沉淀投资研究框架，进而实现投资决策智能化，利用大数据和科技模型的力量从宏观研究、利率分析、行业画像及地域画像为投资研究赋能，逐步形成自己的系统化投研体系。

三是在系统方面，加强整体规划，保障生产运营安全。一方面加强整体规划，通过业务、流程、技术的有机结合，优化流程结构，实现科技部门与业务部门深度协作，通过自研+外购的方式，提升工作效率，服务业务全生命周期，实现“降本增效控风险”。另一方面，加深金融科技应用的广度、深度，提升竞争力，直面业务痛点，对标国际领先机构实践，探索科技赋能特色场景。

四、展望

站上新起点，跨入新阶段，保险资管行业迈向高质量发展的号角已经吹响。平安资管作为头部保险资管公司，将坚持以党的二十大精神为指引，在监管部门和协会指导下，严格落实《保险资产管理公司管理规定》的各项要求，紧扣服务实体经济、服务保险主业的宗旨，把握机遇、踔厉奋发，进一步提升投资管理和金融服务能力；将主动融入党和国家事业发展全局，提高公司发展质量，用专业创造价值。在服务平安集团战略实施的过程中，坚定不移把党的二十大战略部署落到实处，践行金融责任担当，用实干实绩为中华民族伟大复兴贡献平安力量。

段国圣

泰康资产管理有限责任公司

工学博士，经济学博士后，应用经济学教授。现任泰康保险集团首席投资官、泰康资产管理有限责任公司首席执行官。保险从业20余载，2002年12月加盟泰康，带领开展寿险资金、养老金、投连产品、项目投资、公募基金等资产管理业务，取得突出投资成绩。出版著作多部，其中“资产管理实务、方法与理论”系列图书共9册300多万字，是国内首套资产管理丛书。

新形势下保险资产管理公司投资能力建设

泰康资产管理有限责任公司　段国圣

一、保险资管机构的投资能力建设要求

资管机构投资能力建设的总体目标与思路，本质上取决于其管理资金的类型。资管新规实施以来，各资管子行业的牌照差异度下降，不同类型的资管机构发挥自身资源禀赋和能力优势，同台竞争、融合共生，共同服务居民和企业客户资产保值增值的需求。由于所管理资金的属性和要求不同，不同资管机构在投资能力建设上的要求也各有侧重。

保险资管机构是我国最主要的长期资金管理者，在保险资金和养老金投资管理市场中占据重要地位。相较于公募基金、银行理财等机构，保险资管机构管理的长期资金来源相对稳定，更多关注长期绝对收益回报。与此同时，保险资管机构也面临来自委托人的中短期收益要求和同业竞争压力，需要控制短期收益波动，并努力战胜市场。在此背景下，保险资管机构在长期的投资实践过程中，逐步形成了“兼顾短期与长期、平衡相对与绝对”的均衡投资风格。“获取持续、稳健的投资收益”无疑已成为保险资管机构的鲜明特色，也是保险资管机构投资能力建设的核心目标。这一投资能力建设目标包含两层含义：一是发挥长期资金独特优势，价值投资为本、立足长远；二是关注短期收益的稳定性和竞争力，捕捉市场波动机会，规避重大市场风险。

此外，伴随第三方业务的不断发展，保险资管机构管理的资金来源日益丰富、多元。中国保险资产管理业协会调研显示，2021年末保险资产管理公司受托管理的第三方保险资金和银行资金规模分别达到

1.59万亿元和1.42万亿元。发展第三方业务、积极参与资管行业竞争，对于保险资管机构提升投资能力具有重要意义。因此，投资能力的建设还需结合自身发展定位与业务发展战略，力求满足公司核心客群的投资管理诉求，在均衡投资风格基础上，逐步发展多元策略化投资能力作为补充。

二、宏观市场环境变化与投资范式转变

（一）经济增长模式与融资结构面临深刻转型

我国经济已经转向高质量发展，经济增长模式和融资模式深刻转型。改革开放以来，我国经济增长以全球化、工业化、城镇化为特征，实现了高速增长，促进了重资产、周期性行业的快速发展，形成了以银行为核心的债务融资体系。目前，主导产业转向消费、健康、科技、新能源等新兴产业，同时也亟须发展符合新兴产业"轻资产"模式特征的股权融资和各种创新形式的直接融资。经济发展模式转型驱动融资模式转型，融资模式转型必然要求投资模式相应变化。

在经济转型过程中，宏观政策调控方式也呈现出新的特征。传统增长模式中积累的结构性矛盾和问题逐步显现，宏观政策调控思路从"总量调控"逐步转向"总量调控"与"结构调控"并重，从"稳增长"转向"稳增长"与"防风险"并重，从"逆周期调节"转向"逆周期调节"与"跨周期调控"并重。在经济增长模式、融资模式、政策调控思路转变的背景下，我国资本市场也呈现出一系列新的特征。

（二）资本市场中长期特征变化带来投资范式转变

固定收益市场方面，第一，伴随经济增速与传统行业资本回报率下行，债券市场利率运行中枢趋势回落。过去三轮周期，10年期国债利率中枢分别为3.6%、3.3%和2.9%，平均每轮周期下降30BP左右。第二，以地产、基建投资为代表的融资需求端和以宏观总量政策为基

础的资金供给端均呈现周期波动放缓的特征，导致利率波动区间持续收窄。过去三轮周期中，10年期国债利率中枢的波动区间从150BP回落至目前的80BP左右。第三，债券和非标融资进入常态化违约阶段。近年来，我国债券市场经历了几轮集中违约高峰，平均违约率水平已与成熟市场长期平均水平相当，目前地方政府隐性债务处理和城投领域的风险出清仍值得持续关注。第四，金融严监管和结构性去杠杆的背景下，传统债权融资产品供给稀缺，但各类资产证券化产品快速扩容、蓬勃发展。过去5年，信托等传统债权融资规模下降一半以上（以贷款为投向的资金类信托为例），而ABS、REITS等资产证券化产品存量规模扩大了2.3倍。

权益市场方面，首先，资本市场周期性特征明显减弱。其背后包含多方面因素：第一，需求侧来看，投资对经济增长贡献度下降，货币信贷周期对宏观总需求波动影响减弱；第二，供给侧来看，伴随服务业占比提升，经济内生波动下降，同时传统产业市场主体不断发展壮大、抗风险能力更强；第三，政策面来看，调控模式优化，不大水漫灌、不急转弯，保持货币信贷总量与名义经济增速基本匹配；第四，资本市场结构向新经济倾斜，传统经济和新经济板块此消彼长。其次，市场结构性特征长期演绎。第一，经济转型期，新旧经济表现分化，走势明显背离；第二，以注册制为核心的资本市场改革深入推进，机构化进程取得明显成效，A股市场定价效率提升，使得估值分化成为常态。最后，新兴成长行业充满投资机会，但投资难度也明显更大。第一，新兴成长行业高估值隐含了较高的成长预期和假设，这些假设一旦证伪，则面临估值和业绩的戴维斯双杀；第二，成长性行业的先发优势并非稳固的“护城河”，早期的行业龙头可能因为技术路径演化被后来者颠覆；第三，新兴产业经历从无到有，其发展的政策及市场环境往往存在较高的不确定性。

资本市场特征的深刻变化将带来市场投资范式的转变。权益投资方面，结构的重要性明显提升，投资的“胜负手”从总量的仓位更多转变为对“赛道”的选择。在此背景下，投研体系必须向中观“下沉”，需建立对核心产业发展前景的深刻认知，并实现对不同行业配置价值的横向比较。固收投资方面，我国债权融资高峰的时代已经过去，长期配置型机构必须以创新为抓手，紧跟经济转型和融资模式转型趋势，在一二级市场联动、创新品种投资、创新策略投资模式等方面积极探索，稳妥应对相对低利率环境与资产荒挑战。新形势下，保险资管机构的投资能力建设面临新的课题。

三、打造适应时代要求的投资研究体系

（一）优化总量投研框架

在市场投资范式转换过程中，总量的重要性下降、结构的重要性提升，但总量研究框架依旧对投研体系发挥基础性的支撑作用。总量研究框架是研究体系之纲，在指导自上而下的大类资产配置、有效开展宏观利率择时、规避重大市场风险等方面依旧发挥不可替代的作用。特别是对于保险资金等长期负债资金，强化总量研究框架、夯实利率择时能力，对于把握利率周期波动过程中的战略配置机遇、提升长期基础收益水平至关重要。

在宏观市场环境深刻变化的背景下，传统总量投研框架的有效性下降，要结合市场特征变化对总量研究框架进行全面复盘检视和迭代升级。例如，在经济基本面波动收窄的背景下，宏观和产业政策对资本市场的影响显著提升，在总量分析框架中应当对政策面建立系统性的跟踪研究框架。再如，金融开放浪潮下，我国金融市场的大门已经打开，国内外资本市场联动性明显增强，当全球资本市场出现大幅波动，境外投资者可能因为避险、再平衡或补充流动性需求抛售人民币资产，对国内资本市场形成冲击。因此，总量框架中必须加强对全球经济金融环境和地缘政治环境的跟踪。此外，伴随资本市场周期波动特征弱化，传统分析框架下部分市场指标的内在含义与波动区间已经

发生系统性变化，需要对这些分析指标进行回溯检视，避免缘木求鱼，得出错误的结论。

有效讨论是总量分析中至关重要的环节。好的总量研究框架需要兼顾全面性和敏感性，但这两者往往存在矛盾。全面性要求总量分析框架包含影响市场走势的全部重要因素，保证我们的分析不以偏概全。但在具体阶段，市场通常是由几个核心矛盾主导。要在全面性的基础上提升敏感性，就必须通过合理的机制设计促进投研人员的有效讨论，进一步聚焦影响市场的主要矛盾、关键变量，并对这些主要矛盾和关键变量保持密切地跟踪研究、随时指导决策。

（二）打造中观研究体系

多数资管机构的投资能力建设主要聚焦宏观和微观领域，在中观研究方面的体系化建设存在短板。传统中观研究以行业为主要研究对象，存在一定不足。一方面，研究员的研究视角聚焦自身行业的发展周期与行业内部竞争格局，重点回答在行业特定发展阶段下个股选择的偏好问题，但对于行业之间投资价值的横向比较往往缺乏结论。另一方面，以行业为研究对象的划分难免机械僵化，未能动态捕捉不同行业在重点产业上下游之间的配合与勾稽关系，从而错失从产业维度进行上中下游交叉验证、捕捉产业链结构性机会的可能。以新能源汽车产业链为例，其核心环节上游包括锂、钴、镍等能源金属的冶炼，中游包括电池正极、负极材料和动力电池的生产，下游包括新能源整车及相关的货运、物流等服务环节。如果周期研究员、电力设备研究员、汽车交运研究员分别对新能源汽车产业链进行局部的跟踪研究，难免盲人摸象，无法全面把握新能源汽车产业的整体发展趋势，也难以把握产业链内部由于供需错配带来的结构性主题投资机会。

新形势下，中观研究体系建设是资管机构投资能力建设的核心环节，中观研究的内涵也更加丰富。传统的行业研究是中观研究体系的“地基”，在扎实的行业研究基础上，围绕单纯行业研究支持投资决策的两方面不足，还应探索建立产业链研究体系和行业比较研究体系。首先，要建立行业研究的规范性框架。对不同行业进行分析研判的逻辑体系不同，但在大类维度上可以进行规范。建立中观研究的规范性框架（包括中长期趋势、短期趋势、基本面、估值面和情绪面等），可以更好地统一交流语言、实现更高效的投研互动与合作，提升分析维度的全面性、科学性。其次，形成以产业链为单位的跨行业研究机制，在研究团队中形成“横向行业小组+纵向产业链小组”的矩阵式分工结构，并形成产业链研究的会议讨论机制，逐步积累沉淀产业链研究知识图谱，实现对内部投研人员的高效赋能。最后，构建行业比较研究体系，支持横向行业配置决策。目前市场常见的行业比较研究框架或者从自上而下视角出发，机械套用总量框架逻辑对行业投资价值进行分析，忽略了决定行业长期超额收益表现的中观基本面因素；或者采取“拼拼图”的方式，将不同的分析维度进行组合叠加，无法把握行业比较分析的主要矛盾，实现真正意义上跨板块的横向比较。有效的行业比较研究体系应提供针对不同行业的统一分析框架，把握影响行业长期业绩表现的“核心因素”，并在此基础上更好预测行业景气度，从动态视角理解行业的估值水平，而这一核心因素就是对“行业前景”的综合判断。

中观研究体系通过对行业基本面的研究，旨在形成长期行业前景、中期行业景气以及短期供需错配的判断。作为长期资金管理者，保险资管机构的中观研究体系建设应更加强调以中长期的“行业前景”判断为核心。对行业前景进行前瞻研判、持续跟踪是建设中观研究体系的核心环节，是把握关键产业赛道战略性机会、开展行业比较研究、理解产业竞争格局演化的基础。行业前景不仅包括行业整体发展趋势、产业生命周期，还包括其行业内部发展演化的结构性特征。建立对行业前景的认知优势，仅靠数据分析与跟踪是不够的，需要形成一整套产业研究机制，包括领先的产业认知输入、量化与基本面结合的跟踪分析体系以及深度聚焦的投研讨论。作为资管机构，要充分利用产业资本、行业领袖的认知优势，通过与外部专家、企业高管进行深度交流和研讨，形成领先市场的产业认知。

（三）以创新为抓手化解资产荒困局

传统固收投资面临配置收益率下行、择时空间收窄、合意资产供给不足等多重挑战。保险资管机构固收投资能力建设必须以创新为抓手，紧跟融资结构转型的时代趋势，提升优质资产获取能力。首先，伴随城镇化进程放缓，地产、基建的新增融资需求总体回落，但我国存在巨大规模的存量资产有待挖掘，这也是融资结构转型的应有之义。根据北京大学和欧洲公共房地产协会估算，目前我国基础设施资产存量规模超过100万亿元，商业不动产资产存量规模约35万亿元。存量资产证券化前景广阔，以美国为例，MBS、ABS、REITs等各类资产证券化品种规模高达14.9万亿美元，占债券市场的比重达29%。不同期限和风险收益特征的资产证券化产品为保险资金、养老金的资产配置提供了丰富的选择。保险资管机构应高度重视相关创新品种的投资能力建设，同时积极争取发挥自身另类投资能力优势，全链条参与资产证券化业务，通过一二级市场的协同联动提升优质资产获取能力。

其次，经济结构转型背景下，长期资金应当积极探索服务新经济、新产业的路径和模式，特别是聚焦符合经济高质量转型方向、能够发挥保险资金自身优势、具备规模扩张潜力的重资产领域的投资机会（如新能源基础设施、物流地产等）。不同类型的基础设施实物资产投资有其自身的规律和特点，保险资管机构要在投资实践中结合各类别资产特点，逐步积累系统化的研究、评价体系，持续深化对被投资产的理解与认知，形成大体量配置能力。

最后，要持续深化传统固收品种投资能力建设，探索策略化投资管理模式创新。对于利率、信用、转债等传统债券品种，积极探索从品种投资、品种配置向策略投资、策略配置的管理模式转型，开发具备规模适应性、符合长期资金风险收益特征要求的“固收”与“固收+”策略，多元化投资组合收益来源。

（四）依托数字化助力投研体系升级

近年来，我国资管行业数字化转型进程明显加快，数字化能力已经成为资管机构竞争的新高地。在投研领域，数字化赋能投研体系建设大有作为。一是通过数据中台建设，提供高质量、标准化的投研基础数据和便捷的数据分析工具，帮助投研人员解决“洗菜、切菜”的问题，使其专注于“炒菜”的核心价值贡献环节，大幅提升投研人员的“单兵”作战效率。二是通过数字化投研平台建设，积累沉淀研究框架，实现数据自动采集、结果自动计算、图表自动更新，便于研究成果的内部分享、讨论与复用，更好支持投研决策与研究框架的迭代升级。

伴随投研体系建设从总量向中观、微观下沉，数字化平台能够发挥更大的作用。一方面，与总量研究不同，中观、微观研究过程中数据的标准化程度低、来源相对分散、采集难度大，往往缺少现成的、满足投研需求的外部资讯数据库。中观研究体系建设过程中，需要针对重点产业链和行业，建立和逐步完善行业特色数据及相应的数据分析跟踪体系。通过建立高质量的数据跟踪体系，更好把握产业发展趋势，及时捕捉产业景气度变化，也便于跨环节、跨行业、跨板块的数据共享。另一方面，通过数字化平台建设，在总量、中观、微观研究框架下建立一整套完整的数据标准与映射机制，可以实现总量、中观、微观的有机打通，使得总量数据可以拆解到行业和个股，而个股和行业的信息可以汇总构成总量。通过总、中、微的打通，既有助于把握总量层面的信息对行业和个股的影响，也可以更及时地分析个股和行业层面的重大事件对市场的影响，从而为总量分析提供更及时和翔实的自下而上的数据和观点。

投研数字化转型需要业务人员的深度参与，其本质是推动投研工作的标准化与系统化。投研数字化建设过程中，必须以业务逻辑为特征，灵活把握投研数字化转型工作的重点。对于宏观研究、利率研究等系统化程度较高或信用评估等标准化程度较高的领域，可以优先推进业务流程的线上化转型；对于中观研究体系，则重点在数据体系建设，形成统一数据标准、规范数据输入输出，实现跨行业多维度指标的横向可比；而在个股、个券研究等个性化程度较高的领域，还需结合业务模式转型统筹推进，切忌简单地将工作内容和流程线上化，反而可能对业绩产生负面影响。

四、新形势下投资管理与决策模式优化

市场投资范式的转变意味着投资决策和管理模式也必须相应调整。在过去市场周期性波动特征明显的环境下，基于总量判断、自上而下的统一决策模式更加有效，有助于发挥长期资金优势、捕捉市场波动中的战略性机会，但在结构性行情主导的市场环境下，自上而下统一决策模式存在敏感性不足、决策难度大等问题，对结构性机会的把握存在不足。全部由投资经理进行决策的模式解决了灵活性和敏感度的问题，但也存在缺点，如账户业绩可能严重分化、不同账户决策可能彼此抵消、未能真正体现长期资金的风险收益要求、未发挥统一投研体系的优势等。

解决这一问题，一方面，要考虑资本市场特征的变化，在品种投资维度优化投资管理模式，形成分级决策机制。从统一决策模式转向分层决策模式，其前提是形成以团队为基础的策略化投资小组，并由具备专业投资能力的策略化小组或团队主导风格、行业或细分品种的决策，提升投资决策体系的灵活性。策略化投资小组的形成，不能生拉硬套，要鼓励投研人员按照投研一体、有机整合的模式自然发展，逐步形成中观维度的决策能力。保险资管机构也要结合业务特点和自身投资能力发展方向，有针对性地引进和培养优秀投资人才。另一方面，要考虑不同类型受托资金的特性，在资金账户层面加强决策统筹。

伴随第三方业务发展，保险资管机构要结合所管理资金的不同属性与要求，考虑其投资目标、投资约束、风险承受能力、投资管理模式等，建立差异化的资产配置管理体系，在资金账户维度加强统一监测和管控，并提升中观配置决策的灵活性，确保整体投资业绩稳健的同时，更好把握结构性投资机会。

张弛

新华资产管理股份有限公司

中共党员，经济学博士，2011年任新华资产副总经理，2016年12月兼任执行董事，2019年10月起任总经理。历任中国人寿资产管理有限公司基金投资部总经理，大通证券股份有限公司筹备组负责人、副总经理，国信证券股份有限公司大连证券营业部、北京呼家楼营业部总经理，华夏证券有限公司深圳分公司投资银行部、研究发展部总经理等，至今已在金融行业从业30年，其中近20年深耕于保险资管行业，拥有丰富的保险资金投资管理工作经验。

胸怀“国之大者”，践行使命担当
——保险资金服务国家战略的思考与实践

新华资产管理股份有限公司　张弛

党的二十大擘画了全面建设社会主义现代化国家、以中国式现代化全面推进中华民族伟大复兴的宏伟蓝图，部署实施了一系列国家重大发展战略。这些战略目标的落实落地，离不开高水平的金融支持与服务。保险资金作为典型的长期稳定资金，具有周期长、规模大、来源稳定、服务形式多样、投资领域多元等特点，在支持服务国家战略方面不仅责无旁贷，而且大有可为。

一、服务国家战略的内涵与方向

（一）服务国家战略是贯彻“三新一高”的内在要求

习近平总书记强调：“战略问题是一个政党、一个国家的根本性问题。”惟有大战略、大谋划，方能应变局、开新局。新时代十年的伟大变革及成就，得益于统揽全局的战略思维、科学准确的战略判断、应时顺势的战略抉择。

迈上全面建设社会主义现代化国家新征程，面对百年变局加速演进、国际形势错综复杂，面对新一轮科技革命和产业变革深入发展的时代潮流，着眼全面建设社会主义现代化国家各项目标任务，党的二十大部署了一系列国家重大发展战略，具体包括区域协调发展战略、区域重大战略、新型城镇化战略、创新驱动发展战略、积极应对人口老龄化国家战略等。《中华人民共和国国民经济和社会发展第十四个五年规划和2035年远景目标纲要》还具体地提到了知识产权强国战略、国际科技合作战略、制造强国战略，以及包含粮食安全、能源资源安全、金融安全在内的国家安全战略等。

以上每一项国家战略的指向，都与立足新发展阶段、贯彻新发展理念、构建新发展格局、推动高质量发展的内在要求相一致。习近平总书记2023年1月31日在二十届中央政治局第二次集体学习时强调：加快构建新发展格局，是立足实现第二个百年奋斗目标、统筹发展和安全作出的战略决策，是把握未来发展主动权的战略部署。可以说，贯彻“三新一高”，就是当前支持服务国家战略的基本内涵。

（二）服务国家战略与践行ESG投资理念高度相关

以“三新一高”为基本内涵的国家战略，与国际上通行的ESG投资理念高度相关。ESG投资又称负责任投资，是将环境、社会、治理因素纳入投资决策和积极所有权的一种投资策略和实践，旨在帮助国家与地区更好协调经济发展、社会和谐与生态保护，这与国家战略实现高质量发展的目标相一致。此外，国家战略的相关方向，也与ESG投资理念相契合。

“E”（环境）因素关注企业经营活动对环境造成的影响，提倡人与自然和谐共生。这与我国推动绿色发展、实现“双碳”目标的决策部署完全一致。该目标的实现，离不开低碳节能技术的研发和传统产业链的优化升级，其所对应的就是创新驱动发展战略和制造强国战略。

“S”（社会）因素强调企业社会责任或社会效益。具体到我国就是关注企业在促进社会和谐、实现共同富裕方面的表现，而这正是区域协调发展战略、区域重大战略、主体功能区战略、新型城镇化战略、就业优先战略、人口发展战略、积极应对人口老龄化国家战略等国家战略的重要课题。

“G”（治理）因素关注企业董事会治理成效、反腐败反贿赂等商业道德、信息披露程度和透明度，旨在控制和防范风险。这与金融行业助力统筹安全与发展、服务金融稳定大局的目标相一致，是国家安全战略的重要内容。

综上，服务国家战略可视作践行中国特色ESG投资理念，其目标是以中国式现代化方式，全面建成社会主义现代化强国（见表1）。

表1　践行ESG投资理念与服务国家战略的对应关系

序号	ESG		服务国家战略
	一级议题	对应我国金融行业二级议题	
1	环境	绿色金融	绿色发展战略、产业升级战略、创新驱动发展战略、制造强国战略
2	社会	普惠金融	区域协调发展战略、区域重大战略、主体功能区战略、新型城镇化战略、就业优先战略、人口发展战略、积极应对人口老龄化国家战略等
3	治理	防范化解金融风险	国家安全战略

资料来源：新华资产整理。

（三）保险资金服务国家战略的重点方向

围绕新发展理念，结合追求长期稳健和绝对收益的投资特点，保险资金在支持服务国家战略方面可重点聚焦以下方向。

1.服务创新驱动发展战略：支持“专精特新”企业、战略性新兴产业、前沿科技企业发展，促使资金链与创新链、产业链、人才链深度融合，实现高水平科技自立自强。

2.服务产业优化升级战略：支持制造业特别是先进制造业、产业链重要环节和核心节点相关企业，丰富供应链金融服务供给，助力传统制造业实现数字化转型，提升高端化、智能化、绿色化水平。

3.服务绿色发展战略：积极参与绿色债券发行、绿色股权融资，支持传统产业节能降碳升级、绿色低碳技术创新，助力实现碳达峰、碳中和目标。

4.服务区域重大战略、区域协调战略：支持京津冀协同发展、长江经济带发展、长三角一体化发展、黄河流域生态保护和高质量发展、雄安新区高标准高质量建设、成渝地区双城经济圈建设；助力西部大开发、东北全面振兴、中部地区崛起、东部率先发展等，为推动高质量发展注入新活力。

5.发展普惠金融：为中小微企业提供针对性融资、稳定成本等服务，促进中小微企业融资增量、扩面、降价，实现持续稳定经营。

6.助力统筹安全与发展战略：通过参与地方债务化解、不良资产处置、市场化债转股、实体企业债务重组、金融机构托管重组等，服务金融稳定大局。

7.积极应对人口老龄化国家战略：支持医疗、健康、养老产业投融资，参与多层次医疗保障体系和第三支柱养老保险建设，助力健康中国建设。以生命健康、养老保障为己任的寿险和养老保险在此方面具有天然优势。

截至2022年末，新华资产通过固收、权益、各类投资计划和组合类资管产品支持以上国家战略，投资规模超过1 700亿元，同比增长24.6%。

二、服务国家战略是推动保险行业高质量发展的重要举措

支持服务国家战略，不仅是践行金融的政治性、人民性的内在要求，也是推动保险行业实现高质量发展的重要举措。一方面，中长期利率下行趋势下，投向服务国家战略相关领域，有利于缓解保险资金配置压力，优化配置结构；另一方面，国家支持和重点发展的相关领域过往业绩表现亮眼，且中长期发展前景较好，与保险资金坚持价值投资、追求绝对收益的理念相匹配。试以科技创新、产业升级、绿色发展、重大区域等方向为例具体分析。

（一）支持科技自立自强

战略性新兴产业、前沿科技产业等相关产业主要从事前沿科技领域的创新型业务，所提供的高科技产品或高附加值服务往往需求量较大、成长潜力较大。相比于传统行业，这些企业成长速度更快，而技术驱动型行业在导入期—成长期阶段一般对应着相对更高的投资回报。

2019—2022年，以“专精特新”、科创板为代表的战略性新兴产业与前沿科技产业[①]始终保持着较高的成长性。从股票市场表现来看，专精特新指数收益率为82%，大幅跑赢同期沪深300的-3%收益率，已经成为资本市场重要的投资方向（见图1、图2）。

图1　专精特新指数走势

资料来源：Wind。

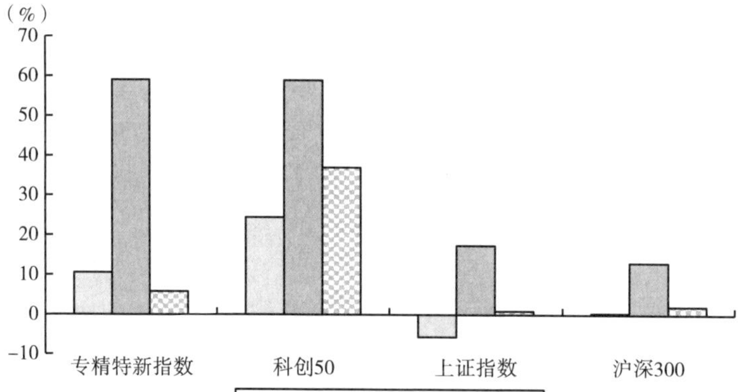

图2　专精特新相关企业盈利增速

资料来源：Wind。

① 以工信部牵头汇总的三批“小巨人”以及五批“制造业单项冠军”名单作为分析对象。

展望未来，中国制造业将更加鼓励长期视野下的科技投入和“高端化”发展趋势，专精特新“小巨人”和战略性新兴产业将是一个有力抓手。未来两年以专精特新“小巨人”和科创板企业为代表的科技创新企业，将仍然是股票市场盈利增速领先的重要投资方向。保险资金通过助力实现科技自立自强，战略投资专精特新和战略性新兴产业，既能够促进经济高质量发展，也能够获取中高收益。

（二）服务产业优化升级

中国先进制造拥有技术创新能力强、产业链完整度高、政策体系健全以及市场需求广泛等众多优势。近年来，产业链发展与投资机会不断涌现，新能源、半导体等先进科技制造产业发展引领全球，也在资本市场创造了丰厚的长期投资收益。2019年以来，新能源产业链、半导体产业链等先进科技制造产业快速发展，属于典型的政策叠加技术驱动的产业。以股票市场申万二级行业为代表，2019年至2022年，光伏设备、电池和能源金属指数最高涨幅超过6倍，半导体指数、非金属材料指数涨幅超过4倍，同期沪深300指数涨幅未超1倍；相应科技成长企业大幅跑赢指数，获得超额回报，同期行业内也诞生了领军全球的龙头公司（见图3）。保险机构投资先进制造企业既能陪伴企业成长，也能获取丰厚的投资收益。

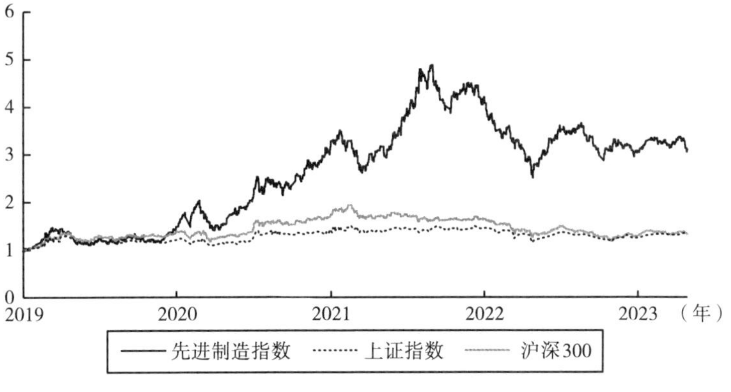

图3　先进制造指数走势

资料来源：Wind。

在经济高质量发展的大背景下，先进制造业仍将受益于产业趋势向上和经济复苏的共振催化，先进制造业、产业链重要环节以及核心节点企业有望持续迎来高速发展机遇（见图4）。

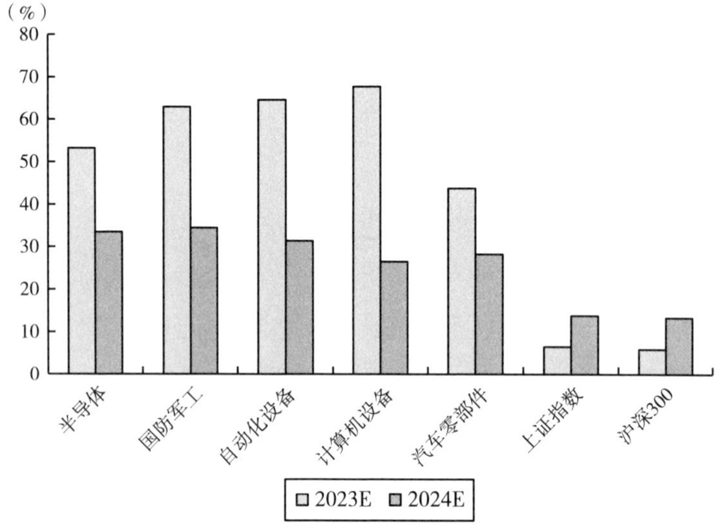

图4　先进制造各领域未来两年盈利增速一致预期

资料来源：Wind。

（三）助力绿色发展

绿色发展战略始终贯穿于新能源产业和传统产业的发展之中。过去一段时间，相关行业盈利增长快速，行业景气和估值双升带动行业指数表现领先。煤炭、工业金属（主要为铜、铝、锌）等典型行业，2020年至2022年涨幅均超过100%，超额收益明显。随着全球能源转型加速推进，新能源产业链各环节景气度持续高增且展现出强盈利韧性，市场表现也大幅领跑市场（见图5、图6）。

可以预见，在实现“双碳”目标的进程中，绿色发展战略投资机会将持续活跃。一方面，大宗商品资本开支总体减少，上游资源品行业的现金流属性逐步体现，分红回报将稳定提升；另一方面，绿色低碳技术创新产业结构上亮点颇多，中国新型光伏电池、储能等领域持续技术突破，有助于相关企业成长壮大。

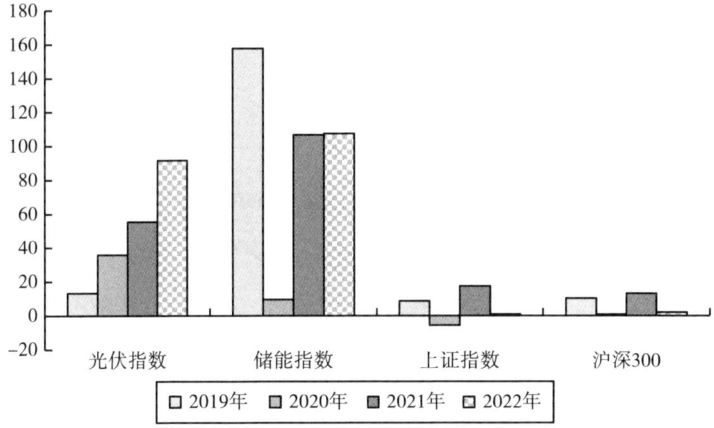

图5　部分新能源领域盈利数据

资料来源：Wind。

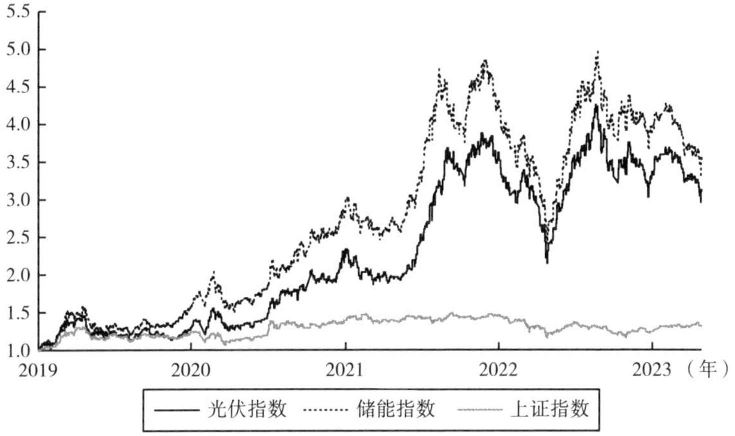

图6　部分新能源领域指数走势

资料来源：Wind。

（四）支持区域重大发展战略

新发展格局要求国内大循环为主体、国内国际双循环相互促进，加强基础设施建设将为相关领域企业带来重要发展机遇。过去一段时间，长三角一体化等重大区域的建设与发展带来了较好的投资收益。京津冀、长三角、粤港澳大湾区等相关指数市场表现出众，重点区域城市群企业表现“强者恒强”，凭借产业发展优势持续领跑市场（见图7）。

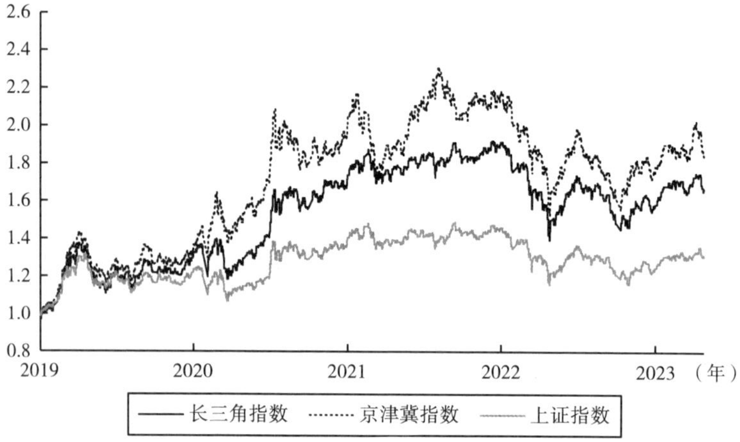

图7　重点区域城市群企业走势

资料来源：Wind。

未来，重大区域战略、区域协调战略将持续发展。一方面，针对经济较弱的地区将继续深入实施西部开发、东北振兴、新疆振兴、中部崛起和东部率先发展战略；另一方面，针对经济较强的单点城市形成以点带面，推行京津冀协同发展、长江经济带发展战略，推动区域协调向更大范围和更高层次挺进，未来相关配套政策将加速推进。保险资金支持重点区域建设发展，既能有效服务国家战略，也能在对应行业上获得稳定的收益来源。

三、提升服务国家战略能力是保险资管机构实现高质量发展的内在要求

支持服务国家战略，是贯彻落实党中央决策部署的必然要求，是

满足人民美好生活向往的内在需要。作为保险资金服务国家战略的主体，保险资管机构提升服务国家战略能力，是胸怀“国之大者”、践行使命担当的重要体现，也是坚持高质量发展的内在要求。

准确、全面认识服务国家战略对于机构长远发展的重要意义，要正确处理好以下几个方面的关系：一是处理好服务国家战略与做强主责主业的关系，做强主责主业是服务国家战略的重要基础，提升服务国家战略能力是履行好主责主业、实现自身高质量发展的内在要求；二是处理好国家战略领域长期投资与保险资金中短期考核要求的关系，进一步优化相关考核体系及激励约束机制；三是处理好服务国家战略与促进投资资产保值增值及安全、合规的关系，要牢牢守住不发生重大风险的底线，坚持合规经营，以最大限度保证保险资金安全增值作为高水平服务国家战略的基本前提。具体到提升服务国家战略能力，可以从加强党建引领、优化投融资策略、强化风险管控、健全体制机制等方面下功夫。

（一）提高政治站位，加强党建引领

加强党的领导，充分发挥党委把方向、管大局、促落实的领导作用，不断提升“政治三力”，是巩固和提升保险资金服务国家战略质效的根本保证，也是高质量党建引领高质量发展的题中之义。通过及时学习和传达中央有关服务国家战略的重大决策部署，加强政策研究及解读，不断完善顶层设计和统筹部署，结合自身特色与优势，制定具有系统性、针对性、协同性的服务国家战略专项方案。与此同时，通过对服务国家战略重大项目进行前置研究，定期听取汇报，跟踪项目进展，提炼总结经验，有效形成工作闭环，确保服务国家战略落地执行不偏航。此外，充分发挥纪委的协助和监督职能，联合风控、审计、财务等部室构建大监督格局，将落实服务国家战略作为政治监督的重要部分，保障服务国家战略项目落到实处。

（二）优化投融资策略，提升服务质效

具体到投融资策略层面，保险资管机构可结合自身特色和优势，从投资端和发行端两个方面，精准对接国家战略相关企业和项目的资金需求。

1.投资端策略。从投资端来看，要明确重点关注领域，圈定投资范围，形成整体配置策略。一是系统构建服务国家战略研究体系，根据投资品种不同特点，形成既各具特色、又融会贯通的投资研究方法，结合市场形势定期更新各大类资产领域服务国家战略建议，为资产配置提供决策参考。二是构建服务国家战略统计体系，针对现有投资品种明确统计口径，梳理盘点存量服务国家战略规模，定期跟踪评估服务国家战略覆盖情况，为持续深入推进服务国家战略夯实管理基础。三是制定差异化服务国家战略方案，根据委托资金收益要求及特性差异，灵活确定委托资金服务国家战略的方式方法，积极引导委托方通过投资指引等形式明确账户服务国家战略相关要求，倡导优先选择委托资金有效服务国家战略的方案设计。此外，积极参与构建具有中国特色的估值体系，推动央/国企估值重塑。央/国企在关系国家安全和国民经济命脉的重要行业和关键领域居于主导地位，是推动国家战略落实落地的直接主体，其大市值、低估值、高分红、盈利稳定、持续经营、风险抵御能力强等特征，与保险资金所秉承的长期投资、价值投资、稳健投资理念天然契合。通过把握不同类型央/国企的估值逻辑，在科技创新类、制造类、资源类等企业方面加大投研力度，促进科技、资本和实体经济高水平循环，更好提升保险资金在服务国家战略方面的质效。

2.发行端策略。在发行端方面，可通过设立债权投资计划、股权投资计划、组合类资管产品等多种形式，引导金融资源向更符合国家战略的重点行业和关键领域聚集。一是通过保债计划等直接对接具体融资项目需求，解决重大工程的融资难题。例如，新华资产所设立的

“新华—贵州水投水务基础设施债权投资计划（1期、2期）”，为贵州水投水务集团募集资金13.3亿元，对接城乡供水工程项目，建成后直接解决154万农村、乡镇人口的安全饮水问题，补足“三农”领域的突出短板，为实现全面小康和脱贫攻坚战顺利收官，促进区域协调发展做出贡献。二是设立更多以科技创新、“双碳”目标等为底层资产的组合类保险资管产品，引导社会资本支持国家重点领域持续发展。近年来，新华资产开发了多款符合保险资金投资原则的行业优选产品，涉及低碳新经济、科技创新、优势化工、智能汽车等多个领域，2022年底相关规模合计8.17亿元。

（三）强化风险管控，筑牢风险屏障

统筹发展和安全，强化风险管控，将严守风险底线融入服务国家战略全过程、各方面，是确保国家战略目标任务顺利实现的重要保障，也是推动机构自身高质量发展的题中之义。保险资管机构可多措并举，筑牢高水平服务国家战略的风险屏障。一是完善适应服务国家战略风险偏好的风控体系，在全面风险管理流程，以及评级授信工作中充分考虑服务国家战略/ESG因素，制定并动态更新投资限制清单，确保不符合国家战略要求和存在重大ESG风险的投资标的不进入备选投资库。二是强化国家战略适配性和ESG因素在公司投资风险分析框架中的作用，将分析评估结果作为投资决策的重要依据，根据不同投资品种特点和风险特征，设置个性化风险绩效权重，从机制上引导投资人员主动增加符合服务国家战略和ESG理念的相关投资，有效降低公司持仓对相关风险的暴露。三是强化对ESG相关风险的监测，持续优化迭代公司风险监测和预警体系及系统，及时高效监测、预警、评估持仓投资标的ESG风险情况，对存在ESG风险的标的及时采取有针对性的风险管控措施。四是研究分析国内外ESG重大风险事件案例，结合公司自身投资特点制订ESG风险应对预案，建立健全ESG风险内部报告制度和责任追究制度，定期对持仓标的相关风险开展全面评估，实

现ESG风险的主动管理、动态防控，针对存在风险隐患的投资标的及时启动风险处置预案，实现最优风险应对效果。

（四）健全体制机制，提供坚实保障

为保障服务国家战略各项举措落实落细，需层层压实责任，形成上下联动、有序衔接的工作机制。第一，将服务国家战略纳入自身战略规划，从全局和战略高度，将服务国家战略确立为投资的主流方向、长期赛道和战略主线，自上而下凝聚全员共识，在年度经营计划中明确各领域各阶段关键任务，逐层分解至各投资条线。第二，充分发挥考核的指挥棒作用，将服务国家战略维度纳入绩效考核体系，结合投研部门特点差异化设置考核指标、明确考核权重，将考核目标落实到各投研部门；同时，优化考核体系，加大长期考核权重，以与服务国家战略长期投资相匹配。第三，调整组织架构，设立相关部室，或在原有职能部室基础上新增相关职能，负责统筹服务国家战略的目标制定、统计追踪、宣传引导、评估考核等各项具体工作。第四，通过加大相关专业人才的选用和培养力度，打造一支具有服务国家战略/ESG实践、国际化视野和相应专业技术水平的人才队伍，为服务国家战略提供坚实的组织保障和人才支撑。

四、结语及展望

习近平总书记在二十届中央财经委员会第一次会议上强调，要完整、准确、全面贯彻新发展理念，加强战略谋划，增强系统观念，推动协同落实，一以贯之落实好国家发展战略。新时代新征程，保险资管机构在充分认识服务国家战略内涵及意义的基础上，积极主动融入国家大局、服务国家大局，在提升服务国家战略能力的过程中，推动自身和行业实现高质量发展，为全面参与构建新发展格局实现更大作为、做出更大贡献。

于业明

太平洋资产管理有限责任公司

1967年1月生，研究生学历，博士学位，中共党员，高级会计师职称，现任太平洋资产管理有限责任公司党委书记、董事长，国联安基金管理有限公司董事长。曾任太保资产总经理、董事，太保集团、太保产险、太保寿险董事等。在此之前，曾任职于宝钢集团财务有限责任公司、华宝信托投资公司、联合证券有限责任公司、华宝投资有限公司、华宝证券有限公司等。长期从事大型金融机构管理工作，具有丰富的投资管理经验和国际化眼光，善于把握市场和政策机遇，尤其对保险资产管理和保险资金运用规律有深刻认识。

新形势下塑造保险资产管理ESG竞争力的战略思考

太平洋资产管理有限责任公司　于业明

一、ESG竞争力已经成为面向未来的战略选择

在经济、金融与政治因素相互交错，气候、生态、环保与发展问题交织的后疫情时代，在能源、粮食、气候变化以及金融危机等多重危机背景下，环保和经济可持续发展意识不断提升，推动经济社会可持续发展、绿色、低碳化发展任重道远，树立社会责任和可持续发展的环境、社会、公司治理（ESG）理念的重要性、紧迫性更加凸显。

ESG的核心是基于可持续发展要求形成的，是通过引入和衡量企业的非财务绩效，推动企业更加重视与自然环境、社会环境的利益相关方之间形成更为良性的互动关系的一种新型发展理念、评价标准和管理工具。坚持ESG投资发展理念，一方面要求投资机构注重企业环境、社会、公司治理方面的表现；另一方面引导企业在经营过程中贯彻可持续理念。以ESG为代表的非市场因素对企业竞争力的塑造和影响力越来越大，对ESG的考量已经成为可持续投资的基础。

回顾我国保险资产管理行业二十年的探索历程，保险资产管理的行业地位不断提升，建立了专业化、市场化、规范化、集约化的资产管理体制，在提升保险业利润水平、改善偿付能力、壮大资本实力、有效化解风险等方面发挥了不可或缺的重要作用。保险资产管理模式经历了以保险公司内设部门为主体进行保险资金管理（2003年之前）；以保险资产管理公司为主体的专业化、集约化、规范化的保险资金管理模式（2003—2011年）；以保险资产管理公司为主体向多平台、多

种方式、多种形式的保险资金运用与保险资产管理转变（2012—2021年）；资管新规正式落地实施后，进入统一监管和大资管模式（2022年至今）四个阶段。在这一过程中，保险资产管理机构所持有的金融牌照、面对的监管规则、可进入的投资渠道、管理的资金性质与规模、自身的发展定位和投资能力、资产管理市场格局，以及正在加速推进中的数字化和金融科技因素都对保险资产管理竞争力的塑造产生了不同程度的影响，形成了保险资金作为长期资金、稳健资金、责任资金的管理理念和投资风格。保险资产管理的这一特色与优势，与ESG理念和规则有着比较高的内在契合度。

新形势下，随着金融市场开放节奏加快，负债端增速调整，银行理财子公司陆续开业，资管生态趋向多元化，市场竞争趋于激烈的影响，保险资产管理行业面临长期优质资产稀缺、资产配置难度加大、资管行业费率下行、投资收益率及确定性下移的挑战。稳健有序推进保险资产管理公司的ESG转型，围绕ESG塑造和提升面向未来的新型竞争力，是破解保险资产管理公司发展难题的有效举措，是提升自身投资管理能力和实现高质量发展的重要抓手，是实现投资收益与社会效益有机平衡的可行路径，也是服务国家“双碳”目标和践行绿色发展的责任担当。

二、ESG战略的发展空间与面临的问题

（一）ESG探索整体处于起步阶段

与国际保险行业和资产管理行业的头部公司如安联集团、安盛、贝莱德的绿色投资、气候治理、低碳发展和实施ESG的具体目标和实施路径对照，国内保险资金的ESG投资基本还处于起步和探索阶段，ESG因素与投资实践需求的结合有待提升。ESG相关的创新投资能力相对落后。对ESG投资的盈利预期缺乏把握，与经营理念、投资策略、管理模式的有机磨合需要时间。

（二）实施ESG战略的市场空间大

发展绿色金融、践行绿色投资，已成为国家高质量转型的关键环节和重要任务。ESG可持续投资为保险资金带来了战略发展机遇。绿色投资和低碳经济是未来少数具有高确定性的领域。绿色产业投资是今后长期的投资赛道。全方位地践行绿色发展要求已经成为行业趋势，并将大幅拓展金融生产的最大可能性边界，外移金融生产可能性曲线点，实现金融与实体经济的良性循环。据中国人民银行统计，预计2030年前，中国碳减排需每年投入2.2万亿元；2030—2060年，需每年投入3.9万亿元，未来40年我国减碳压力将催生与之相对应的绿色投资需求。

（三）实现碳中和目标时间紧、任务重

“双碳”目标是我国按照《巴黎协定》规定更新的国家自主贡献强化目标以及面向21世纪中叶的长期温室气体低排放发展战略。按照我国2030年前碳达峰、2060年前碳中和的时间表，我国到2030年碳排放强度较2005年下降65%以上。而欧盟1990年实现了碳达峰，美国2007年实现了碳达峰，按照2050年欧美实现碳中和来推算，各自有60年和43年的时间从峰值走向净零排放。相比之下，我国实现碳中和任务的时间非常紧。

（四）现有ESG数据不完善

行业ESG数据不完善，缺乏可靠性和一致性，直接影响了数据质量和行业可比性。大部分ESG数据覆盖年期不足十年，许多资产类别覆盖年期更短。直接影响ESG评级分数的客观性，ESG信息流中存在较多的噪声，导致ESG的评级结果存在较大的不一致，相关指标可比性较弱。对于ESG的投资者而言，存在较大的信息识别、筛选成本。

（五）ESG信息披露不规范

目前ESG信息披露基于自愿原则，缺乏统一规范的信息披露制度，导致发行人ESG相关信息披露较少，ESG数据质量和可靠性也有待提高。

三、可供借鉴的ESG国际经验

（一）国际组织层面

基于ESG理念的国际规则体系不断完善，ESG组织不断发展。为积极推动全球气候治理，众多可持续发展领域的国际性组织及机构相继成立，如联合国气候大会（COP）、联合国环境规划署金融倡议组织（UNEP FI）、气候相关财务信息披露工作组（TCFD）等。基于可持续发展的要求和原则也应运而生，如联合国可持续发展目标（SDGs）、负责任投资原则组织（PRI）、可持续保险原则组织（PSI）等。

2006年，联合国发起倡导的责任投资原则组织（UN PRI），将公司治理、环境和社会整合到一起，形成ESG责任投资原则。将全球各地资产所有者、资产管理者以及服务提供商组成国际投资者网络，成为全球最具影响力的责任投资者网络，致力于推动发展更多可持续的全球金融体系。截至2022年底，联合国支持的《负责任投资原则》（PRI）签署机构达5 311家，较2021年末增长38.81%，这些机构管理的资产规模超120万亿美元。国内PRI签署机构在2018年以来数量激增，2022年突破120家。

2016年，全球178个国家共同签署《巴黎协定》，目标将全球平均气温较前工业化时期的升幅控制在2℃之内，并向温度升幅不超过1.5℃的目标努力。《巴黎协定》等一系列国际公约的签署彰显了全球采取积极行动，加速向低碳转型的决心。这些共同推动了可持续发展理念在全球范围内快速扩展。

（二）国家和地区层面

不同国家、地区的ESG发展的实施路线各具特色。欧盟于2019年发布了“2050欧盟绿色新政”，以“2050年实现碳中和”作为推动全局性转变的抓手，制定了具体的时间表、路线图、行动举措与立法计划等，计划每年新增2 600亿欧元绿色投资作为资金保障。欧洲央行决定，将采取更多措施助力应对气候变化风险，促进向低碳经济转型。除了在货币政策中纳入气候因素，一个重要变化是将考察企业部门资产购买组合中的气候变化风险。

美国偏向于其判例法的实践习惯，从信息披露的“反欺诈”原则出发，对ESG相关经济活动的实质进行严格的规范。美国的新基建框架中包括许多绿色基建，比如对全国范围内交通和铁路网络进行修缮、改造和扩展，以减少温室气体排放等。日本依靠自上而下资产管理人的尽责管理，形成投资激励ESG绩效的反馈。

（三）行业和企业层面

基于ESG理念的行业实践发展较快。国际保险行业和资产管理行业的一批头部公司都有明确的绿色投资、气候治理、责任投资、低碳发展和ESG的具体实践和目标。这些保险业、资产管理业的头部公司非常重视对战略理念的创新，强调企业的社会责任和非市场策略，重视政治、法律、环境的变化，努力把社会利益和社会责任内化为企业的目标，整合市场战略和非市场战略，制定可持续的新的发展战略，高度重视ESG、责任投资、绿色投资、气候投资、可持续投资。其中主要公司都是联合国首批“责任投资原则（PRI）”50家资产管理机构成员，是“气候行动100+倡议”（ClimateAction 100+ Initiative）成员，是“零碳排资产管理倡议”成员。绿色投资、责任投资已经是这些公司未来的主要业务方向。

其中，安联保险从1999年起开始采用社会责任投资（SRI）方法，致力于引领可持续发展，为自己的投资组合设定了净零排放目标。支持2050年温室气体零排放的目标，从战略层面大力推进可持续投资、责任投资、ESG投资，重视低碳行业投资。针对气候变化带来的重大长期威胁，积极协助客户建构有效的投资组合。基于对ESG的特有研究成果强化自身的可持续投资能力。截至2021年，安联投资已有74档投资策略、总计700亿欧元的资产完成转型并符合可持续投资的标准。安联旗下的PIMCO把气候风险评估纳入投资决策，并在现有债券ESG管理体系设立了气候宏观跟踪器、投资组合气候风险热图、投资组合碳强度分析。绿色债券评分等应对气候变化的专门工具，旨在帮助投资组合经理更好地管理和缓解与气候相关的信贷风险，使投资者组合与《巴黎协定》目标一致。这些工具能够降低PIMCO固定收益组合的气候风险，同时有利于PIMCO的市场销售并获得ESG投资者市场的认可。

法国安盛保险集团战略目标之一是成为气候领域投资的领导者，建立起了一套基于ESG研究和RI搜索的科学的投资流程，将全球环境、社会和公司治理（ESG）嵌入所有资产类别进行研究，投资者能够选择和他们的需求与目标最为匹配的ESG研究。AXA IM开发的环境、社会和治理的性能评估工具“RI搜索”涵盖超2 300家公司（股票和固定收益），包括企业和主权国家发行者。通过基本分析、定量分析、专业外部研究和一系列的分析工具相结合，RI利用搜索功能，对ESG因素进行研究，如温室气体排放量、公司培训预算、员工流失率和高管薪酬的政策。团队把这些信息汇总并发送给所有投资组合经理人。RI搜索覆盖90%的MSCI世界指数、80%的花旗Eurobig企业指数。

全球资产管理业的龙头贝莱德在2016年就发布了《让资产适应气候变化》的报告，首次提出投资人不能继续无视气候变化，气候变化的影响将会越来越明显，指出气候变化将改变资产配置格局。作为全球众多公司的股东，贝莱德致力于积极推动被投资公司接受披露原则，敦促企业提升信息披露质量，管理环境、社会、治理风险。2020年贝莱德启动了阿拉丁气候计划，向阿拉丁添加了1 200个可持续性指标，为评估投资组合中各资产类别的环境风险设定了一个新标准。

四、塑造ESG竞争力的政策建议

（一）强化服务“双碳”目标的责任担当

遵循资产管理行业的内在规律，深入践行ESG发展理念，增强保险资产管理公司服务国家“双碳”目标的责任与使命担当，强化金融工作的政治性、人民性，统筹发展与安全，推动构筑可持续发展能力，培育可持续发展文化，助力经济社会发展绿色化、低碳化转型，实现自身绿色发展。持续提升保险资金的ESG投资占比和社会影响力，为经济社会的高质量发展和“双碳”目标的实现贡献保险资产管理公司的力量。

（二）优化完善ESG治理机制

建立健全ESG治理架构和组织基础。建立“董事会—管理层—执行层”的完整治理架构，明确不同层级的职责。加强绿色金融工作机制建设，完善跨部门绿色金融工作机制。建立绿色金融定期跟踪、沟通、报告和评估工作机制，明确重点工作任务的时间节点，加强对任务的推动和监督，确保绿色金融发展规划有序落地。推动绿色金融融入经营管理体系，推动ESG因素逐步融入相关业务环节。

（三）ESG因素纳入投资决策全流程

对标市场领先实践，建立健全ESG投资研究框架，完善ESG投资相关标准体系，持续优化ESG投资政策，综合运用ESG整合、主题投资、负面清单、积极股东等策略，推动ESG因素融入投资决策全流程。完善ESG投资池管理制度，逐步建立并完善ESG评价体系，推动ESG因素与基本面研究相结合，丰富ESG投资策略。

（四）推动ESG投资规模的持续增长

深入发掘“双碳”目标投资机遇，推动绿色金融投资规模的持续增长。为支持环境改善、应对气候变化和资源节约高效利用的经济活动提供资金支持，助推绿色产业的发展与产业的转型升级，推动经济社会发展绿色化、低碳化转型，为服务国家气候战略落地和达成“双碳”目标贡献力量。积极关注应对气候变化、乡村振兴、环境污染防治、水资源保护、生物多样性等议题，加大符合绿色资产认定标准的环保、节能、清洁能源等产业和技术领域的投资力度。渐进稳妥有序降低资产组合的碳强度，最终实现资产组合的碳中和。

（五）加强绿色金融相关产品开发

推动募集资金投向支持“双碳”目标的领域，以产品的投资管理促进公司绿色金融投资体系建设。充分识别各类投资者的绿色金融投资需求及特点，匹配投资者需求，持续完善产品设计。在另类投资中，加强对发行人的准入管理机制，积极发行支持ESG项目的保险债权计划等资管产品。

（六）将ESG风险纳入全面风险管理体系

将ESG理念全面融入公司风险管理体系，不断提升对ESG业务的风险认识水平和管控能力，打造稳健、高效、安全的风险管理与合规管理模式，确立与整体战略相匹配的ESG风险偏好框架，建立行之有效的ESG风险管理机制和流程，制定ESG专项风险管理制度，完善风控制度和应急预案，明确ESG风险管理职责分工，防范ESG风险转变为经营风险。

（七）加强绿色金融数据治理能力

深化科技赋能绿色金融管理，积极发挥科技建设对绿色金融管理的支撑作用，持续提升面向ESG投资、风险管理、绿色运营等领域的科技创新能力，积极运用大数据、人工智能等科技手段提升绿色金融管理水平。制定绿色金融数据管理方案，完善ESG数据库建设，推进运营数据体系和数字化平台建设。

（八）确定运营“碳中和”的路径和制度

逐步明确碳减排整体策略，确立包括自身运营的温室气体排放量、资产组合碳强度、气候相关投融资活动的碳减排目标。设定运营碳中和的具体路径和实施步骤。建立或优化运营碳减排制度，基于运营碳减排举措，设置低碳运营管理与统计制度及信息披露机制。探索综合运用多种方式，推动公司运营活动温室气体排放水平的实质性下降。

（九）加快完善ESG数据披露标准

加快完善ESG信息披露标准与规范，提高ESG数据披露标准，建立完善的汇报框架。确保信息披露透明可靠、治理机制落实到位以及投资者对可持续投资的准确认识。重视ESG信息的数据质量和可比性，提高ESG披露方面的透明度和一致性，拒绝“漂绿”现象。

（十）构建保险资金ESG投资评价体系

按照循序渐进的原则，探索以未来环境收益价值化为切入点，将会计财务信息与环境收益深度融合，并从政府环境产业政策评估、绿色产业链分析、微观企业环境行为识别、社会舆情追踪等领域，积累绿色投资数据，构建绿色金融绩效评估与考核管理制度，以赋能绿色产业为目的优化投资组合，并对高碳行业资产的风险敞口、主要资产、投资的碳足迹进行披露，形成ESG投资考核激励标准和ESG考核评价机制的管理闭环。

李冠莹

太平资产管理有限公司

中共党员，金融学学士、农业推广硕士，现任太平资产管理有限公司党委副书记、副总经理（主持工作），曾任太平人寿保险有限公司副总经理、首席投资官，太平金融控股有限公司副总经理、太平资产管理有限公司市场总监，并曾在中国人寿深圳分公司、深圳沙河实业股份有限公司、中国人寿保险公司新疆哈密分公司担任过不同职务。拥有20余年金融保险从业经历，对保险业务发展、保险公司资产负债管理、保险资金运用等有深入理解和丰富管理经验。

新时代加快推进保险资管公司高质量发展的几点思考

太平资产管理有限公司　李冠莹

习近平总书记在党的二十大报告中明确指出，要加快构建新发展格局，着力推动高质量发展，强调“高质量发展是全面建设社会主义现代化国家的首要任务”。当前，正是金融高质量发展推进中国式现代化的重要时期，保险资管公司既面临高质量发展重任，又面临错综复杂的市场环境，要在深入分析高质量发展内涵的基础上，找准高质量发展着力点，加强关键能力建设，积极探索未来发展的路径和策略。

一、深刻认识新时代保险资管公司高质量发展的内涵特征

（一）保险资管公司高质量发展要与支持实体经济发展相匹配

习近平总书记指出，“金融是实体经济的血脉，为实体经济服务是金融的天职，是金融的宗旨”，金融发展的根基是实体经济，而经济的发展又会依托金融，促进金融发展，因此二者是共生共荣的关系。保险资管公司作为保险资金的主要汇集方，2022年受托管理的系统内保险资金与第三方保险资金已达19.67万亿元，我国雄厚的实体经济基础和稳定的经济运行为保险资金运用提供了有力支撑；同时，保险资金也为实体经济转型发展提供了长期动力，保险资金运用只有更加主动地融入实体经济高质量发展，才能推动实现机构自身的高质量发展。

（二）保险资管公司高质量发展要与助力保险主业发展相匹配

作为保险资金运用的核心载体，保险资管机构自诞生以来始终坚持以服务保险主业、实现资产长期保值增值为目的。数据显示，2022

年末保险资管机构管理的资产中系统内保险资金占比为73.0%，银行资金占比为10.4%，养老金占比为5.8%，第三方保险资金占比为7.4%。由此可见，保险资金是保险资管机构最重要也是最核心的客户。保险资管公司的发展离不开保险业务的发展，同时，资产端的稳健发展也是保险业务长期健康发展的必要保证和有效支撑，保险资管公司的高质量发展必然要与负债端的发展相匹配。因此，保险资管公司要牢牢把握服务保险主业的核心定位，持续助力负债端提升资产负债管理能力、偿付管理能力等。

（三）保险资管公司高质量发展要与防范化解金融风险要求相匹配

近年来，随着资管新规等一系列行业监管框架新政的落地实施，我国资产管理行业持续回归本源，面对复杂多变的国内外经济金融形势，整体保持着特有的韧性。根据《中国资产管理市场报告2022—2023》，2022年全球主要资产全数下跌，但中国资管市场总规模仍然保持稳定，并实现增长0.1万亿元，达到133.8万亿元，但增幅较2021年的11%出现明显回落，我国资管市场迈入了稳健发展新阶段。资管行业稳健发展的重要特征就是抗风险能力明显提升，以及系统性风险显著降低。在此背景下，保险资管公司作为低风险偏好的保险资金主要管理者，高质量发展更需要“坚持稳字当头、稳中求进”，持续提升和强化风险防范与管控能力，牢牢守住不发生系统性金融风险底线。

二、把握新时代发展机遇找准高质量发展着力点

面对百年未有之大变局，保险资管公司更需要坚持以稳健经营为发展理念，立足长期投资、价值投资、稳健投资，着力通过支持国家战略、服务实体经济、融入资本市场改革发展，分享新时代经济高质量增长带来的发展红利，为经济助力的同时，也为保险资金提供长期稳健收益，积极提升保险资产负债匹配管理能力，从而更好地服务保险主业高质量发展，并进一步强化“偿二代”二期规则下保险业风险

防范与管控。

（一）做落实国家战略的坚定推动者

从宏观经济层面看，保险资金一直是国家重大基础设施建设的重要资金提供者，在建设与服务国民经济发展中长期发挥着重要作用，在高质量发展战略引导下，保险资管更要积极把握中国式现代化的实践发展，在服务和落实区域经济发展战略、绿色发展战略、创新驱动发展战略等重点领域贡献保险力量和智慧。近年来，太平资产持续发挥保险资金优势和保险资管业务特色，积极通过债权投资、股权投资、资产证券化等多种方式，为落实国家战略、服务实体经济提供融资服务。截至2022年末，太平资产累计为实体经济重点领域提供资金支持超1 600亿元，在京津冀、长三角、粤港澳大湾区等重点区域投资管理规模超2 400亿元，支持绿色发展近200亿元，服务乡村振兴超55亿元。推动落地了多个绿色金融相关债权投资项目，资金用于污水处理、造纸环保改造、天然气清洁能源建设等，积极践行绿色金融发展理念。

（二）做支持实体经济发展的忠实服务者

党的二十大报告提出，“坚持把发展经济的着力点放在实体经济上”，保险资管行业是服务实体经济的重要力量，在高质量发展的新征程上，保险资管机构需要从经济周期和金融周期相互作用的角度，进一步深入理解保险资管服务实体经济的重要性和必要性，积极探索保险资管行业在金融普惠创新、提升金融可得性等方面面临的发展机遇，持续加强保险资管在中小企业、乡村振兴、“专精特新”等领域的支持力度和服务质量，积极推动落实ESG投资等。近年来，太平资产坚持履行金融央企下属专业子公司的职责使命，积极加大产品业务模式创新，在全力服务中小企业发展、保障供应链产业链畅通方面，推动落地了多个资产支持专项计划，为核心企业上下游中小企业发展提供资金支持，发行设立专项资管产品支持企业减负纾困，并积极参与投资乡村振兴债券、保障性住房REITs项目等。

（三）做资本市场中坚力量的积极贡献者

多年来，保险资金积极参与资本市场发展，持续为市场输入源头活水，保险资管机构作为长期稳定资金的核心管理人，是市场长期机构投资者的代表力量，并持续通过巩固和发挥长期资金、长期资本和长期资产的投资优势，切实承担着资本市场“稳定器”和“压舱石”的作用。数据显示，2022年保险资管行业投资资产配置于股票与公募基金规模合计达2.54万亿元，债券配置规模9.17万亿元。由于保险资金期限长，并以追求长期稳健收益为目标，因此，具有鲜明的稳定特征。同时，随着新金融工具会计准则的逐步实施，保险资金出于对降波动、稳收益的要求，将提升FVOCI（以公允价值计量且其变动计入其他综合收益的金融资产）中权益资产的配置占比，以获取长期稳定的股息收入，这将进一步发挥保险资金作为资本市场“稳定器”的作用。近年来，太平资产积极把握多层次资本市场改革发展机遇，坚持围绕国家战略和实体经济转型主线开展投资，持续通过优化二级市场权益资产配置结构，为经济稳增长和助力产业升级等相关市场主体提供直接融资服务。

（四）做提升资产负债管理能力的重要实践者

资产负债管理是保险业平稳健康发展的重要基石，尤其在经济转型期，资本市场宽幅波动、长端利率低位运行背景下，保险资金运用难度增大，负债端成本调整滞后，资产负债匹配难度上升，进而提高了保险公司潜在利差损风险，这也是当前行业整体面临的共性问题，从长期看，这将对保险行业整体稳健发展提出考验。资产负债管理能力已成为目前以及未来一段时期，保险资管机构能力建设的重点，也是综合管理能力的最终体现，资产端需要通过资产配置管理使受托资产在期限结构、投资收益、流动性需求等方面更好地与负债端匹配，并能够通过体制机制的建立和完善，根据委托人需求及时进行调整，持续提升长周期管理思维、增强系统管理理念，更好服务保险主业长期发展，推动保险业平稳健康运行。

（五）做统筹发展与安全的坚定守护者

统筹发展和安全是我们党治国理政的一个重大原则，近年来，金融监管从风险管理体系、风险管理要求、内控审计、关联交易管理、风险准备金等多方面对于保险资产管理提出了全面要求，通过制度体系的完善和建设，着力增强保险资管机构的全面风险管理能力，着力保障保险资金运用的长期稳定，牢牢守住不发生系统性金融风险的底线，切实维护经济与金融领域安全，为保险资管机构的长期健康发展奠定坚实基础，这也是保险资管行业高质量发展的前提和保障。保险资管公司作为管理风险的资产管理机构，需要不断完善和提升全流程风险管理体系和跨周期、全市场的风险管理能力建设，真正实现风险的可监测、可管理、可控制，切实保障行业在高质量发展之路上行稳致远。近年来，太平资产持续加强三道风险防范建设，积极构建投前审查及评估、投中监控与纠偏、投后管理及评价的一体化全面风险管理体系，保障公司长期保持稳健经营的发展态势。

三、加强保险资管公司高质量发展的关键能力建设

保险资管公司必须在市场淬炼中实现高质量发展，着力提升服务实体经济以及国家重大发展战略的能力和效率。在投资能力建设层面，需要重点围绕资产配置与组合管理、降低投资波动性与获取稳健收益、推进另类业务转型与发展、提升风险识别与管控以及加强管理机制优化与信息化发展等方面不断加强能力建设，持续巩固差异化经营和特色化投资优势，进一步强化保险资金运用能力，提升保险主业服务质效。

（一）提升资产配置与组合管理能力

1.强化资产配置能力建设。大类资产配置是加强资产负债管理建设重要抓手，大类资产配置工作，一方面要深入了解负债端对收益、期限、流动性等变量的要求，以及负债端偿付能力情况；另一方面根据每类资产的收益属性、风险特征以及规模变化、期限长短等进行统筹管理，并最终形成符合负债端要求的配置策略。从理论上看，资产配置策略能够满足负债端对投资组合的风险收益以及偿付能力管理等多目标要求。但是，在当前长期利率低位运行以及优质资产供给不足的背景下，这对保险资管公司大类资产配置能力提出严峻考验，需要保险资管公司持续加强对利率、资产配置等重点领域的深入研究，并全面系统了解各负债端资金属性，确保大类资产配置管理的有效性。

2.持续提升组合管理水平。大类资产配置主要从战略资产配置（SAA）角度出发，从整体上规划每类资产的配置比例，在投资操作过程中，需要进一步通过战术资产配置（TAA）进行一定范围内的调整或加强，这需要保险资管公司具备较强的组合管理能力，根据市场环境变化，灵活调整和优化组合配置结构。为了提高资产配置与组合管理能力，太平资产积极借助信息技术，构建偿付能力预测模型与大类资产配置模型，真正实现资产负债联动，为TAA优化提供量化依据，最大限度平衡目标和约束，满足保险资金多目标的需求，更有效配合委托人做好偿二代新规背景下的偿付能力管理和资产负债匹配管理。

（二）降低投资波动性与获取稳健收益的能力

在低利率市场环境下，权益类资产对于提升保险资金运用的长期收益具有重要作用。但同时，基于新金融工具会计准则，保险资金运用的收益波动将直接影响保险公司的利润表，在“偿二代”二期规则下，权益类资产对保险公司资本消耗较高，进而对偿付能力的影响也在上升。这对保险资管公司在平衡资产价格波动与获取风险资产预期收益提出了更高能力要求。

1.提升权益资产配置多元化，降低投资波动性。通过对各类权益资产的历史收益和波动情况进行分析对比，可以发现权益投资多元化有助于提升投资组合的稳定性和收益性，包括高股息组合、优先股、长期股权投资、量化对冲基金、国内及海外指数ETF等，都可以作为推动保险资金权益投资多元化的标的。同时，保险资管机构的权益投资还需要持续加强宏观策略与量化策略等创新研发，进一步降低和控制组合波动性。优秀的权益资产配置组合并不是某个固定的“黄金比例”，而应结合不同的经济周期和市场环境动态调整不同资产的配置比例，从而努力获取持续稳定的风险回报。

2.推进固定收益类资产优化结构、丰富投资策略。固定收益类资产是保险资金配置的基本盘，也是稳定收益的生命线。数据显示，截至2022年末，保险资金运用中70%以上的资产配置在固定收益领域。近年来，我国保险资管机构在固收领域也体现出较为突出的管理能力和优势特色，在市场利率中枢逐渐下行的过程中，未来仍需要持续巩固和提升固收资产投资操作与配置能力，准确把握利率走势，积极拓宽产品投资范围，不断创新投资策略、优化配置结构。

3.推进风险对冲管理常态化。保险资金运用应当始终坚持“稳”字当头，保险资管机构也需要不断提升利率风险、市场风险、信用风险的统筹管理能力，积极运用多期限国债期货、量化投资以及信用风险缓释工具等对冲和管理不同的市场风险，努力保持整体组合收益水平的稳定，获取长期可持续稳定增长的绝对收益回报。作为业内首批获得国债期货业务试点资格的保险资管机构之一，太平资产积极探索运用国债期货、信用风险缓释工具等金融衍生工具开展多头套保和风险对冲管理，开发落地多个交易策略，进一步丰富了投资工具和载体，提升了投资风险管理能力和稳定收益获取能力。

（三）加快另类业务转型，提升另类资产获取能力

保险资管公司另类业务转型与发展，仍要紧跟国家战略导向和实体经济转型方向，积极把握新领域、新机遇；同时，在业务开发过程中要更加专注于底层资产质量。

1.推进另类业务转型。在合意资产供给不足背景下，保险资管公司需要主动把握“非标转标”业务机会，积极参与资产证券化、公募REITs等新业务模式，交易所ABS产品业务模式与另类投资逻辑相似度高，是另类业务转型的合适载体，可以通过多维度挖掘客户需求，开发优质定制型ABS产品，弥补非标资产供给不足。同时，积极拓展股权市场业务机会，着力挖掘低估值、有价值投资潜力的上市公司标的，努力扩大定向增发、IPO战略配置规模，跟进经济转型与行业发展趋势，推进优质长期股权投资项目开发等。

2.持续拓宽另类资产供给来源。作为保险资金配置的重要组成部分，当前非标债权类资产较为稀缺，2022年末行业共配置债权投资计划1.96万亿元，较2021年仅增加1 100亿元。新形势下，保险资管公司需要紧密围绕实体经济投融资需求和渠道结构的变化，在重点领域和产品创新层面加大业务发展与开拓力度，更加聚焦底层资产质量，主动与融资主体直接对接。例如，积极挖掘京津冀、长三角、粤港澳大湾区等区域发展战略下的投资机会，以及新能源、高端装备、“两新一重”等重点领域，更多聚焦可长期持有、经营趋势良好、具有稳定现金流的底层资产，努力获取期限、流动性和信用溢价，形成对于传统债券投资的有益补充。

（四）提升风险识别与防控能力

1.深刻认识保险资管公司面临的风险环境。在低利率环境下，保险资管公司要以防范长期利差损风险为首要职责；同时，积极识别和应对各类潜在风险来源，既有复杂形势下的市场风险、经济下行带来

的信用风险，也有经营管理过程中存在的操作风险、洗钱风险、信息安全等，对于风险的管控关键在于能够预见风险，并制定针对性风险管控预案，同时做好落实与执行。

2. 着力丰富风险管理和预警处置的方法手段。面对错综复杂的风险防控形势，需要保险资管公司不断提升风险识别与管理的能力，尤其是借助信息化手段和大数据处理能力，持续加强对于信用风险等预警管理；同时，在应对风险事件方面，也要不断提升风险处置的能力，积极加强与资管同业交流，共同探索更有效的风险处置方法。

（五）加强管理机制优化与信息化发展能力

推进保险资管公司高质量发展是一项系统工程，通过管理机制优化能够有效推动组织机构的高效运转；同时，积极借助信息化赋能，更好服务业务发展与管理效能提升。一是以保险资金运用为核心，深入理解保险资金特性，准确把握资管行业发展趋势，建立符合保险资管公司发展要求的专业人才队伍和管理模式，围绕保险资金资产配置、投资研究等核心能力建设，持续打造一支素质高、能力强的员工队伍。二是通过管理机制优化为保险资管公司高质量发展提供持续动力。近年来，太平资产通过组织架构调整、管理流程优化、完善激励约束机制等，持续推动管理机制优化，并取得积极成效。三是积极推进金融科技应用与赋能发展，不断将人工智能、大数据等新一代信息技术与投资业务、风险管控、综合运营等深度融合，主动探索ChatGPT、数据资产等在资产管理领域的应用场景，让信息技术更多赋能于研究、决策、交易、风险管控等各领域，为加快推进保险资管公司高质量发展提供助力。近年来，太平资产高度重视金融科技体系建设，依托信息系统自主开发能力，在坚守金融安全前提下，稳步推动公司经营和投资管理从线上化、系统化逐步迈向数字化、智能化，全力打造支撑公司高质量发展的金融科技核心竞争力。

党的二十大确立了“以中国式现代化全面推进中华民族伟大复兴”

的中心任务。站在新时代迈向高质量发展的新征程上，在国家金融监督管理总局监督指导下，保险资管行业作为大资管的重要组成部分，必将大有作为。太平资产作为金融央企下属专业保险资管机构，将坚持以党的二十大精神为指引，认真执行国家金融监督管理总局各项管理规定，全面落实太平保险集团高质量发展战略，坚持以服务实体经济、服务保险主业为宗旨，进一步将公司发展融入党和国家事业发展全局当中，立足本职、真抓实干，坚定不移把党的二十大战略部署落到实处，用实干实绩为中国式现代化的伟大实践贡献太平力量。

吴剑飞

大家资产管理有限责任公司

原大家资产管理有限责任公司总经理，中国人民大学学士，北京大学硕士。历任建信基金首任基金经理、投资部副总监，平安资产管理公司股票投资部总经理，民生加银基金管理公司副总经理（主管投研）、总经理兼公司党委副书记、公司投资决策委员会主席，同时担任民生加银景气行业基金基金经理。

勤研笃行，保险资产管理迈进高质量发展新征程

大家资产管理有限责任公司　吴剑飞

一、保险资管业走上高质量发展道路的历史必然性

（一）我国经济增长模式正由“高增长”转向“高质量”

党的二十大报告指出，高质量发展是全面建设社会主义现代化国家的首要任务。根据发展阶段和社会主要矛盾的重大变化，党的十九大也明确提出，我国经济已由高速增长阶段转向高质量发展阶段。这种转变是经济发展到一定阶段的客观要求，也是内外约束下的必然选择。改革开放以来，由于生产潜力的不断释放、生产要素的有效利用，我国经济维持了40年的高速增长，创造了世界经济发展历史上的“中国奇迹”。但随着经济规模越来越大，我国面临的能源、资源、环境等约束日益凸显，经济发展方式必然要做出转变。

首先，人口红利逐步减退。近年来我国人口增速明显放缓，2022年我国人口自然增长率转负，且随着老龄化加剧，社会总抚养比由2010年低点的34.2%逐步回升至2021年的46.4%。人口数量红利即将进入尾声，数量驱动型经济增长动力将随之减弱。劳动力数量、结构和质量的替代转化将是未来人口高质量发展的关键。其次，房地产中长期景气下行，土地财政难以为继。土地财政的内涵中，除去直接产生的土地出让收入，还包括与土地使用和开发相关的各项税收收入，2022年合计相当于地方公共预算收入的79%。但随着房地产行业信用风险暴露、人口进入长期下行周期，房地产行业面临中长期景气下行，

2022年全国土地出让收入同比下降23.3%。与此同时，地方政府债务压力成为防风险的重点领域之一，进一步加剧地方政府财政压力，传统投资驱动经济增长的模式面临挑战。最后，逆全球化趋势下地缘政治不确定性上升。2018年中美贸易摩擦以来，经济全球化持续遭遇逆流，民粹主义、贸易保护主义大行其道，加之新冠疫情对全球供应链的冲击、俄乌冲突带来的地缘政治格局调整，逆全球化呈现加速趋势，国际经济体系趋于碎片化。与此同时，中国成为全球第二大经济体后，中美博弈加剧成为国际经济社会的长期议题，进一步推升地缘政治的不确定性，由此衍生了产业外迁压力增大、关键科技领域“卡脖子”、能源安全等一系列问题。在“百年未有之大变局”的大背景下，宏观稳定成为稀缺的资源。要坚持底线思维，着力用高质量发展来从根本上防范化解各类风险，同时更加注重从供给侧发力，通过优化经济结构提升经济稳定性、持续性。

（二）经济增长模式转变下保险资管业亦需转向“高质量”发展

保险资管业高质量发展的核心要求是各保险资管机构不断提高政治站位和自身能力建设，最大限度地发挥保险资金优势，在党和国家发展大局中找准着力点，紧密贴合国家大政方针和战略部署，把服务实体经济作为出发点和落脚点，切实满足实体经济发展的现实需要。走高质量发展道路，践行金融工作的政治性和人民性、提升专业性是保险资管行业的必然选择。

一方面，经济增长模式的转变，特别是实体经济的高质量发展需要金融体系的有力支撑。实体经济与金融是休戚与共的命运共同体，强大而健康的实体经济是金融业可持续发展的后盾，经济的高质量发展需要金融行业高质量的支撑。在服务实体经济发展方面保险资管机构大有可为，也是应有之义。截至2022年末，保险资产管理公司资产管理规模合计达24.5万亿元，同比增长15.11%，增速连续3年保持两位数水平，保险资管已经成为我国金融体系的重要支柱之一。在经济高质量发展的要求下，保险资管业走高质量发展道路，不仅有助于促进我国金融体系健康有序发展，也是以实际行动践行党的二十大报告对我国金融工作更高水平、更现代化的内在要求。

另一方面，保险资管业走高质量发展道路顺应了当下产业发展趋势。目前，国内外新兴科技产业发展迅速，世界范围内以ChatGPT为代表的人工智能科技革命正悄然兴起。在此背景下，我国新一轮产业变革正在发生，制造业正逐步从国际产业链的中低端向中高端迈进，高质量发展所要求的新旧动能转换与产业布局优化亟须机构资金助力。在这一大背景下，保险资管行业需要不断提升专业性，主动融入中国经济高质量发展的实践中，更好地对接实体经济需求，有效助力新兴科技产业长期发展，最大化地发挥保险资金期限长、规模大、来源稳定等特点，在服务国家科技产业发展战略的同时，实现自身健康、稳定、持续的发展。

二、保险资管业高质量发展的内涵和方向

（一）监管制度体系顶层设计的逐步成型为保险资管业高质量发展奠定了坚实基础

2018年，《关于规范金融机构资产管理业务的指导意见》（以下简称资管新规）正式发布，标志着大资管行业正式迈入去除通道、打破刚兑的净值化时代，基础业务逻辑正本清源，由传统的信贷思维向“真资管”思维发生根本性转变。资管新规作为资管业的纲领性文件，在助力防范化解金融风险的同时，也为资管行业未来良性有序发展指明了方向。随后，监管部门陆续发布了《保险资产管理公司管理规定》《保险资产管理产品管理暂行办法》及其配套细则，一方面，保险资管公司在公司治理、风险管理等方面有了更加清晰的准绳；另一方面，保险资管产品的私募属性和行为规范得到进一步明确。具体投资品种方面，《中国银保监会办公厅关于保险资金投资公开募集基础设施证券

投资基金有关事项的通知》《中国银保监会办公厅关于保险资金参与证券出借业务有关事项的通知》《中国银保监会关于保险资金投资有关金融产品的通知》等制度的出台，进一步畅通保险资金多元配置渠道，使保险资管公司能够更好地顺应我国资本市场发展，参与公募REITs、理财产品等品种投资。同时，保险资管业积极响应国家扩大金融对外开放的导向，多家外商独资、中外合资保险资管公司设立，为行业引入更加多元的管理文化和投资理念。正是在上述政策举措的护航和加持下，自2018年起，保险资管公司管理总规模逐年稳健提升，年均复合增长率达15.33%（见图1）。

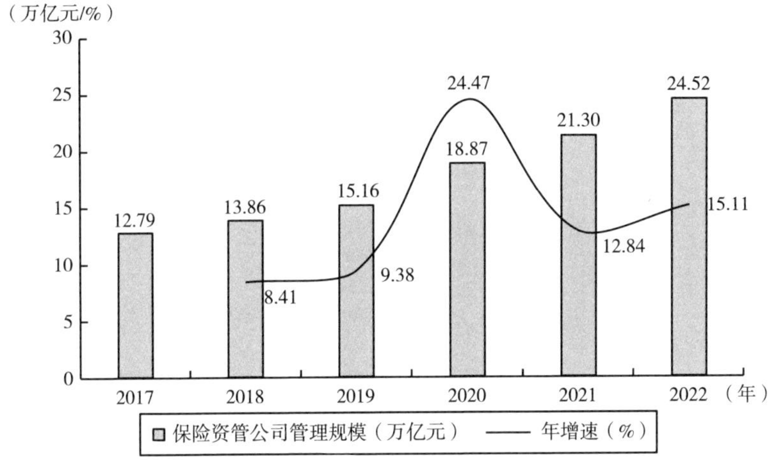

图1　保险资管公司管理规模近年来快速增长

资料来源：中国保险资产管理业协会，大家资产整理。

（二）保险资管业高质量发展要立足自身的优势与特点

资管新规的发布为各类资管机构提供了同台竞技、公平竞争的环境，但各机构也面临同质化竞争难题。为实现高质量发展，保险资管业要认清并立足自身的优势与特点，寻求有别于公募基金、银行理财等其他资管机构的差异化路径。

保险资管机构的核心主业在于保险资金的运用和管理。截至2022年末，保险资管机构管理保险资金规模约20.15万亿元，占管理总规模的82.24%。从资金属性看，保险资金具有久期长、资金量大、刚性成本约束的特点，基于此，保险资管机构成为目前我国各类资管机构中少有的专注于长期资金管理，并在该领域形成一定先发优势的资管机构。2003年以来，随着保险资金运用渠道的不断拓宽，保险资产管理机构开始逐步构建适应于保险资金特点的资产配置体系。同时，伴随着监管关于偿付能力、资产负债匹配要求的不断细化和完善，保险资管机构在战略资产配置（SAA）、战术资产配置（TAA）相关的方法论更加成型，应用实践经验越发丰富。经过多年的积累与沉淀，保险资产管理机构在资产负债匹配管理和大类资产配置方面的能力脱颖而出，并培养树立绝对收益理念和审慎稳健的管理风格，更加注重长期收益与风险控制，成为全市场最为稳健的机构投资者之一。2012—2021年10年间，保险资金年均财务收益率5.28%，且每年实现正收益，收益波动幅度远小于其他机构投资者，真正做到穿越牛熊周期。

此外，根据海外机构的发展经验，发展第三方资产管理业务是大型保险资管机构的重要战略选择和必由之路。以安联保险集团为例，2022年其第三方资产管理规模达1.64万亿元，占其管理总规模的76.36%。我国保险资管机构近年来同样积极拓展第三方业务，在服务好保险主业的同时，通过发行保险资管产品等方式，积极吸纳来自银行、养老金等不同类型资金。有别于公募基金和银行理财主要专注个人财富领域，保险资管机构在服务专业机构投资者方面更具经验和优势。

（三）保险资管业高质量发展的内涵

保险资管业要实现高质量发展，关键在于主动顺应并融入我国经济发展和大资管行业的发展趋势，在服务实体经济、服务保险主业和参与财富管理三个方面积极作为。

1.聚焦服务实体经济和国家战略。党的二十大报告明确要求“坚持把发展经济的着力点放在实体经济上”，服务实体经济也是当下金融工作的重点，保险资管机构在提升服务实体经济和国家战略方面责无旁贷。保险资管机构可通过多种渠道和方式服务实体经济，包括投资股票、非上市企业股权等为实体企业提供权益性融资，投资债券、创设并投资债权投资计划等非标资产为实体企业提供债务性融资，投资银行存款提供间接融资等。根据国家金融监督管理总局公布的数据，截至2021年保险资金通过上述方式为实体经济提供中长期资金支持达21.85万亿元，并积极参与投资养老产业、战略性新兴产业和绿色发展产业。未来，保险资管机构有必要继续加大对国家产业政策所倡导的科技安全、新能源、绿色环保、人工智能等领域的关注和投资力度，响应“十四五”规划和2035年远景目标纲要提出的“提高金融服务实体经济能力，健全实体经济中长期资金供给制度安排，创新直达实体经济的金融产品和服务，增强多层次资本市场融资功能”要求，不断提升服务实体经济和国家战略质效。

2.立足主业赋能负债端。服务赋能保险主业是保险资管机构的天然使命。保险资管需通过打造能力突出、专业立身的市场化平台，不断提高投资业绩，以综合化投资能力在大资管行业中突出经营特色、形成市场影响力、实现稳定的投资业绩，为负债端持续、稳定、健康发展提供保障。在资产配置方面，保险投资要充分契合自身资金特性，采取多样化、多品种投资，降低信用风险、权益风险暴露，以价值投资理念、绝对收益思维，形成稳定且持续的投资收益，实现投资端穿越周期的能力。在投资能力建设方面，要进一步健全完善包括信用风险管理、股票投资、股权投资、不动产投资和衍生品运用管理等能力的建设，以综合化实力建设打造与理财、信托、基金等竞品的差异化能力，提升整体竞争力。

3.布局财富管理市场。我国已成为全球第二大财富管理市场，根据麦肯锡统计，截至2022年末，我国个人金融资产规模已达242万亿元人民币，预计2030年将达到475万亿元，其中个人持有资管产品规模将达118万亿元。保险资管业要实现高质量发展，必须重视财富管理市场高速增长所带来的战略性机遇，逐步补足自身短板，培育普惠金融能力，助力推动实现全体人民共同富裕。国家金融监督管理总局党委书记、局长李云泽在论及零售经营时，提炼概括三大要素：客户、产品和渠道，可围绕这三点打造财富管理能力。客户方面，在防控风险的基础上有序向个人客户群体拓展，特别是重视Z世代年轻客户的理财需求，并构建与其“重社交、重体验”文化相适应的服务能力；产品方面，致力输出保险资管机构的大类资产配置能力和长期管理能力，如养老主题产品，打造“保险特色”标签，形成不同于其他机构的差异化竞争优势；渠道方面，重视线下和线上渠道的铺设，凭借自身专业能力优势，与分销渠道共建、输出投顾能力，为客户提供围绕投资全生命周期的体系化服务，提升渠道的合作黏性。

（四）保险资管业高质量发展方向与路径选择

1.资产配置上：保险资管机构应当注重中长期固收资产配置。现金类资产、债券等固收类投资工具受利率影响较大，为应对长期低利率环境以及负债端久期的延长，未来需更注重对非标准化债权类资产等中长期固收资产的配置。同时，应当加大对优质权益资产的配置力度。固收类利率敏感性资产收益水平受低利率制约的情况下，需考虑加大对优质权益类资产的配置力度来匹配负债端成本，实现收益的增厚。从持股方向上来看，我国保险资金依然偏重银行、房地产等传统重资产行业。对比美国，CalPERS作为美国最具影响力的公共养老金计划，其最新资产配置中权益占比达58%，目标回报率设定为6.8%，信息科技、医疗健康等新兴行业均位列前四大重仓行业，我国未来也可考虑从权益上适当增配科技、医疗、消费等符合我国新兴战略发展方向的行业。此外，相比于二级市场较大的波动性，一级股权市场投资的必要性正在凸显，海外股权投资资金来源结构中养老金及保险资金占比约51%，而我国占比仅约26%，未来投资空间较大。

2.投资布局上：保险资管应当积极拥抱新的投资方向，探索新兴投资领域实现保险资产投资组合多元化。面对利率周期变动对保险投资带来的影响，除了调整主流固收、权益资产结构之外，提升投资组合多元化程度也有助于保险公司资负匹配。具体来说，提升另类投资是近年来全球险资的共同趋势，包括私募股权类资产、不动产（物权资产或公募REITs等证券化类金融资产）、私募债、夹层基金、衍生品、FOF等类别均可从增量收益挖掘和平滑投资组合波动两个维度来提升投资组合整体的稳健性。

3.数字化转型上：2023年3月，监管部门提出将全面开展非银机构数据治理工作，要求保险资管公司建立标准化数据格式，形成相互关联、综合运用的监管大数据，便于监管部门还原公司原始业务场景，前瞻发现违法违规线索。此外，海外银行业流动性危机事件频发，如何预测、识别并处理风险，对金融机构的数字化能力提出了更高的要求。在此背景下，保险资管机构应加快投研风控体系及数字化建设，不断提升自身系统化能力，完善内部风控体系。

三、大家资产探索高质量发展的路径

大家资产自转型发展以来，以高质量发展为目标，积极探索出独具“大家特色”和“保险特色”的发展之路，取得了初步成效。2019—2022年，公司四年投资平均收益率6.3%；三方业务从零破冰到目前近3 000亿元规模；净利润复合增速37%；ROE提升5个百分点；人均营业收入、人均净利润复合增速分别达到12%、20%，在持续探索大资管时代保险资产管理机构的高质量发展路径方面迈上新的台阶。

（一）坚持党建引领，服务中心大局

大家资产旗帜鲜明地引领广大干部员工坚持金融工作的政治性、

人民性，不断提升专业性，深化“政治引领、人民立场、专业保障”，深刻领会、认真贯彻落实党的二十大精神，积极探索保险资金更好服务国家战略、服务实体经济、服务国计民生、服务保险主业的路径，发挥好“稳定器”和“压舱石”作用。在公司治理方面注重把党建工作与公司治理有机融合，认真落实党组织前置研究讨论重大事项相关要求，守住合规底线、风险底线、廉洁底线。

（二）发挥资源禀赋，支持实体经济

大家资产充分发挥保险资金规模大、期限长和稳定性高的优势，践行保险资金服务实体经济、支持国家战略的理念，助力经济高质量发展。在服务国家战略方面，灵活运用地方政府专项债、信用债和保险债权投资计划等多种形式，疏通金融活水，服务重大项目和民生工程，累计投资超过300亿元；在服务民生方面，通过资产支持计划等，精准支持中小微企业，缓解融资难问题，加快转型升级，增强企业内生动力，通过平安普惠、供应链资产支持计划产品等，累计提供资金支持超过600亿元；在支持高新技术和新兴产业发展方面，重点布局先进制造业和高新技术企业，尤其是相关产业的核心链条、瓶颈环节和国产替代领域，支持“专精特新小巨人”，成为首家参与北交所实际投资的保险资管公司。

（三）打造核心能力，发挥优势特长

大家资产立足保险资管行业的实际，充分结合保险资金的优势和特点，萃取了大资管行业的先进经验，积极开展核心能力建设。一是在资产配置方面，构建了从资产配置到组合管理，再到品种投资的完整体系，结合受托资产久期等负债端特性，运用量化择时方法，主动适度进行TAA偏离，提升收益的稳定性。二是在授权体系方面，首创投资业务“三维授权”体系，按照细分品种、账户类型、审批限额进行立体式授权管理，实现个体分布式“自下而上”决策与分级审批、

集体决策“自上而下”决策的有机组合，既尊重个体有限理性，又实现能、权、责、利匹配。三是在投研能力方面，持续构建“保险特色”“大家特色”的投研体系，促进投资能力建设的高质量发展。“保险特色”重点打造绝对收益、资产负债匹配和回撤控制等契合保险资金运用的投资管理能力；“大家特色”重点打造适应受托目标、适应市场特征、适应自身优势“三个适应”投资方法论，以及以“研究方法标准化、品种研究模型化、研究管理流程化”为主要内容的“研究三化”建设，以投研能力建设为核心，形成持续稳定的投资输出，实现公司的高质量发展。

（四）守住风险底线，健全公司治理

大家资产始终坚守“合规风控第一”，将合规意识“外铸为铠甲，内化为血液”，注重全面、科学、价值、实效的“风控赋能”，近年来，实现万亿规模资产“零合规风险、零信用违约、零流动性风险”。公司恪守“责任、内省、超越”风格，坚持“规范、透明、专业化、市场化”的原则，构建了“策略化投资”“矩阵式管理”与“网格化监测”体系，形成风险管理与投研体系闭环管理。

（五）强化科技支撑，赋能业务发展

大家资产以“人机融合”方法论为指导，构建了以“自主可控”为核心特征、以“自主研发”为主要手段的MISP大家投资服务平台，探索并走出一条有自主特色的金融科技发展道路，有力促进了公司科技的高质量发展。目前，信息系统主要有投资交易管理系统（O32、场外、境外）、估值核算系统、TA系统、直销系统、资金清算系统、客户数据中心/反洗钱系统、（客户）网上查询系统，以及主数据管理系统、数据中心、投资分析系统、智能研究系统、大家眸·执御智能信评系统、组合类产品管理系统、另类投资管理系统等，其中自研系统比例超过50%。系统平台增强了公司业务多市场、多品种、多渠道的多元属性，不仅能够有效支持资产管理和财富管理的业务运作，而且可以实现不同系统间相互融合，在满足当前业务处理需要的基础上，具备很高的未来业务承载能力。

作为金融行业和金融市场的重要力量，保险资产管理业必须以强烈的政治责任感和历史使命感深入学习贯彻习近平新时代中国特色社会主义思想，认真落实党中央、国务院各项决策部署，勤研笃行，奋力迈进新时代高质量发展新征程。大家资产将始终坚持政治性、人民性，提升专业性，探索基本规律、服务国家战略、践行社会责任，致力于成为资产管理和财富管理市场的卓越力量。

韩向荣

富德资产管理（香港）有限公司

曾任原辽宁保监局副局长、党委委员，原保监会资金运用监管部副主任、处长，财政部金融司主任科员、副处长、调研员等职务。2015年9月加盟生命保险资产管理有限公司，推动公司从以买方业务为主的发展模式向“服务集团与开展市场化业务并重”的战略方向转型，通过改进激励机制、引进市场化人才等方式激发公司发展动力，使公司经营实力显著增强。

践行长期投资，坚持市场化道路，谱写高质量发展新篇章

富德资产管理（香港）有限公司　韩向荣

斗转星移，白驹过隙。自2003年首家保险资管公司成立以来，中国保险资管行业已漫步二十载，实现了从无到有、从小到大的第一次跃升，完成了从分散化到集中化、从管理内部保险资金到全能资管机构的发展蜕变。2023年是保险资管行业第三个十年的起步之年，也是全面贯彻党的二十大精神的开局之年。开局关乎全局，起步决定全程。矗立新开端新起点，保险资管势必肩负着新使命、新重任，更应展现新面貌、新担当。

一、保险资管行业当前面临的挑战

何为高质量发展？于宏观经济而言，核心是从关注经济增长一个维度，转向关注经济发展、社会公平、生态环境等多个维度，寻求更加充分更加均衡的发展格局。于产业而言，是产业布局优化、结构合理，不断实现转型升级。于金融业而言，是要坚持金融工作政治性、人民性，改善资本和资源配置效率，促进科技、产业、金融良性循环。具体到资管行业，则是要在恪守“受人之托，代客理财”的本源基础之上，致力于更好地成为服务实体经济的关键载体、防范化解金融风险的有效工具、推动金融改革开放的重要抓手、增进人民福祉的有力手段。高质量发展，既为各行各业擘画了宏伟的发展蓝图，也提出了前所未有的高要求。保险资管行业正处在百年变局之大时代，既要对长期向好的美好未来坚定信心，也要勇毅理性地面对短期调整的剧痛。

（一）市场化、专业化程度亟待提高

2012年以来，市场化、专业化提升成为保险资管行业孜孜以求的目标，监管机构、行业主体无不竭尽全力寻求突破。2018年的资管新规更是明确了保险资管作为资管机构的主体身份，与其他资管同业在同一赛道、同一规则下公平竞争。多年持续努力之下，坚持市场化、专业化的理念已经深入人心，行业整体市场化、专业化水平也有了显著提升。但是因受托管理资产结构、股权结构等多项因素影响，也因一些路径依赖的惯性，相较于资管同业，保险资管的市场化水平还存在着很大的差距，在权益投资、量化投资等一些领域的专业化也存在着很大的提升空间。

第三方业务被认为是保险资管全方面能力的“试金石”，也是保险资管真正从内部受托走向市场化的标志。资管新规后，保险资管第三方业务管理规模拾级而上，管理规模占比由2019年的18.7%上升至2021年的24.1%，但总体占比仍然较少，且主要集中在银行存款、债券投资上。总体来说，市场化业务的发展质效仍然差强人意，大多数保险资管机构的生存仍有赖于管理关联方资金，自我造血能力尚待提升，市场竞争力普遍较弱。

这些不足的背后，归根结底还是保险资管机构专业化程度存在着种种不足。一是固收投资能力不全面，但重配置轻交易、重主体轻资产，难以通过波段交易获取阶段性收益，难以捕捉市场错杀下的信用风险溢价，在资产荒的压力下投资空间日益逼仄。二是权益投资仍是软肋。投资收益率波动较大，投资策略、考核机制等仍处在不断的试错与调整之中。三是另类投资不另类。保债计划、信托计划等投资具有很强的类信贷属性，产品结构单一，同质化明显，行业内卷有余而创新不足。这类业务有着明显的顺周期性与标准化产品的利差逐渐收窄，不足以增厚收益分散风险。

（二）交易能力较弱，发展工具型产品的优势欠缺

与其他资管同业相比，保险资管整体管理资产规模虽然不相上下，但是能力建设与产品布局的不均衡比较突出。作为大体量资金管理者，保险资管以大类资产配置见长，无论是固收类资产还是权益类资产，投资策略上均以配置型为主，交易思维与能力较弱，对短期内市场变化的反应速度较为迟钝。这样的能力图谱也导致保险资管市场化发展受到制约。

对市场机会的反应迟钝导致保险资管很难选择公募基金所走的发展工具型产品之路。但如何将过去所积累的配置能力与绝对收益投资经验转化为产品和服务予以输出，始终没有找到合适的切入点与抓手。这种投资风格在过去十几年里似乎显得“平庸”。过去，市场充斥着高收益、低风险的非标投资产品和种种权益投资神话。伴随着资管市场的发展成熟与投资者教育的不断深入，投资者对低波动的固收投资类产品的接纳程度有了显著提升。这本来是保险资管的优势所在，但公募基金、银行理财迅速切入固收投资的赛道，还可以辅之以权益资产作为“+”资产，以债券交易作为策略加成，对保险资管拟以固收投资作为市场化突破之路造成了冲击与围堵。

如何将保险资管的能力优势向和保险资金有相同属性的业外客户进行服务输出？如何为客户提供资产配置规划？如何做好绝对收益属性的多资产配置型产品？这些问题既是客户需求的痛点，也是行业发展差异化道路的关键。

（三）体制机制仍需完善，对高水平投资人才吸引力不足

近年来，保险资管在市场化业务发展上，持续优化调整组织结构，通过强化产品管理职能、优化投研条线以及充实人才队伍来顺应行业的发展。但与公募基金、券商等资管同业相比，体制机制比较保守，不够市场化，突出体现在考核机制、激励机制、投资决策机制等方面，

这也导致行业在高端人才的“引、育、留、用”上存在明显弊端，进一步制约了组织活力的激发与能力的培养提升等。

二、保险资管高质量发展方向探索

（一）坚持金融工作的政治性、人民性

保险资管要始终坚持金融工作的政治性、人民性。一是坚持党的领导，把党的集中统一领导贯穿于金融工作的全过程、各方面，坚决贯彻党中央、国务院的各项决策部署，坚持金融服务实体经济，引导金融资源更好地支持经济社会发展的重点领域和薄弱环节，以高质量的金融服务促进中国经济的高质量发展。二是紧跟党的二十大精神引领，深入贯彻落实以人民为中心的发展思想，切实担负起金融为民、富民、惠民的使命，为人民群众提供高质量金融服务，满足人民对美好生活的向往。

1.服务居民日益迫切的财富管理需求。当前，宏观经济转型升级，人口结构老龄化加剧，居民财富管理理念和结构也在转型中——从不动产向金融资产转变、从储蓄向非储蓄转变、从单一配置向多元配置转变。目前，市场可选金融产品繁杂，公募基金数量超1万只、私募基金超15万只、各类资管机构超3万家。把资产配置权交给投资人自己，让百姓基于个人的财务知识来开展投资并不现实。再者，长期以来“基金赚钱、基民不赚钱”的魔咒尚未打破。2022年，公募基金行业整体亏损1.45万亿元，管理费收入却不降反增。这既与基民追涨杀跌的情绪有关，更与公募基金相对收益考核的行业特点有关。如何克服困扰财富管理市场多年的顽疾？必须要引入具备大类资产配置能力、以绝对收益为导向的专业机构投资者，保险资管当仁不让。

财富管理不等同于资产管理，更不是简单的产品销售，而是围绕客户全生命周期需求，设计出一套个性化的财富管理规划，帮助客户实现资产配置、多元投资、财富增值、风险管理等复合目标。财富管

理领域参与者优势各有不同，比如银行理财投顾经验丰富、渠道优势强；公募基金投研能力强、产品条线丰富；券商善于投资投行业务协同；而保险资管则是以大类资产配置和绝对收益践行者而见长。各类机构若能在财富管理产业链上开展竞合，实现专业化分工和差异化竞争，势必能极大提升财富管理服务质效。

保险资管历来坚持稳健投资、价值投资，以绝对收益为目标，在大类资产配置、全生命周期管理等方面有显著优势和丰富经验，与居民财富管理需求有着天然的契合：

一是以自身的稳健投资理念现身说法，对居民开展理性的投资教育引导，减少其追涨杀跌等不理性的投资行为。

二是以大类资产配置的能力来帮助居民进行投资择时和组合管理，帮助搭建全生命周期的财富管理体系。在宏观利率趋于下行与居民多元化投资需求增长的背景下，保险资管可以重点发挥在大类资产配置、FOF投资、获取长期绝对收益的优势，帮助居民稳稳地提升财产性收入。

三是通过与保险主业加强协同，保险资管可以依托于保险业的代理团队与金融科技能力，对客户画像进行分析，为客户提供“千人千面”的“投资+保险”服务，真正做到以顾为主、以服务为主。

2.服务日益增长的养老金融市场需求。党的二十大提出要健全覆盖全民、统筹城乡、公平统一、安全规范、可持续的多层次社会保障体系。第三支柱如何破局是实现这一规划目标的关键。结合保险资管禀赋，可以在第三支柱建设上多有贡献。

第一，保险资管持续稳定的绝对收益经过了多年的验证，稳健的保险产品、保险资管产品可以丰富三支柱产品选择。

第二，保险资管擅长大类资产配置，可以为第三支柱输出资产配置能力。对于长期投资来说，资产配置是贡献超额收益的关键。我国第三支柱采取个人账户制，将资产配置的决策权完全交给了个人。这种长期大类资产配置具有高度的专业门槛，恰恰是个人投资者所普遍缺乏的。对比美国，其第三支柱同样采取了个人账户制，但是引入了合格默认投资选择机制（QDIA）。当养老金计划的参与人或受益人因某些原因未对其账户资金主动做出投资决定时，受托人有权在投资方案中指定一个默认基金作为默认投资替代方案。QDIA机制的设计可以在一定程度上避免养老金长期闲置以及因个人缺乏金融知识而投资不当所导致的损失，更好地实现养老金资产的长期增持。而QDIA恰恰与保险资管大类资产配置优势相契合。

第三，保险资金在大医养领域的投资，为养老金第三支柱建设延伸了产业业态，有助于提升养老综合服务质量。

（二）坚持专业化、市场化发展之路

坚持金融工作的政治性、人民性，根本落脚点在于坚持专业化、市场化的发展道路。前者指明了发展方向，后者描绘了实施路径。坚持专业化，就是要坚持回归资管本源，回归保险保障。具体来说，就是要坚守长期主义，坚定不移地全面提升主动管理能力、风险防控能力、资产挖掘能力、产品创设能力等。在切实管理好保险资金的基础上，向外输出保险资管特有的大类资产配置能力、绝对收益获取能力优势。

近年来，监管机构全面推进保险资金运用的市场化改革，保险资管的机制体制、人才队伍等得以与资管同业接轨，大大释放了保险资管机构的活力，提升了资金运用质效。毋庸置疑，市场化势必带来竞争、带来压力，但也正是在竞争压力的淬炼之下，才能实现成长。无论是服务集团内资金，还是服务第三方资金，都需要坚持走市场化之路，以市场化、专业化的理念来全方位提升经营能力。

三、保险资管高质量发展建议

坚定不移地走高质量发展之路，务必要锚定自上而下的大类资产配置能力，坚守绝对收益投资理念，这也是保险资管差异化发展的根

基。以此为轴心，向资产端与财富端逐渐延伸拓展，输出大类资产配置能力与绝对收益获取能力，拓宽发展空间。具体建议如下：

（一）坚持发展绝对收益配置型产品和服务

后资管新规时代，各类机构同台竞争，但各自经历了不同的发展路径，形成了不同的基因，具有不同的业务特色与资源禀赋。因此，走差异化发展之路，是更有利于形成专业化的竞合分工，更有利于提升整体资产管理行业运行效率的必然选择。在所有资管机构中，保险资管诞生最晚，长期以来以服务集团内保险资金为首要使命。与其他资管机构相比，投资理念、投资目标、考核机制、配置结构都具有显著的差异。这些差异恰恰是保险资管机构在大资管领域最为宝贵的相对比较优势，长期投资、价值投资、稳健投资也更符合经济高质量发展对金融投资的需求。保险资管在积极参与大资管竞争的过程中，虽然是要深度学习借鉴其他资管机构的先进经验，但切不可本末倒置。

具体而言，最值得保险资管选择的差异化发展道路应该是着眼于自身在大类资产配置、绝对收益目标等方面的经验与优势，持续输出大类资产配置能力与绝对收益获取能力。在底层资产方面，在大类资产配置的架构下，通过多资产、多策略的组合，打磨稳健低波的固定收益类产品，满足各类机构和居民的资产配置需求。更进一步，在财富管理市场，保险资管可以切入投顾服务环节，利用自身的长期资产配置能力为财富管理服务赋能，帮助居民进行全生命周期的财富规划与管理，稳稳提升居民的财产性收入。

（二）推进固收投资转型升级势在必行

从国内外经验来看，固定收益类资产作为保险投资压舱石的核心地位始终不变。但当前保险资金固定收益类资产投资面临着三大困境，转型升级迫在眉睫。一是长期利率下行趋势已形成，这将直接导致保险资金配置的基础收益率也趋于走低；二是由于长期限资产供给不足，满足保险资金资产负债久期匹配的投资将存在一定缺口；三是随着部分行业的信用风险上升，结构性资产荒的态势也愈加明显。因此，在实体经济发展模式转型升级的同时，保险资金现有的固定收益投研模式也需要随之迭代升级。当下，如何调整债券投资逐步从以城投、地产为主转向产业债，如何将投资逻辑转向把握经济周期、产业周期下的企业经营基本面驱动，如何提升投研颗粒度以捕捉更多交易性投资机会，都将成为保险资金固收投资业务转型的重点突破方向。

（三）打造具备全市场均衡投资能力的保险资管特色权益投资路线

在利率中枢不断下移、信用债违约逐渐常态化、优质资产稀缺的背景下，未来保险资管配置提高权益类资产占比将势在必行。然而，近年来股票市场风格切换剧烈如钟摆，要在此市场环境中做到每年正收益绝非易事。但越是困难如此，保险资管就越是要坚持长期投资、价值投资，坚持以自上而下为主的权益投资能力建设，坚持绝对收益考核，重点打造具备全市场均衡投资能力的保险资管特色权益投资新路线，而不是同公募基金一样，追涨杀跌、追热点、炒概念、拼赛道、比相对收益考核排名。

（四）积极推进另类资产投资业务升级创新

伴随着保险市场蓬勃发展，保费收入逐年增长，保险资管创新产品不断涌现，保险资金另类投资实现了跨越式的发展。在支持国家重大战略实施方面，保险资金特色优势得到了更好的发挥。各家保险资产管理公司均积极开展另类投资业务，在服务实体经济发展的同时也提高了保险资金运用的整体收益。

近几年保险资管另类资产投资业务发展遇到了“瓶颈期”，推动另类业务投资模式创新升级势在必行。一是实现另类业务从看主体信用的类信贷模式向以看资产为主的模式转变；二是在夹层、股债结合等重点方面实现创新突破，多方位满足实体企业融资需求，与债券市场、银行贷款开展错位竞争；三是注意挖掘Pre-REITs投资、逆周期特殊机遇投资、并购型私募股权投资、私募债权投资等投资机遇。

保险资管高质量发展之路，实质上就是要从依赖市场大势的“β增长”转向更加依靠内功的“α增长”战略。越是正确的路，越是荆棘密布。越是困难重重，越是要正视压力，拥抱不确定性，心无旁骛地通过提升能力把握结构性机会。这些机会可能是新产品、新工具、新服务、新策略、新技术，可能是周期性因素变化所带来的新机遇，也有可能是与资管行业上下游参与者探索合作模式创新，构造新的行业生态。心事浩茫连广宇，于无声处听惊雷。保险资管务必要坚定执着、笃行不怠，践行长期投资理念，坚持市场化发展，谱写高质量发展新篇章。

程锐

光大永明资产管理股份有限公司

金融学博士，现任光大永明资产管理股份有限公司党委书记、总经理。任中国保险资产管理业协会副会长、常务理事，第二届行业发展研究专业委员会等多个委员会副主任委员，具有丰富的金融从业经验。

新时代保险资产管理公司高质量发展路径探索

光大永明资产管理股份有限公司　程锐

2023年是全面贯彻落实党的二十大精神的开局之年，是实施“十四五”规划的关键之年，也是资管新规颁布五周年和中国保险资产管理行业日臻成熟的第二十年。过去五年和新时代十年，保险资产管理行业深化金融供给侧改革，坚持回归本源、重塑发展逻辑、突出优势特色，日益成为独立壮大的市场主体。二十年来，保险资产管理行业始终与国家人民同频共振，助力保险资金发挥稳定器作用、积极参与完善多层次资本市场建设、牢牢把握服务实体经济发展主线。

一、新时代的机遇与挑战

在资管新规的新语境下，各资管子行业主体同台竞技、合作共融，既主动拥抱新时代带来的增量机遇，也在不断挖掘和发挥自身基因属性和资源禀赋，以差异化和独特性构建能力优势，应对新形势下的诸多挑战。从大资管发展格局看，银行理财、券商资管、公募基金、保险资产管理公司等机构已在资管新规下迎来格局重塑，主要体现在规模和能力两方面：一是受资管新规和机构自身主动调整的影响，各类机构主体的资金管理规模占比呈现出不同变化，其中保险资产管理规模及占比均不断提升；二是各行业主体依托于自身天然基因和能力优势的不同走出了差异化的发展道路。从宏观环境和中观形势来看，保险资产管理行业面临着世界政治经济发展扰动因素增加和负债端保险行业进入低速增长期的现实挑战，利率中枢长期下行、优质资产配置缺口持续扩大等长期形势对保险资金运用提出了更高要求。

二、保险资产管理公司锚定高质量发展目标持续发力

保险资产管理公司脱胎于保险公司，从成立之初就承担着保险资金运用“机构化、专业化、市场化、规范化”的初心使命。从2003年首家保险资产管理公司成立至今，保险资产管理行业已经成为拥有30余家机构，管理超过23万亿元资金的大资管行业重要参与者。保险资产管理公司要实现自身的高质量发展，要深入学习贯彻习近平总书记关于金融工作的重要论述，深刻领会党中央对金融工作的新部署、新要求，聚焦“国之所需、民之所盼”，要在坚持“立足保险、重在资管”经营思路的基础上，不断提升自身能力，精细耕耘特色优势，将自身高质量发展融入全面建成社会主义现代化强国的新征程。

（一）立足服务保险主业，是高质量发展的根本出发点

保险资产管理公司是保险行业的资管公司，首要任务是服务保险资金运用，这是保险资产管理公司高质量发展的根本出发点和应有之义。

第一，保险资产管理公司要真正走向负债端、了解负债端，这是立足服务保险主业的前提，也是其专业化和特色化的必由之路。保险资金具有负债久期长、成本刚性、追求绝对收益、资产负债匹配要求高等特点，因此其投资逻辑有一定的独特性。从不同类型的保险产品，到保险资金的分账户管理，再到保险资金的具体运用，业务链条长且过程复杂。保险资金运用要在多重约束下，实现投资收益、资负匹配和偿付能力的平衡。保险资产管理公司对于保险资金运用的理念理解和管理实践都积累了丰富的经验，要充分发挥此项优势，真正走向负债端，深度理解保险资金运用的逻辑，实现全链条的参与，才能更好地做好保险资金的受托管理，更好地匹配保险资金需求，服务好保险主业。这是一条难走的路，但也是保险资产管理公司专业化和特色化的必经之路。

第二，保险资产管理公司要坚持走“方案化”道路，成为一体化解决方案的提供商，全方位解决保险公司痛点和难点。近年来，原银保监会连续下发《保险资产负债管理监管规则1-5号》《保险资产负债管理监管暂行办法》《保险公司偿付能力监管规则（Ⅱ）》等监管新规，对新形势下的保险资金运用提出了更高的要求。在新的监管环境下，保险公司，特别是中小保险公司在提升资产负债管理水平、提高资产配置能力、做好偿付能力管理等方面存在积累不足的情况显现出来。保险资产管理公司要坚持走“方案化”道路，充分发挥自身在长期管理保险资金过程中积累的丰富的大类资产配置、资产负债管理等经验和优势，为保险公司提供涵盖资产负债管理、资产配置、偿付能力管理、系统模型搭建等内容的一体化解决方案，解决保险公司的切实需求，这是保险资产管理公司立足服务保险主业的应有之义。

第三，保险资产管理公司要坚持走“产品化”道路，满足保险资金多样化、综合性需求，这是服务保险主业的重要方式。保险资产管理公司要抓住宏观经济发展中的要素周期变化，以产品方式精准服务保险主业。从要素主体来看，把握好居民财富配置周期、企业生命周期和资产价格周期，综合统筹资金来源特点、资产摆布节奏和产品创设类型，最大限度契合保险主业需要。从产品工具层面来说，不同类型、不同期限、不同风险收益特征的产品为保险资金运用提供了更加多元化的选择。保险资产管理公司要借助产品的金融工具特性，充分满足保险公司对资产类别、风险、收益的不同需求，这是服务保险主业的重要方式。保险资产管理公司可以协助保险公司搭建多资产组合管理方案，优化资产配置结构，稳定投资收益率，做好资产负债匹配。同时，保险资产管理公司丰富的产品线也可以为保险公司投资策略的动态调整提供有效的实施工具。

（二）积极竞合大资管，是高质量发展的关键着力点

资管新规下，各类资管机构之间的竞争与合作更加交融，保险资

产管理走向大资管竞争是大势所趋。在未来的行业竞争中，资管业务的竞争是重中之重，这是保险资产管理公司高质量发展的关键着力点。保险资产管理公司从服务关联方保险资金起家，逐步拓展到管理第三方资金，积累了长期的机构化运作的实践经验，在公司治理、人才队伍、运营支持、风险管理、系统建设等多方面都逐渐建立健全完善的机制和保障，为保险资产管理公司参与大资管竞争奠定了坚实的基础。

第一，保险资产管理公司具备参与大资管行业竞争的优势。从财富管理、投资管理、投资银行三大领域对比大资管行业的几大主体，可以分析得出保险资产管理公司具有的独特优势。保险资产管理公司管理的保险资金规模体量大、来源稳定、久期较长，在长期管理这类资金的过程中培养了较强的大类资产配置能力、长久期大规模资金管理能力和以绝对收益为目标的主动投资管理能力，投资风格稳健审慎，并拥有相对完善的风险管理体系。保险资产管理公司通过对不同账户的管理，深入把握客户需求，建立了全生命周期的管理模式和全资产类别的管理体系。保险资产管理公司凭借对长期资金天然属性和风险收益偏好的理解，能熟练运用相应的另类产品工具类型对接实体经济，精准服务不同的行业类型和企业不同生命周期阶段：通过债权投资计划对接交通、能源、水利等基础设施项目，通过股权投资计划对接未上市企业和私募股权投资基金。经过二十年的培育和发展，保险资产管理公司已经具备了参与大资管竞合的特色优势。

第二，保险资产管理公司要加强与其他资管机构的深度合作，在竞争合作中提高自身差异化发展的水平。对于银行和银行理财子公司来说，保险资产管理公司在长期管理保险资金的过程中，在大类资产配置、另类资产创设、固收投资和信用风险管理等方面都积累了丰富的经验，建立了较强的核心竞争力，这些优势与银行理财的资金特点和需求比较吻合，保险资产管理公司可以成为银行理财资金重要的管理人。另外，银行理财子公司在另类资产挖掘和渠道上具备明显优势，双方可以在另类资产创设上加深合作。对于公募基金来说，投研能力是其相对于其他资管机构的核心优势所在。保险资产管理公司可以设立FOF产品，发挥资产配置能力，挖掘公募基金的投资优势，匹配市场风格特征；还可以通过MOM产品和“投资顾问”模式，引进公募基金的投研能力，丰富自身投资策略，为保险公司提供更加多元化的选择。保险资产管理公司要在与其他大资管机构的竞争中不断创新、寻求合作机会，实现资源共享、合作共赢，努力提高自身差异化发展水平。

第三，保险资产管理公司要坚持“产品化、特色化”方向，成为产品创设提供商，充分参与大资管竞争。保险资产管理公司通过设立组合类资管产品、债权投资计划、股权投资计划、资产支持计划等产品为保险资金及其他专业机构资金的投资运作提供投资品种。近年来，组合类资管产品已成为保险资产管理行业发展的新力量。根据行业数据，截至2023年一季度末，组合类资管产品总规模接近5万亿元。保险资产管理公司要充分发挥产品设计和投资研究的专业优势，满足不同投资风格、风险偏好客户的多层次资产管理需求，为其提供“量体裁衣”式的资产管理服务。通过“产品化和特色化”，有效对接保险资金及其他资金的配置需求，既服务好保险主业，也积极参与到大资管的竞争中。

（三）坚持服务实体经济，是高质量发展的最终落脚点

服务实体经济是所有金融机构的天职所在和共同责任，在我国进入新时代的转型发展期，要通过多种方式支持“两新一重”、战略性新兴产业、专精特新、绿色双碳等重点领域，服务“一带一路”、京津冀一体化、粤港澳大湾区、长江经济带等国家重点区域发展倡议或战略。保险资产管理公司凭借其能力优势和业务特点，在服务实体经济方面大有可为。

第一，从投资业务来看，通过多种形式直接或间接支持实体经济发展。一方面，保险资产管理公司通过在交易所、银行间等公开市场

投资企业（公司）债券、上市公司股票等，在非公开市场投资另类项目资产等方式，直接支持上市和非上市实体企业融资。近年来，随着保险资金运用范围的进一步拓宽，公募REITs成为保险资金直接支持实体经济发展的又一新标的，有利于进一步盘活基础设施存量资产，优化融资结构，降低企业债务风险，从而服务实体经济发展。另一方面，保险资产管理公司通过投资银行存款、商业银行债券等方式增强银行服务实体企业的能力；通过投资公募基金等资管产品，间接支持实体经济发展。

第二，从投行业务来看，通过创设债权投资计划、股权投资计划、资产支持计划等产品，切实解决企业融资需求，服务实体经济发展。债权投资计划是保险资金对接、服务实体经济的重要工具。债权投资计划一般具有融资规模大、期限长的特点，其中基础设施投资计划的发行规模一般都有数十亿元，优质项目甚至达到百亿元级，产品平均期限约为6年，通常为3~7年，部分项目长达10年以上。截至2023年一季度末，保险资产管理行业累计发行债权投资计划规模超过4.6万亿元，时点存续规模接近1.9万亿元，为实体经济企业提供了长期、稳定的资金支持。2023年3月，中国证监会指导证券交易所制定了《保险资产管理公司开展资产证券化业务指引》，支持公司治理健全、内控管理规范、资产管理经验丰富的优质保险资产管理公司参与开展资产证券化（ABS）及不动产投资信托基金（REITs）业务，推动保险资产管理公司加快加大资产证券化产品领域的布局和发展，行业服务实体经济渠道进一步丰富。

第三，从组合类产品业务来看，通过积极发行各类主题的组合类产品，不断优化资金转化为有效投资的长效机制，切实践行社会责任和社会价值。组合类产品是保险资产管理公司参与大资管竞争的重要工具。保险资产管理公司捕捉热点主题、根据实体经济所需创设发行组合类产品，达到了降低投资者的综合成本、体系化输出资产配置能力、投研能力、风险管理能力和为实体经济发展输送资金动能的三重目标。

三、光大永明资产高质量发展的实践探索

光大永明资产在十一年的发展历程中，严格贯彻落实党中央和国务院对于金融工作的精神要求，主动对接中国光大集团和光大永明人寿的战略目标，成立之初即确立了“立足保险、重在资管”的经营理念，积极面对市场波动和行业演变，主动把握新形势下的发展机遇，以“配置方案化、投资策略化、策略产品化”为展业理念打通全业务链条，力求为投资者提供从大类资产配置到具体产品的全品类资产及服务，从最初的规模导向走向了以高质量发展为目标的新战略周期。

聚焦保险主业，担当应有之义。光大永明资产始终以做好光大永明人寿受托保险资金管理为主责主业，在投研方面树立了追求绝对收益为目标的“固定收益+”投资理念，坚持多元配置引领，注重资产负债匹配管理和组合管理，实现资负两端良性互动。逐步探索落地更丰富的投资策略，形成了完善的投研架构，投研能力不断精进。十一年以来受托保险资金投资年平均收益率整体高于行业水平，助力母公司实现平稳发展。在新的监管环境下，光大永明资产在行业内率先为保险公司提供资产负债一体化解决方案，助力保险行业整体资产负债管理、资产配置、偿付能力管理水平提升。截至2023年3月末，该解决方案已覆盖行业超81家公司，合作机构19家。近期保险资产负债管理系统申请获得了国家知识产权局颁发的发明专利证书。

竞合大资管，打造特色优势。光大永明资产以组合类产品作为承接第三方资金需求和参与大资管竞争的重要工具，已初步建成覆盖货币、纯债、固收增强、量化、FOF、主题权益等多类别、多资产、多策略的组合类产品体系，充分满足保险资金、银行资金等各类专业机构投资者对投资收益、风险偏好、流动性的多元需求。产品以出色的投资业绩和认购情况多次荣获“金牛奖”“方舟奖”“金贝奖”等重要行业奖项。光大永明资产敏锐捕捉市场需求，抓住银行理财子公司的

创设潮，加大符合其风险收益偏好产品的创设力度，并落地了监管新规下保险资金与理财公司的行业首批合作。成立至今，光大永明资产以稳定超过80%的第三方业务规模占比和多元化的业外资金来源结构打造了特色名片，在行业内树立了市场化、专业化的品牌形象。

服务实体经济，贡献光大力量。光大永明资产成立以来累计支持实体经济规模超千亿元，发行设立了支持新能源基础设施建设、驰援湖北疫后经济重建、助力战略区域交通网络完善等多个具有代表性的债权投资计划项目，债权投资计划、股权投资计划登记数量和规模始终位于行业前列。近年来，光大永明资产在组合类产品方面相继研发了绿色债、碳中和、定增、ESG等紧跟市场热点主题产品，发行设立行业首只“专精特新”主题产品、行业首只稳经济、稳增长“双稳”专题产品，产品特色化策略走在行业前列。另类投资方面，主动对接“十四五”规划、粤港澳大湾区建设、“一带一路”倡议和乡村振兴等国家战略。下一步，光大永明资产将持续丰富产品工具和参与途径，积极助力我国现代化产业体系建设、供应链完善、关键技术攻关、养老三支柱建设等重点战略布局，以专业化服务中国式现代化。

未来，保险资产管理公司作为金融行业和资本市场的重要力量，将以习近平新时代中国特色社会主义思想为指导，继续深入学习贯彻党的二十大精神，深刻领会中国式现代化的本质要求，不断挖掘保险资金的内涵价值，探索多元化业务模式，优化和改善产品供给，增强资金需求和产品供给的适配性。在充分发挥自身优势的基础上，借鉴和吸收其他资管主体的优势和能力，在竞争中深化合作，共同促进金融活水源源不断流向国家战略、实体经济和国计民生，着力以行业高质量发展推动经济高质量发展，踔厉奋进第二个百年奋斗目标。

俞岱曦

合众资产管理股份有限公司

自1999年毕业加入金融行业以来，历任鹏华基金行业分析师、嘉实基金基金经理、中银基金副总经理、民生加银总经理、上海万吨资产总经理等多个岗位，并于2021年7月任职合众资产管理股份有限公司总经理。在以往24年的金融行业从业经历中，积累了丰富的实践经验和管理经验，具有丰富的公司治理、金融产品投资和风险管理理论知识和实践经验；熟悉金融品种投资的整体流程和运行机制，包括资产配置、投资决策、投资操作、风险控制及绩效评价；具备较强的组织管理和协调能力，拥有良好的职业素养和敬业精神；善于结合工作实际进行学习和研究，对保险行业资金运用发展有前瞻性理解。

全面净值化时代中小保险资产管理公司发展组合类资管产品的机遇与路径初探

合众资产管理股份有限公司　俞岱曦

一、全面净值化时代元年理财产品市场回顾

2018年，根据党中央、国务院“服务实体经济、防控金融风险、深化金融改革”的总体要求，按照“坚决打好防范化解重大风险攻坚战”的决策部署，中国人民银行、原中国银行保险监督管理委员会、中国证券监督管理委员会、国家外汇管理局于2018年4月27日联合发布了《关于规范金融机构资产管理业务的指导意见》(以下简称资管新规)，明确了资产管理业务不得承诺保本保收益，打破了“刚性兑付”。同时，严格非标准化债权类资产投资要求，禁止资金池业务，防范影子银行风险和流动性风险。

根据资管新规及相关部门要求，资管新规的过渡期最终于2021年底结束，从2022年1月1日起正式实施。资管新规的正式实施标志着理财产品“刚性兑付”时代终结，全面净值化时代正式开启。

作为全面净值化的元年，2022年理财产品估值方法从“摊余成本法”向“市值法”切换，叠加全球宏观环境剧烈变化，既有俄乌冲突又有联储加息等。这一年中，理财产品净值波动幅度出现明显扩大，一共经历了两次大规模的产品“破净潮”。

2022年3月开始，受权益市场大幅震荡所影响，银行理财产品出现净值回撤，引发第一次“破净潮”，受到波及的产品类型主要是混合类或“固收+”产品。Wind资讯公布的净值化理财产品数据显示，理财产品破净产品数从1月的300多只增长到4月的1 000多只，破净比例

超过10%。直到权益市场从5月开始逐步走出修复行情，第一次“破净潮”才有所缓解。

2022年11月开始，债市波动引发了“下跌—回撤—赎回—抛售—再下跌”的反馈链条，银行理财产品出现第二次“破净潮”，其影响面相对第一次有了明显扩大，波及的产品明显增多，且大量破净产品是固收类产品，产品风险等级集中在R2~R3范围内，本次“破净潮”对投资者冲击明显超过第一次。到2022年12月，约有3 200多只理财产品出现“破净”，破净比例一度超过20%（见图1）。

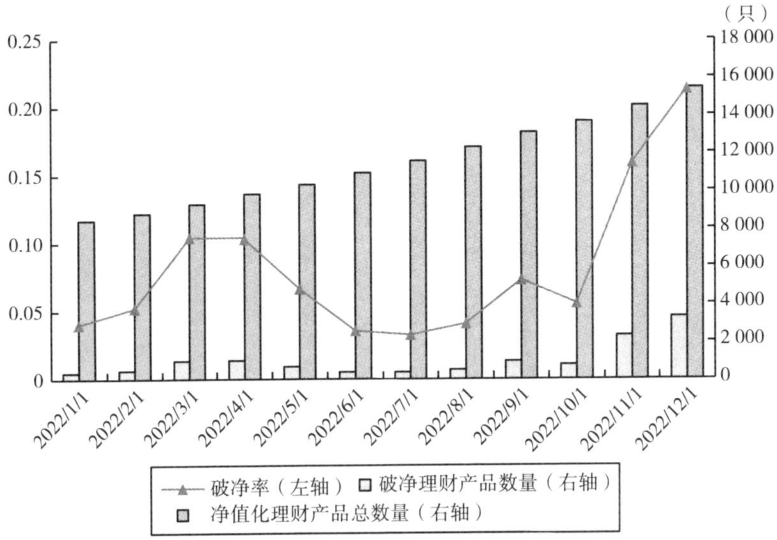

图1　2022年净值化理财产品变化

资料来源：Wind。

二、全面净值化时代中小保险资产管理公司组合类产品的机遇和挑战

（一）未来的机遇

保险资产管理公司发展历程中主要从受托管理体系内保险资金起

步，保险资金负债属性决定了其对收益稳定性和回撤要求更高，风险容忍度较低，要求获取长期稳健的绝对收益。所以，保险资产管理公司在投资实践中培育了较为优秀的绝对收益获取能力，呈现出更偏重资产配置、注重长期投资收益、固定收益投资能力较强和信用风险管理能力较为突出等特点。同时，保险资产管理公司一直以来非常重视提升资产配置能力，在战略、战术相结合的资产配置决策体系和团队建设方面不断完善加强，具备了较为优秀的大类资产配置能力。此外，保险资产管理公司通过发展另类投资和股权投资，解决了长期资产匮乏和"长钱短配"的困局，打造了跨越周期的稳健投资能力。

全面净值化和大资管竞争的新形势下，一方面，中小保险资产管理公司可以充分发挥固定收益领域的传统优势，以发展组合类保险资产管理产品（以下简称组合类产品）的方式输出自身投资管理能力，满足全面净值化管理时代中各类投资者对低风险、低波动的绝对收益产品需求。另一方面，中小保险资产管理公司可将大类资产配置的核心竞争力产品化，抓住组合类产品政策机遇期，形成策略鲜明、业绩透明的产品线，通过长期稳健的投资回报，积极参与财富管理市场的竞争。

2022年国内外资本市场价格波动扩大，导致理财产品净值大规模波动，出现了前述的两次"破净潮"。相对而言，由于保险资金的负债属性，保险资金投资需要兼顾长期和短期，兼顾相对和绝对，多年以来保险资金投资收益均为正收益。因此，中小保险资产管理公司可以进一步加强与银行及理财子公司在组合类产品方面的合作，积极吸纳业外特别是银行理财资金，更加充分地发挥自身投资能力禀赋，为公司发展打开新空间。

（二）面临的挑战

1.投资思维相对固化，依然存在"买方"思维。银行理财产品出现破净潮后，促使业内对传统产品管理模式进行思考，也使得既有资产管理业务的竞争格局有了变动契机。对中小保险资产管理公司来讲，若能迅速适应市场新变化和新需求，将能够带来新的机遇，但是行业中存在的买方思维习惯会在一定程度上制约组合类产品更好地适应市场变化。

固收投资方面，保险业内资金长期以配置债券作为主要投资手段，即现券买入并持有的方式，以满足资产负债久期平衡和实现现金流绝对收益，并且由于配置资产大部分无须计入公允价值计量科目，市场风险带来的净值波动考虑权重相对不高。若处于利率水平相对较高、市场波动较小且长久期资产丰富的市场环境中，该投资逻辑具有明显优势，即在不同时点进行较大规模配置均可相对易于取得投资收益。但是，当市场环境出现中长周期波动放大、利率水平下行、长久期合意资产缺乏等变化时，上述均衡买入的配置策略可能面临配置时点难以准确把握、无法有效扩大资本利得收益等问题。同时，由于利率中枢逐渐下行，高投资收益率考核要求和合意资产荒双重叠加的压力可能导致投资策略出现偏移，继而倾向于进行信用下沉或放弃流动性换取较高收益，从而形成衍生的信用风险和流动性风险。

权益市场投资方面，传统中小保险资产管理公司的买方思维偏重自下而上的个股和行业研究，专注于公司和行业的业绩增速和估值预测，倾向于对有良好预期的个股重点持仓，较少关注市场和宏观系统性因素对不同行业赛道轮动组合的影响，有可能会形成买入个股并中长期持有的组合特征，同时相对缺少使用股指期货灵活对冲组合下行风险的经验。

综上，传统受托投资的“买方”思维习惯可能会阻碍中小保险资产管理公司形成灵活多元化且适应市场环境变化的产品投资和资产配置策略，容易造成组合类产品的风险收益比较低，继而导致产品竞争力不足的问题。积极拓展新的投资交易策略路径和框架，完善多品类、多策略的组合类产品条线，深入研究各类型产品的风险收益来源，形成满足市场投资需求的产品线，将成为目前中小保险资产管理公司在全面净值化时代谋求发展的前提条件。

2.资产配置策略和交易框架整体体系有待进一步优化。纵观行业来看，部分先进的保险资产管理机构已经建立起了相对完善、可追溯、可调整优化的资产配置和交易框架，涵盖了战略和战术资产配置层面，可以对资产组合的核心策略和卫星策略形成灵活调控的机制，可以跟随市场盈亏比和宏观经济变化主动调整仓位的敞口方向，以获取更有利的风险收益比，在获取一定收益的同时控制回撤和波动，给予投资者更好的投资体验。

因此，在全面净值化时代中，中小保险资产管理公司面临的是全行业生态重构和迭代进化的压力和挑战，需要主动应对和拥抱变化，优化原有投资策略和模式。

3.中小保险资产管理公司在投研、风控、系统等各方面与公募基金行业有差距，市场化竞争意识和经验相对不足。随着保险资产管理产品全面净值化进程的加快，保险资产管理原有的混合资管模式在向更为聚焦的单一市场转变，各市场间的独立性增强不仅影响大类资产配置思路，也使保险资产管理行业与公募基金行业的资源竞争进一步加剧。

虽然和公募基金行业比较，保险资产管理公司本身具有较强的大类资产配置能力，可以充分依托险企的客户资源属性以及发挥自身保险资金运用的专业能力，作为应对业外挑战的有效手段。但保险资产管理公司特别是中小保险资产管理公司，同时受制于保险资金负债属性和风控要求，权益类投资相对存在短板，与公募基金行业有一定差距。

在市场化投研方面，公募基金行业相对更擅长股票投资，形成了较为完善的股票投研体系，注重获取阿尔法收益，自下而上对个股、行业等维度进行深度研究。保险资产管理行业则更注重权益资产的价值投资和大类资产配置策略，中小保险资产管理公司可以借鉴公募基金行业之所长，同时保持自身管理特色和历史禀赋，积极拓展投资研究能力的边界。

在风控和系统方面，由于受托保险资金投资时保险资产管理公司面临的约束条件较多，对市场风险、信用风险、流动性风险、操作风险等各方面风险都有着较高的管理要求，因此保险资产管理公司的风险管控传统上相对谨慎和保守。同时，中小保险资产管理公司还存在着投资风险数据积累不足、风险管理理念落后、缺乏专业化风险管理人员、系统化控制体系不完善等一系列急需解决的问题。

在投资者管理经验和管理能力方面，全面净值化时代对保险资产管理公司在组合类产品方面的人才结构、团队管理水平、资源整合能力、客户服务能力、风险防控能力和职业道德水准等方面都提出很高的要求，这对于专业人才储备不足的中小保险资产管理公司将是一个不小的挑战。同时，保险资产管理公司目前没有像公募基金一样长达十几年甚至二十年的历史业绩，组合类净值化产品还需要时间来积累历史业绩和建立客户认知，并获得市场认可。

为更好地应对当前全面净值化的发展趋势，中小保险资产管理公司需要积极提升自己的投资研究、风险管控、系统建设等方面能力，进一步优化投资者服务能力，突出稳健投资禀赋优势，才能真正缩小和公募行业的差距。

4. 中小保险资产管理公司的人力资源管理机制迎来新挑战。随着资管新规正式实施，全面净值化时代正式开启，大资管行业环境发生了巨大改变，组合类产品参与到大资管行业竞争后，各个业务环节都需要重塑作业模式和业务流程，以适应时代发展所面临的新挑战。中小保险资产管理公司在人才引进、人才培养与保留以及优化人力资源配置、完善人才结构等方面都将面临巨大的挑战。

（1）大资管行业人才竞争日趋激烈。大资管行业全面发展需要专业人才支撑，尤其是中小保险资产管理公司将同时掣肘于业务转型和人力资本使用效率的双重压力。行业转型发展的急剧变化，将会在短期内进一步加剧各市场主体对能够适应全面净值化转型所需专业人才的竞争，尤其将对中小保险资产管理公司专业人才的吸纳与招募产生巨大冲击。

（2）资管市场对专业人才的需求扩大，加剧了人员的不稳定性。

大资管行业全面发展趋势的大背景下，市场对专业人才的需求进一步扩大，加剧了专业人才的市场流动，各市场主体都将面临核心骨干，特别是专业技术人员的流失问题。相较于公募基金、券商及大型保险资产管理公司等市场主体，如何在组合类产品业务条线中，有效投入使用人力资本，完善内部人才机制，保留绩优人员、稳定核心团队等方面，均对中小保险资产管理公司提出了更高市场要求和挑战。

（3）行业转型发展推动人力资源配置和人才结构转型。中小保险资产管理公司需要在平衡监管要求的基本投资能力前提下，进一步合理有效配置人力资源，增加具有或适应全面净值化时代的组合类产品发行设立、投资管理、风险管控、运营保障等方面的专业人才，不断调整人力配置、优化人才结构，以满足转型发展的人才需求，在提升人力资本使用效率等方面进行更多尝试与探索。

三、中小保险资产管理公司组合类产品未来投身全面净值化市场的路径分析

（一）坚持合规经营，严守风险底线

外部风险环境呈现多样化和复杂化的趋势，中小保险资产管理公司应继续在组合类产品的全生命周期内做好合规管理与风险管控，坚持合规经营，严守风险底线。

首先，需要从进一步持续优化治理结构着手，持续建设公司合规文化整体环境，进一步提升组合类产品“一二三道防线”合规意识，把合规经营刻入公司文化基因。其次，需要通过持续优化公司产品全生命周期内的各项业务流程与风控机制，提前识别风险、计量风险、报告风险和处置风险，持续优化全面风险管理体系。最后，还需要做好外部环境变化向产品内在风险传导的前瞻性研究。随着全球经济增长乏力，地缘冲突日益频繁，美债出现潜在危机等现实情况，国内外

资本市场的风险环境日趋复杂，风险因素日益多样化，公司需要持续进行多重情景假设下的压力测试，持续关注市场变化导致的产品风险传导，及时做好风险缓释和风险预案。

（二）提升“卖方”思维，积极参与竞争

2022年作为资管新规正式施行后的第一年，大资管行业已经开始了变革。对于保险资产管理行业来说，2022年《保险资产管理公司管理规定》的正式颁布和施行，也为保险资产管理公司未来参与大资管行业的竞争奠定了监管基础，不仅指明了方向，还厘清了关系。

保险资产管理公司除了传统受托保险资金外，还将通过产品形式管理其他中长期资金和合格投资者资金。中小保险资产管理公司需要逐步培养产品“卖方”思维，以更加开放的姿态面对市场、产品和策略等多重竞争环境，在产品同质化的现实背景下逐步找到适合自身的产品管理路线，并积极借鉴国内外优秀同业的设立、管理、风控、运营和服务经验，进一步增强市场化意识。

（三）加强大类资产配置能力和固收投研能力对组合类产品的赋能

1.从市场需求出发创设组合类产品风险收益目标。组合类产品在面对市场投资者需求时具有净值化管理、市场化竞争、绝对收益和相对收益并重的特点，投资者的教育和沟通在当前中国资管市场中仍然是一个长期的课题。这就需要中小保险资产管理机构在设计和运作产品时，充分利用资管产品交易策略灵活、创设资产全面、配置权重可调的优势，积极创设高夏普、低回撤，同时又具有一定收益能力的产品，同时在卡玛比率指标上争取要超过1，为客户提供优质的投资体验。

2.探索从大类资产交易和配置到与风险共舞的路径。大类资产的轮动是投资组合收益的最主要来源，要做到具有突出市场竞争力指标的产品，需要借助全市场大类资产轮动的周期特征，充分挖掘商品、利率、汇率、权益各赛道风格之间的勾稽关系，灵活运用大类资产交易和

择时能力构建风险分散、策略容量高、具有自平衡能力的投资组合。

一方面，商品、固定收益、权益等投资市场的机构化同一性特征日趋显著，多个大类资产市场和权益赛道波动呈现波动集中化和趋势性增强的特点，对净值化理财产品产生不利影响，尤其以2022年末阶段为典型。中小保险资产管理公司可以积极捕捉这种市场变化带来的机会，适当引入在组合投资和商品交易领域具有显著反脆弱（危机阿尔法）效果的低频CTA策略对不同大类资产和赛道的趋势强度和相位进行跟踪，在系统性风险来临之前主动进行前瞻的仓位调整，变“被动风险应对”为“与风险共舞”，甚至可以让系统性风险的发生成为超额收益的主要来源之一。

另一方面，大类资产交易和配置能力可以显著丰富组合类产品的策略空间并降低选股选券带来的集中度风险。大类资产天然具备分散属性，市场上可供选择的跟踪各类型指数ETF产品日趋丰富，已经可以较好地满足权益赛道以及利率甚至低波动商品诸如黄金的择时组合交易需求，具备流动性好，管理费用低廉的特点。在此基础上叠加大类资产交易和配置框架的赋能，可以创设出以被动指数型ETF为投资对象的FOF策略，实现组合类产品投资品类和风险收益特征的创新。

3.将固收投研能力积极赋能组合类产品。“固收+”组合天然具有票息保护、低波动的特点，是最有潜力达成卡玛比率1以上的产品策略。传统“固收+”组合策略一般以短久期的债券进行票息打底，少量权益属性资产获取超额收益，但由于权益资产本身的夏普比不高，同时要求有较高的选股准确性，在债券市场系统性风险导致短端利率大幅上行的情景下，短久期债券的保护屏障消失后容易导致产品波动放大，继而形成股债波动叠加的不利局面。

在大类资产各品类中，以国债收益率为代表的无风险利率是大类资产轮动的基石和主要交易标的。对于中小保险资产管理公司而言，厘清利率风险的成因、传导和防范机制，加强对利率变化方向、波动幅度的前瞻性研究认知是未来固收投研工作的重中之重。需要进一步丰富组合的配置及交易思路，加强利率衍生品对冲和交易相关研究和策略储备。在利率下行阶段主动适当地放开产品对于利率方向的敞口，在利率可能的波动到来时充分利用现有的国债期货衍生品工具进行对冲，灵活管理固收资产的久期风险因子。在产品组合充分管理久期风险的基础上，进而可以显著减轻对于组合信用和流动性下沉的压力，在维持整体投资组合稳健信用水平和适当充足流动性的前提下，通过拉长久期获得和较低信用评级资产相同的票息，降低了整体组合信用和运营管理的难度，同时也进一步提高了组合类产品的市场竞争力，满足机构投资者对于信用稳健性和收益稳定性的双重要求，有利于提升自身组合类产品的市场认可度。

（四）专注自身特色，供给“专精特新”的组合类产品

组合类保险资产管理产品在资管新规的影响下面临着新的发展机遇和挑战，中小保险资产管理公司应该紧抓机遇，坚持专注、精通、特色、创新的投资理念，通过优秀的产品设计和管理、合规的经营方式、科技的引入、社会责任的担当，为投资者提供更加优质的资管服务，推动组合类保险资产管理产品的发展壮大。

自资管新规出台以来，组合类保险资产管理产品的投资客群已经由保险资金一枝独秀逐渐扩大到保险和银行理财资金并蒂开花。了解资金性质、满足资金需求是组合类保险资产管理产品发展壮大的前提条件。

低风险、低波动性、追求稳定绝对收益是保险资金和银行理财资金的共同偏好。固收投资、大类资产配置、大资金配置都是保险资金的投资特色。虽然保险资产管理公司在权益类投资上相比公募基金、券商资管较弱，但在FOF投资和MOM投资上拥有丰富的经验。

因此，在组合类保险资产管理产品的发展中，中小保险资产管理公司应该专注固定收益类产品，并大力发展FOF、MOM形式的混合类、权益类产品，着重追求绝对收益目标。同时，积极布局ETF，发

掘不同市场的机会，使组合类产品具备“专精特新”的特色。

中小保险资产管理公司还应该积极引入科技手段，提高产品的智能化和数字化水平，为投资者提供更加便捷、高效的资管服务。比如，利用人工智能技术分析市场数据和投资趋势，实现更准确的投资决策；利用区块链技术保障产品数据和交易记录的安全性和透明度；利用移动互联网和社交媒体平台提高客户服务和宣传营销效果。

此外，中小保险资产管理公司还应该进一步注重产品的社会责任，坚持合规经营和可持续发展理念，关注产品对社会、环境和公共利益的影响。例如，在产品的投资策略和资产配置中注重环保、低碳和社会责任投资，为推动经济可持续发展做出积极贡献；同时，通过加强投资者教育和及时风险提示，防范产品可能存在的道德风险和市场风险，保障投资者的合法权益。

（五）探索符合自身特点的人才发展路径

中小保险资产管理公司须主动拥抱转型与变化，既要放眼市场，更要立足本身，在组合类产品发展过程中加强战略人才储备、保留核心专业人才、提升员工专业能力等方面，探索一条符合自身产品特点和经营特点的人才发展路径。

1.明确人才标准，加强人才质量和战略人才储备。中小保险资产管理公司须尝试构建能力素质模型和人才标准，并以此为基础，参考行业人才结构数据，制定并完善各岗位任职资格标准，为人才的招聘、选拔与培养奠定基础。同时，依托任职资格标准，推动精准化招聘，通过规范面试流程、方法、工具，把控引进人才的质量和组织配适度，减少人才错配。另外，实施人才盘点，盘活内部人力资源，推动内部人才的合理流动，加强公司战略性人才储备，为员工提供更广阔的职业发展机会。

2.完善激励机制，稳定员工预期，保留核心人才。中小保险资产管理公司需从员工实际需求出发，建立和完善员工职业发展通道和绩效激励机制，提升员工深耕发展意愿。一方面，通过搭建并推动职务职级与专业技术职级并行的双通道人才发展模式，拓宽员工职业发展路径，规范并优化人才晋升机制，打破专业人才职业发展天花板，稳定员工发展预期。另一方面，完善绩效薪酬激励体系，结合市场化的运作实践，不断检视薪酬激励机制，保持薪资结构、水平的合理性，促进公司绩效薪酬管理的标准化、市场化，充分发挥激励导向作用，规则明确、导向清晰，稳定员工收入预期，实现核心人才保留。

3. 重视人才培养，加强培训轮岗。中小保险资产管理公司应结合业务转型发展的实际需要，进一步重视人才培养，逐步完善人才培训体系，通过分层级、有步骤地实施员工培训、适时推动员工轮岗培养与实践锻炼、鼓励员工积极参加外部培训和行业交流。同时，通过培训积分制等管理尝试，引导和强化员工主动提升自我的意识，顺应市场的转型、发展与变化，构建学习型组织。

四、结束语

中国保险资产管理业协会党委书记、执行副会长兼秘书长曹德云曾表示："未来，随着我国居民财富的增长，居民对财富管理的需求也将快速增长，要鼓励保险资产管理机构发挥长期资金管理专长，积极拓展包括各类养老金投资管理及其他长期资金在内的第三方资管业务，更好地服务长期资金的拥有者和需求者。第三方业务占比的提高必然会带来行业市场化程度的进一步提升。"

在立足保险资金运用的核心定位不变的前提下，中小保险资产管理公司需要积极参与到大资管市场中去，作为专业投资者，发挥固有禀赋优势，积极拓展自身能力圈，通过组合类产品、专户委托投资等承载形式，积极为市场的发展、行业的进步贡献自己的力量。

张思贤

民生通惠资产管理有限公司

毕业于加拿大卡尔顿大学，经济金融学专业，学士学位，拥有丰富的资产管理工作经验。自2006年3月参加工作以来，历任招商证券股份有限公司资产管理部经理、华西证券有限责任公司资产管理总部运营管理部副总经理并主持工作、金元证券股份有限公司资产管理分公司副总经理、民生通惠资产管理有限公司项目投资部部门总经理、民生通惠资产管理有限公司总经理助理兼另类投资事业部总经理，现任民生通惠资产管理有限公司总经理。

为乡村引入"活水"，为振兴谱写篇章
——保险资产管理在乡村振兴中的作用和定位

民生通惠资产管理有限公司　张思贤

一、国际局势国内环境奠定乡村振兴必要性

（一）国际局势奠定粮食安全战略意义

俄乌两个"世界粮仓"的军事冲突引发全球市场剧烈震荡，全球粮食供应链受到冲击，粮食市场敏感神经受到触动。2022年《全球粮食危机报告》显示，面临突发性粮食不安全并需要紧急粮食援助和生计支持的人数继续以惊人的速度增长。2021年全球53个国家约1.93亿人口陷入危机级别或更严重的粮食不安全状况，同比增加约4 000万人。全球粮食安全问题一直在加剧。

粮食安全是"国之大者"。习近平总书记强调，保障粮食和重要农产品稳定安全供给始终是建设农业强国的头等大事。2023年中央一号文件指出，建设供给保障强、科技装备强、经营体系强、产业韧性强、竞争能力强的农业强国。实现农业现代化，建设农业强国，必须按照习近平总书记重要要求和党中央重大部署，把粮食安全的主动权牢牢握在自己手中。

国家统计局数据显示，2022年，全国粮食总产量68 653万吨（13 731亿斤），比2021年增加368万吨（74亿斤），增长0.5%，粮食产量连续8年稳定在1.3万亿斤以上。其中，谷物产量12 664.9亿斤，小麦产量2 754.5亿斤，稻谷产量4 169.9亿斤，人均稻谷和小麦总量为494.69斤，相当于每人每天一斤三两，基本做到了口粮安全。

从总体上看，农业农村经济健康运行、农业农村高质量发展、保

障粮食等重要农产品市场充分供给，过去是，现在是，将来同样是农业最重要基础和基本要求。必须增强忧患意识，强化底线思维，保持战略定力，以国内稳产保供的确定性来应对外部环境的不确定性。

（二）经济环境需要全民提振消费信心

在美国持续加息背景下，银行风险初显。硅谷银行破产，瑞士信贷被收购，德意志银行遭遇做空，市场对金融体系风险的担忧有所上升。美联储2022年5月加息25BP并暗示加息进程近尾声，加息周期对经济的压力预计有所缓解。

中国在疫情后2022年一季度GDP增长4.5%，内生动能逐步修复。但在压抑的消费和积压订单的释放后，经济复苏的势头从4月开始放缓。后续中国经济在持续对抗通胀、国内刺激政策继续发挥作用、中外地缘政治风险上升及国内债务压力等多重因素影响下或维持弱复苏格局。

习近平总书记在《当前经济工作的几个重大问题》中表示：把恢复和扩大消费摆在优先位置。要增强消费能力，改善消费条件，创新消费场景，使消费潜力充分释放出来。消费是收入的函数，要多渠道增加城乡居民收入，特别是要提高消费倾向高、但受疫情影响大的中低收入居民的消费能力。

国家统计局发布《2022年国民经济顶住压力再上新台阶》，城镇居民人均可支配收入49 283元，比上年名义增长3.9%，扣除价格因素实际增长1.9%；农村居民人均可支配收入20 133元，比上年名义增长6.3%，扣除价格因素实际增长4.2%。农村居民人均可支配收入增长相对较快，农村人口消费需求尚有提升空间。因此，提升农村居民消费能力，提振全民消费信心对于复苏时期至关重要。

（三）人口结构迫使乡村振兴均衡发展

从人口增长看，在国务院新闻办举行的2022年国民经济运行情况新闻发布会上，国家统计局局长康义介绍称，2022年年末全国人口141 175万人，比上年末减少85万人。其中，全年出生人口956万人，人口出生率为6.77‰；死亡人口1 041万人，人口死亡率为7.37‰；人口自然增长率为–0.60‰。这是我国人口自1962年以来，也就是近61年来首次出现人口负增长。

从城乡构成看，城镇常住人口92 071万人，比上年末增加646万人；乡村常住人口49 104万人，减少731万人；城镇人口占全国人口比重（城镇化率）为65.22%，比上年末提高0.50个百分点。人口往经济发展好的城镇以及东部沿海地区、南部等经济发达的地区移动，是长期现象。然而，大量劳动力离开农村，可能导致农村出现劳动力短缺、劳动力老化等问题。据2020年人口普查数据，农村的老龄化程度已经达到了23.8%，城镇的老龄化程度为18.82%，两者相差了8个百分点。农村也将成为中国应对人口老龄化的难点、重点和堵点。

因此，实现乡村振兴，加大乡村发展力度，有助于解决农村老龄化问题，摆脱乡村地区空心化风险，防止过度城市化等造成的贫富分化加剧，有助于真正实现全体人民共同富裕，中华民族伟大复兴。

二、相关政策部署重点，保险资产管理积极实践

（一）相关政策

乡村振兴战略系2017年10月于党的十九大会议上首次提出，2021年一号文件中“全面推进乡村振兴”关键词首次出现，背景是2020年中国脱贫攻坚目标任务如期全面完成。同年，国家乡村振兴局正式挂牌。2023年一号文件中首次明确释放“建设供给保障强、科技装备强、经营体系强、产业韧性强、竞争能力强的农业强国”的强烈信号，从“抓紧抓好粮食和重要农产品稳产保供”等九个方面部署今年乡村振兴工作重点（见表1）。具体落实到金融支持领域，笔者根据相关规定进行了梳理（见表2）。

表1　　乡村振兴战略相关政策一览

发布时间	文件名称	内容要点
2018年	《中共中央 国务院关于实施乡村振兴战略的意见》	提升农业发展质量，推进乡村绿色发展，繁荣兴盛农村文化，加强农村基层基础工作，提高农村民生保障水平，打好精准脱贫攻坚战等
2019年	《中共中央 国务院关于坚持农业农村优先发展做好“三农”工作的若干意见》	决战决胜脱贫攻坚，保障重要农产品有效供给，扎实推进乡村建设，发展壮大乡村产业，全面深化农村改革，完善乡村治理机制等
2020年	《中共中央 国务院关于抓好“三农”领域重点工作确保如期实现全面小康的意见》	坚决打赢脱贫攻坚战，对标全面建成小康社会加快补上农村基础设施和公共服务短板，保障重要农产品有效供给和促进农民持续增收，加强农村基层治理等实现巩固拓展脱贫攻坚成果同乡村振兴有效衔接，加快推进农业现代化，大力实施乡村建设行动，加强党对“三农”工作的全面领导
2021年	《中共中央 国务院关于全面推进乡村振兴加快农业农村现代化的意见》	实现巩固拓展脱贫攻坚成果同乡村振兴有效衔接，加快推进农业现代化，大力实施乡村建设行动，加强党对“三农”工作的全面领导
2022年	《中共中央 国务院关于做好2022年全面推进乡村振兴重点工作的意见》	全力抓好粮食生产和重要农产品供给，强化现代农业基础支撑，坚决守住不发生规模性返贫底线，聚焦产业促进乡村发展，扎实稳妥推进乡村建设等
2023年	《中共中央 国务院关于做好2023年全面推进乡村振兴重点工作的意见》	描绘建设农业强国的目标，提出了抓紧抓好粮食和重要农产品稳产保供，加强农业基础设施建设，强化农业科技和装备支撑，巩固拓展脱贫攻坚成果，推动乡村产业高质量发展，拓宽农民增收致富渠道，扎实推进宜居宜业和美乡村建设，健全党组织领导的乡村治理体系，强化政策保障和体制机制创新

资料来源：中国政府网，农业农村部

表2　　乡村振兴战略金融支持领域相关政策一览

发布时间	文件名称	内容要点
2022.4	《关于2022年银行业保险业服务全面推进乡村振兴重点工作的通知》	强化乡村建设中长期信贷投入，加大乡村道路交通、物流通信、供水供电、教育卫生、清洁能源、人居环境改造提升等领域金融支持，助力提高农村公共服务供给水平。在依法合规、风险可控前提下，探索创新金融支持乡村建设的有效方式，构建乡村建设领域综合平衡融资模式，破解基础设施建设项目缺乏有效还款来源难题。积极服务新型城镇化建设，创新符合新型城镇化需求的金融产品和融资模式

续表1

发布时间	文件名称	内容要点
2022.4	《关于2022年银行业保险业服务全面推进乡村振兴重点工作的通知》	完善涉农主体增信机制和涉农贷款风险分担补偿机制，更好发挥政府性融资担保体系作用；建立健全农村产权流转市场体系，为拓宽涉农贷款抵质押物范围提供保障
2021.6	《关于金融支持巩固拓展脱贫攻坚成果全面推进乡村振兴的意见》	对脱贫地区继续实施企业上市“绿色通道”政策，继续支持符合条件的涉农企业在上海证券交易所、深圳证券交易所首发上市和再融资，在新三板市场挂牌融资。鼓励上市公司、证券公司等市场主体设立或参与市场化运作的脱贫地区产业投资基金和公益基金，通过注资、入股等方式支持脱贫地区发展
2021.5	《关于金融支持新型农业经营主体发展的意见》	银行业金融机构要为符合条件的新型农业经营主体提供免担保的信用贷款支持，积极推广农村承包土地的经营权抵押贷款，积极开展新型农业经营主体“首贷”，无还本续贷业务 支持优质农业产业化龙头企业发行非金融企业债务融资工具，募集资金用于支持新型农业经营主体等涉农领域发展 支持符合条件的涉农企业在主板、中小板、创业板、科创板及新三板等上市和挂牌融资 在有效防范风险的前提下，鼓励农业产业化龙头企业、农民合作社及其联合社为其带动的家庭农场、农户等提供担保增信，创新订单、仓单、存货、应收账款融资等供应链金融产品，探索开展“托管贷”业务
2021.5	《社会资本投资农业农村指引（2021年）》	鼓励信贷、保险机构加大金融产品和服务创新力度，配合财政支持农业农村重大项目实施，加大投贷联动等投融资模式探索力度 鼓励各级农业农村部门按照有关要求，对本地区农业投资项目进行系统性梳理，探索在高标准农田建设、智慧农业、仓储保鲜冷链物流、农村人居环境整治等领域，培育一批适于采取PPP模式的、有稳定收益的公益性项目 鼓励社会资本探索通过资产证券化、股权转让等方式，盘活项目存量资产，丰富资本进入退出渠道 探索设立乡村振兴投资基金。鼓励相关基金通过直接股权投资和设立子基金等方式，充分发挥在乡村振兴产业发展、基础设施建设等方面的引导和资金撬动作用 让农民更多分享产业增值收益。鼓励农民以土地经营权、水域滩涂、劳动、技术等入股，支持农村集体经济组织通过股份合作、租赁等形式，参与村庄基础设施建设、农村人居环境整治和产业融合发展 鼓励社会资本采用“农民+合作社+龙头企业”“土地流转+优先雇用+社会保障”“农民入股+保底收益+按股分红”等利益联结方式，与农民建立稳定合作关系、形成稳定利益共同体，做大做强新型农业经营主体

续表2

发布时间	文件名称	内容要点
2021.1	《关于全面推进乡村振兴加快农业农村现代化的意见》	继续把农业农村作为一般公共预算优先保障领域。中央预算内投资进一步向农业农村倾斜 支持地方政府发行一般债券和专项债券用于现代农业设施建设和乡村建设行动支持地方政府发行一般债券和专项债券用于现代农业设施建设和乡村建设行动 发挥财政投入引领作用，支持以市场化方式设立乡村振兴基金，撬动金融资本、社会力量参与 运用支农支小再贷款、再贴现等政策工具，实施最优惠的存款准备金率运用支农支小再贷款、再贴现等政策工具，实施最优惠的存款准备金率 发展农村数字普惠金融。大力开展农户小额信用贷款、保单质押贷款、农机具和大棚设施抵押贷款业务。鼓励开发专属金融产品支持新型农业经营主体和农村新产业新业态，增加首贷、信用贷。加大对农业农村基础设施投融资的中长期信贷支持 发挥“保险+期货”在服务乡村产业发展中的作用
2019.2	《关于金融服务乡村振兴的指导意见》	加大多层次资本市场的支持力度。……在门槛不降低的前提下，继续对国家级贫困地区的企业首次公开募股（IPO）、新三板挂牌、公司债发行、并购重组开辟绿色通道。健全风险投资引导机制，积极引导风险资金投早投小，加大对初创期涉农企业的支持力度。鼓励有条件的地区发起设立乡村振兴投资基金，推动农业产业整合和转型升级 创新债券市场融资工具和产品。鼓励地方政府发行一般债券，用于农村人居环境整治、高标准农田建设等领域。支持地方政府根据乡村振兴项目资金需求，试点发行项目融资和收益自平衡的专项债券 稳步扩大“保险+期货”试点，探索“订单农业+保险+期货（权）”试点，探索建立农业补贴、涉农信贷、农产品期货（权）和农业保险联动机制，形成金融支农综合体系 持续提高农业保险的保障水平。科学确定农业保险保费补贴机制，鼓励有条件的地方政府结合财力加大财政补贴力度，拓宽财政补贴险种，合理确定农业经营主体承担的保费水平

资料来源：中国政府网，农业农村部

（二）保险资产管理的作用和定位

保险作为重要金融主体之一，是脱贫攻坚的重要力量。保险资产管理公司作为保险集团的子公司，在脱贫攻坚的过程中有着义不容辞的责任与担当。保险资产管理公司能充分发挥资金的使用价值，满足不同主体的投融资需求。因此，在乡村振兴的路途中，保险资产管理公司能让资金下沉到农村市场，从土地、到农民、到产业，充分发挥资金的保驾护航作用。结合相关金融支持政策所提及的领域，以及保险资产管理公司可参与的品类，标品的投资及非标投资计划的发行是保险资产管理公司参与乡村振兴的主要方式。

1. 标品投资。标准化产品的投资主要有权益投资和债券投资。

债务融资工具，对于融资主体而言，可融资金量大，资金成本相对低。2021年7月13日，上海证券交易所发布《上海证券交易所公司债券发行上市审核规则适用指引第2号——特定品种公司债券（2021年修订）》（上证发〔2021〕52号），深圳证券交易所发布《深圳证券交易所公司债券创新品种业务指引第3号——乡村振兴专项公司债券（2021年修订）》（深证上〔2021〕684号），大力支持乡村振兴标类债券。

权益融资工具，对于融资主体而言，有降低财务风险的作用，有利于企业搭建健康的财务结构实现可持续发展。中国证监会公告称，对于《关于延长证监会IPO扶贫申报期限的提案》，建议将“即报即审、审过即发”政策申报期限延续到2025年，对新疆、西藏、甘肃、青海等特别偏远的贫困地区给予更加优惠的条件。IPO和并购重组的绿色通道对于乡村振兴而言，让融资更高效，有望给传统农业板块带来更多活力。

从保险资产管理公司角度而言，丰富的债券和权益品种，为标品投资提供更多选择。目前面临的主要问题可能是合适的企业不多，但是随着政策的持续生效，乡村振兴不断取得阶段性成绩，涉农优质企业、上市公司以及投资标的有望逐步增加，持续关注该领域，深入研究，可以在主题债券、权益的投资中寻得新的投资机会。

2. 债权投资计划。2023年一季度，中国保险资产管理业协会共登记债权投资计划102只，规模1 447.52亿元。债权计划作为保险资产管理投行业务中最重要的组成部分，帮助以保险为主的资金发挥长期的优势，更好地对接实体经济的融资需求。

农业具有普惠性、公益性，对农村基建或者补贴来源明确的项目，适合作为PPP的标的，对于一些政策引导和培育的产业，可以引入龙头企业、上市公司作为社会资本方，来负责农村建设和产业运营发展。但农业的公益性和本身的脆弱性，导致需要政策适度引导，需要政府资金作为重要的来源。在模式的探索中，保险资产管理公司可以通过发行债权投资计划参与其中，但需要注意项目可运营性和还款来源，避免增加政府隐形债务。同时，也要注意按流程申报及资金用途的把控，资金不要用到其他地方。

3.股权投资计划及保险私募基金。2023年一季度，中国保险资产管理业协会共登记股权投资计划4只，规模79.34亿元；共登记保险私募基金2只，规模25亿元。提升直接融资比重是我国金融供给侧改革的重点，国家金融监督管理总局（原银保监会）及行业协会都出台多项措施支持保险机构、保险资产管理机构加大股权投资力度。股权投资计划在投资难度、效率、收益及销售等方面还有突破的空间。

股权产品的创新性和解决痛点能力相对较强。股权投资计划的优势在于投资资本金，解决其他融资的前期资金问题，企业出于降负债和资本金融资需求，合作意愿很高。但是这类产品融资成本相对高，要考虑项目的可行性，在实际操作中可以考虑投贷组合等方式优化融资主体的融资成本和税务结构，加大投后管理，从战略投资者的角度加大对乡镇产业的支持。

4.资产支持计划。资产支持计划可以从农业产业链角度，对产业链上产供销各方及核心企业进行需求分析，提供应收账款作为基础资产的资产支持计划产品，也可以从农户农村企业角度，将小微、个金贷款作为基础资产发行资产支持计划产品。

在乡村振兴中，贷款是融资主流产品，但贷款存在的问题主要是农业属于弱质行业，受自然风险影响大，农村农业项目大多存在小而散的特点，现金流不充足，经营周期长。贷款面临抵质押不足和中长期贷款规模问题。但充分利用好小而散的特点，仔细考察、抽样底层资产，可以释放集中度的风险，将实现保险资产管理产品与原始权益人贷款资产的充分对接。

（三）民生通惠相关实践

民生通惠围绕乡村振兴，展开了多层次、多领域、多产品的尝试。

债权投资计划方面，公司紧跟国家发展战略，投资川渝高速路网布局规划中的重要通道的建设。该项目对于促进成渝经济区一体化，支撑成渝经济区腹地建设和沿线农业、农村的发展起到重要作用。公司曾为潍坊市某县政府的新农村建设和道路改造等基础设施融资，道路工程主要是在原有道路红线基础上改造，路段总长93公里，项目建设内容包括所涉道路的道路提升改造工程、防护加固带工程、排水工程、桥梁工程。该项目也同时改善了县城的投资环境，对经济发展起到了关键作用。公司曾为西北某高速提供融资，项目中所涉及的雁门关隧道是山西省规划的“三纵八横”公路网中的咽喉工程，为沿线农产品的物流运输提供了强有力的基础设施保障。

资产支持计划方面，民生通惠受让农村小贷公司日常经营中向分布在全国各地的农户、小微企业或个体经营者发放小额贷款形成的信贷资产，项目荣获证券时报主办的“2022中国保险业方舟奖评选”的“2022保险业服务乡村振兴方舟奖”。小贷公司对原始权益人实施集中式管理，能够较好管理现金流状况，提高资金使用效率。小而多笔分散风险，资产支持计划帮助其盘活资产，大幅提高农户、小微企业和个体经营者的资产流动性，提高了消费能力和资金使用意愿。

公司权益投资、固定收益投资、组合类资产管理产品投资、股权投资计划等也将农业板块纳入跟踪行业之一，挖掘智慧农业、科技务农的新方向新技术新标的，重视种子作为农业芯片的战略发展，探寻其中的投资机会。

三、多机构携手，多角度并进，共同谱写新篇章

全面建设社会主义现代化国家，实现中华民族伟大复兴，最艰巨最繁重的任务在农村，最广泛最深厚的基础在农村；全面推进乡村振兴实现共同富裕，较有效较直接的支撑是金融，金融是现代经济的核心，是高质量发展的抓手。农村金融服务市场涵盖信贷、保险、期货等多个领域，其中，银行可以发挥网点优势提高农村金融服务覆盖面和信贷渗透率，保险可以通过各类险种，提高农业农村农民保障水平，期货可以运用金融工具稳定农业发展，保障农民利益。保险资产管理善于管理具有现金流稳定、存续时间长、资本存量大等特征的保险资金，使资金来于民、用于民、助于民，更好地体现民生属性。发挥好保险资产管理在乡村振兴中的作用，有助于完善农村金融产品和服务，建设宜居宜业和美乡村，营造良好的农村金融环境。

保险资产管理公司可以充分运用债权、股权、资产支持计划等金融手段，挖掘与政府、乡村企业、乡镇银行等多方合作的机会，统筹推进农村道路、农村供水、农村能源、数字乡村等，实现“设施”帮扶；保护农村天然生态，秉持“绿水青山就是金山银山”的发展观念，建设绿色产业园区、循环农业等投资周期长、融资量大的项目，实现“双碳”帮扶；盘活农村农民资产，提高消费能力和消费质量，实现“消费”帮扶；选准产业发展突破口，依托农村特色资源，强龙头、补链条、兴业态、树品牌，实现“产业”帮扶。

保险资产管理公司将与其他金融机构携手，着力提高乡村金融质量，让广大农村农民共进步、共富裕，奋力谱写全面推进乡村振兴新篇章！

彭吉海

阳光资产管理股份有限公司

现任阳光保险集团股份有限公司执行董事、联席CEO，阳光资产管理股份有限公司总经理，有超过20年的财务、保险、投资领域的工作经验。

把握变革之机　实现保险资产管理公司高质量发展

阳光资产管理股份有限公司　彭吉海

一、高质量发展是保险资产管理公司行稳致远的必由之路

习近平总书记在党的二十大报告中指出："高质量发展是全面建设社会主义现代化国家的首要任务。"当前，世界百年未有之大变局进入加速演变期，国际环境日趋错综复杂，国际经济、科技、文化、安全、政治等格局都在发生深刻复杂变化。国际力量对比和全球格局正在经历深刻演变，世界多极化、经济全球化、国际关系民主化潮流势不可当；同时，单边主义、保护主义、霸权主义依然横行，世界进入新的动荡变革期。国内来看，我国经济已转向高质量发展阶段，经济社会发展必须以推动高质量发展为主题。实现高质量发展、丰富人民精神世界、实现全体人民共同富裕、促进人与自然和谐共生等中国式现代化的本质要求，有望成为我国中长期政策的着力点。为更好地服务中国式现代化和高质量发展，党中央对我国金融工作提出了政治性和人民性的发展要求，规范交叉性金融业务标准，减少监管套利，推进金融机构回归本源、更好服务实体经济。对于保险资产管理行业而言，立足新发展阶段、实现高质量发展，需要以满足人民群众多元化的风险保障和财富管理需求作为服务实体经济的抓手，为构建新发展格局、推动共同富裕、人与自然和谐共生做出新的更大贡献。

（一）高质量的保险资产管理公司是全体人民共同富裕的助推器

中国式现代化是人口规模巨大的现代化，也是全体人民共同富裕

的现代化。人口规模巨大既是市场规模与经济活力的前提保障，同时也意味着必须要解决好有限资源与14亿人民对美好生活向往之间的矛盾。共同富裕是社会主义的本质要求，是社会主义制度优越性的集中体现。实现经济总量的持续增长和发展成果在全社会范围内共享的高质量发展之路，是新时代的必然。就居民部门而言，即是财富的保值增值以及收入的公平合理分配。

保险资产管理公司作为资本市场的重要参与者，应积极发挥金融机构对居民财富积累的促进作用。保险资产管理公司一端连接着居民康养、医疗及其他保险保障的保费，另一端则连接着广大实体经济企业的资金融通需求，“受人之托，代客理财”是资产管理业务的本质。

一方面，高质量的保险资产管理是保险公司实现持续经营、承担保障和补偿责任的重要保证，是居民借助保险实现风险对冲与转移的逻辑基础。中国人民银行发布的《2019年中国城镇居民家庭资产负债情况调查》显示，中国居民家庭资产中约80%为住房等实物资产，金融资产占比不高（20%），并且主要集中在高资产家庭。从资产结构[①]来看，居民部门超过50%的金融资产配置在存款等无风险资产，风险偏好较为保守；保险准备金占比仅为13%，仍有较大优化空间。高质量的保险资产管理能够消除居民在基础生活保障方面的后顾之忧，有助于家庭提升风险偏好，激发居民消费与投资潜力，充分利用金融手段推动居民财富的增长。

另一方面，高质量的保险资产管理也能促进居民财富的积累，促进财富的保值增值。保险资产管理具有稳健审慎、追求长期收益的鲜明特点，在寿险资金、养老金、企业年金等长期资金管理方面积累了大量经验。保险资产管理公司将这些经验推广到自身的第三方资产管理业务中，不断提升客户服务质量，优化风险收益比率，发挥自身优势和特长，在资产管理行业中扮演了独特的角色。未来面向不断成长

① 数据参考：易纲. 再论中国金融资产结构及政策含义. 经济研究，2021（4）.

中的财富管理市场，保险资产管理还可进一步满足居民的多元化金融服务需求，增加居民财产性收入，助力于共同富裕的实现。

（二）高质量的保险资产管理公司是社会保障体系安全可靠的大前提

高质量发展是不断把人民对美好生活向往变为现实的发展，“一切为了人民”，增进民生福祉是经济发展的根本目的。保险行业保费收入的背后是千千万万个家庭，保险的补偿和保障功能提高了全社会的风险承担能力，发挥着“社会稳定器”的作用，这些都体现了保险的社会属性。保险资金来自保险负债，也理应体现出对社会责任的承担和对民生福祉改善的促进作用。

在人口老龄化背景下，广大人民群众对养老与医疗保障的需求快速增长。2001年至2021年的二十年间，我国寿险保险密度（人均保费收入）年均复合增速超过15%，保险深度（保费收入/GDP规模）提高近1个百分点；医疗保健占居民消费支出的比重从2013年的6.9%提高至2021年的8.8%，1.9个百分点的提升远高于居住、交通通信等其他类型消费比重的同期变化。

对于这些“养老钱”和“治病钱”，保险资产管理公司通过高质量的资产管理，为安全规范、可持续的社会保障体系做出积极贡献，织牢了民生兜底保障网。保险资产管理公司一方面要加强资产配置结构优化，坚持长期、长远和长效投资理念，牢牢守住风险底线，持续贡献于整体偿付能力的提升；另一方面，要加大对养老服务、医疗护理、休闲康养等养老险、健康险产业链自然延伸领域的投资，拓展养老医疗服务的广度和深度，加强产业与资源的整合优化，积极参与养老金“第三支柱”建设，构建稳健、可持续的社会保障体系。

（三）高质量的保险资产管理公司是中国经济转型要求的践行者

在新发展阶段，经济增长动力机制的转换与重构主要体现为要素投入驱动转换为创新驱动，外需驱动转换为内需驱动，房地产市场驱动转换为资本市场驱动。创新驱动要求我国保险资产管理公司充分调动保险资金和社会资金，为科技自立自强、产业体系优化升级提供长期稳定资金来源。内需驱动要求增强消费对经济发展的基础性作用、发挥投资对优化供给结构的关键性作用。我国保险资产管理公司一方面可以引导资金投向品牌消费、绿色消费、健康消费等内需增长点；另一方面可以配合政府投资的示范引导作用，激发民间投资，投向保民生、补短板、锻长板等重点领域。资本市场驱动要求我国保险资产管理公司积极拥抱资本市场，将资本市场作为服务我国高质量发展的主战场，做兼顾传统价值和新兴成长价值的长期投资者。

（四）做好物质文明与精神文明相协调是高质量发展对保险资产管理公司的新要求

中国式现代化是物质文明和精神文明相协调的现代化，不仅追求物质财富的积累与增长，还强调精神文明的提升和丰富。就财富管理而言，物质财富是进行现代化建设的经济基础，精神财富则是在现代化过程中面对种种困难与外部挑战，保持民族凝聚力、向心力，坚持弘扬社会主义核心价值观、传承中华民族传统美德的内驱动力。高质量的保险资产管理公司要在为客户创造安全稳定长期投资回报的同时，致力于培养和引导客户财富观念的转变，将精神财富增长置于与物质财富积累等同的地位，实现物质富裕与精神富裕的协调发展。

物质财富方面，保险资产管理公司必须坚持专业化、市场化的发展方向，不断加强投研与配置能力建设、构建多元化的资产配置体系，全面提高风险管理水平，做好受托客户资金的保值增值。

精神财富方面，保险资产管理公司一是要加强与机构客户在ESG和可持续投资方面的深入交流，共同探索在养老医疗、普惠金融、服务乡村振兴战略、巩固脱贫攻坚成果、建设美丽中国等领域的合作，通过股东参与策略和影响力投资策略，引导机构客户转变传统投资观念，从单纯对财务收益的追求，转变为对财务回报与社会效益的共同追求；二是为高净值客户提供更加全面、综合性的金融服务，做好税收规划、医疗服务、教育服务、养老计划、财富传承等长期性的财富筹划，同时引导、协助高净值客户积极参与慈善捐赠和公益事业，让客户在拥有优质生活的同时，为社会第三次财富分配作出贡献，实现精神层面的富足。

二、保险资产管理公司高质量发展的路径探索

保险资产管理公司应从质量变革、效率变革和动力变革三方面入手，不断提升资产管理水平、客户服务水平，充分抓住国家经济动能转换和行业深化改革带来的发展机遇，兼顾发展与安全，走出一条高质量发展之路。

（一）以投资结构优化实现保险资产管理质量提升

我国经济已由高速增长阶段转向高质量发展阶段，由原先的高速增长换挡为中高速增长。潜在经济增长中枢下移背景下，我国保险业面临更加严峻的低利率挑战。与我国经济转型相适应，保险资产管理公司也应当从向增长速度要收益转变为向质量提升要效益。低利率的市场环境要求保险资产管理公司能够在风险可控的前提下，利用对经济周期与资产价值的准确判断，进行跨越周期的资产负债动态匹配，提升配置调整能力。

保险资产管理公司应将新发展理念融入投资分析框架，做好优质企业的价值发现，实现投资结构优化。习近平总书记在2020年企业家座谈会上指出，“企业既有经济责任、法律责任，也有社会责任、道德责任”，强调企业在追求经济利益的同时，还要真诚回报社会。在这一背景下，“中国特色估值体系”日益受到市场关注。保险资产管理公司应当积极参与中国特色估值体系的研究与实践，在基于企业财务表现的传统估值体系之上，将企业环境、社会和治理表现纳入投资评价流程，对于因绿色转型、国家战略需要、社会责任承担等因素暂时影响

财务表现的企业，给予全面的价值评估。

（二）以客户为本的文化促进客户服务效率优化

随着保险资产管理行业市场化程度的提高，保险资产管理公司的服务对象从最初的保险委托人，拓展到第三方客户和个人客户，客户类型更加丰富。近年来随着我国社会整体财富水平的增长，不论是机构还是居民对财富管理的需求都日益增长。在此背景下，保险资产管理公司更应发挥自身在长期资金管理上的优势，抓住市场化转型的关键时点，积极扩大综合性资产管理服务供给和覆盖。这需要保险资产管理公司持续加强自身在投资研究、产品设计和金融科技等方面的能力，积极参与养老金融和投资咨询等方面的服务体系建设，努力打造自身品牌，提高客户服务质量，增强市场竞争力。

阳光保险把“一切为了客户”作为核心价值追求，阳光资产管理公司以“不负重托 以心尽责”作为自身的发展使命，力争以专业能力“让资产获得阳光般的回报”。随着行业市场化程度的提升，阳光资产服务的客户群体由集团内各委托方，逐渐扩展到集团外保险机构、非保险机构乃至个人客户。阳光资产在长期经营保险资金的基础上，深刻洞察客户对物质财富稳定增长和精神财富不断充裕两方面的需求，形成了绝对收益和相对收益相结合、长期业绩导向的投资文化。在长期稳健的战略资产配置体系下，以灵活动态的战术资产配置、扎实严谨的风险管理，提升客户体验，优化客户服务效率，让客户在复杂多变的宏观环境下获得稳健长期的收益。

（三）以响应战略号召实现保险资产管理公司动力转换

新发展阶段，过去依靠生产要素大举投入的增长模式难以为继，需要从创新、协调、绿色、开放、共享的新发展理念中寻找新增长动能。保险资产管理行业作为既能满足居民财富管理与保险保障需求，又能通过长期资金给国家发展提供稳定支持的行业，应积极抓住经济动力转换带来的发展新机遇。

中国式现代化为保险资产管理公司发展带来重大机遇。截至2022年底，保险资金深度参与区域协调发展和重大工程项目建设，在制造业、战略性新兴产业等领域投资余额超2万亿元，积极参与了大数据中心、特高压、商用大飞机等国家重点和创新项目的投资。未来应继续发挥保险资金久期长、规模大、现金流稳定的优势，尽力满足重点领域的融资需求，在支持实体经济、服务国家发展中发挥重要作用。保险资产管理公司应重点关注的领域包括：（1）符合建设现代化产业体系方向的高端制造、数字经济、质量强国、交通强国、航天强国、战略性新兴产业等领域；（2）农业科技、农村金融服务和现代化基础设施建设等乡村振兴及区域协调发展的着力点；（3）科教兴国战略、新型举国体制下的硬科技领域与关系产业基础的重大技术装备；（4）与增进民生福祉和健康中国建设相关的医疗、托育、养老、住房、中医药创新等消费增长点；（5）碳中和背景下清洁能源、节能环保、碳减排技术等领域；（6）推进高水平对外开放政策导向下的贸易强国、“一带一路”相关投资主题。

保险资产管理公司应当坚定不移地走好生态文明发展之路。绿色是高质量发展的普遍形态，是社会能否实现可持续发展的关键。截至2022年末，保险资产管理行业投资于“双碳”等绿色发展产业的金额已超过1万亿元，2020年至2023年均增速近50%。保险资金风险偏好稳定、投资周期长，天然与能源产业链转型等领域的投资契合，可以为我国实现“双碳”目标做出贡献。

（四）保险资产管理公司必须兼顾发展与安全

在百年未有之大变局下，我国发展前景面临着多重威胁和挑战。高质量发展必须统筹好发展和安全的关系，以安全促发展，以发展保安全。风险管理是保险业在社会运行中的基本功能，在新发展阶段也必将继续发挥其安全保障作用，而保险资产管理公司也理应做好自身的风险管理体系建设，将长期资金对金融市场的“压舱石”作用充分体现，守住不发生系统性金融风险的底线。

此外，保险资产管理公司投资应围绕增强国家经济竞争力、提升产业链供应链韧性和安全水平展开。保险资产管理公司应关注粮食安全、芯片安全、能源资源安全、产业链供应链安全、数据安全可能带来“自主可控”“国产替代”相关领域机会，以及专精特新、产业备份、信息技术应用创新等提升供应链安全性的投资方向。

三、保险资产管理公司实现高质量发展的新举措

保险资产管理公司应积极探索高质量发展的新举措，具体来看主要包括以下四个方面。

（一）完善可持续投资体系，积极参与中国特色估值体系构建

保险资产管理公司服务于共同富裕目标、增进全社会民生福祉，必须要贯彻新发展理念，建立并不断完善可持续投资体系。高质量发展是更加可持续的发展，这与保险资产管理公司追求保险资金保值增值、为客户提供长期稳定收益的目标高度一致。保险资产管理公司需要将可持续投资的理念深度融入业务流程，建立包括投资决策、投后管理、风险控制等多个环节的可持续投资管理体系，并在可持续投资内涵不断丰富的过程中，积极探索、灵活调整、不断完善。

中国特色估值体系要兼顾企业财务表现和社会价值，这与保险资金的社会属性高度契合，与可持续投资的要求密切相关。这一过程有助于保险资产管理公司顺应新时代发展潮流，甄别出具有时代特色的长期价值投资标的，体现保险资金社会属性，实现保险资产管理质量的提升。

（二）保险资金应服务国家战略、助力构建双循环新发展格局

从关注的领域来看，保险资金应顺应产业和监管政策导向，大力

支持符合国家战略发展方向的领域。具体而言，一是要践行科教兴国战略，支持科技自主创新，助力解决半导体等行业面临的“卡脖子”问题；二是要注重绿色发展战略，争取在新能源投资领域起到表率作用，激发产业链上下游活力；三是要协调区域发展战略，积极参与京津冀协同发展、长江经济带建设、粤港澳大湾区建设等；四是要着力提高人民生活品质，通过拓展养老、医疗、健康等领域的业务，助力共同富裕；五是要促进高水平对外开放，在互惠互利的基础上开展多边贸易合作，加强关键原材料进口，确保产业链安全。

从投资方式来看，要坚持以稳定核心收益为导向，优化资产配置结构，提升资产配置策略灵活性。固定收益投资上坚持资产负债匹配原则，以政府债券投资优化资产负债匹配水平，以优质非标资产改善成本收益匹配水平。权益投资上明确不同持仓收益目标，通过严格选股，适度对高成长赛道倾斜，做到收益与波动平衡，同时优化跨行业配置，降低行业间和公司间的相关度。

（三）强化综合资产管理能力，丰富有效客群覆盖，提升服务质量，加快投资管理能力建设

一是完善业务结构。加强综合资产管理能力，提高高附加值业务占比，结合保险资产管理公司的资源禀赋，持续完善产品体系。例如在产品的开发策略上，应充分结合保险资产管理公司在固定收益类投资、大类资产配置和绝对收益创造等方面的优势，开发诸如以绝对收益为目标的“固收+”产品、以大类资产配置为基础策略的FOF产品等，满足客户多元化需求。

二是丰富客户结构。在立足于服务保险资金的基础上，吃透大资管市场，不断丰富有效客群覆盖；以竞争与合作并存的理念加深跨行业合作，扩大资金来源。例如在营销模式上，积极寻求与商业银行私人银行部门开展保险资产管理产品代理销售合作，为高净值客户提供优质的资产管理服务。

三是提升服务质量。建立健全客户服务体系，通过优化流程、创新内容提升客户体验；提高服务附加值，输出资产负债匹配、大类资产配置、投研支持等附加服务。

四是加强能力建设。保险资产管理公司进一步增强投资管理能力、扩大业务覆盖，打造综合型资产管理机构，满足市场与客户的多元化需求。

（四）持续优化数据治理和数据科技应用水平，提升风险管理精细化、专业化和智能化水平

数据科技方面，一是要持续优化数据治理体系。完善数据治理制度建设和评价体系，加强数据治理能力；优化数据管理，提升数据质量，加强数据安全，强化数据资产生命周期管理。二是要提升数据科技应用水平。构建统一的数据服务平台，优化大数据框架，构建一站式、可视化的数据开发平台。三是加强科技基础能力建设。提升应对科技制裁、城市断电等灾难的灾备能力；实现IT管理线上化，持续增强IT运维保障能力和IT运营服务质量。四是聚焦数字化转型，降本增效、提升客户体验、强化风险管理、赋能投研业务。

风险管理方面，一是要加强风险管理文化宣导和培训。包括学习国内外优秀上市公司的经验做法，吸取资本市场的反面典型教训；开展文化宣传教育，强化员工的风险合规意识；针对上市公司合规管理要求及其他重点业务领域开展专项合规培训。二是落实各层级风险管理职责。持续开展风险合规自查工作，做好监管风险评级和投资能力自评估工作，落实风控指引，强化第一道防线的职责；持续开展制度“立改废”工作，细化完善业务制度、流程及风控措施，通过系统化控制落实，做好“闸口”管理。三是要提升风险预判的专业水平。通过信用评级模型市场主体的全覆盖和编制主要行业内部信用评级方法增强信用研究能力，强化对新产品和新业务的前置管理，对新产品新业务开展全面风险评估，及时健全相关风险管理制度。四是要完善风险

应急处置管理机制。针对信用风险、信息安全风险、非标项目及存款业务等领域开展风险排查工作，加强存量风险项目的处置；持续完善细化各类业务应急管理预案，定期组织开展应急演练。五是提升风控系统智能化水平。通过引入先进的智能模块提升信用风险管理智能化水平，建立数据中心平台优化升级风险管理系统，持续完善合规管理系统建设。

孙键

中英益利资产管理股份有限公司

博士，现任中英益利资产管理股份有限公司总经理，中国保险资产管理业协会信用风险管理专业委员会副主任委员。曾先后在交通银行从事国债交易和管理等工作；在中国太平洋保险总公司负责资金运用工作；在太平洋资产管理有限责任公司历任总经理助理、市场营销总监等职。2015年就职于中英益利资产管理股份有限公司任总经理。拥有30多年财务、投资等专业领域的从业经历，具备资深的行业管理经验和敏锐的行业洞察力。

对中国保险资产管理行业未来转型发展的思考

中英益利资产管理股份有限公司　孙键

一、保险资产管理行业发展现状

（一）市场规模与投资收益稳步提升，行业发展韧性增强

根据中国保险资产管理业协会（以下简称协会）发布的《中国保险资产管理业发展报告（2022）》（以下简称《2022年报》），截至2022年9月，我国共有保险资产管理公司33家，受托管理的总资产规模达21.8万亿元。其中，受托管理保险资金17.6万亿元，占比超过80%；受托管理养老金、企业年金等超过4万亿元的其他长期资金，占比超过19%，市场影响力和竞争力稳步提升。

从投资收益看，过去十年，保险资金年均实现投资收益由0.18万亿元增至1.05万亿元，年均财务收益率5.28%，实现了长期稳定的绝对收益，有效覆盖承保成本并成为利润的主要来源。

从资产质量看，投资固收类和流动性资产占比超七成；在债券市场发挥的机构投资者作用仅次于银行，其中国债和金融债配置比例超七成，企业债中AAA级占比超九成，项目投资中多有大型的企业和银行担保；股票配置以大盘蓝筹股为主，近三成计入长期股权投资；活期存款、货币基金、国债等高流动性资产占比22%，行业资金配置结构稳健，资产质量持续提高。

（二）投资能力与专业实力持续提升，核心优势更加凸显

从投资能力看，保险资产管理行业已形成涵盖信用风险管理、股

票投资、衍生品运用、债权投资计划产品、股权投资计划产品等在内的五大类六项投资管理能力，其中拥有三项以上能力的公司占比超九成、拥有全部六项能力的公司占比超二成。

从人才队伍看，目前保险资产管理行业共有专业人才6 600余人，人均管理资产规模达32亿元，初步形成前台主攻投资研究、产品创设发行，中台严守风控、合规、信评，后台负责运营保障的综合管理格局。

从业务创新看，目前保险资产管理公司创设的债权投资计划、股权投资计划、组合类产品及资产支持计划、保险私募基金等产品存续数量达3 673只，存续规模6.83万亿元，年均增速34.73%，已成为保险资金服务实体经济的重要工具。

从投资理念看，基于保险资金的管理实践，保险资产管理行业在长久期资金管理、固定收益和信用风险管理、另类资产管理等领域持续深耕，形成了审慎投资、价值投资、长期投资的理念。

（三）多层次制度体系与标准逐步完善，发展红利加速释放

顶层设计方面，2022年“资管新规”正式实施、《保险资产管理产品管理暂行办法》和三项配套细则成熟落地、《保险资产管理公司管理规定》颁布实行、《关于印发保险资金委托投资管理办法的通知》修订发布，保险资产管理监管制度体系的主体框架基本搭建完成。

具体来看，近年来，通过拓宽保险资金股票投资范围、丰富投资方式、优化权益资产监管、改革产品发行机制等系列举措，市场活力被进一步激发。截至2022年9月，保险资金投资各类债券及债券型产品10.6万亿元，投资上市公司股票2.5万亿元，成为债券市场、股票市场的重要机构投资者。保险资产管理产品发行效率大幅提升，以债权投资计划为例，债权投资计划整体平均登记时长由15.22个工作日缩短为2.84个工作日，效率提升81%。

（四）锚定方向、畅通渠道，服务实体经济质效显著提升

保险资金作为我国金融市场重要的长期资金提供者，在参与重大工程建设、盘活存量资产、服务国家战略等方面具有天然优势。在投资方式上，既包括公开市场股债基和债权、股权、私募基金等传统投资，也包括股债结合、夹层投资、资产支持计划、保险私募基金等创新投资，以及债转股、并购重组、混合所有制改革等市场化投资。在投资领域上，既包括基础设施、公共服务、战略性新兴产业等传统领域，也包括数字经济、绿色经济、健康养老等新兴领域。

根据《2022年报》，截至2022年9月，保险资产管理行业累计投资实体经济超过10万亿元，其中投资基础设施超过3.5万亿元，投资战略性新兴产业超过1.5万亿元，投资健康养老超过1万亿元，投资绿色经济超过5 000亿元。保险资产管理行业已成为实体经济的重要支持者和服务者。

二、保险资产管理行业未来发展趋势

（一）保险资金规模将持续增长，保险资产管理行业发展空间将进一步扩大

根据中国人民银行发布的《中国金融稳定报告（2022）》，预计到2025年，我国保险业总资产规模将达到35万亿元左右，年均增速约为10%。按照保险资金委托管理比例维持在80%左右的水平推算，到2025年，保险资产管理行业受托管理的保险资金规模将达到28万亿元左右，年均增速约为12%。同时，随着养老金、企业年金等其他长期资金的快速发展和市场化改革的深入推进，保险资产管理行业受托管理的其他长期资金规模也将有较大幅度的增长。综合来看，保险资产管理行业未来五年的发展空间将进一步扩大。

（二）保险主业转型升级将带动保险资产管理行业结构优化，产品创新和风控能力将成为核心竞争力

随着我国人口老龄化和中等收入群体扩大等社会变化和消费升级的推动，我国保险主业正从传统的财产损失补偿型向寿险、健康险等人身保障型转变。这一转变将对保险资产管理行业提出更高的要求，要求其能够提供更多符合人身保障型产品特点的长期稳健收益的投资产品和服务。这就需要保险资产管理行业在产品创新和风控能力上有所突破。

在产品创新方面，保险资产管理行业需要根据不同类型的保险产品和客户需求，设计出更多具有长期价值、稳定收益、低波动性、高流动性等特点的投资产品。例如，在债权投资计划方面，可以通过优化信用风险管理、拓宽债权来源、提高债权转让效率等方式，提高债权投资计划的收益水平和流动性；在股权投资计划方面，可以通过加强对战略性新兴产业、健康养老产业、绿色经济产业等领域的投资机会，提高股权投资计划的价值增长潜力；在另类资产方面，可以通过加强对基础设施、公共服务、房地产等领域的投资研究，提高另类资产的收益稳定性和分散化效果。

在风控能力方面，保险资产管理行业需要根据不同类型的投资产品和风险特征，建立更加完善和科学的风险管理体系。例如，在信用风险管理方面，可以通过建立自主信用评级体系、完善信用风险预警机制、加强信用风险应对措施等方式，提高信用风险管理水平；在市场风险管理方面，可以通过建立动态资产配置模型、完善市场风险监测机制、加强市场风险应对措施等方式，提高市场风险管理水平；在流动性风险管理方面，可以通过建立流动性缓冲池、完善流动性风险监测机制、加强流动性风险应对措施等方式，提高流动性风险管理水平。

（三）保险资产管理行业将积极参与国家战略和社会民生建设，服务实体经济质效将进一步提升

作为长期稳定的金融资源配置者，保险资产管理行业将积极响应国家战略和社会民生需求，服务实体经济的质量和效率。具体来看，保险资产管理行业将在以下几个方面发挥更大作用：

1. 支持国家重大战略

保险资产管理行业将充分发挥其长期稳健的投资特点，积极参与“十四五”规划、“双碳”目标、“区域协调发展”、“科技创新”等国家重大战略的实施，为国家战略提供稳定可靠的金融支持。例如，在“双碳”目标方面，保险资产管理行业将通过投资绿色债券、绿色基金、绿色项目等方式，支持低碳转型和绿色发展；在“区域协调发展”方面，保险资产管理行业将通过投资区域债券、区域基金、区域项目等方式，支持区域间的协同发展；在“科技创新”方面，保险资产管理行业将通过投资科技债券、科技基金、科技项目等方式，支持科技创新和产业升级。

2. 支持社会民生建设

保险资产管理行业将充分发挥其长期价值投资的特点，积极参与“健康养老”“教育文化”“住房保障”等社会民生领域的建设，为社会民生提供优质高效的金融服务。例如，在“健康养老”方面，保险资产管理行业将通过投资医疗债券、医疗基金、医疗项目等方式，支持医疗卫生体系的完善和医疗服务的提升；通过投资养老债券、养老基金、养老项目等方式，支持养老服务体系的建设和养老保障的改善；在“教育文化”方面，保险资产管理行业将通过投资教育债券、教育基金、教育项目等方式，支持教育事业的发展和教育公平的实现；通过投资文化债券、文化基金、文化项目等方式，支持文化产业的繁荣和文化软实力的提升；在“住房保障”方面，保险资产管理行业将通过投资住房债券、住房基金等方式，支持住房供给体系的优化和住房

需求的满足。

3. 支持实体经济高质量发展

保险资产管理行业将充分发挥其长期增长的投资特点，积极参与“供给侧结构性改革”“产业转型升级”“去杠杆降负债”等实体经济高质量发展的推进，为实体经济提供有效有力的金融支持。例如，在“供给侧结构性改革”方面，保险资产管理行业将通过投资优质企业债券、优质企业基金、优质企业项目等方式，支持优质企业的发展和提升市场主体的活力；在“产业转型升级”方面，保险资产管理行业将通过投资新兴产业债券、新兴产业基金、新兴产业项目等方式，支持新兴产业的培育和传统产业的改造；在“去杠杆降负债”方面，保险资产管理行业将通过投资债转股产品、并购重组产品、混合所有制改革产品等方式，支持企业降低杠杆率和优化负债结构。

三、保险资产管理行业转型发展展望

为了实现保险资产管理行业的转型发展目标，建议可从以下几个方向寻求突破：

（一）坚持以客户为中心，提升服务保险主业能力

1. 加强与保险公司的沟通协调，了解其产品特点和风险偏好，为其量身定制适合其需求的投资产品和服务。

2. 加强对保险公司的风险管理支持，为其提供风险评估、风险监测、风险应对等全方位的风控服务。

3. 加强对保险公司的投后管理服务，为其提供投资收益分析、投资价值评估、投资决策建议等专业化的咨询服务。

4. 加强对保险公司的培训教育服务，为其提供投资理念传播、投资知识普及、投资技能提升等多层次的培训。

通过以上措施，保险资产管理行业可以更好地满足保险公司的投资需求，增强保险公司的风险管理能力，提高保险公司的投资效率和

收益水平，从而促进保险主业的发展。

（二）加强产品创新和风控能力，优化投资结构和收益水平

1.加强产品创新能力，根据不同类型的保险产品和客户需求，设计出更多具有长期价值、稳定收益、低波动性、高流动性等特点的投资产品。例如，在债权投资计划方面，可以通过优化信用风险管理、拓宽债权来源、提高债权转让效率等方式，提高债权投资计划的收益水平和流动性；在股权投资计划方面，可以通过加强对战略性新兴产业、健康养老产业、绿色经济产业等领域的投资机会，提高股权投资计划的价值增长潜力；在另类资产方面，可以通过加强对基础设施、公共服务、房地产等领域的投资研究，提高另类资产的收益稳定性和分散化效果。

2.加强风控能力，根据不同类型的投资产品和风险特征，建立更加完善和科学的风险管理体系。例如，在信用风险管理方面，可以通过建立自主信用评级体系、完善信用风险预警机制、加强信用风险应对措施等方式，提高信用风险管理水平；在市场风险管理方面，可以通过建立动态资产配置模型、完善市场风险监测机制、加强市场风险应对措施等方式，提高市场风险管理水平；在流动性风险管理方面，可以通过建立流动性缓冲池、完善流动性风险监测机制、加强流动性风险应对措施等方式，提高流动性风险管理水平。

（三）积极参与国家战略和社会民生建设，提升服务实体经济质效

1.支持国家重大战略。保险资产管理行业将充分发挥其长期稳健的投资特点，积极参与“十四五”规划、“双碳”目标、“区域协调发展”、“科技创新”等国家重大战略的实施，为国家战略提供稳定可靠的金融支持。例如，在“双碳”目标方面，保险资产管理行业将通过投资绿色债券、绿色基金、绿色项目等方式，支持低碳转型和绿色发展；在“区域协调发展”方面，保险资产管理行业将通过投资区域债

券、区域基金、区域项目等方式，支持区域间的协同发展；在“科技创新”方面，保险资产管理行业将通过投资科技债券、科技基金、科技项目等方式，支持科技创新和产业升级。

2. 支持社会民生建设。保险资产管理行业将充分发挥其长期价值的投资特点，积极参与“健康养老”“教育文化”“住房保障”等社会民生领域的建设，为社会民生提供优质高效的金融服务。例如，在“健康养老”方面，保险资产管理行业将通过投资医疗债券、医疗基金、医疗项目等方式，支持医疗卫生体系的完善和医疗服务的提升；通过投资养老债券、养老基金、养老项目等方式，支持养老服务体系的建设和养老保障的改善；在“教育文化”方面，保险资产管理行业将通过投资教育债券、教育基金、教育项目等方式，支持教育事业的发展和教育公平的实现；通过投资文化债券、文化基金、文化项目等方式，支持文化产业的繁荣和文化软实力的提升；在“住房保障”方面，保险资产管理行业将通过投资住房债券、住房基金等方式，支持住房供给体系的优化和住房需求的满足。

3. 支持实体经济高质量发展。保险资产管理行业将充分发挥其长期增长的投资特点，积极参与“供给侧结构性改革”“产业转型升级”“去杠杆降负债”等实体经济高质量发展的推进，为实体经济提供有效有力的金融支持。例如，在“供给侧结构性改革”方面，保险资产管理行业将通过投资优质企业债券、优质企业基金、优质企业项目等方式，支持优质企业的发展和市场主体的活力；在“产业转型升级”方面，保险资产管理行业将通过投资新兴产业债券、新兴产业基金、新兴产业项目等方式，支持新兴产业的培育和传统产业的改造；在“去杠杆降负债”方面，保险资产管理行业将通过投资债转股产品、并购重组产品、混合所有制改革产品等方式，支持企业降低杠杆率和优化负债结构。

通过以上措施，保险资产管理行业可以更好地优化投资结构和收益水平，提升投资效率和质量，增强投资抗风险能力。同时也可以更好地服务实体经济的发展，支持国家战略和社会民生的建设，提升自身的社会责任和价值。

结论：本文通过分析保险资产管理行业的发展现状和未来趋势，探讨了保险资产管理行业在“十四五”时期的转型发展方向和举措。本文得出以下主要结论：保险资产管理行业是我国金融体系和金融市场的重要组成部分，具有管理长期资金、配置长期资产、创设长期产品的核心业务专长，在支持实体经济、国家战略、民生建设和保险主业发展方面发挥了重要而独特的作用。保险资产管理行业规模与投资收益稳步提升，投资能力与专业实力持续提升，多层次制度体系与标准逐步完善，服务实体经济质效显著提升。保险资产管理行业面临着保险主业转型升级、市场竞争加剧、风险挑战增多等内外部环境的变化，需要在“十四五”时期进行转型发展，以适应新的形势和要求。保险资产管理行业的转型发展方向主要包括：坚持以客户为中心，提升服务保险主业能力；加强产品创新和风控能力，优化投资结构和收益水平；积极参与国家战略和社会民生建设，提升服务实体经济质效。

为了实现保险资产管理行业的转型发展目标，本文提出了以下几点建议：一是加强顶层设计，完善监管制度和标准；二是加强自律管理，提高行业信誉和形象；三是加强人才培养，提高行业专业水平；四是加强技术创新，提高行业智能化水平；五是加强合作交流，提高行业开放性水平。

本文的研究虽然取得了一定的成果，但仍存在一些不足之处，如数据来源有限、分析方法简单、案例选择不充分等。希望后续的研究者能够在本文的基础上，进一步深入探讨保险资产管理行业的发展现状、问题和对策，为保险资产管理行业的高质量发展提供更多的理论支持和实践指导。

贡磊

中意资产管理有限责任公司

美国麻省州立大学机械工程硕士，美国杜克大学商学院工商管理硕士，现任中意资产管理有限责任公司执行董事、总经理。曾先后任职朗讯科技设备应用及产品工程师，汇丰银行证券公司（美国）投资银行部分析员，高盛高华证券有限责任公司投资银行部经理、执行董事，中意资产管理有限责任公司副总经理等职务。

坚持服务长期资金，打造具有核心竞争力的保险资产管理公司

中意资产管理有限责任公司　贡磊

一、坚持服务长期资金的经营目标

受命不迁，持续巩固服务长期资金能力。保险资产管理公司脱胎于保险母公司，在推动保险资金运用的集中化、专业化和市场化发展的过程中，围绕管理保险资金的天然使命，不断提升投资能力，拓宽业务范围。同时，因资金特点、投资理念和投资体系相似，部分具备先发优势的保险资产管理公司在管理企业年金、职业年金等养老金方面颇有建树。截至2022年末，33家保险资产管理公司管理保险资金20.15万亿元，占比82.24%[①]；管理养老金、企业年金、职业年金等其他长期资金3.98万亿元，占比16.23%；合计管理长期资金24.13万亿元，占比98.47%。保险资产管理公司在深耕长期资金的过程中，建立起独特的长期投资、稳健投资、价值投资的投资理念，打磨出大类资产配置能力、绝对收益投资能力和产品创设服务实体经济能力。

深固不徙，坚持担当服务长期资金使命。长期资金在实体经济和资本市场中发挥着至关重要的作用。与国际主要资本市场相比，我国长期资金总体规模较低，未来有很大成长空间。近年来养老金制度不断完善，尤其是个人养老金相关政策的正式推出，将推动长期资金规模持续增加。保险资产管理公司将立足于自身优势，坚持社会性，继续坚定服务保险资金、企业年金、职业年金等长期资金，同时提高人

① 资料来源：曹德云. 积极融入新发展格局探索保险资产管理高质量发展路径. https://www.iamac.org.cn/xhgz/202305/t20230511_8455.html，2023-05-11.

民性，在具备条件的情况下，探索推进个人养老金管理和居民财富管理，发挥保险资产管理公司在服务实体经济高质量发展、提高居民财产性收入、促进共同富裕中的作用。

二、建立服务长期资金的业务体系

资产管理的本质是基于信任而履行受托职责，服务委托人利益。服务长期资金，核心目标是建立起与委托人之间的长期信任关系。为此，保险资产管理公司一方面要正确处理两对关系，全面规避委托代理问题；另一方面则要坚持以委托人利益为核心的基本原则，建立完善三大业务体系。

（一）正确处理两对关系

风雨同舟者兴，正确处理委托人与管理人关系。资产管理业务中，委托人是资产所有者，获得投资收益的同时也承担资产风险。保险资产管理公司是资产管理人，管理的资产为表外资产，通过提供专业服务获得资产管理费，本身并不承担资产风险。虽然通过资产管理合约的有效设计，在收益共享方面二者容易达成一致，但在风险共担方面，委托人与管理人之间容易产生委托代理问题，导致双方信任危机。作为长期资金管理者，长期信任关系是基础，资产管理协议和投资指引可以在一定程度上防范委托代理问题，但更为重要的是保险资产管理公司需要与委托人相向而行。基于此，保险资产管理公司首先应当“了解客户”，搭建综合客户服务体系，站在委托人视角，充分了解委托人需求，以委托人长期利益为核心，提供切实可行的解决方案，克服短期思维和冒进主义思想；同时，保险资产管理公司应当充分让委托人“了解自己”，加强与委托人沟通，在此基础上，引导委托人合理设定投资目标、激励机制和考核方案，摒弃与风险约束不相匹配的投资要求。

上下同欲者胜，正确处理保险资产管理公司与内部投资管理人员的关系。一方面，保险资产管理公司内部的专业化分工导致不同环节的投资管理人员信息不对称，使得对委托人投资目标和风险约束理解不足，越是规模大、专业化分工程度高的公司越明显；另一方面，保险资产管理公司内部也容易产生委托代理问题，如果不能科学合理地设置决策权限和考核目标，将会导致投资管理人员自身目标与委托人、保险资产管理公司不一致。作为陪伴委托人长跑者，保险资产管理公司应当完善内部投资管理体系，确保整个投资管理活动服务于委托人长期利益；同时，理顺公司与投资管理人员的关系，防范决策错位风险。

（二）建立完善三大业务体系

服务长期资金，保险资产管理公司需要建立完善三大核心业务体系，在负债端建立综合服务体系，在资产端优化投资管理体系，同时打造数智化高效支持体系，持续服务委托人长期利益。

1.负债端综合服务体系。其目标是发挥“锚”和“舵”的作用。“锚”是锚定委托人，充分了解委托人需求，以委托人利益为核心，提供全面解决方案和综合服务；“舵”是掌舵公司业务发展，通过委托人需求牵引公司产品创设和投资管理。负债端综合服务体系核心是做实做优解决方案提供能力。保险资产管理公司脱胎于保险母公司，天生具备为委托人提供综合解决方案的基因和血统。解决方案模块承担两个方面的职能：一方面发挥资产端专业优势，协同委托人基于负债端要求制定受托专户的整体策略安排，并发挥连接委托人和内部投资管理人员的桥梁作用；另一方面是在充分研究资金主体需求的基础上，精准进行客户画像，结合资本市场投资机会和实体经济融资需求，创设匹配适宜的保险资产管理产品，建立适销对路的产品线。在此基础上，保险资产管理公司加强市场开拓能力，持续与委托人同频共振，获得长期发展。

2.资产端投资管理体系。典型的资产管理机构的内部投资管理体系更容易鼓励把握资产端机会，但服务长期资金，应当在投资管理体系中充分纳入负债端因素，在投资管理体系中突出两个特点：一是在投资管理体系中突出负债端委托人需求对投资管理的牵引能力，以委托人需求作为投资管理的“舵”。二是保险资产管理公司向委托人交付的大多是整个投资组合，在组合管理中需要建立分级决策机制，以“集体主义”为核心，在限定范围内鼓励“个人英雄主义”。组合层面注重“集体主义”，把握资产类别投资机会，管理整体组合风险收益特征，合理界定决策权限；资产投资层面鼓励“个人英雄主义”，充分鼓励投资人员在其权限和能力范围内发挥能动性，创造超额收益，防止决策风险错位。“集体主义”如果缺位，将会导致“个人英雄主义”越位和整体风险收益失控；“集体主义”如果越位，将会影响决策的灵活性，限制投资人员发挥能动性，降低超额收益获取潜力。

3.数智化高效支持体系。金融市场交易的核心要素是信息和数据，决策的依据和结果也是数据。在市场效率提升和竞争愈发激烈的基础上，资产管理机构对数据资产的维度和精细度要求越来越高。数智化建设逐渐成为资管机构提高经营效率、投资能力和风险管理能力的重大工程，在业务管理、投资研究、交易执行、组合监测和风险管理等方面全方位支持业务发展。近年来，保险资产管理公司在数字化建设方面积极投入，未来应当在数字化基础上推进数智化建设，通过业务与技术融合，嵌入人工智能技术对数据和系统进行升级改造，全面提升智能化支撑效率。

三、提升服务长期资金的投资能力

业务体系是服务长期资金的基础保障，投资能力则是获得资金认可的持续动力。与公募基金、银行理财等资产管理机构不同，保险资产管理公司预计在未来较长时间内仍然以服务保险大账户表内资金为主，相应的投资能力需要匹配保险资金特点。因此，坚持长期投资、稳健投资和价值投资是内在要求，也是保险资产管理公司的核心竞争力，通过提升服务长期资金的投资能力，推动形成服务母公司投资和服务三方长期资金的“双轮驱动”发展模式。

提升服务长期资金的投资能力，需要加强资产配置能力、研究能力和风险管理能力三个基础能力建设，同时依托自身资源禀赋，聚焦品种投资能力和产品创设能力两类精品化、特色化投资能力。

（一）加强三个基础能力建设

1. 稳固资产配置能力。资产配置能力既是满足委托人要求的重要前提，同时也是保险资产管理公司获得超额收益的来源之一。服务大规模长期资金，资产配置能力愈发重要，主要因为：一是保险资产管理公司管理规模较大，资产配置是决定整体收益最为主要的因素，单个资产的收益对整体收益影响有限；二是各类资产的潜在收益率水平有下行趋势，需要充分挖掘大类资产波动规律，通过配置调整贡献超额收益，提升收益水平；三是资产配置是组合投资的核心能力，是发挥“集体主义”的主要载体；四是约束条件变化，以保险资金为例，偿二代二期工程、新会计准则等因素变化对保险资金运用约束加强，需要提高配置的灵活性以应对变化。

根据决策要素、决策层级和决策频率的不同，资产配置划分为战略资产配置、战术资产配置和动态资产配置。

战略资产配置方面，保险资金大账户的战略资产配置主要由保险公司制定，但保险资产管理公司需要紧密参与，提供资产端解决方案，积极协助委托人进行负债端管理，优化资产负债匹配，与委托人达成收益和风险目标一致。通过深度参与制定战略资产配置方案，提高保险资产管理公司执行效率。在战略资产配置执行方面，保险资产管理公司应当坚持资产负债匹配原则，挖掘长期资金的差异化优势，稳定投资组合的长期收益中枢。

战术资产配置是保险资产管理公司重点发力方向。在高质量发展阶段，我国资本市场面临新环境，利率呈长期下行趋势、信用风险加剧、权益类资产结构分化、新型工具不断丰富。静态执行战略资产配置已难以匹配收益率要求，需要充分挖掘资产端大类资产波动规律，积极获得配置超额收益，在不增加系统性风险或组合波动性的前提下提高长期业绩。在资本市场新环境下，保险资产管理公司重点需要在以下方面加强：一是细化战术资产配置类别。经济结构内生调整下大类资产内部结构分化剧烈，以权益市场为例，近年来A股市场存量博弈特征较为明显，不同板块、风格的收益水平差距很大。如果将A股整体走势判断作为依据，对权益类资产进行战术资产配置调整，即使对整体判断正确，可能也会导致与预期相反的结果。因此，保险资产管理公司在进行战术资产配置决策时，应当细化资产配置类别，确保某一类资产类别的业绩表现应当具有共同的特征和趋势，从而精准把握机会、管控波动风险。二是提高决策胜率。战术资产配置的目标是获得配置超额收益，提高决策胜率是关键，从底线思维出发，寻找较为确定的机会，适当放弃不确定性较高的波动。因资本市场变化存在较高不确定性，战术资产配置未必在预期内发挥作用，为提高决策胜率，可能难以设置明确的效力期限，但需要定期分析决策因素变化，一旦基本面发生相反变化，则要进行及时调整。三是合理界定决策权限。战术资产配置一般是委员会集体决策，因决策层级和决策时效限制，一定程度上会影响灵活性，同时可能导致多数人暴政，需要合理界定决策权限和决策效力，在确保执行效率的基础上，根据投资经理的能力禀赋和风格特点，给予投资经理充分发挥个人能力的空间。

动态资产配置根据资本市场短期波动，灵活动态调整投资组合以获得更高收益风险比。通过动态资产配置，投资经理可以充分发挥“个人英雄主义”，同时也可以分散战术资产配置风险，纠正战术资产配置错误。保险资产管理公司可以通过以下措施优化动态资产配置：一是给予投资经理合理的动态配置权限。投资经理是接触资本市场的一线人员，对资本市场波动有更为灵敏的认识，保险资产管理公司需要根据投资经理风格和能力差异，给予投资经理合理的动态配置权限。

二是建立投资经理协同机制。保险资产管理公司大部分资金是组合投资，存在多品种投资经理，需要统一交流语言，实现更高效的协同互动。三是提升组合管理技术。运用数量化手段，动态分析组合风险收益水平，加强情景分析和压力测试，提高组合动态配置支持效率。

2.提高研究能力。投资行为是认知的表现，研究是提升认知水平的手段。新环境下，保险资产管理公司的研究能力需要重点关注以下因素：一是总量研究方面，需要充分考虑长期因素对经济的影响。我国经济正处于高质量发展摸索阶段，旧的模式难以持续，新的长期增长点尚在培育，需要客观认识到经济结构、人口要素、国际环境等长期因素正在发生变化，保持经济长期高质量可持续发展已成为共识。因此，保险资产管理公司应当充分将长期因素纳入短期总量研究中，更加尊重长期趋势，在此基础上进行短期相机决策。执本而末自从，纲举则目自张，切莫刻舟求剑，过度依赖传统的周期规律。二是总量研究下沉，微观研究上浮，加大中观研究力度。在总量长期趋势较为明确的情况下，未来资本市场投资机会以结构性机会为主，保险资产管理公司需要紧密跟踪经济结构和产业趋势，发掘中观投资机会，横向进行行业比较研究，纵向深度挖掘产业链上下游，分享经济高质量发展红利。微观研究则要更加注重总量和中观趋势的变化，站在更高视角识别个体投资风险、把握微观投资机会。三是投研一体，重视资本市场反馈。研究的目标是服务于解决实际投资问题，需要基于投研一体框架，提高研究的目的性；同时，要重视资本市场对研究结论的反馈检验，利用市场有效性验证或修正研究结果，利用市场失灵把握投资机会，加大市场有效性和反馈机制的研究力度。

3.提升风险管理能力。在传统风险管理的基础上，风险管理的维度和视角需要根据服务长期资金的投资管理体系进行调整。保险资产管理公司需要站在委托人视角，管控好“资产”和“人员”两个重要风险来源。一是站在委托人角度管控风险。风险管理的目标是维护委托人长期利益。受托专户方面，保险资产管理公司应当站在委托人视角，分析研判不同风险因子暴露对委托人的综合影响，强化自身作为防范委托代理问题的重要防线定位；保险资产管理产品方面，要基于产品定位，从产品整体风险收益角度强化总体管控、规范分部管控。二是重视管控资产配置风险。资产配置是长期资金管理中的核心环节，管控好大类资产配置风险，风险管理则成功了一半。风险管理部门要深度参与资产配置决策，了解配置决策中的风险因子暴露，并定期检视风险因子暴露对投资组合的影响，加强动态风险管理。三是优化投资人员管理。风险管理另一半是管理投资人员的风格风险，运用归因分析技术，对各个环节进行业绩分解，对投资人员的能力和风格进行精准画像，在此基础上，合理确定决策和管理权限，管控好整体组合业绩对投资人员的风险暴露，防范投资人员短视冒进风险。

资产配置能力、研究能力和风险管理能力是服务长期资金的基础保障能力，保险资产管理公司应注重内化这三大基础能力建设，为服务长期资金打下牢固的地基。

（二）聚焦发展两类核心能力

资产管理的专业化、精细化、特色化发展是大势所趋，保险资产管理公司三大基础能力建设的加强是核心保障。在此基础上，需要结合自身的资源禀赋和能力特点，有选择地聚焦核心优势，推进品种投资精品化，促进产品创设特色化，打造核心竞争力。

1.品种投资能力精品化。保险资产管理公司多年来以大类资产配置为基础，建立起全覆盖、多品种投资能力，涵盖债券、股票等传统资产，非标、公募REITs、不动产、未上市股权等另类资产，以及国债期货、股指期货、信用风险缓释工具等衍生品。未来，保险资产管理公司应当根据大类资产配置的方向，找准自身定位，聚焦能力优势，合理进行资源布局，促进品种投资能力的精品化。根据长期资金特点和资本市场发展趋势，未来以下品种投资能力或是发展重点：一是利率交易能力。我国逐步进入低利率时代且中长期仍然呈下行趋势，在信用风险呈上升趋势的情况下，提升利率交易能力，博取无风险收益率曲线形态变化的收益或是提升收益的重要手段之一。二是股票深度投资能力。深入研究高质量发展背景下的产业机会，通过横向比较精选产业布局方向，通过专业研究进行纵向深度挖掘，寻找优质个股投资机会，发挥优质股票“关键少数”作用。三是公募REITs等资产证券化工具投资能力。在利率下行趋势下，具有稳定现金流的优质长期资产愈发稀缺，公募REITs等资产证券化工具将是未来长期资金重点配置的方向，保险资产管理公司应当积极在此方向进行布局。四是未上市股权投资能力。在我国经济进入新发展格局的背景下，需要通过创新引导供给侧结构性改革，加大科技自主、新能源、人工智能、生物制造等先进制造业和战略性新兴产业的投入，增强我国发展的安全性、主动权。通过加大未上市股权投资，引导长期资金投向重大科技创新领域，在推进高质量发展的同时，获得可观的资本回报。五是FOF投资能力。资产管理公司的专业化、精细化、特色化发展，是资管行业激烈竞争的结果，同时也是配置型机构与产品管理型机构进行能力优势互补、开展业务合作的空间所在。保险资产管理公司可以加强FOF和资管产品投资能力，取长补短，弥补自身能力的不足，为委托人获取更高的收益风险比。

2.产品创设能力特色化。保险资产管理产品是保险资产管理公司输出特色化能力的重要载体，也是保险资产管理公司发展第三方业务、服务多样化资金的重要渠道。在多年服务实体经济的过程中，保险资产管理公司积累了长期资产创设的优势和经验。在经济发展新阶段，保险资产管理公司需要紧密结合实体经济新特点、新需求，推动产品创新和业务转型，创设优质长期资产，服务长期资金。

资产创设类产品方面，保险资产管理公司需要在传统业务积累的基础上，积极推动产品创新和业务转型，加大资产支持计划和股权类产品业务开拓。一方面，在高质量发展阶段，实体经济融资载体正在转变。过去我国经济增长主要依赖于基于地产、基建的信用扩张循环，形成了规模庞大的不动产和基础设施类资产，在人口老龄化和城镇化发展水平提高的情况下，继续通过抵押此类资产进行信用扩张的能力逐步减弱。因此，基于企业担保和资产抵押的传统信用扩张模式面临掣肘，迫切需要寻找新的信用扩张模式，探索基于资产所有权的资产证券化模式。在盘活存量资产的同时，降低企业杠杆率水平，推动实体经济高质量发展。与此同时，过去在由要素驱动和投资驱动的经济发展模式下，经济发展主要依赖资本、土地等生产要素，金融市场融资主体主要为大规模集中经济建设的相关主体，融资工具主要以债务性工具为主，融资体系主要为银行信贷以及影子银行等间接或类间接融资体系。未来我国经济转向创新驱动，经济发展的动力主要来源于技术进步和高质量人力资本，金融市场融资主体向科技创新、绿色发展、小微企业等主体转变，融资工具则需要由基于融资主体信用的债务性工具转变为基于鼓励创新和风险收益共担共享的权益性工具。另一方面，在利率下行、信用风险上升的资本市场投资环境下，具有长期稳定现金流的优质长期资产愈发稀缺，迫切需要此类资产优化长期资金主体的配置结构。因此，保险资产管理公司的资产创设类业务需要逐步向资产导向型业务转型，打造基于资产现金流的投资能力，奔赴业务蓝海。同时丰富产品工具，形成“债权投资+股权投资+资产证券化”的组合产品线，坚持服务保险资金和企业年金等长期资金的配置需求，通过产品创新更好匹配融资需求，发挥长期资金在服务实体经济方面的优势，促进业务可持续发展。

组合类产品方面，保险资产管理公司需要充分挖掘长期资金的需求，基于自身投资能力，强化产品定位，建立特色化产品线，加大布局具有突出能力优势的特色化策略和产品，持续提升客户体验，推动业务升级转型。

保险资产管理公司通过有选择地聚焦发展两类核心能力，构建独特的能力优势，打造核心竞争力，从而走向专业化、精细化和特色化发展道路，积累客户口碑和长期信任，推动业务高质量可持续发展。

四、结语

疾风知劲草，路遥知马力。保险资产管理公司立足于服务保险资金、企业年金等长期养老保障资金，并在条件具备情况下，探索管理个人养老金和居民财富资金，坚持社会性，提高人民性，履行责任担当和历史使命。为此，保险资产管理公司务必坚守以委托人利益为核心的原则，搭建服务长期资金的业务体系，持续提升长期投资能力，打造核心竞争力，践行长期投资、价值投资和稳健投资的投资理念，勇做社会财富和人民财富的创造者和长期守护者，为更好地服务经济高质量发展做出贡献。

张震

华安财保资产管理有限责任公司

现任华安财产保险股份有限公司副总裁、首席投资官；华安财保资产管理有限责任公司执行董事、总裁，具备多年大型保险企业工作经验，长期深耕保险行业财务、精算、投资领域，拥有扎实的财务和投资专业基础以及丰富的保险财务管理与投资管理经验。

新发展理念下打造保险资产管理公司核心竞争力的思考及建议

华安财保资产管理有限责任公司　张震

自2003年第一家保险资产管理公司成立以来，历经20年的时间，保险资产管理行业伴随着经济社会的发展，规模不断壮大。如今，中国进入新的发展阶段，扎根于中国坚实基本面的中国保险资产管理行业，必然要立足于新的发展阶段，贯彻新发展理念，打造核心竞争力，并积极融入经济社会发展的新格局。保险资产管理公司积极推动践行创新、协调、绿色、开放、共享的新发展理念，是实现自身高质量发展的必由之路。

一、持续创新是发展的主要动力

（一）以客户为中心是创新的出发点

保险资产管理公司要始终以客户为中心，从客户需求出发，把客户是否满意作为衡量业务发展质量的第一标准。目前，保险资产管理公司产品同质化水平较高，在保险资产管理行业及金融行业严监管的要求下，产品层面不应过多考虑颠覆性的创新，而是更多地基于对现有产品的改进、基于客户需求进行创新，这就需要保险资产管理公司持续深入挖掘客户需求，找到客户痛点，使产品设计更加贴近客户需求。例如，针对保险机构，既要满足投资收益的要求，又要满足偿付能力、流动性以及资产负债匹配的要求。如果在产品设计与保险机构投资部门沟通的基础上，能够进一步与其产品、精算部门进行沟通，把工作条线进一步向前推进，或许在产品设计上就能更多地与保险产品设计理念相匹配，进而更好地提升产品满意度。

同时要持续提高客户服务的质效，增加客户黏性。银行、证券、公募基金等金融机构，已经在客户分层、客户画像等客户管理方面比较成熟。保险资产管理公司由于主要依托于保险母公司，客户意识及服务理念还存在较大的差距。一方面，随着资管行业的发展，不断出现新的业态和需求，要求保险资产管理公司及时捕捉客户新的需求，设计相应的产品。另一方面，随着监管对于可投资新品种的逐步放开，保险资产管理公司需及时开发新的产品并向客户推介。这意味着保险资产管理公司应该针对客户实施精细化管理，分层分类，充分了解客户现有需求，快速响应客户临时需求，捕捉并能有效激发客户新的需求。未来，随着个人客户的不断拓展，保险资产管理公司还应进一步加强投资者教育，从客户角度出发，帮助客户做好风险和收益的平衡，切实维护好客户的利益。

（二）提升投资能力是创新的根本

良好的市场能力及产品设计是获取客户的重要手段，但是满足客户对于投资收益的要求，才是留住客户的关键。对于保险资产管理公司而言，需要提升自身的投资能力，并在此基础上进一步丰富产品线。相较于证券、基金等机构，保险资产管理公司在投研能力上还存在一定的差距，因此，保险投资管理机构必须深挖投资能力建设，并重点从投研体系建设和团队建设两个方面加强：一方面要搭建覆盖宏观、中观、微观各个层面的整体研究体系，形成全面成熟的投资逻辑，以及能够快速适应市场变化的投资机制，并做好自上而下的宏观、行业研究与自下而上的个股选择的有机结合。另一方面，要在团队建设等方面创新机制。投研能力最重要的是投研人才，投研人才属于高知、高智群体，因此，要在传统物质激励的基础上，进一步挖掘、满足其被尊重、自我实现的需求，有效激发人才，为人才赋能。一是给予投研人才更多的行业学习、交流机会，特别是展示的机会和舞台，使其投研能力能够得到内外部尊重、认可；二是建立试错、容错机制，给予其足够的自由度，进而提升其主动意识、责任意识，在自我实现的过程中与公司相互成就。

二、做好统筹协调是发展的有效保障

（一）做好市场、投资、风险合规、运营支持的统筹协调

市场、投资等前台部门是公司发展的引擎，风险合规、运营支持等部门是支持公司发展的有效保障。保险资产管理公司在增强市场、投资能力的同时，要持续加强中后台能力建设，避免出现短板，并做好前瞻性安排，有效提升对前台的支撑及赋能水平。例如风险管理方面，传统的风险管理指标固化、维度单一、事后监控、前瞻不足，多采用“一刀切”的方式规避风险，缺乏对风险的主动管理意识。收益与风险是业务发展的两面，在履行准入、审批、管理职能时，不能光踩刹车、不踩油门；不能尽设路障、不设路标；不能简单地只做“可不可以办”的判断，而是要多思考“怎么办”；更加主动识别业务风险，更为积极地思考可以有效防范和控制风险的方法和工具，打造风险管理的创造力。法律合规方面，大资管环境下，应在熟悉保险资金规则的基础上，全面了解各类资管业务的政策或规则，以及其他金融监管的处罚情况，从而为跻身大资管竞争、寻求与其他资管机构的合作和形成竞争优势提供合规专业的支持。同时，这也是保险资产管理合规管理能够通过不同资管产品监管政策、探寻大资管整体监管要点、反思自身管理的重要途径。

（二）做好长期和短期、配置和交易的统筹协调

保险资金作为长期资金，要遵循长期投资、价值投资的理念，但是保险资产管理公司对于投资收益的考核又往往是以年度作为考核周期，同时又要满足偿付能力、资产负债匹配等多重目标，如过于重视短期收益，必然不利于保险资产管理公司践行长期投资、价值投资的

理念。因此，需要保险资产管理公司统筹好长期和短期的关系，特别是在考核方面向引导长期投资、价值投资倾斜。在资产配置方面，近年来，随着利率水平下行，“固收+”产品呈爆发式增长，但是在2022年遇到了股债双杀的局面及银行理财赎回潮的情况，保险资产管理公司在传统保险资金运用领域，往往配置能力较强、交易能力较弱，随着第三方业务的不断拓展以及市场不确定性的加大，未来也应提升主动交易能力，统筹安排好交易与配置。

（三）做好自有资金和第三方资金的统筹协调

保险资产管理公司资金来源主要分为母公司自有资金以及第三方资金。对于大型机构，主要以自有资金投资，并在此基础上积极拓展第三方资金；而对于中小型机构，为了提高管理规模，在自有资金有限的基础上，需要积极开发第三方资金。虽然资金结构存在差异，但是未来随着行业的发展，第三方资金来源占比将不断提升是大的趋势，而且会有更多的非保险类资金。不同类型机构的资金属性、风险偏好等会有较大差别，对于保险资产管理公司的投研、产品等能力提出了更高要求，这就需要保险资产管理公司针对自有资金及第三方资金，既要相同对待，对于共性的部分，形成相对一致的打法策略；又要区别对待，对于个性的部分，能够提供相应的解决方案，同时不能顾此失彼，做到两条腿走路，在做好第三方业务提升自身管理规模的同时，稳步为母公司创造收益。

三、积极拥抱绿色产业，服务经济社会发展

（一）把ESG管理纳入整体投研体系

2021年是中国开启“双碳”征程的元年，党中央、国务院印发了《关于完整准确全面贯彻新发展理念做好碳达峰碳中和工作的意见》，提出了2030年前二氧化碳排放达峰的目标和2060年前碳中和的愿景。

一方面，“双碳”目标涉及经济社会发展的方方面面，短期内“双碳”目标可能会对部分行业造成冲击，尤其是电力、钢铁、航空、汽车等传统高耗能行业压力高企，未来将会深度调整产业结构，加快推进工业、农业、服务业绿色低碳转型，对所有行业、公司都会有影响。另一方面，随着清洁低碳安全高效能源体系加快构建，在光伏、风电、电动车、储能等新能源产业链，不断涌现出新的机会和增长点，新能源又会给其他行业带来新的变化和机会。

随着经济社会环境的变化，ESG投资将在中国发展成为一种重要的投资理念。资产管理机构需要顺应投资环境的变化，将ESG管理纳入整个投研体系中去规划推进。一方面，要更加关注新能源相关产业链条的机会，还要关注新能源产业链对于其他行业带来的变革和影响。另一方面，要进一步优化完善投资分析框架，将ESG投资分析纳入对上市公司基本面的分析。目前的投研分析框架集中在行业分析、财务分析等方面，并且主要集中在市场规模、利润变化、增长速度等可量化的指标。ESG虽然也有诸多量化指标，但还有更多难以量化的因子，因此，保险资产管理公司要将ESG的投资理念提前融入投资分析体系，做好前瞻性安排，积极推动ESG各项指标因子的建立，赋能投研团队，使公司的投研团队主动适应新形势的变化，持续不断提升核心竞争力。

（二）抓住ESG领域投资机遇

保险资金本身具有长期性的特点，在长期低利率环境中，非标投资成为保险资金提升投资收益的重要渠道。保险资产管理公司可通过债权投资计划、股权投资计划、资产支持计划、私募股权基金等方式积极参与ESG领域投资，在积极服务经济社会发展的同时，提升投资收益。以华安资产为例，近年来，公司已开始重视环境、社会与公司治理的协同理念，大力发展绿色金融投行类业务。存量业务募集资金均流向环境友好类投资项目，包括但不限于华安—安阳市殷都区水生态项目债权投资计划、华安—九江沿长江污水治理工程项目债权投资计划、华安—滨海建投垃圾发电基础设施债权投资计划等。同时，公司重点储备清洁能源、绿色交通、绿色建筑等领域的投资项目，在业务模式上，重点通过债权投资计划的方式促进绿色金融业务的发展，同时寻求通过其他方式促进绿色金融业务发展的可能性，积极服务于经济社会发展。

四、以开放的姿态，融入数字化发展

（一）数字化运营提升管理效率

2022年，国务院印发的《“十四五”数字经济发展规划》明确提出要加快企业数字化转型升级，我国企业迎来实现数字化转型、提升产业竞争力的机遇期。原银保监会发布《关于银行业保险业数字化转型的指导意见》，要求银行业保险业推进数字化经营管理体系建设。近年来，以大数据、云计算、人工智能、区块链等为代表的新一代信息技术发展迅猛，驱动企业数字化转型快速发展。从现阶段看，大型保险资产管理公司有更多的资源投入，在数字化方面已经有较多的实践。中小保险资产管理公司由于成本、人员等方面的差距，数字化、智能化程度较低，同时相对于其他金融行业，保险资产管理行业在数字化建设方面差距较大，亟须通过深化应用数字技术，夯实数据数字化基础，创新构建数字化能力，升级业务流程和价值链，并逐步推动实现全面的数字化转型。未来保险资产管理公司需要以更加开放的姿态，融入数字化发展转型。

从现阶段来看，一是存在数据碎片化、不成体系、数据孤岛的问题，需要进一步强化数据治理，提高数据质量，统一明确标准和定义。二是系统建设缺少规划，不能有效连接打通，自身系统建设能力较弱，大多基于第三方采购或者外包，基本上只能够着眼于现有需求，需要从顶层设计方面，进一步构建数字化战略及具体机制，提高系统化水平。三是业务协同和场景应用还较差，需要强化科技人员对于业务的认知，强化公司各部门之间的协同，以及加快AI等新技术的应用。只有构建了数据标准化、数据一体化以及数据场景化，才能通过数字化支撑高效运营，进而带来管理效率的提升。

（二）科技赋能提升投研、风险管理能力

近年来，随着大数据、云计算、人工智能、区块链等技术加速创新，投资领域在智能投研、智能风控等方面的应用逐步增多，新技术的应用未来可能会给投资行业带来颠覆性的变化。保险资产管理公司要加强金融科技对投资分析、风险管理等环节的赋能作用，通过推动开发大数据分析和建模，持续挖掘有效、高频、精确的新数据及因子，打造基于大数据的投资研究能力，覆盖宏观分析、行业研究、投资策略、资产配置、绩效归因、风险提示及预警等基本面和科学投研相结合的平台化投研及风险预警体系，支持投研条线不断创造价值，持续获得超额收益。在打造自身智能投研、风控能力的同时，要注重吸收专业机构的经验或者利用专业机构的力量，不断优化完善，更新迭代，实现自身能力的提升。

五、合作共享，共同推进资产管理行业的繁荣发展

（一）不同类型机构具有不同优势特点

为规范金融机构资产管理业务，统一同类资产管理产品监管标准，有效防控金融风险，更好地服务实体经济，2018年4月，央行牵头出台了《关于规范金融机构资产管理业务的指导意见》，拉开了我国资产管理行业统一监管标准、规范转型发展的序幕。资管新规出台后，各行业之间的监管套利空间被压缩，各类机构的竞争更加趋同，但不同类型机构在资产负债端依然存在不同的优势和特点。

从负债端来看，保险资产管理公司资金主要来源于保险公司，包括寿险资金和财险资金。寿险资金本身具有长期性的特点，财险资金

主要来自经营沉淀资金，两者具有长久期的属性，相对于其他机构存在资金期限的优势，来源也比较稳定。与保险资金类似，银行理财子公司依托银行设立，资金主要来自银行渠道获取的个人和机构客户，依托银行强大的网络渠道，在资金量及客户获取方面相对于其他机构存在较大优势。公募基金发展早、监管严，是大资管中相对成熟、规范的子行业，零售客户获取上依赖银行、券商及互联网公司等外部渠道，资金量随着经济社会发展和居民财富增长不断提升。资管新规实施以来，去通道、去嵌套、降杠杆的要求逐步落地，保险资产管理公司、银行理财子公司、公募基金、私募基金的规模有所增长，而信托、券商资管的规模有所下降。

从资产端来看，保险资金追求绝对收益，并形成了固定收益投资为主、权益投资为辅的大类资产配置能力。同时，保险资产管理公司在投行业务方面取得了长足发展，但是在投研、交易能力方面与部分资管行业还存在一定的差距。公募基金在投研能力方面具备较大优势，在主动管理和交易方面更为成熟；券商资管长期服务于资本市场，具有较强的卖方能力；信托公司在投行业务方面具有较大优势，在非标资产的获取和投资管理方面更有经验；私募基金的机制策略则更为灵活。

（二）合作共享，共同融合发展

在大资管行业中，由于保险资金特殊的资金属性，保险资产管理公司在大类资产配置方面具备天然优势，相比其他类型资金可以承受更长的投资期限，能更好地进行品类、期限、地区、行业间的错配，利用多资产配置实现长期稳健收益。随着公募等各类产品的日益丰富，保险资金可投资资产也逐渐丰富。保险资产管理公司可以通过深入大类资产研究，寻找合适的资产品类，在产品设计及配置范围上做一定创新，实现长期绝对收益，并与其他资管机构寻求互相合作、资源共享，实现优势互补。例如，保险资产管理公司可与基金公司加强在量化投资、净值化管理、FOF产品策略等方面的交流合作，取长补短，提高竞争力；对外利用保险资产管理产品在投资范围和资产配置方面的优势，开发对标基金业绩的产品。信托机构在基础产业投资领域具有相对成熟的经验和投资管理方法，保险资产管理公司可与其在相关领域进行项目合作。保险资产管理公司已经进入个人客户市场，银行理财子公司渠道较为丰富，积累了大量个人客户，保险资产管理公司可与其合作，多途径开发高净值客户。

未来，保险资产管理公司必将在与其他资管机构的竞争、共享、合作中，不断推进中国资产管理行业的蓬勃发展。保险资产管理公司要继续以客户为中心，提升服务能力，增强客户黏性，打造拳头产品，不断推动投研能力提升，强化前中后台一体化建设，并积极推动数字化转型，秉承创新、协调、绿色、开放、共享的新发展理念，向高质量发展转型的方向不断迈进。

魏斌

长城财富保险资产管理股份有限公司

博士。现任长城人寿保险股份有限公司董事、副总经理、董事会秘书、党委委员、纪委书记，长城财富保险资产管理股份有限公司董事长。曾任北京金融街房地产顾问有限公司总经理、北京金融街投资管理有限公司总经理等职务。

论保险资金投资中的谨慎性原则

长城财富保险资产管理股份有限公司　魏斌

三因素分析法是保险行业跟踪和研究的基本框架理论。保费、投资和资本构成三因素分析法的基本支柱。保费是指一切与保险公司营销活动相关的行为，我们所说的销售渠道、营销行为、精算定价等实际上都属于保费的范畴。投资是指保费资金的运用，投资范围、投研框架、投资行为和投资结果，以及政策对投资的约束，都属于投资的范围。保费和投资构成保险公司最重要的两大主营业务活动。资本代表监管和政策，监管分为资本监管和市场行为监管，市场行为监管实际上是将行业约定俗成的惯例制度化，因此金融业监管的核心是资本监管。基于三因素分析法，保险公司的一切运营行为，都需要平衡三因素之间的逻辑关系和风险。而对行业趋势的判断，可以归结为对保费、投资和资本趋势的判断。

一、保险公司的本源决定了谨慎性是保险投资的基本要求

保险的起源和本质，是要将分散的风险标准化，利用大数法则在众多保险参与主体之间进行分摊。随着互助性质的演化，保险基本原则运行中才产生将提前归集的保费投资的问题。因此，从保险学原理角度看，保险资金运用的基本原则是稳健性原则，而不是追求更高的收益回报。这一点在相互制保险公司运行中体现得淋漓尽致。而到后来，由于公司制保险公司的出现，利差收益和股东回报才成为追求保险资金运用收益更大化的要求。但即使在股份制保险公司发达的今天，谨慎性仍然是保险资金运用的基本要求，这一点在寿险公司的运营中

体现得尤为明显。

但是市场经济下，更多的保险公司股东希望获取更高的ROE，因此保险公司高管在经营中承担了较大的压力。追求保险公司年度会计收益最大化，成为不少保险公司管理者不得不面对的压力和选择。而保险公司内部的投研人员，面临的更多是局部和短期的考核，这就导致投资经理在保险资金运用的过程中，并不能从保险的本源去考虑投资和保险之间的关系。因此，追求年度投资收益最大化成为投资经理的第一要务。这一投资理念的偏差，是导致过去几年保险公司投资出现大起大落的主要原因之一。保险投资并未与保险资金长期属性相匹配，保险投资也未通过投资业绩的平滑机制降低保险行业投资收益的波动。

二、2023年保险行业面临的新特点决定了谨慎性原则更加重要

2023年是经济修复的第一年，保险行业在2023年度呈现出三个主要特点。

第一，保费出现较大幅度增长。2023年一季度保费出现较大幅度增长的主要原因包括：

• 经济活动和物流恢复，使得财产保险业出现10%以上的保费增长。

• 银行网点和销售渠道活跃度恢复，使得寿险新单保费出现较大程度回升。

• 经历2022年理财产品破净的冲击，投资者的风险偏好进一步降低，保底型理财寿险产品受到青睐。

• 投保人对于风险的意识更加强烈，增额寿险类型的产品受到市场较大欢迎。

第二，险资投资压力增加，资产荒出现。2022年因为股市出现较

大下跌，不少保险公司带着较多的浮亏跨入2023年。由于权益投资中大部分浮亏计入可供出售金融资产，因此这部分被套资金的再投资难度有所增加。2023年初新增保费的快速流入，又给保险投资造成较大压力。固收类资产收益率进一步降低，权益市场出现较大波动，保险公司不足以进行较大规模的资金配置，非标产品的性价比则进一步下降。资产荒成为保险业不得不面对的问题，而资产荒越加剧，保险公司就越应该控制风险下沉，谨慎性原则就显得更加重要。

第三，行业性偿付能力压力增加。负债的增长以及投资浮亏的出现，进一步消耗了保险公司的资本（偿付能力额度），偿付能力压力进一步增加。根据国家金融监督管理总局一季度披露的数据，截至2022年第四季度末，纳入会议审议的181家保险公司的平均综合偿付能力充足率为196%，平均核心偿付能力充足率为128.4%。49家保险公司风险综合评级被评为A类，105家保险公司被评为B类，16家保险公司被评为C类，11家保险公司被评为D类。随着一季度保费的快速流入，部分保险公司的偿付能力恐进一步下降。

三、绝对收益理念应该成为保险资金运用的座右铭

保险资金运用谨慎性原则的基本体现就是绝对收益理念。

（一）准备金投资相较理财产品受到更多的约束

保险公司准备金投资面临的约束性比第三方资产管理更大。各类约束性条件决定了保险公司准备金投资所面临的困难更多，需要更加谨慎地进行资产配置。

保险公司准备金投资面临的约束因素包括：

• 从保险公司资金属性看，由于准备金都是负债性质的资金，因此追求安全性、稳定性和收益的平滑性是准备金投资的基本要义。

• 从投资范围看，保险资金的运用范围受金融监管部门的严格限制，投资范围和投资比例均有明确约束。

• 从时间约束看，保险资金比公募基金等性质的三方资金管理机构更具有刚性。即公募基金只考核相对收益，而投资收益的好坏并不会进入公募基金公司的财务报表。而保险公司准备金投资则不同，年度末必须要有会计收益，否则即使跑出相对收益，也会造成保险公司当年度财务报表的亏损，这显然是保险公司股东所不愿接受的。

• 保险资金账户性约束，即使在短期也表现得尤为突出，最典型的就是万能险账户。由于万能险的结算利率每个月都需要披露，而万能险的保底利率又是刚性约束，因此短期业绩考核的压力更大，而短期的结算利率更是关系到产品销售和退保的表现。

（二）绝对收益的理念在保险行业内部并未根深蒂固

由于保险公司早期投资经理多从证券基金业产生，因此更多的保险投资经理已经熟悉和习惯了相对收益的理念。但是保险的账户性和时点性约束导致保险公司的投资经理不能像公募基金经理一样进行长期性考核和相对考核。这种理念的偏差，可能使得投资经理更喜欢从长期角度看待投资的浮盈和浮亏问题，从而很容易造成保险准备金短期出现较大的投资浮亏，进而影响年度损益表和时点的偿付能力。

相对收益考核的另一个缺点，就是会造成很多投资经理在大部分时点都喜欢重仓操作，或者追求市场的热点。对这些投资经理而言，他们更怕在市场上涨的过程中踏空，因此在市场较热的阶段，要求这一类投资经理止盈也会比较困难，造成投资收益大起大落，从而使投资也容易出现“坐过山车”的现象。

（三）绝对收益理念下的大类资产配置要考虑长短期考核的搭配

在绝对收益理念下进行资产配置，需要将长短期配置综合考虑。投资的长期性要具有前瞻性，这样才能为短期的财务报表释放会计收益。回望过往年份，保险公司考核更倾向于短期考核，过一年算一年，没有从开端去规划如何进行长期资产配置的问题，也不会根据现金流的特点，在短期释放投资组合的部分业绩，实现投资收益的平滑。

综上所述，相对收益考核并不适合保险公司准备金的投资。或者说，相对收益只是考核第三方资产管理投资经理的一种手段（或者是基金经理提取奖金的一种考核方法），而并不是基于保险公司准备金投资要求的安全性、谨慎性去考量的。简单来说，保险公司准备金投资的第一要务是保本，其次才能谈收益。因此相对收益只是考核投资结果的一种方法，并不是保险资金投资所追求的目标。

四、如何实现保险资金运用的谨慎性原则

（一）自上而下的宏观和策略研究必不可少

不谋万世者，不足谋一时。不谋全局者，不足谋一域。保险公司的大类资产配置，都是基于长期的经济判断进行的。

很多公募基金经理喜欢讲：其投资是自下而上选股，喜欢寻找穿越周期的标的，不太重视宏观和策略的决策。我们不能说这种理念是错的，但是这种理念更多是一种战术性的配置策略。保险公司整体的资产配置是一个较大的资产组合，需要先从战略上作出判断，而具体战术层面的投资行为是投资经理作出的。如果一家保险公司的战略投资策略都处于混沌状态，那么战术性投资也一定是各自为战的状态。因为保险公司的投资结果，不是一两个投资部门或一两个投资经理做得好整个组合的投资收益就能做上去的。其实在过往年份保险公司投资的实践中，更多出现的是好的投资经理业绩被差的投资经理业绩抵消的情况。

因此，投资的谨慎性原则有一个前提要求，就是需要保险公司在宏观和策略上有明确的战略性判断。保险资金组合是一个大类资产配置的结果，因此需要对未来年份的宏观经济作出预判。但是这种宏观经济的判断不是基于卖方支持的逻辑，而是需要有自己独立的判断，更多情况下需要通过思考提出质疑，比如为何卖方要给出这样一个结

论。举例而言，2022年底很多卖方判断2023年欧美经济将进入衰退，美国会快速结束加息而转入降息。而我们的投研团队在内部讨论中则提出质疑，如果欧美在2023年没有出现衰退，固收和权益的投资逻辑都要推倒重来，可能会对大类资产投资产生较为负面的影响。基于此，长城人寿内部进行了广泛讨论和深入研究，并邀请多位国际经济研究专家进行探讨，最终作出与市场主流观点不同的判断。从2023年一季度的情况看，这个观点对固收和权益投资起到了很重要的作用。

（二）对行业趋势的研究胜过对个股的研究

投资经理往往更加推崇自下而上的研究模式，往往会认为只要单个标的研究得足够透彻，就会获取较好的收益。殊不知该标的所处的行业可能还处于下行周期，或者对行业趋势判断缺乏长期视野，因此在行业趋势下跌的过程中，所购买的标的出现较大幅度的回撤是经常发生的事情。

长城人寿公司的投研体系更倾向于建立在行业趋势的判断上，结合宏观趋势和产业趋势对行业所处的周期进行判断。在所投资行业的选择上，更喜欢采用排除法进行投资。先排除趋势下降的产业，不在这些板块浪费人力物力，然后从剩余的板块去寻找投资机会。当然也有人会说，如果排除法排除的板块出现机会怎么办？我们的回答是错过就错过了。因为在行业研究中排除的板块，一定是我们认为存在风险较大的板块，或者估值较高的板块。从谨慎性原则角度，我们不会在估值较贵的板块或趋势下行板块投入较多的资金。虽然抱团行为短期可能获取较大的收益，但是一旦看错，所承担的损失往往是更长期的，而且这种抱团行为必然要求有更加精准的短线操作，否则吃亏的概率也较大，因为这种操作行为往往违背了谨慎性原则。

（三）辅助性质的量化模型必不可少

2023年A股最看好的行情是人工智能。人工智能最大的优势是能够过滤人为情绪性因素，从而能够从事物的本身对趋势、行情、策略进行判断。量化模型在很大程度上能够将交易性数据进行实时反馈，从而辅助进行投资决策。但是这并不代表量化模型的结果就一定是对的，辅助性决策更多地要求投资管理者自上而下对量化结果进行定性判断，从而作出在某个时点下最优的投资决策。这种决策一定不是在某个时点能将投资收益最大化，而是在某个点见好就收或者规避潜在的风险结果。

长城人寿权益投资内部量化性质的模型有很多，但是简单来说可以归结为以下几类：

第一类是宏观性质的总量分析模型，包括风险溢价率模型、股息国债性价比模型、流动性模型（见图1、图2）。这类模型主要用于权益市场底部区域的判断，对于市场是否阶段性见顶的意义不大。

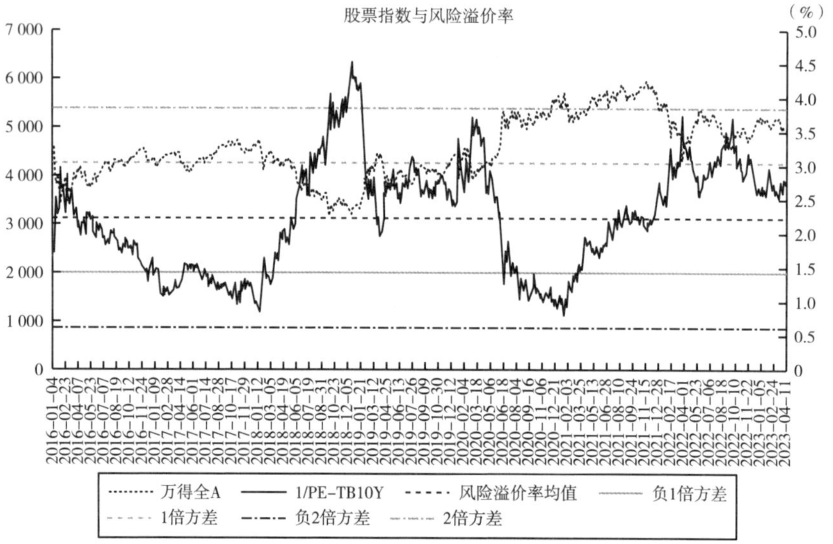

图1　风险溢价率分析模型

第二类是顶部区域判断模型，主要包括市场分化度模型、交易拥挤度模型等（见图3、图4）。这类模型主要用于判断市场指数或者概念性板块阶段性见顶。这类辅助性决策的依据是，一旦出现见顶信号，就会做出止盈决策，至于止盈后板块是否会续创新高，则不予考虑。

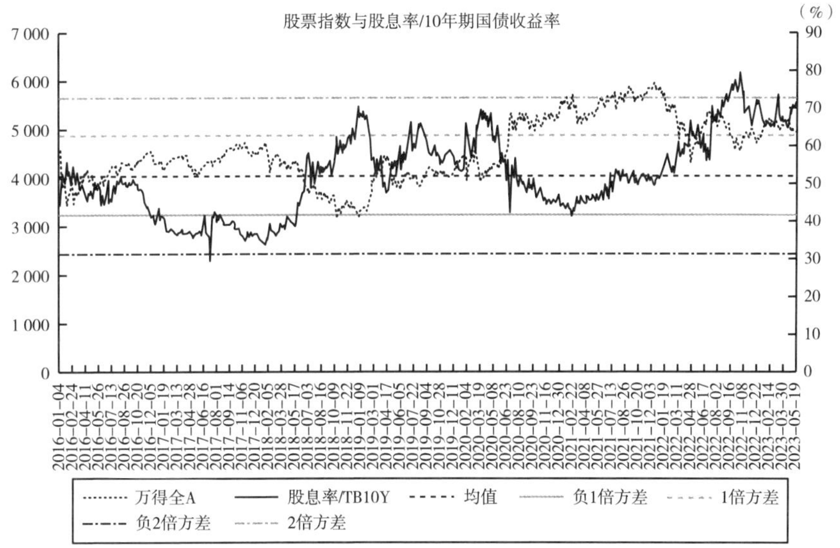

图2　股债性价比分析模型

图3　市场分化度模型

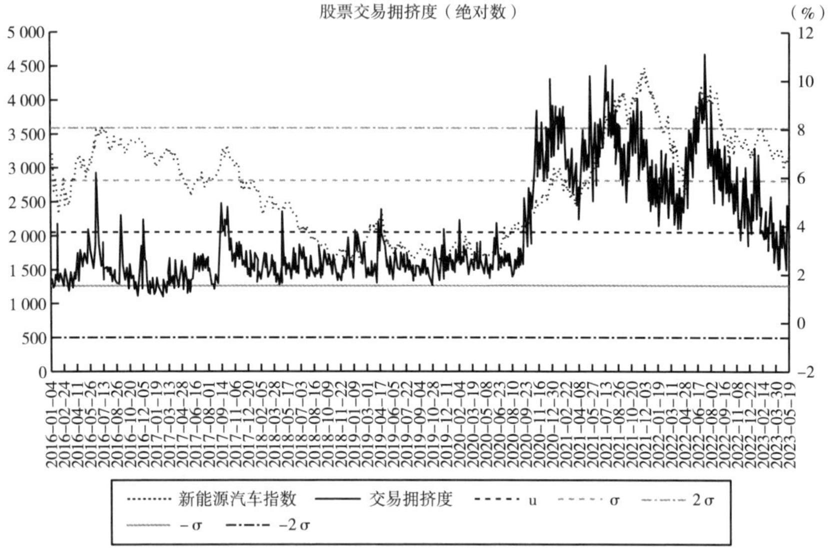

图4　交易拥挤度模型

第三类是个股买点判断模型。这类模型主要是构建优秀的股票池，然后对股票池进行长期跟踪，当性价比最优的买点出现时进行个股配置。

第四类是基金池模型（含主动类型公募基金和ETF），这类模型和基金池的搭建，从过去主观地择人（选择投资经理）变为择时、择赛道和择人相结合。此外，基金规模也成为模型的重要参数。

五、投资能力提升是提高谨慎性的根本

投资能力建设是一个系统性工程，也是每个金融投资机构都头疼的难题。过去我们认为，投资能力提升就是要挖最好的投资经理，但是后来发现，公募基金最优秀的投资经理可能并不符合保险公司的投资理念，比如相对收益做得好的投资经理，并不适合做绝对收益。

在很多机构，投资团队和研究团队如何进行磨合无缝对接，都是较大的难题。研究结果最终有多少可以转化为投资结果，在投资好的年份又如何定义研究团队的贡献，都是较难的课题。通过以往年份的

实践，我们认为构建投研一体化的团队可能更适合保险公司的现状。

（一）研究团队要实盘操作才能理解投资经理的真正需求

很多研究员尤其是做过卖方的研究员，往往难以把握股票买卖的时点。过去两年我们最常说的一句话就是："你认为估值合理的股票，买进去大部分都会亏损。"这是因为研究员只是从基本面和估值性价比去确定标的价格的合理性，而并没有在最便宜的阶段才进行买入推荐，因为研究员并不会体会投资经理浮亏一只股票的真正压力。所以，当优秀的研究员进行实盘操作的时候，初期也会亏得很惨。这表明，过去我们所认为的构建虚拟投资组合以提升研究员投资能力的做法，对于追求绝对收益的效果并不理想。

（二）投资经理要兼职做好研究，保险公司要对投资经理研究工作作出考核

投资经理也要兼职做研究，尤其是要有大局思维，学会对宏观、策略和行业的判断。如果投资经理都依靠研究员进行个股推荐，那投资经理就会逐渐丧失研究能力，或者对标的的研究浅尝辄止。甚至于有一部分投资经理都是根据市场的热度和炒作去进行投资，没有从配置的逻辑去考虑投资中长期与短期的要求。

（三）要建立有效的内部沟通机制，增强团队之间的信任

"资本市场是最公平的，分享同一只股票的投资信息是可以一起赚钱的，而不会出现相互竞争下，我赚钱你亏钱的情况。"

其实投资和研究团队分设带来的最大问题就是沟通不畅或者投资经理难以百分百信任研究员的推票能力。因此，建立日常的晨会、周会、月度会议体系，能够将日常信息、周度安排和月度总结在内部进行分享，从而增加投资机会共享和内部的信任。

只有团队磨合后达成了充分信任，才能使团队内部都能相互理解

各自的诉求和关注点，从而更加谨慎地进行投资决策。

六、把衍生品作为公司层面的风险管理工具

寻找公司层面的对冲工具对于提升公司整体风控水平具有重要的作用，衍生品则是一个不错的选择。很多保险公司没有实际操作过衍生品，甚至“谈衍色变”，但实际上股指期货、国债期货衍生品并不是洪水猛兽，只要运用得当，是可以成为公司层面的风险对冲工具的。

以股指期货为例，基于自上而下的宏观和策略研究进行股票对冲操作，其风险在可控范围。我们在前面讲到，保险公司的权益投资有一部分标的是基于长期配置，因此我们无法进行有效的波段操作。而使用股指期货作为对冲工具，可以获取相应的波段收益，因为股指期货只是对冲现货持仓一定比例的股票。因此，当市场上涨到一定高度进行股指期货对冲操作，即使做空后市场继续上涨，实际上权益的净敞口仍然是正数，保险公司仍能获得正收益，只是收益会小于对冲前而已。但是一旦市场出现较大跌幅，结合现货减仓操作，能够在很大程度上弥补股市下跌带来的损失。

具体而言，衍生品的操作层次有以下两种选择：

一种选择是将衍生品操作权限下放给投资经理，由个人操作对冲账户风险。这种操作模式的弊端在于，对每个投资经理都要有更高的要求，而每个人对于市场的判断是存在差异的，因此衍生品相互操作可能存在内部相互抵消的情况。

另一种选择是作为公司层面的风险管理工具，由管理层进行决策操作。

我们认为，后者更适合保险公司，即根据公司整体的风险敞口，进行一定比例的股指期货对冲操作。

七、谨慎性原则是保险资金运用的基本原则

从资产负债匹配的角度看，保险资金运用就是希望通过久期匹配、

现金流匹配解决负债端的现金流需求，而稳健性原则和长期性原则的实现，都需要短期操作中谨慎性理念进行指引。总的来说，谨慎性原则是保险资金运用的基本原则。

除了上述讲到的投资操作原则和理念外，健全的风控手段和制度，也是践行保险公司谨慎性原则的基本保障。

希望谨慎性原则能够被更多的保险行业管理层重视和认可，推动实现行业投资的稳定健康发展。

周全亮

英大保险资产管理有限公司

中共党员，工商管理硕士，高级经济师，现任国网英大国际控股集团有限公司党委委员，英大保险资产管理有限公司党总支书记、董事长。曾任英大泰和财产保险股份有限公司总经理助理，英大泰和财产保险股份有限公司副总经理、党委委员。

提升投研能力，促进保险资产管理公司高质量发展

英大保险资产管理有限公司　周全亮

自2015年成立至今，英大资产秉承“市场化、专业化、规范化”的经营理念深耕保险资产管理领域，公司管理资产规模近1 700亿元，经营业绩优良，为未来发展奠定了良好基础。在当下大资管时代激烈的市场竞争中，各类资管机构同台竞合、共谋发展，中小保险资产管理公司面临着加快高质量发展、加强风险管控的机遇和挑战。本文结合英大资产管理实践，探讨如何提升投资管理能力，建设特色鲜明、能力突出的现代保险资产管理公司，促进保险资产管理行业高质量发展。

一、服务实体经济，践行绿色发展理念

绿色金融是新发展阶段金融服务实体经济的重心所在，保险资产管理公司应该充分发挥自身独特作用，加大金融资源向绿色低碳资产倾斜力度，在满足资金保值增值需要的同时，更好履行社会责任。作为国家电网公司旗下公司，英大资产聚焦能源电力行业，助力“双碳”目标和新型电力系统建设，从更广阔的意义上探索绿色金融内涵，践行ESG投资理念，加大保险资金绿色投资力度，创新绿色保险资产管理产品，积极构建绿色保险资产管理业务体系，主动融入国家绿色发展大局，助力绿色低碳发展和生态文明建设，充分彰显金融央企的责任和担当。

深度融入国家战略。监管机构就金融助力绿色发展出台了一系列政策，包括明确提出要发展绿色直接融资，推动银行保险机构加大对

绿色、低碳、循环经济的支持等，为下一步资本市场更好服务“双碳”目标落地奠定了坚实基础。英大资产紧密跟踪国家层面绿色发展规划，谋划绿色金融发展思路，将ESG理念贯穿公司经营发展，通过新型能源体系、低碳技术研究以及创新保险资产管理产品等渠道，深度融入战略大局，找到最佳契合点。

积极加大绿色投资。全力支持战略性新兴产业发展，重点关注新能源、碳中和相关的“绿色”投资机会，依托国家电网公司产业链，挖掘上下游优质投资标的，助力绿色发展。目前公司已涉及诸多绿色投资，包括二级市场ESG系列股票、债券，以及磷酸铁锂电池、太阳能电池技术、新型电力系统等领域股权投资，未来将持续加码绿色及产业链上下游相关领域投资。

创新绿色资管产品。英大资产积极把握绿色产业政策机遇，加强产品创新力度。组合类保险资产管理产品方面，加大对绿色低碳领域优质资产研究，积极把握投资机会，打造具有英大特色的绿色组合类产品；债权投资计划方面，与绿色低碳企业、产业链单位深化对接，挖掘储备优质的绿色建设项目，为绿色低碳产业建设提供长期稳定的资金支持。

加强绿色项目研究。公司将投研融合作为重要抓手，坚持研究驱动投资的投研模式，提高投研互动频次和深度。加强内部交流，明晰研究需求，实现团队内部不同风格、不同专长的有效互补，打造专业过硬、特色鲜明、高效协同的投研团队。建立研究采纳跟踪机制，促进高质量研究成果的有效落地。紧密跟踪市场政策，依托国家电网公司资源禀赋，加强对市场热点和主题机会的投资敏锐度，重点关注产业链上下游和绿色领域的投资机会，为绿色产业发展提供更多资金支持。

强化绿色金融风险防范。秉承审慎稳健的风险偏好，建立完善的风险管理组织架构，确保公司稳健经营。尽管目前部分绿色金融项目存在资金回收困难等风险隐患，但公司积极寻找优质项目和渠道，注重从源头上防范风险，做好收益、期限和风险等因素的匹配，推动实现绿色金融和保险投资的共同发展。

二、发挥保险资金优势，提升资产配置能力

英大资产结合资本市场长期发展趋势，坚持长期价值投资理念，守住风险底线，科学制定长期资产配置政策；根据负债端及资本市场变化，加强委受托双向沟通，持续完善资产配置动态调整机制，优化资产配置结构；建立高效投研体系，加强投研转化，持续提供品种超额收益；通过构建长、中、短相结合的立体资产配置体系，为保险资金组合提供长期稳健的收益。

把握保险资金特性，制定长期资产配置政策。与保险资金委托方保持充分沟通，深度理解资金特点，以保险资产负债匹配为根本出发点，发挥资管公司在长期宏观经济、资本市场上的研究优势，深度分析各类资产在保险资金长期配置中的作用与定位，与委托方协作，共同制定科学合理的长期资产配置政策。根据负债和资产两端的变化，持续完善资产配置模型，着力将资产配置的重要环节模型化，提升资产配置数量化水平，通过设置合理的量化压力测试、情景测试方案，量化风险，与委托方共同持续加强对资产负债匹配、偿付能力、资产配置等指标的监测跟踪，在守住风险底线的基础上，实现符合负债特征需求的长期稳健收益。

完善资产配置动态调整机制，持续优化资产配置结构。委/受托双方在负债、资产两端各有专长，对负债、资产两端变化感知的敏感度也存在差异，需要持续融合双方在保险市场、资本市场各有所长的优势，一方面是要保险机构发挥在保险市场的优势，及时感知负债变化，并向受托人传导负债端对资产配置的最新需求；另一方面是要资管公司发挥在资本市场研究上的优势，及时感知各类资产风险收益特征及其在保险资产配置中的定位变化，并向委托人反馈。通过持续完善委/

受托双方的沟通机制，实现资产配置政策的动态调整。根据资产负债两端变化，及时纠偏，实现资产配置结构的持续、动态优化。

加强品种研究，持续贡献超额收益。在资产配置的基础上，持续加强对保险资金配置相关各类品种的研究，跟随国家发展战略和政策窗口，发挥保险资金长期投资优势，坚持着眼长远，开展灵活稳健布局，抓住绿色投资、战略性新兴产业、重点基础设施、传统产业债转股等领域的机会，更积极主动应对市场波动，进一步前瞻性引领投资重大方向，持续为资产配置提供超额收益。

三、加强能力建设，推动投研水平提升

投研能力强业绩好，意味着能够对受托资金提供高的稳定投资收益回报，产品发行容易获得同业保险资金、银行资金、养老金的青睐，产品发行能力也就相对更强，有利于公司扩大管理资金规模。公司做大后有利于吸引优秀人才，人才队伍建设会得到加强，提升投研能力，为受托资金提供的回报又会更有竞争力。由此，英大资产高度重视投研能力建设，深化能源电力产业链研究，持续提升投资能力和水平。

依托资源优势，强化行业研究。国家电网公司拥有多个专业研究院，汇聚了能源电力行业最优秀的人才和资源，能够提供专业的投资建议与咨询服务。英大资产充分发挥能源领域资源禀赋，大力挖掘在特高压、光伏、风电、储能、新能源汽车等领域的优质投资机会，引导资金更加精准地投向绿色领域，实现公司责任、市场责任和社会责任的有机结合。此外，国家电网公司系统内还拥有多个金融/类金融牌照，英大资产通过与其他金融单位深化资管研究协同，进一步加强资源共享、优势互补，稳步增强能源电力行业研究水平，提升金融服务实体质效。

夯实投研体系，把握趋势变化。加强投研人员梯队建设，完善组织架构和研究制度，提升行业覆盖面。深耕重点行业研究，力求专精，

强化股票、基金、债券、股权核心投研团队；通过体系建设，优化研究资源配置，确保研究员能够紧密把握市场机会，提升主动应对市场的能力，实现最大回报。提升研究员对经济、政策、市场等关键信号的敏感度，加强对市场热点和主题机会的投资敏锐性，注重结构性和波段性机会，及时提示大趋势和确定性投资机会。

强化投研融合，推进研究落地。在部门内建立完善的投研融合体系和考核激励机制，多措并举提升互动沟通的积极性和有效性。研究员对投资经理的需求及时回馈，投资经理重视研究员的股票推荐，实现投研有机融合。建立研究采纳跟踪机制，促进高质量研究成果的有效落地。拓展投研沟通通道，根据实际沟通效果进行持续调整和优化，促进投研一体发力。

培育企业队伍，提升盈利能力。加大外部招聘和内部培养力度，形成一支专业、敬业、高效、投资理念与公司取向相契合的投资团队和业务团队；打造具有自身独特风格的明星投资经理，不断提升投资工作前瞻性、预见性、主动性的专业能力；围绕自身特色优势开展资管业务，积极培育新的业务增长点，在行业内形成差异化、有特色的盈利能力，加强成绩对标，提高行业排名。加大绿色投资所占比重，将保险资金久期长、体量大的特点和绿色投资追求长期资金和带来长期回报的特点相契合，为保险资金带来期限匹配的优质资产。

四、构建投资组合，实现资金保值增值

英大资产在做好投资研究的基础上，着重做好年度、半年度、季度的资产配置计划，合理确定各类资产配置基准并强化其执行；强化策略纠偏机制，在必要时进行调整；加强与委托方的沟通，做好资产负债联动，防范错配风险和流动性风险，提高资金使用效率。

固收投资保基本。紧密追踪宏观环境变化，预判无风险利率走势，打牢打厚生息资产安全垫。配置类和交易类并重，充分利用利率周期

性波动，重点把握利率高位超配机会；丰富并细化固收投研框架，从策略角度引入可转债子类别，加入行业景气度分析，提高组合有效前沿。重视摊余成本法产品投资，打牢打厚基础收益安全垫。通过杠杆操作、“固收+”等策略，提升业绩表现。

股票投资重稳健。注重选股策略，立足稳健投资，优选基本面扎实、确定性强的标的，指标上倾向于高ROE、高分红率、高现金流、低估值标的。重视趋势投资，兼顾波段机会，提升仓位风险管理能力，避免盲目追涨杀跌，完善止盈止损操作。逐步扩大业务领域，拟适时推进股指期货套期保值应用落地，在IFRS9新会计准则下提升投资的稳健性；加强金融工程方向，发挥量化方法在行业配置中的积极作用。

非标投资求质量。打造覆盖非标资产、公募REITs以及私募股权投资基金的专业化团队。加大非标资产配置，分析交易结构和底层资产，重点选择地方政府平台、兼顾期限和收益的央企，优选风险措施到位、条款设计合理的产品。适度提高准入门槛，控制中低评级产品规模或集中度，提高风险产品的决策层级。打造专职投后团队，进一步加强投后管理，优化投资的闭环管理。

股权投资显绿色。公司主要以间接股权投资为支点，全面辐射国家战略性新兴产业，重点关注新能源、碳中和相关的绿色投资机会，借助资本的力量挖掘电网产业链上下游的创新技术和优质企业，坚持“以服务实体经济为重要使命、以风险控制为基本前提、以财务收益为主要目标”。目前存量股权投资底层资产已覆盖诸多绿色投资，包括国内领先的锂离子、磷酸铁锂电池研发生产商、行业头部异质结太阳能电池技术公司、国内市场占有率第一的风电变桨通讯器件生产商、锂电池综合回收利用企业、新型电力系统软件服务商等。

五、筑牢风控防线，推动业务行稳致远

英大资产基于“建设能力突出、业绩优秀、经营稳健的保险资产

管理公司”的发展目标，建立了科学完善的风险管理组织架构，构建了完备的全面风险管理体系，形成了“审慎稳健”的风险偏好，树立了“风险自控、主动合规”的风险管理理念，保障公司依法规范稳健经营。

在风险管理理念文化方面，公司牢固树立“风险自控、主动合规”的风险管理理念，做到风险管理与业务不分离。公司持续培育依法合规文化，把风险意识植根于全体员工的思想深处，把风险防控工作融入公司经营活动的每一个环节。各环节坚决贯彻、主动落实监管部门和公司的相关规定，杜绝一切不合规行为。公司特别强调，业务部门作为风险防范的第一道防线，应对本部门所涉及的所有风险进行全面识别评估，如果出现风险事件，直接业务部门须承担主要责任，且同其考核直接挂钩。

在风险防控机制方面，公司建立有效、完备的风险控制流程，风险管理贯穿各业务环节，形成“事前防范、事中监控、事后评价”的风险管理机制，促进各类业务流程和风险管控机制的持续改进，形成风险管理体系自我优化的良性机制。特别是针对信用类产品投资业务，公司坚持严格的信用产品准入标准，着重投资高信用资质产品，控制中等资质产品投资规模，不为完成过高的收益目标而下沉信用资质，并严格控制产品期限。公司通过完善风险监测指标和技术手段，加强投后管理，定期、不定期进行存量资产信用风险排查，对有风险隐患的资产早发现早处理，严控信用风险。

在风险管控技术应用方面，公司加大投入风险管理系统建设，依托投资管理系统、绩效评估与风险管理系统、企业预警通和DM舆情监测系统等，增强风险识别的前瞻性和准确性，增强抵御风险冲击能力，有效提升各类风险监控、预警、报告的及时性和准确性。

在风险防控成果方面，公司前瞻性对信用风险进行研判，超前对房地产行业进行预警及下调内部评级，成功规避高风险区域城投非标违约潮和房地产企业违约等事件。

公司未来将统筹发展与安全，重点围绕有效控制风险增量、有序化解风险存量，持续强化风险管理体系建设，不断提升风控能力，切实维护资金运用安全，为公司高质量发展筑牢基石。

六、结语

保险资产管理公司高质量发展包含两个方面，一方面是自身投研能力要强，自身能力强就有市场竞争力，可以提升管理资金规模；另一方面，管理规模提升有利于加强公司建设，尤其是加强人才队伍建设，提升能力来管好受托资金，这两者形成互动的良性循环，使得公司能够在高质量发展轨道上稳步向前。未来，英大资产将以“创造财富、提升价值、服务社会”为使命，发挥能源电力领域研究优势，持续提升核心投研能力，稳步扩大管理资产规模，吸引吸纳更多优秀投研人才，进一步提升投研能力，扩大管理资产规模，最终形成公司投研能力提升与做强做大做优的良性循环，进而实现高质量发展。

王晓辉

华夏久盈资产管理有限责任公司

毕业于北京大学光华管理学院。曾任中国人寿资产管理有限公司创新投资事业部总经理、华夏人寿保险股份有限公司托管组副组长；现任瑞众人寿保险有限责任公司首席投资官，华夏久盈资产管理有限责任公司党委书记（拟任）、总经理。

新形势下关于构建保险资管机构资产负债联动体系的思考

华夏久盈资产管理有限责任公司　王晓辉

党的二十大报告明确提出："高质量发展是全面建设社会主义现代化国家的首要任务，发展是党执政兴国的第一要务。"中央经济工作会议再次强调，要"实现质的有效提升和量的合理增长"。以高质量发展全面推进中国式现代化，是新时代建设社会主义现代化强国的重大理论和实践命题。

金融是"国之大者"，对推进中国式现代化具有牵一发动全身的巨大影响。作为资产管理行业的重要力量，保险资产管理机构已经成为我国金融市场的重要参与者。在我国经济加快实现高质量发展阶段，市场对于长期资金的需求巨大，这将给保险资产管理行业发展带来更多的关键机遇和挑战，也为保险资产管理公司的可持续发展提供了更多的可能性。

一、保险资管行业进入高质量发展阶段

自2003年以来，我国先后设立了33家保险资管公司，保险资管公司队伍持续扩容。截至2022年末，保险资产管理公司资产管理规模合计24.5万亿元，同比增长15.11%，增速连续三年保持两位数水平。经过二十年的探索与发展，特别是2012年以来的十多年间，保险资管公司在长期资金管理、大类资产配置、长久期资产创设和绝对收益获取等方面积累了丰富经验，已经成为保险资金等长期资金的核心管理人、资本市场的主要机构投资者和服务国家战略、民生建设及支持实体经济方面的重要力量。

随着监管政策的逐步完善和市场经济的发展，保险资管机构不断加强风险管理，提升专业性和有效性，逐渐向专业化、精细化、市场化方向转型发展。一是行业发展韧性增强，市场规模与投资收益稳步

提升。二是资产质量持续提高，行业资金配置结构稳健。三是核心优势更加凸显，投资能力与专业实力持续提升。四是发展红利加速释放，多层次制度体系与标准逐步完善。

与此同时，转型发展也意味着新的困难与挑战。

一是负债端新业务价值率持续走低，负债成本仍然偏高。2023年以来，由于保险产品收益率的相对优势，3.5%定价利率的保险产品受欢迎程度较高，寿险行业扭转前3年颓势，新单保费回归正增长，据保险行业协会数据统计，一季度累计新单保费同比正增长12.3%。但本轮增长主要依赖银保推动，个险队伍规模仍未止跌回升，个人代理渠道新单保费同比正增长5.9%，远低于银行邮储代理渠道13.7%的同比增速；同时，高价值的重疾类产品销售没有明显改善，尽管年金、两全等传统寿险高歌猛进，但新业务价值率相对较低。

二是市场利率不断下行，资产端压力持续增加。当前，我国寿险业仍以负债成本固定的传统险为主，且负债期限较长，因此保险资金风险承受能力偏低，资产配置偏稳健，以固定收益类的存款、债券和非标资产为主（见图1）。但近年来资产端面临市场利率快速下行，非标资产供给不足以及信用风险频发的三重压力，固收类资产的收益持续下降，对险企资产负债管理带来较大挑战。

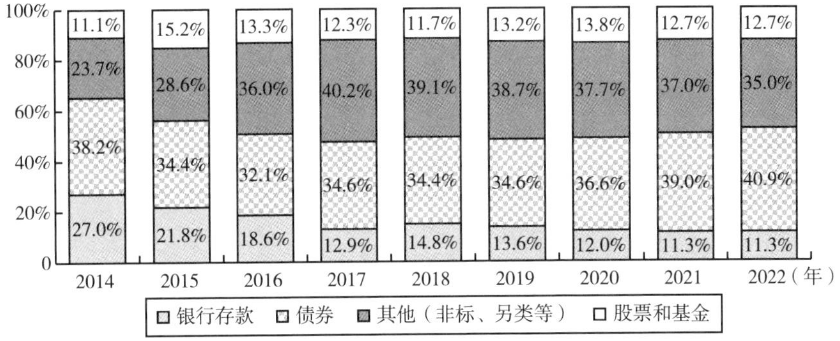

图1　近年来保险行业资产配置

资料来源：国家金融监督管理总局

二、新形势下保险资管机构构建资负联动体系的要求与挑战

构建资产负债有效联动的新体系是新形势下推动保险资管机构高质量发展的内在要求，是适应市场环境变化的必然选择。在高质量发展的新形势下，更需要负债端和资产端协同发力，推动形成双向促进的资产负债联动管理模式和新发展格局。

（一）资产负债联动体系符合保险行业的基本属性

各行各业都有自己的“道”，保险资管公司的“道”就是我们的受托资金具有保险资金属性。保险资管机构承担着系统内保险资金的受托责任，为保险公司贡献稳健的投资收益。保险资金的来源决定了其特性，如对波动承受能力有限、负债期限较长、有最低收益要求、利率风险突出等。因此，保险资金运用面临诸多限制：一是公司经营层面，要充分考虑负债特征，关注最低收益要求，投资收益需要覆盖负债成本；二是监管层面，在投资范围、投资管理能力、大类资产配置比例和保险资金运用集中度方面都有刚性约束。

险资期限较长、规模较大、来源较稳、成本刚性、受偿付能力约束，这些特点决定了保险资金运用和保险机构投资的风格及理念。其中，期限较长、规模较大和来源较稳的特点，使得保险资金偏好投资规模较大、期限较长、现金流较为稳定的资产；成本刚性的特点，使得保险资金投资更偏好收益相对稳定的固定收益类资产；刚性成本和偿付能力的共同约束，使得权益类资产在保险资金运用余额中应维持一定的比重，既要通过相关资产配置增厚投资收益，也要权衡市场剧烈波动对偿付能力充足率的影响。

（二）资产负债联动体系符合保险资金运用的经营规律

保险资金运用要综合考虑安全性、流动性、收益性等要求，坚持“价值投资、长期投资、稳健投资”，基于负债特性优化资产配

置，追求穿越经济周期的稳定回报，实现投资收益持续超越负债成本。

1.长期的安全性

当前宏观经济压力加大，经济增长从高速向中高速转换，地产、地方债务化解带来的信用风险不断积聚，从而更加考验保险资管机构对于宏观经济环境、中观行业发展、微观企业经营的研究能力。要管理好信用风险、市场风险，夯实基础、稳扎稳打。同时，保险事业起于为人民服务，兴于为人民服务，要以满足人民日益增长的金融服务需求为出发点和落脚点，保障资金安全，守护好、管理好老百姓的"养老钱"。

2.资产的流动性

保险资金运用的流动性要求是由保险负债端支付的客观要求所决定的。保险资金运用的流动性同样是安全性要求的延伸，海外保险公司风险事件大多数并非资不抵债的绝对安全性问题，而是在特定时点的流动性危机。因此，保险资产负债管理的流动性管理尤为重要，既要保证在保险负债端可能造成流动性冲击时，提供足够规模的流动性资产应对负债端支付要求，同时也要保证资产端足够的资产配置久期，提升有效投资资产规模。

3.调整后的收益性

保险资金运用的收益要求是风险调整后的收益性，也包括流动性安全前提下的收益性，同时要求与负债成本和久期进行动态匹配。经济增速下台阶、人口老龄化来临、全球竞争格局深刻变革等多重内外部挑战下，保险资管机构需做好期限匹配，降低利率风险和再投资风险。收益原则要求投资收益和保单预定利率相互匹配，降低或消除"利差损"的风险。

（三）资产负债联动体系符合保险资管公司的发展方向

资产负债管理是保险公司经营的核心，是一项横跨资产端、负债端和风险管理的综合性工作。其工作难点包括：第一，资产具有鲜明的保险属性，具有安全性、流动性要求；第二，当前我国保险市场竞争仍然较为激烈，精准预测负债现金流规模、久期、成本的难度较高；第三，资产也具有不确定性，如市场波动、投资收益率不确定、资产价值随利率等因素变化。

参考成熟寿险公司资负联动体系的变迁，资产负债管理体系的发展主要经历三个阶段：驱动型、互动型、联动型。高质量发展的时代背景下，保险公司资产负债管理已从传统的财务管理延伸到风险管理，继而拓展至战略管理，贯穿于保险公司及其资管机构的核心管理中。完善的资产负债联动管理体系理论上能够有效抵御风险、为投保人创造长期价值，是保险资产管理公司的努力方向。

（四）资产负债联动体系实施过程中所面临的挑战

第一，资产端与负债端的双向不确定性是资产负债联动实现的重大挑战。资本市场复杂多变，风险与不确定性是资本市场长期不变的主题。相比资产端的不确定性，保险负债端的规模、成本、久期本应是保险经营者相对可控的变量。但由于过去一段时间保险市场竞争的日趋激烈，导致本应相对确定的保险负债端实际上也难以把控规模、成本与久期的实际节奏，资产与负债双向不确定下的所谓“联动”也许只能停留在规划层面，难以落到实处。

第二，资产配置的核心作用需要建立在有效的资产负债联动基础上。绝大多数机构投资者都将资产配置作为资金运用的首要考虑，对于大体量、长久期的保险资金而言，资产配置的重要性更为突出。保险资产配置需要在满足负债端风险承受能力与流动性要求下形成一定期限内的大类资产配置中枢。但如果没有能够形成有效的资产负债联动机制，负债端属性难以确定，大类资产配置就难以形成长期稳定的配置中枢，有效择时与细分投资品类选择也更难以起到风险分散与增强收益的作用。过去很长时间，我国保险资产端存在的重品类投资、轻资产配置的问题，其中一个主要的原因就是资产与负债没有实现有效联动机制。

第三，需要全面、真实体现公司风险承受与长期价值的平衡关系。资产负债联动管理模式反映公司整体风险与长期价值的平衡，同时全面考虑经济状况与监管要求的约束，将会是未来资产负债管理的主要发展方向。风险调整后的长期实际收益水平是保险资金运用的核心要求，短期没有风险约束与风险分散机制下的保险投资将对投保人的长期利益产生重大的风险隐患。如何合理平衡短期支付要求与风险调整后的长期价值是保险资产端的核心课题。

三、新时代下资产负债联动新体系的实施方向

新时代下保险公司及其保险资产管理公司的联动不再局限于资产负债管理本身，而是拓展至更为广阔的领域，形成“生态”方面的协同共进。

（一）打造互联、互动、互利的资产负债“朋友圈”

1. 构建以资产负债管理委员会为核心的决策流程

行业通用资产负债管理体系为在负债端董事会下设经营层，再下设风险管理委员会、资产负债管理委员会、产品管理委员会。资产负债管理委员会可能下设两个组织，一是资产负债管理小组，二是投资决策委员会。设置以账户经理为枢纽的组织架构和分账户的管理方式。账户经理可作为链接资产端和负债端的纽带，加强双方的沟通效率，协助分账户管理的施行和落地。各账户由于负债特性、收益结构、监管要求的不同，需要账户经理针对各账户制定不同的配置方案，进行精细化、差异化的管理。

2. 构建开放共享的数据资源体系

在业务拓展和实践战略方面，资产端加深对负债端需求的了解，积极加强与负债端分享资本市场趋势、投资回报预测等关键信息；负

债端提前了解资产端长期的收益水平，在产品开发环节充分考虑产品的利差益（损）和现金流节奏，综合评定产品的全生命周期价值，为优化产品策略及产品决策提供有效支持。在报表管理、税收筹划、现金流管理方面，负债端财务部门也与资产端有更多的协同联动。资产负债管理需要资产与负债端多个系统在组合监控、组合分析和情景测算方面提供支撑，建立完善的资产负债信息化系统是精细化资产负债管理的前提条件，同时也能提升资负联动的时效性，对资负双方偏离预期的不利变动做到动态应对。

3.打造动态平衡的资产负债管理绩效考评体系

将资产负债管理要求和机制结合到公司的经营决策、业务管理等每一个经营环节中，并对执行的结果进行合理考评。建立与负债成本相关联的绝对收益、以市场为导向的相对收益，以资产负债管理、偿付能力优化相结合的多目标考核体系，通过绩效考核督促资产端优化资产配置，逐步增加长期传统固定收益类资产的期限。同时，可以引入资负双方互评机制，采用定性方式促进资负双方加快建设资负联动体系。

（二）有效管理长期负债的刚性成本

资产端利率波动较大，若在市场利率下行的过程中，负债利率不跟随下调，投资收益将难以覆盖负债成本，并造成利差损的结果。因此，在当前市场利率大幅下行的阶段，应将资产端的压力尽快传导至负债端，对新单利率进行调整。参考日本20世纪90年代利率下行期间，1990—2013年，行业7次下调预定利率，从1985—1990年的6%一路下调至2001年的1.5%，并于2013年下调至1%（见图2）。

在低利率的市场环境下，寿险公司承担较大的再投资风险，可以借鉴美国、英国寿险市场经验，发展分红险、投连险、变额年金等与客户分担投资风险的保险产品，通过降低一般账户的定价利率，降低公司投资压力。以美国保险市场为例，自2008年金融危机以来一直处于低利率的环境中，其独立账户金额占比一直在30%以上（见图3）。

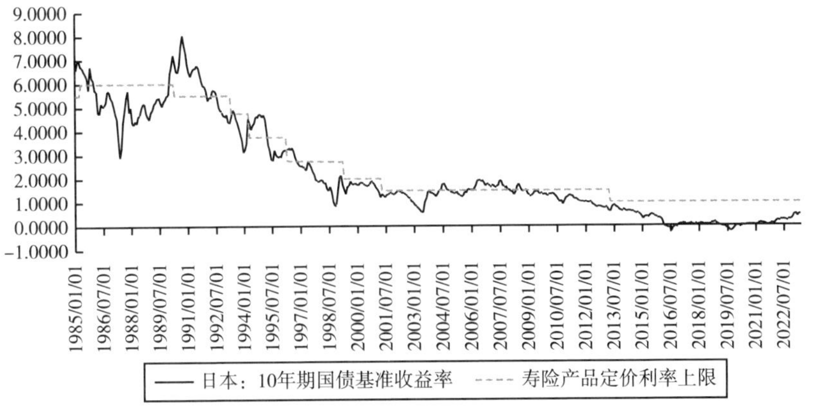

图2　日本寿险业及时调整定价利率上限

资料来源：Wind

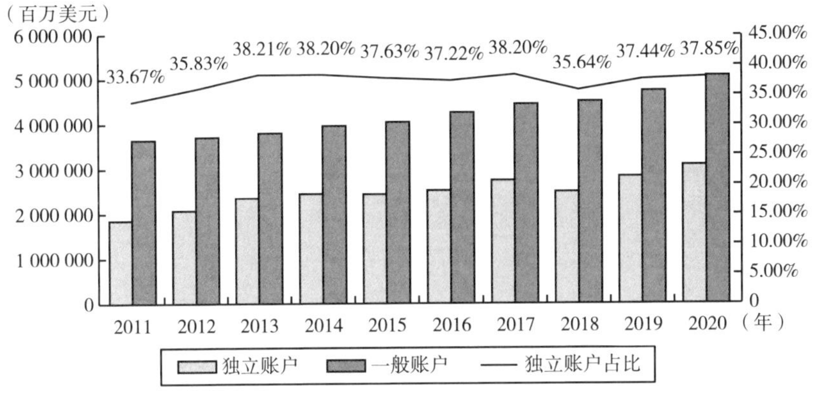

图3　美国寿险行业独立账户与一般账户规模

资料来源：ACLI Life Insurers Fact Book

同时，独立账户可针对客户的需求在独立账户中运用不同的投资策略，根据客户的需求制定相应的资产配置策略。针对客户长期储蓄的需求，动态调整账户配置策略，配置较高比例的权益类资产，有效抵御利率下行造成的收益率下降，提升客户收益（见图4、图5）。

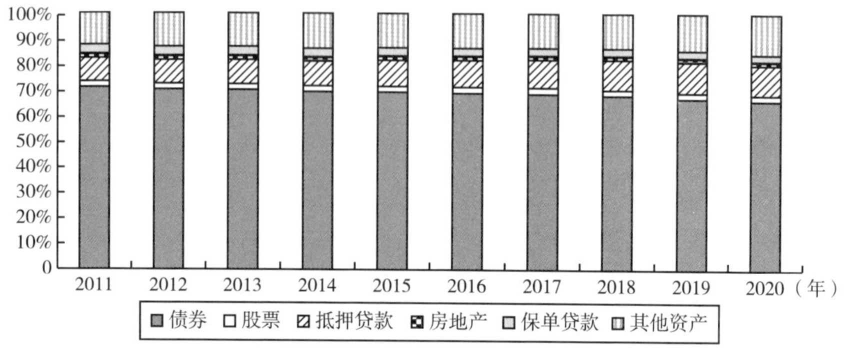

图4　美国寿险业一般账户资产配置

资料来源：ACLI Life Insurers Fact Book

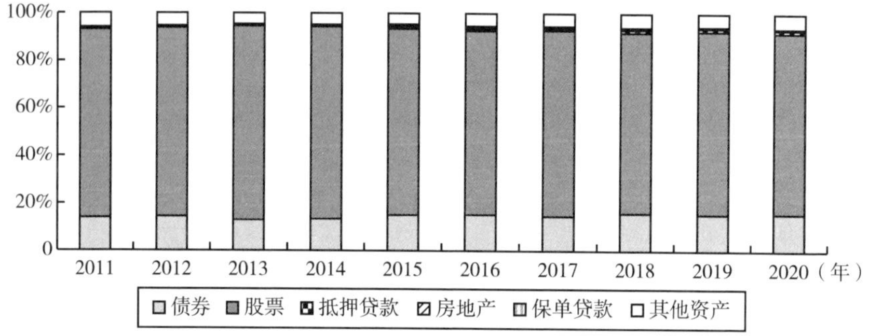

图5　美国寿险业独立账户资产配置

资料来源：ACLI Life Insurers Fact Book

（三）多点协同助力价值重构，研究打造“大康养、养老养生”生态圈

发展“大康养、养老养生”生态圈是我国保险行业高质量发展的内在要求。当前，我国面临严峻的人口老龄化形势。截至2021年底，60岁及以上老年人口达2.67亿，占总人口的18.9%，预计到2025年，60岁及以上老年人口总量将突破3亿，占比超过20%，我国将进入中度老龄化社会。按照“9073”的养老模式，即90%左右的老年人居家养老，7%左右的老年人依托社区支持养老，3%的老年人入住机构养

老，机构养老的空间巨大。以养老为主题的生态化建设是新时代对负债端的新要求，传导到资产端就是要做到加强生态协同，以投资端驱动负债端发展，反哺负债端主业。

目前行业内的协同尝试主要有两种方式：一是“保险+养老”产业布局。长期来看，凭借着养老保险与养老服务的天然耦合性，依托保险作为支付纽带的独特优势，保险资金可以成为共建养老生态的主力军。二是“保险+健康”管理布局。通过与医院合作，建设合作型医疗网络，为保险客户提供健康风险管理、就医协助服务、直赔服务等，让身体健康、亚健康的人享受健康风险管理、就医协助、直赔服务等健康管理服务，为保险客户提供附加价值。

从海外经验来看，美国的养老社区产品已形成了较为成熟的市场化运营体系。美国养老社区产品采用“投资—开发—运营—退出”的机制，形成了完善且专业的融资、建设、运营体系及产业链，包括开发商、运营商和投资商三大主体（见图6）。项目初期，发起人通过设立私募基金，并引入运营合作伙伴等战略投资者，共同完成养老社区的投资、开发、运营；在项目后期，可以通过直接上市，或打包销售给REITs的方式退出，形成产业闭环。从投资端来看，REITs是最主流的投资商，通过租赁运营或者委托运营的方式，获得长期稳定的资金回报。从成本收益角度看，美国养老社区单床成本为10万~20万美元，收费每月2 000~5 000美元，运营收益回报率可达4%~8%，因此可完成REITs退出。基金公司将旗下养老社区资产打包，并将以资产包为主要标的资产销售给REITs，养老社区收益按比例分配给REITs的投资者，从而形成了养老产业链的有效闭环。

国内养老社区目前仍面临盈利能力不足等问题。一方面，国内土地价格较高，目前国内新建养老社区，单床成本普遍在80万~120万元；另一方面，人民群众支付能力偏弱，当前养老社区各类收费合计通常为8 000~10 000元/月（含月费、餐费、服务费等），养老社区的投资回报率偏低，大部分养老社区入住率达到70%~80%才能覆盖运营成本，短期难以为投资人创造回报，因此大部分投资机构对于医养产业投资并不热衷。

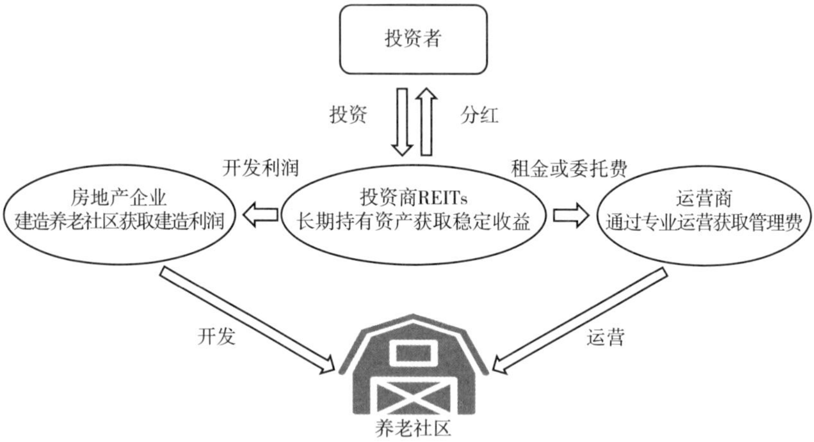

图6　养老社区运营体系

但“大康养、养老养生”生态圈的长期战略布局较为契合我国寿险公司的资负联动需求。一是带动负债端高价值产品的销售。目前投资养老地产的各家保险公司均推出了“消费者购买指定种类及金额的保险产品即可取得养老社区入住资格”的挂钩模式，促进保单销售，通过带领客户参观养老社区等方式，一方面为负债端展业创造营销场景，带动长期限、高价值的年金险、养老险的销售，节省展业费用；另一方面可以通过养老社区入住权，提前为养老社区锁定高价值客户，提升未来入住率水平。二是打通健康养老上下游服务产业链。保险业和养老健康产业天然高度契合，均是为人的生命、健康、安全提供保障，保险产品作为支付端，养老健康产业作为服务端与保险对接，即“保险+养老+健康”可以实现由养老服务替代现金补偿。寿险公司投资医养产业能有效延长产业链，建立健康和养老产业各个环节与保险保障之间连接和增效机制，实现全生命周期覆盖。养老社区向上衔接养老险、长护险、医疗险等保险产品，同时带动下游健康产业的老年医疗、护理服务、慢病管理、智能养老等板块，通过整合相关产业，增加盈利渠道。

四、华夏久盈的探索与行动计划

华夏久盈资产管理有限责任公司（以下简称“华夏久盈资管”或“公司”）成立于2015年5月。成立8年来，通过不断加强资产负债管理、提升投研能力、完善风控体系、培养人才团队等措施，现已具备较为全面的投资管理资格，逐步成为中国保险资管行业的一支重要力量。目前，公司资产负债联动管理框架已经基本形成，在把握宏观环境、市场环境、政策环境等外部因素的前提下，结合保险公司风险偏好和资本等内部约束，充分考虑负债端产品和资产端可投资资产收益间的相互制约和平衡关系，对负债端业务开展和资产端投资管理实施精细化的过程管理，最终达到偿付能力约束下价值与利润最大化的管理目标。对此，公司制定了资负联动管理体系发展规划，为公司发展战略及中期规划制定指明了方向。

（一）逐项梳理补短板、求真务实夯基础

“我们要更好统筹发展和安全。安全是发展的基础，稳定是强盛的前提。”习近平总书记在十四届全国人大一次会议上发表的讲话，再次从国家兴旺发达、长治久安的战略高度，对更好统筹发展和安全提出了要求。根据新发展阶段对金融安全的新要求，公司坚持发展与安全并重，立足行业实际，深化对金融工作政治性、人民性、专业性的认识，落实金融工作“三项任务”（服务实体经济、防控金融风险、深化金融改革），加强专业能力建设，扎实做好基础管理工作。

一是资产端不断提升资产管理能力，正确把握保险资金运用内在规律，始终坚持保险资金运用的基本原则，着力构建能够长期提供稳健收益的资产组合，通过风险控制手段降低组合的波动率，减少组合回撤。聚焦专业领域，跑好自己的赛道，注重长期基本面挖掘和价值

投资。将资产负债联动效应融入公司年度经营计划的制订过程中，将资产负债联动动作贯穿到公司日常经营中，从根本上实现公司持续健康发展。

二是在公司层面建立有效沟通机制，为资产端和负债端提供更多的沟通渠道。加强持续双向沟通，从决策流程、组织架构、模型工具、管理方式、绩效考核几个方向进行优化，从而建立资产负债协调并行的管理机制。同时，转变作为资产投资者的买方定位，担起新发展阶段赋予资管机构的新职责。

三是积极采取措施，通过账户类型的分类管理落实责任，进一步精细化管理，有效进行资产与负债的匹配，防范风险隐患。

（二）共享互动提品质、链接资源促发展

自上而下推动资产负债管理体系建设，打破资产端与负债端的壁垒，从整体管理模式上促进资产端和负债端的决策互动和信息共享的常态化、深入化，从相互分散化的决策向互相提出工作需求的循环模式转变，实现良性的联动管理。

资产端及时了解负债业务进展情况及变化，包括产品策略、定价策略、销售进展、现金流预期以及负债久期、凸性变化等，前瞻性地把握负债特征及其变化，提前进行配置策略的安排，提高资产负债管理的有效性。使得负债端的需求可以及时反馈到资产端，资产端的压力也能及时传导到负债端，最终实现资产负债联动机制不断完善、委托投资体系及风险控制体系更加完备丰富、资负联动和投资管理能力达到行业较好水平。

（三）资负联动开新局、生态协同加速度

这一阶段的主要任务是充分考虑战略协同和生态互补。一方面，资产负债两端统筹制定发展规划，使得资负联动制度红利不断提升，风控体系具有前瞻性委托投资持续稳定贡献超额收益，达到“1+1>2”

的效果，公司资负联动和投资管理能力比肩一流保险资产管理公司水平。

另一方面，在立足投资主业的基础上，用“生态化”的思维有效统筹协调供需两侧，利用多种投资方式，链接产业链上下游资源，延伸产品服务范围，提升产品服务附加值，建设以寿险主业为核心的保险生态，达到资负两端协同发展的目标，助力反哺主业。

在具体行动上，搭建专业化的不动产项目公司管理体系与架构，通过投资引领延伸保险产业链，打造“保险+”生态圈、“保险+养老”产业投资，服务国家战略，践行社会责任；打造以服务保险资金配置为主、适度发展第三方业务的专业私募股权基金管理平台，提供间接股权投资品种，使其逐步发展成为“合规展业、治理科学、专业可靠”的保险私募基金管理人。

2023年是全面贯彻落实党的二十大精神的开局之年。开局关乎全局，起步决定后程。华夏久盈坚持把握大势、遵循规律的基本原则，聚焦资产保值增值、做专业的资产管理公司，打造好华夏久盈资管大平台，审慎稳健经营，实现收益与风险的平衡，切实保障客户根本利益。

实现高质量发展，关键点在于推动完善公司治理机制。要全面加强内控建设，增强机构合规经营内生动力；积极防范风险，下好先手棋、打好主动仗，在高质量发展和高水平安全的良性互动中稳健前行。

实现高质量发展，突破点在于提升专业化、精细化管理水平。要构建好组织架构，梳理好业务流程，认真做好资产配置，深入优化配置工具，细致完善投资指引，全面规划强化投研，推动激励机制变革。

实现高质量发展，核心在于把公司发展融入国家大局。未来政府执行层面也将围绕高质量发展的重点方向出台更多产业支持政策，就投资而言，国家政策的方向就意味着资源投入的方向、意味着景气度高的方向、意味着投资机遇大的方向。我们将从战略资产配置的角度出发，针对相关领域积极研究、提前布局。

新开局要有新气象，新征程呼唤新担当。我们将以习近平新时代中国特色社会主义思想为指导，深入贯彻落实党的二十大精神，深刻领悟“两个确立”的决定性意义，增强“四个意识”，坚定“四个自信”，做到“两个维护”，以高质量的公司发展及实践成效，助推全面建设社会主义现代化国家新征程开好局、起好步。

杨雪梅

建信保险资产管理有限公司

建信保险资产管理有限公司董事、总经理、审计负责人，对外经济贸易大学经济学硕士学位。先后在中国建设银行总行审计部、房地产金融业务部、住房金融与个人信贷部、投资银行部任职。

银行系保险资产管理公司迈入高质量发展新时代

建信保险资产管理有限公司　杨雪梅

一、准确把握中国式现代化建设中保险资产管理业发展的新机遇

党的二十大报告明确提出，高质量发展是全面建设社会主义现代化国家的首要任务。坚持以推动高质量发展为主题，把实施扩大内需战略同深化供给侧结构性改革有机结合起来，加快构建以国内大循环为主体、国内国际双循环相互促进的新发展格局，加快建设现代化经济体系，推动经济实现质的有效提升和量的合理增长。这是党的二十大根据国内国际形势发展的新变化、全球产业链供应链重构的新趋势、我国经济发展模式转型的新挑战，作出的重大战略部署。中国式现代化建设为保险资产管理业服务实体经济、服务国家战略，实现行业自身高质量发展创造了难得的战略机遇窗口。

（一）扩内需战略驱动需求释放，为保险资产管理行业快速发展提供内生动力

当前我国保险业已发展成为全球第二大市场，对全球保险市场增长的贡献度超过30%，但保险深度和密度分别仅约世界平均水平的70%和50%，保险需求还有较大增长空间。恢复和扩大需求是当前经济持续回升向好的关键所在，作为保障民生底线的保险业将迎来新一轮发展契机，原保费收入有望继续稳健提升。居民收入增长和人口老龄化趋势下，居民在风险保障、医疗健康、养老以及个人财富保值增值

等各方面的需求持续扩张，为保险资产管理提供稳定和长期的资金来源。

（二）金融供给侧结构性改革持续深化，释放行业活力

深化金融体制改革，加强和完善现代金融监管，强化金融稳定保障体系，守住不发生系统性风险底线，健全资本市场功能，提高直接融资比重。近年来“金改11条”陆续推进，资管新规监管框架日趋完善、“深改12条”加快建设，不断深化金融改革、扩大金融对外开放、加大金融对实体经济的支持力度，为资管行业尤其是保险资产管理行业高质量发展深度赋能。

（三）经济高质量发展为保险资产管理行业服务实体经济发展提供立足之本

服务实体经济是金融业的重要定位和宗旨，保险资金期限长、规模大、来源稳定、投资渠道多元，在服务实体经济方面更具有天然优势。建设制造强国、质量强国、航天强国、交通强国、网络强国、数字中国将持续为保险资金输送优质投资标的。国务院取消保险资金开展财务性股权投资行业限制，提高保险资金权益投资比例，为保险资金长期服务国家关键领域产业升级打通瓶颈，共享企业成长和国民经济发展红利。

（四）金融科技发展为保险资产管理行业带来了巨大创新空间

当前，全球正迎来一场更大范围、更深层次的科技革命和产业变革，数字化浪潮势不可挡，人工智能、大数据、云计算、区块链等新一代信息技术在金融领域的应用不断取得新突破，“无科技、不金融”已成为现代金融体系的重要特征。对资管行业而言，金融科技在投资研究、产品设计、销售服务、合规风控、经营管理等全业务链条乃至整个行业商业模式都将产生深远影响，成为在未来中国式现代化建设

中创新驱动、价值成长的新引擎。

二、清醒认识新形势下保险资金运用面临的新挑战

当前，世界政治经济格局深刻变革和重塑，宏观环境更趋严峻复杂，不确定性加大，困难风险增多，扰动因素增加。同时，国内发展不平衡不充分的问题仍然突出，创新能力不强，高质量发展还存在痛点、堵点和难点。面临新形势、新任务、新要求，保险资产管理业高质量发展同样面临着新挑战。

（一）新发展格局下保险资产管理行业面临多方竞争压力

资管新规后国内银行、理财子公司、信托、证券、基金等各类型金融机构全面进入资管领域竞争，保险资产管理依靠规模快速扩张的外延式、粗放型发展的红利已逐渐消失。近5年来，保险业发展增速已降至个位数，2022年保费收入增速仅为4.5%。同时，随着金融改革开放加快，全球头部资管机构均纷纷在中国布局，抢滩国内资管市场，这为中国资管市场带来先进发展经验的同时，也加剧了资管市场的行业竞争。业务转型和生态重塑压力将倒逼保险资产管理公司谋求差异化、专业化发展，充分利用“两个市场，多种资源”，在投资能力、产品服务、科技水平和管理效能等方面对标国际领先机构。

（二）低利率和资产荒使保险资金面临资产配置压力的挑战

当前，由于人口老龄化、潜在经济增长率下行、科技进步等因素影响，我国面临利率中枢长期下行、优质资产配置缺口持续扩大的挑战。一方面，在存量保险资金负债刚性约束、新增保险资金受短期利率波动影响弹性较低的背景下，长期低利率将导致保险资金存量资金到期资产再投资以及新增资金投资都面临投资收益率下行的困境，资产端收益覆盖保险负债成本难度加大。另一方面，在当前国内供给侧结构性改革、产业经济结构转型升级的阶段，传统行业优势资产供给

急剧下滑，新兴产业支撑力量暂未形成，优质资产荒问题也加剧了资产配置压力。随着前期高收益产品陆续到期，优质资产荒问题加剧了资产配置和再投资压力。

（三）经济和市场不确定性带来风险管理的挑战

低利率意味着无风险利率中枢整体下行，为使资产收益匹配负债成本，保险公司显然需要提高风险偏好以应对高收益资产匮乏的窘境，一般会采取下沉信用或增加风险敞口方式，这无疑需要强大的信用管理能力及风险资产定价能力作为支撑。在当前复杂多变的经济金融大背景下，经济、政治、金融市场发展的不确定性上升，宏观环境和被投资实体的风险暴露均对保险资产管理公司的风险管理和风险应对能力提出挑战。

三、积极探索银行系保险资产管理高质量发展新举措

在复杂多变的内外部环境下，机遇与风险相互转化、相互交织，保险资产管理业要抓住高质量发展的重要机遇期，关键在于实质性提升高质量发展能力。作为银行与保险融合创新发展的重要成果，银行系保险资产管理公司兼具银行与保险双重资源禀赋，可有效发挥连接银行与保险的桥梁纽带作用，积极构建特色化经营之路，为服务中国式现代化建设贡献力量。

（一）银行与保险融合发展的天然优势

一是资产负债匹配天然互补。银行理财和保险资金都具有规模大的特征，截至2022年末，商业银行理财余额为27.65万亿元，保险资金运用余额为25.05万亿元，在大资管行业管理资产规模中合计占比为40%。从差异来看，银行理财以3年期以内为主，而保险负债久期为13.19年，理财资金“短钱长投”，保险资金“长钱短投”，二者在资产负债匹配的角度上有天然的互补性。保险通过银行获取长期资产，以

穿越经济周期，获取稳健的投资收益回报；银行通过保险获取长期资金，以更好支持实体经济建设，降低信用风险。这也是银行与保险资产管理融合与创新的底层逻辑。

二是产品组合搭配相得益彰。以股权投资为主的直接融资是经济创新发展的核心动力，适当加大股权投资力度既是保险资产管理应对低利率环境的必然选择，也可以成为与银行资管在产品层面深入融合的重要契机，实现在产品形态、期限结构、资产类别等全方位的优势互补，构建“银行信贷+保险融资”“债权融资+股权融资”的多元服务模式，在解决实体经济融资需求的同时，保证了“稳杠杆”的实现。这也是银行资管与保险资产管理融合的特殊优势。

三是助力大财富战略转型恰逢其时。当前，商业银行面临负债端资金成本上升和资产端不良率增长的双重压力，开展业务转型是必然选择。财富管理作为中间业务，拥有轻资本、轻资产、客户黏性强等优势，已经成为商业银行战略转型的重点方向。保险资产管理与银行理财在业务逻辑、产品架构、投资流程、运营系统等存在较高的相似度，保险资产管理公司可以在投资研究、产品研发、资产配置、受托管理等方面与银行开展协同联动，为客户提供更适用的大财富管理服务，帮助银行理财业务“保规模、增收益、留客户”。

（二）银行系保险机构已成为重要的市场力量

目前，大型商业银行普遍在保险领域进行积极布局。截至2022年末，共有9家国有大行及股份制银行发起设立或者控股的保险机构合计20家，其中9家人身险公司、2家财产险公司、7家保险资产管理公司、其他机构3家，总资产合计约2万亿元，约占行业总资产的10%。其中，银行系保险资产管理公司数量行业占比已达23%。银行系保险机构已经成长为保险市场的一支重要力量，在资产管理领域的优势更为突出。

从牌照资质分布的角度看，人身险和保险资产管理牌照最受欢迎，

9家大型商业银行均设立了寿险公司，其中7家已成立保险资产管理公司，在保险的资产、负债两端都已经和商业银行建立联动关系，为银行资管与保险资产管理的深度融合与盈利模式创新奠定了坚实基础。

（三）银行系保险资产管理高质量发展的路径选择

一是立足母行丰富的资产资源，打造连接银行与保险市场的纽带。商业银行有着庞大的渠道网络及优质的客户资源，银行系保险资产管理公司要发挥与母行的业务协同优势，通过基础设施、不动产等多元化产品形式，将银行丰富的对公客户资源输出至保险市场，着力推动保险市场资金资源与银行资产资源融合互动。在此过程中，保险资产管理公司与银行可采用联合营销的方式，共同推进项目尽调、客户管理及投后管理，为客户提供“融资+融智+融技”一站式综合金融服务，实现咨询顾问业务的快速发展。

二是紧抓大财富战略转型机遇，积极做大第三方业务。理财子公司的成立标志着银行理财业务迈入新时代，但复杂的经济金融环境、新旧产品转换、公司制独立运作给理财业务转型带来了巨大挑战。银行系保险资产管理公司要紧抓银行理财业务转型机遇，充分利用专业化受托能力和组合产品发行能力，为母行提供全链条的产品管理服务，在支持母行理财业务转型的同时，做大第三方业务，大力优化业务结构，为公司业务高质量发展提供支撑。

三是利用战略协同优势，大力发展股权投资业务。保险资金具有规模大、期限长、来源稳定的独特优势，能够为社会经济发展提供长期资本性和股权性投资，支持经济中长期发展。银行系保险资产管理公司可利用股权直接/间接投资、股权投资计划及保险私募基金等多种资源杠杆，构建“银行信贷+保险融资”“债权融资+股权融资”的多元服务模式，在解决实体经济融资需求的同时，保证“稳杠杆”的实现，切实防范金融风险，服务实体经济创新发展。

四是依托银行优质信贷资产证券化资源，满足保险资金多元化配置需求。在当前国内供给侧结构性改革、产业经济结构转型升级的大背景下，保险资金投资的资产也将逐渐由“增量市场”转向“存量市场”。未来，商业银行丰富优质的信贷资产证券化资产或将成为重要的配置方向。银行系保险资产管理公司可充分发挥与母行的协同联动优势，利用保险资产支持计划，协助银行对外输出RMBS、CLO、ABN等优质证券化资产，助力银行盘活信贷存量，实现移位再贷，同时满足保险资金多元化配置需求。

五是深度融入银行风险管理体系，强化保险资产管理风险管理能力。作为机构投资者，在保险资产管理投资理念上应长期坚持价值投资和稳健投资，整体偏向固收及非标债权类资产，追求绝对收益。因此，对于保险资产管理公司来说，拥有较强的信用风险管理能力至关重要。商业银行在传统信贷业务中搭建了成熟的信用风险管控体系，庞大的分支机构使其在资产获取、投后管理和风险防控方面具有天然优势。银行系保险资产管理可深度融入母行集团成熟强大的信贷风险管控体系，纳入集团统一授信，强化债券、非标等品种信用风险管理能力，实现保险资产管理业务稳健可持续高质量发展。

六是借助股东多元化平台优势，推动保险资产管理业务高质量发展。近年来，商业银行加快在大资管领域金融牌照布局，基本形成了银行传统业务与理财子公司、信托、保险、券商、基金、养老金、期货等大资管业务协同发展的业务模式。银行系保险资产管理公司可借助母行多元化平台优势，深化与各类资管机构的融合创新，不断提升公司市场的竞争力与影响力，推动保险资产管理业务高质量发展。

杨峻

百年保险资产管理有限责任公司

经济学硕士，现任百年保险资产管理有限责任公司党委书记、董事长。曾任浦发银行上海分行风险管理部总经理、营业部总经理、总行授信审批部副总经理，陆金所控股首席风险执行官，中国平安集团副首席风险执行官，腾讯金融科技副总裁。兼任上海市中小微企业政策性融资担保基金管理中心风险委员会副主任委员、上海外国语大学客座教授、上海交通大学高级金融学院业界导师、《财新》专栏作家等。

大财富管理时代保险资产管理公司应做难而正确的事

百年保险资产管理有限责任公司　杨峻

一、大财富管理时代，保险资产管理行业发展的蓝海

随着我国人民生活水平的提高、中产阶级的壮大，中国经济从高速增长阶段逐步转向高质量发展阶段，一个新的时代——大财富管理时代正在逐步到来。这个时代标志着我国人民的财富积累和财务规划意识逐步深化，对财富管理的需求变得更加迫切。在这个关键的节点上，保险资产管理公司作为中国资管机构的重要主体之一，应积极应对时代的挑战，抓住发展机遇。

根据贝恩公司预测，预计2025年前，中国养老金市场总规模可达约26万亿元，2021—2025年复合增速约15%，2030年有望达到48万亿元。根据麦肯锡发布的报告《后疫情时代财富管理重启增长》，截至2022年底，中国居民个人金融资产已接近250万亿元，成为全球第二大财富管理市场；未来10年，预计中国居民个人金融资产将继续以9%的年复合增长率平稳增长，到2032年将达到570万亿元（见图1）。从增长的驱动因素来说，居民收入增长是财富管理市场发展的巨大来源和支撑，当前中国中产阶层人数已超过4亿，未来仍有潜力提升。随着人们对房地产增值预期的改变以及存款利率的不断下行，居民的多元资产配置需求也在不断提升。

资管新规出台后，监管政策进一步偏向市场化导向，在资金来源、销售渠道等方面统一了保险资产管理与信托、银行理财、券商等可比行业的监管要求，全新的大资管金融生态体系将创造新的市场发展机

遇。更重要的是，资管产品去“刚兑”、转型净值化的过程虽然痛苦，但市场已经逐渐接受。在非“刚兑”的时代，居民部门对于寻求财富管理专业人士帮助的需求将有很大提升。当前，中国财富管理市场的主要份额由银行理财占据，其他例如公募基金、券商、保险资产管理、独立互联网财富管理平台等机构正在快速发展，逐步蚕食银行理财的市场份额。

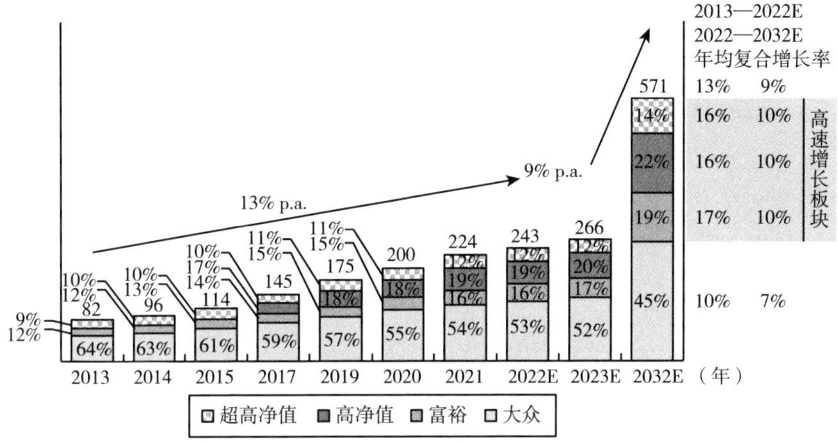

图1　中国居民金融资产增长趋势（万亿元人民币）

资料来源：麦肯锡《后疫情时代财富管理重启增长》。

不同于其他资产管理机构，保险资产管理在大财富管理赛道中具有独特的优势。首先，保险资金属性与新兴产业融资需求高度匹配。“十四五”时期要实现经济高质量发展必须依靠经济转型升级和新兴产业发展，尤其要在“卡脖子”技术及其相关领域形成可持续的创新能力和产业转化能力。保险资金具有长期资金来源稳定和投资周期较长的特点，能够满足这些创新型企业和客户对资金的需求。其次，保险资产管理公司拥有较强的风险管理能力和专业的多资产投资团队，可以提供多元化的投资选择和定制化的财富管理方案，极大地拓展了潜在客户范围。最后，保险母公司赋予资管公司丰富有价值的数据，可以更好地了解客户的风险承受能力和财务目标，将同类型客户合并，降低保险资产管理公司的管理沟通成本。更重要的是，保险资产管理公司可以将保险产品与财富管理相结合，为客户提供更全面的风险保障和财务规划。

二、逐鹿财富管理时代，保险资产管理公司亟待解决短板

当前，保险资产管理公司在走好中国特色保险资产管理高质量发展之路的过程中，仍然存在着一些亟须解决的问题，表现在以下几个方面。

（一）长期投资理念践行不到位

保险资金的显著特点为资金的负债属性和长期性。因此，保险资产管理公司应充分把握和发挥资金久期优势，践行长期投资理念。然而在应对复杂严峻的内外部环境时，保险资产管理往往受到考核机制偏短期的影响，存在长期战略定力不足、投资策略频繁漂移、忽视或牺牲保险资金的“长期”优势等问题。比如，部分保险资产管理公司以一年作为一个业绩考核周期，从而导致在投资过程中过度追求短期收益，存在长钱短配和追涨杀跌的行为，或者投资高风险、高回报的标的或产品，这些操作都有损资产的长期收益获取，往往会埋下风险隐患。又如，部分保险资产管理公司采取权益法并表做长期股权投资，尽管并表使当期财务收益较好，但如果收购标的股价长期低于账面价值状态，则其减值风险压力持续增加或最终实现亏损。再如，部分保险机构在项目投资上重投前、轻投后，不能及时发现和化解潜在风险，导致项目风险逐步累积。

（二）主动投资能力和产品竞争力不强

大部分保险资产管理公司脱胎于母公司资产管理部，投资能力和人才建设滞后，产品竞争力和市场影响力不足，业务发展容易“走捷径”。

一是部分保险资产管理公司主动投资能力不足。保险资金长期以来主要采取委托投资管理，主动投资能力建设相对滞后。成立资管公司后，受原有投资模式及资金属性的影响，投资策略围绕固收类资产配置及权益类FOF和MOM构建，在主动管理和择时能力方面与其他资产管理机构（如券商资管、公募基金）还有差距。二是产品市场竞争力和影响力不足。与其他资管机构相比，保险资产管理产品资金来源和销售渠道相对单一，产品交易结构较灵活，对投资标的要求更高。同时，产品功能同质化问题突出，缺乏区别度和独特性，无法满足投资者的多样化需求。三是部分保险资产管理公司过度依赖通道业务，通过“走捷径”获取投资机会。这种模式以较低的成本和较短的时间获取产品规模，但这种通道业务不仅质量不高，还增加了公司经营风险和合规风险。

（三）践行“以客户为中心”理念不坚决

大财富管理时代，“以客户为中心”“让投资者真正受益”“实现客户财富保值增值”等理念已经成为业内人士的共识。真正的财富管理应该以客户为中心，根据客户需求运用专业能力，筛选出适合其需求的优质产品，引导客户形成正确的投资行为。在此基础上，通过有效的资产配置和持续的陪伴，确保客户获得与优质产品相匹配的收益。然而，保险资产管理公司以受托管理集团内的保险资金为主，存在较重的“买方心态”，对于自身参与财富管理市场竞争的内驱动力不足。往往宣传倡导着高质量发展的长期价值主义，行动上却都是短期功利主义，偏离“以客户为中心”的经营理念。

在产品发行上，部分保险资产管理公司为了迎合客户短期化的投资行为，优先推荐主题和热点聚焦、短期见效快的资管产品，而减少风险分散且回报周期长的资管产品。在投资策略上，过度强调短期行业、板块的景气度，采取行业主题驱动、事件性驱动的投资方法，而较少提示公司的长期价值在哪里、商业模式能不能持续、当下的估值是否公允等。在销售上，为了产品好卖，走“以销售为中心”的老路。比如，不少保险资产管理公司将产品过往收益率的高低作为筛选产品的重要指标，忽视这些高收益率产品的持续性和客户的风险承受能力。又如，通过营销技巧，将净值化产品包装成稳健产品，去迎合客户不合理的“刚兑”预期。再如，投资教育没有放在管理客户投资预期上，售后陪伴也大多流于形式，往往引导客户在市场大跌时“长期持有”，在市场大涨时“再买一笔”。这些行为助长了客户高买低卖、追涨杀跌等非理性投资行为，在损害客户长期利益的同时也给保险资产管理公司自身埋下长期风险隐患，是典型的知行不合一。

三、大财富管理时代，保险资产管理需坚持做难而正确的事

面对上述一系列问题，保险资产管理公司亟须找到匹配自身基因、文化和能力的特色化的经营模式和发展路径。坚持做难而正确的事，由管理资产向服务客户转型，才有可能在大财富管理时代找到新的增长极。

（一）长期坚持“利他共赢”是难而正确的事

1.“利他共赢”是财富管理行业商业模式的核心。财富管理是一件复杂且专业的事情，该行业的价值就是为了解决客户在投资管理、财富增值与传承过程中遇到的痛点或需求。一家专业的资管机构能否可持续发展，取决于其所提供的解决方案，是否真正有效解决客户的需求。其商业模式的本质就是通过利他的方式，最终实现自我价值。这就意味着机构与客户不仅是利益共同体、事业共同体，更是价值共同体。因此，对于保险资产管理公司而言，所谓正确的事就是通过利他，即客户，解决客户在财富管理中的痛点，为其持续创造价值，最终实现长期稳定的商业回报。这就需要保险资产管理公司坚守买方立场、长期主义和价值投资理念，用多元化的产品服务和资产配置方案护航万千客户，实现财富的保值、增值与传承。

2.长期践行“利他共赢”的价值观又是最难的事。难在抵御短期

利益的诱惑，为长期潜在回报坚守，这需要克服自我利益驱动、资源限制、竞争压力以及延迟满足等困难因素。就如同每天锻炼、按时作息，即使知道长期坚持能带来身体健康的好处，但真正坚持做到的很少。不少财富管理机构都在做容易而正确的事情，比如提供更多的产品信息供投资者决策、将交易过程优化得更加便捷、货架式销售方便客户选择等。这些事情容易看到直接的效果，带来即时的效益，但它们的门槛较低进而会加剧同质化竞争。也有些机构选择走捷径，做简单而错误的事情，比如过度宣传高收益率、忽略回撤风险来吸引客户；又比如在市场过热、估值虚高的时候销售某些产品。更有甚者，在做着难而错误的事情，比如资管新规之前，迎合客户"保本"需求而大行其道的"刚兑"产品。

3.坚持"利他共赢"更是保险资产管理高质量发展的关键所在。真正以客户为中心，持续践行"利他共赢"的价值观，短期内可能会面临一定的困难和压力。但从长远看，可以构建差异化竞争力，带来更大、更持久的回报，这对保险资产管理公司的高质量发展具有重要意义。一是坚持利他有助于确保业务的合规性和稳健性，避免触犯法律和监管红线，保障客户资产的安全。同时意味着要对风险有更加清晰的认识和更加谨慎的态度，有助于降低投资风险，实现稳健的投资回报。二是坚持利他有助于提升保险资产管理公司的信誉和声誉，赢得客户的信任，从而吸引更多的客户和资金，实现自身的可持续发展。三是坚持"利他共赢"有助塑造企业的文化价值观并提升行业竞争力。一个坚持"利他共赢"经营理念的保险资产管理公司，往往能够培育出具有高度责任感和职业操守的团队，有利于机构在激烈的市场竞争中脱颖而出，推动整个行业的标准和竞争力不断提升，为机构和行业的长期高质量发展奠定基础。

（二）保险资产管理逐鹿财富管理行业的必由之路

在大财富管理时代，保险资产管理公司面临着激烈的市场竞争，要想脱颖而出，构建起核心竞争力，只有选择做难而正确的事。真正以客户为中心，抱着“利他共赢”的价值观，并持续践行。这就需要从多个方面提升自身的竞争力，为客户提供更优质、更专业的服务。

一是完善产品工具，坚持产品创新。保险资产管理公司需要不断创新产品和服务，以满足客户多样化的需求，这包括推出更具投资价值的保险产品、结构化产品、另类投资产品等，以吸引更多的客户。通过提供多样化的产品和服务选择，保险资产管理公司可以更好地满足客户的需求，增加客户黏性和忠诚度，进一步提升公司的市场份额和声誉。例如，对保险资产管理的纯债类产品、偏债混合类产品和偏股产品设置不同的封闭期限。又如，围绕新金融工具会计准则的实施，开发高收益、低波动的组合类产品。围绕资产负债管理，开发资本节约型、高分红型、免税型等组合类产品。再如，践行ESG理念，开发设计以绿色标的为主的绿色组合类产品。围绕盘活存量资产，发行具有特色资产支持计划产品。

二是坚持立足长远，聚焦专业能力提升。保险资产管理公司应持续完善投研体系，不断强化团队的投研能力，为客户提供更可靠、更专业的投资服务和投资回报。一方面，强化多资产配置能力，持续提升大类资产的投研能力。保险资产管理公司在多资产配置方面具有独特优势，可进行资产配置方案输出，利用保险资产管理的全牌照和全品种的管理能力，根据客户的特定目标、时间和风险承受能力，精确地选取适合的资产类别和配置比例，为客户打造定制化的资产配置解决方案。另一方面，保险资产管理公司构建提升投资策略化、策略产品化的投资体系。通过多策略多产品，满足客户多样化的需求，形成产品、服务和投资相互促进的良性发展轨道。

三是坚持做有温度、易感知和可理解的投资者教育和陪伴。保险资产管理公司要积极关注客户在产品净值波动时的焦虑心理，并帮助客户正确应对市场风险。通过有温度、易感知和可理解的投资者教育和陪伴，帮助客户真正认识市场和产品，培养正确的投资观念。只有以顺应人性的方式引导客户作出逆人性的决策，减少心理阻力，优化投资行为，才能真正让客户拿得住产品，避免陷入追涨杀跌和频繁交易的恶性循环。比如坚持在权益产品大跌时最不好卖，但同时也是估值低位、投资性价比最高的时候，坚持引导客户买入。又比如引导客户做资产配置，认识到分散风险、追求相对稳定收益的重要性。这些事情显然都比直接挑选收益率最高的产品推荐给客户难得多，也更难利于销售转化。要引导客户知晓个中道理自主选择，绝非易事。也正因如此，这一条路并不拥挤，壁垒也更高。因为很少人会放着简单的事情不做，去做更难的事。

四是坚持强化风险管理能力，确保客户资产的安全。金融是经营风险的行业，资产管理机构的核心竞争力体现在对风险的主动管理能力。大财富管理背景下，保险资产管理公司的风控核心竞争力建设显得极为重要。为此，保险资产管理公司应不断提高专业认知和前瞻性，通过建立全覆盖全流程的风险管理体系，借助科技手段积极应对和防范市场风险、信用风险、流动性风险。减小产品净值的波动和风险发生概率，为客户提供良好的投资体验，带动保险资产管理公司财富管理业务的可持续发展。

总而言之，保险资产管理公司应深刻理解客户信任的核心价值，坚持利他共赢和长期主义，“以客户为中心”，做难而正确的事。通过不断完善产品和服务、提升投资能力、陪伴投资者，创造差异化价值，逐步建立护城河，从而推动保险资产管理行业高质量发展。

曹志强

永诚保险资产管理有限公司

中共党员，研究生学历。现任永诚保险资产管理有限公司副总经理（主持工作）、首席风险官。历任中国新技术创业投资公司山东办事处金融部投资经理、计划资金部总经理，山东中创软件工程股份有限公司财务部经理、监事会主席兼稽核审计部经理、董事会秘书、总会计师、董事、副总经理，永诚财产保险股份有限公司董事会秘书、董事会办公室主任（兼）、财务部总经理（兼），永诚保险资产管理有限公司筹建工作领导小组副组长（兼）、合规负责人、副总经理、董事、审计责任人。

坚定发展第三方业务产品化战略，打造精品保险资产管理公司

永诚保险资产管理有限公司　曹志强

随着我国进入大资管时代，保险资产管理行业从2003年的首家保险资产管理公司已扩容至当前的33家。面临新监管政策、宏观经济形势新阶段以及日渐激烈的竞争环境下的各种挑战，如何立足本业，加强差异化核心能力建设，走出一条适合中小保险资产管理公司的特色发展之路，值得认真探索。

一、保险资产管理行业面临发展新阶段特征，既是机遇也是挑战

（一）资管新规颁布后，资管行业规模增速先降后升，细分行业呈现结构性分化

自2018年资管新规发布以来，资管市场监管规则和标准得到了较大程度的统一，通道类等虚假繁荣的金融现象受到抑制，过去5年国内整体资产管理行业规模按年增速经历了先降后升的过程①。

在大资管竞争日益激烈的背景下，各细分资管行业在业务领域的重叠不断增加而竞争差异日渐缩小，各行业管理规模增速上也呈现出结构性分化。从2018年到2021年，保险资产管理规模的复合增速为12.79%，银行理财剔除保本理财口径后，复合增速超过9.65%，公募基金增速最快达21.90%，而信托公司、券商资管、基金子公司等行业则

① 保险资产管理数据援引《2021—2022年中国保险资产管理行业运行调研报告》，其他资管规模数据均援引《中国资产管理市场2021》。

出现了负增长的情况。保险资产管理规模相对较高的增速，一方面受益于我国人均GDP提高带来健康保障意识觉醒以及我国人口加速老龄化。截至2022年末，我国保险资金运用余额已达到25.05万亿元，过去4年复合增速高于同期GDP增速。另一方面增长源于保险资产管理制度主体框架搭建完成后，保险资产管理公司发展有据可依，能摆正自身地位并精准开展业务，推动与同业更广泛的合作。

（二）利率中枢下移时代，保险资产管理公司实现绝对收益难度加大

保险资金因成本刚性和监管要求的特征，需追求绝对收益率以及收益率的稳定性。近10年来，保险资金年度财务收益率波动随着其他投资占资金运用余额比例的增加而波幅变窄；2013—2022年保险业年度财务收益率算数平均为5.40%[①]，亦表明保险资产管理公司有能力通过大类资产配置、稳健的投资能力以及低偏好的风险管理能力追求中长周期的绝对收益。

受近年宏观监管政策导向和疫情影响，无风险国债收益率、中高等级债券信用和期限利差下降至历史中低位，加之企业另类非标提款意愿减弱，综合因素导致保险资产管理投资绝对收益下滑，而选择提高权益类资产的占比又使得保险资产管理公司面临收益波动性变大的问题。新宏观环境下的特征对保险资产管理公司挖掘绝对收益提出较大挑战。

（三）参考国际发展经验，大力发展第三方业务成为行业共识

在国家经济产业转型和保险业高质量发展需求的背景下，保险资产管理公司在立足主业的基础上，需从自身资产管理的本质出发，基于关联方资金规模、自身资源禀赋、过往沉淀的投资能力、财务资源以及差异化市场定位，寻求具备自身特色的发展路径。

以参考国际保险资产管理公司发展经验为例，全球资管前100强的

① 根据2013—2022年公开披露的保险行业年度财务收益率算数平均计算。

法通保险集团和加拿大宏利人寿第三方管理规模占比均超过80%①，国际保险资产管理公司大力开展第三方业务获得了重要的规模和利润贡献。与之相比，2021年国内保险资产管理行业第三方资金占总管理规模的比例仅为23.53%。从结构上看，2021年末超三成机构管理第三方资金规模比例接近或者超过50%，且管理第三方资金比例较高的机构，单位规模收入也相对处于较高水平。由此选择大力发展第三方业务，推动受制于关联方资金规模限制的保险资产管理公司，走出特色化的发展之路已经成为中小保险资产管理公司的共识。

二、国内保险资产管理公司第三方业务发展情况

（一）保险资金依然是保险资产管理公司的立身之本

保险资金一直是保险资产管理公司的立身之本。截至2021年末，国内保险资产管理总管理规模为21.11万亿元②，其中系统内保险资金占比76.47%，处于绝对控制地位，但规模增速为9.38%，略低于整体规模增速。第三方资金中第一大来源为第三方保险资金，占第三方资金的比例为31.95%；第二大资金来源是银行资金，占比28.69%，同时也是所有资金中增速最快的，2021年增速达到了46.82%，银行资金也逐渐成为保险资产管理公司的重要资金来源之一。

（二）保险资产管理公司投资以传统固定收益品种为主，可抓住与同业竞争中的比较优势开展合作

截至2021年末，我国保险资金运用余额中，前五大的资产类别分别为债券（占比41.68%）、银行存款含流动性资产（占比13.05%）、金融产品（占比12.93%）、股权投资（占比7.96%）和股票投资（占比

① 数据援引自沙卫、秦明益、李杰、胡焯绛、杜长春.《海外保险资产管理机构国际化发展经验及其资产配置研究》。

② 数据来源于《2021—2022年中国保险资产管理行业运行调研报告》。

7.05%）；保险资产管理公司管理规模中投资配置前五大分别为债券（占比40.81%）、金融产品（占比15.46%）、银行存款（占比13.79%）、股票（占比7.54%）和组合类资产（占比6.02%）。两者配置比例整体差别不大，还是以固定收益品种为绝对地位的结构。打开组合类产品底层来看，2021年末，组合类产品底层资产配置在银行存款和债券的比例超过八成。上述结构表明我国的保险资产管理公司在银行存款、债券等固定收益类产品方面获取绝对收益的竞争优势较强。

参考国际保险资产管理公司经验，相较于自身保险资金配置，国际保险资产管理公司在第三方业务中更积极地配置权益类和另类资产，例如在另类中加入商品、金融衍生品等多种投资策略。此外，第三方业务中的资产配置比例与投资机构自身的投资能力标签密切相关。面对多品种投资能力建设的长远发展方向，中小保险公司可以选择与现有投资能力圈相近的投资品种如可转债、公募REITs、ABS等进一步扩展投资能力圈。另外，也可以与其他专业机构合作，共同开展投资项目和产品。

（三）部分保险资产管理公司市场化机制竞争力不强以及品牌建设滞后

相对于证券公司和公募基金等市场化程度较高的资产管理同行，部分保险资产管理公司在市场化激励机制建设方面仍存在一定差距。依靠集团保险资金优势，部分保险资产管理公司的买方心态较重，重固收和银行存款的配置模式，导致对资管市场多元化客户的需求不敏感。

面对多元化的投资者偏好以及高质量发展的转型要求，如何培养和吸引更多优秀人才，是保险资产管理行业所面临的挑战。保险资产管理行业整体管理规模已经超过20万亿元，但对比券商和基金，无论业外的机构或者是个人投资者都对保险资产管理行业缺少认知。同时，保险资产管理行业在个人销售方面起步较晚，保险资产管理品牌建设相对滞后，如何借助母公司主业的宣传品牌提升自身的影响力，也是保险资产管理公司需探索的问题。

（四）第三方业务推动保险资产管理行业产品、运营支持人员快速增加，但部分中小保险资产管理公司在运营支持条线人力依然缺配

2019年至2021年，保险资产管理公司在产品和运营支持条线的人员配置上增速领先，分别为27.90%和13.98%。从人才分布看，运营支持、投资、风控合规信评依次为人员数量前三大条线，占比分别为19.02%，16.22%和15.08%。

从行业梯队来看，大型和小型的保险资产管理公司2021年均在产品条线快速增加人员，但中小型保险资产管理公司在运营支持和营销条线上的配比明显低于行业均值，更远低于大型机构。对于快速发展的中小保险资产管理公司，需注意人才业务的短板对第三方业务发展的制约。

三、中小保险资产管理公司第三方业务产品策略布局和发展思路

永诚资产于2017年正式获批开业，作为较晚成立的保险资产管理公司，创立之初筚路蓝缕，通过发展第三方业务走出了困境。截至2022年末，公司总管理规模为628.59亿元，其中第三方组合类产品总规模591.78亿元，相比2021年末总管理规模58.58亿元，实现了规模和收益跳跃式的发展。永诚资产通过选择符合自身人力资源结构、资源禀赋的组合类产品发力，专注发挥传统固收品种上的比较竞争优势，并逐步扩展自身投资能力图谱，探索出符合中小保险资产管理公司的精品特色差异化发展道路。

（一）坚定发展第三方业务产品化战略，以服务客户为中心，打磨重点产品为核心竞争力

在大资管竞争背景下，无论是参考国际经验还是高质量发展的内

在要求，中小保险资产管理公司都应该坚持差异化、产品化、市场化的第三方业务发展战略。在发展路径的选择上，无论是以市场驱动、运营效率驱动还是投研驱动，都需要在与自身人力、投研积累和财务资源匹配的情况下，以服务客户需求为中心，全力打造在收益率、收益稳定性或客户体验上具有核心特色的产品为市场宣传重点，为公司的发展打开局面，并逐步补足自身在投研、运营支持等方面的不足，拓展投资能力建设并丰富和延伸客户群体，最终实现高质量发展。

过去三年，永诚资产在树立发展第三方业务的战略后，把为三方险资为主的中小金融机构提供稳健收益作为核心追求，以客户的共性需求为中心，建立贴近市场的销售体系，实时跟进重点客户的个性化需求，快速传递和迭代市场信息给中后台投资部门并做高效率的响应和调整。永诚资产在与市场信息和投资者需求的碰撞中，不断调试自身产品线，选择了最适合当前市场的组合类产品投资策略，最终打造了核心拳头特色产品“永盈安享”系列。

（二）以绝对收益为核心，将比较竞争优势转化为第三方产品竞争力

1.沉淀保险资产管理投资比较优势，坚守绝对收益。虽然不断扩展多品种的投资能力是保险资产管理主流的未来发展方向，但中小保险资产管理公司的发展应该首先牢牢把握保险资产管理在过往服务关联保险资金上，沉淀的大类资产视野以及传统固收标的上的优势。通过展现较其他资管行业于投资上的比较优势，开展同业合作。例如中小保险资产管理公司应该抓住银行理财在净值化转型的阵痛期，通过组合类产品、债权和股权投资计划在投研、产品和服务方面与银行资管产品条线互补，构建特色发展路径。

永诚资产过去两年中，在股债都面临较大波动的市场环境下，凭借对市场的敏感度和自身绝对收益品种上的配置优势，通过打磨拳头产品“永盈安享”系列，为业内三方保险资金为主的金融机构企业提供收益稳定和体验良好的金融产品。

2. 积极发展绝对收益策略产品，沿着投资能力图谱逐步布局多元化产品线。虽然受发展背景和能力禀赋限制，诸多保险资产管理公司在节奏和发展方向上略有不同，但国际上保险资产管理公司在资产配置发展方向上多是向着综合性、多元化、国际化的方向发展。中小保险资产管理公司，在优先发展绝对收益品种的基础上，应该凭借投资能力的逐步建设和加强，沿着市场需求和投资能力图谱，依次布局能力延伸较为相近的领域，慢慢形成和打造多元化的产品条线。

永诚资产过去三年坚持在以稳定收益为主的现金管理类、固定收益类组合产品的基础上，一步一个脚印从产品线上慢慢延伸至增强收益型的“固收+”型产品。未来也将结合公司投研能力、人才队伍的建设，逐步布局指数增强型产品、FOF类产品等产品线，逐步实现与公司能力特色相结合的发展道路。

（三）加强资管品牌建设和构建广阔的同业合作网络

中小保险资产管理公司应该以打磨核心产品作为品牌建设和宣传体系中的重中之重，以此特色化和标签化自己的比较竞争优势，以拳头产品带动公司规模，从而进入更多客户的投资视野。以市场为驱动的保险资产管理公司，应该把握通过核心产品高频率触达机构客户的战术策略，通过建立体系化的销售团队，定期于线上和线下拜访存量和潜在客户。通过高频的触达，保险资产管理公司一方面能贴近市场，在与客户的不断交流中发现产品创新的需求和思路；另一方面，通过存量的客户资源，能够进一步延伸和拓展客群，建立包括且不限于保险机构、业外资管同业以及工商类企业等机构客户网络和多层次的个人客户代销渠道，为未来潜在合作打下基础。譬如保险资产管理公司可以与基金公司、券商资管开展公募REITs和FOF产品发行、投资等合作；与信托公司在另类项目和资金资源上展开合作；与银行及理财子公司，在专户合作、垫资、托管和代销等方面多点打下合作基础。

永诚资产从一家中小保险资产管理公司起步，依靠服务中小保险公司，逐渐树立了服务第三方机构的精品保险资产管理公司的品牌形象。公司目前已与业内外近百家以保险公司为主的金融机构及工商企业开展了业务合作，公司未来将继续专注扎根到第三方机构市场中，以服务中小保险公司为核心主业，通过多种组合类产品，满足各类投资机构的需求。

（四）加强资管公司系统建设，加快金融科技应用以及人工智能在资产管理业务中的探索

保险资产管理公司应加强公司信息系统建设并大力加快应用金融科技手段，通过采购外部投研数据库、市场数据平台化、研究框架线上化和模板化、基本面分析定量化、利用人工智能精准化舆情分析等，在投资领域提升投研分析和投后跟踪能力。尤其是近年来，国内外在AIGC大模型上的突破，应有前瞻意识地探索人工智能等技术在资产配置分析、智能辅助投资决策、量化投资、风险管理、风险预警等方面的应用。

此外，保险资产管理公司还将AIGC工具应用于客户营销、智能投顾和智能客服领域。通过对客户数据的分析和挖掘，金融科技能够提供个性化的产品推荐和服务建议，智能客服系统可以通过调用微调后的AIGC模型，实现快速、准确的客户问题解答和服务响应，提高客户服务效率和质量。这将在极大程度上补齐保险资产管理公司在应对未来个人客户组织发育上后发的短板。

吴茜

工银安盛资产管理有限公司

正高级会计师、注册会计师（CPA）、全球特许管理会计师（CGMA）。现任工银安盛人寿保险有限公司党委副书记、总裁，工银安盛资产管理有限公司总经理。曾任工商银行财务会计部副总经理，具有二十余年银行及保险公司金融工作经验。

深化协同，坚定走高质量发展之路

工银安盛资产管理有限公司　吴茜

我国提出加快保险业对外开放进程以来，中外合资银行系保险资产管理公司工银安盛资管、交银康联资管、中信保诚资管、招商信诺资管相继成立，银行系保险资产管理公司日益壮大，正在成为保险资产管理行业重要的组成部分。作为成长中的中小型保险资产管理公司，身具大行属性，探讨如何通过发挥协同优势，融入寿险母公司和集团的发展，实现自身经营质效的提升，有着极其必要且积极的意义。

一、协同是机构发展壮大的必由之路

在探讨协同之前，保险资产管理公司需要明晰发展理念。只有理念清晰明确，才能凝聚共识，沿着正确的经营方向和战略思路前行。关于发展理念，机构的理解各有侧重。工银安盛资产管理有限公司（以下简称工银安盛资管）始终坚持专业化和规范化的发展理念，以专业立身，规范运作，稳中求进；在此基础上，通过协同合作，发挥自身的差异优势，把握市场发展机遇，以精细管理和数字科技实现提质增效，在合作共赢的生态建设中实现高质量发展。

首先，协同是基于自身发展的内生性要求。作为以管理保险资金为主的资产管理公司，随着受托账户保费流入的增长，公司的资产管理规模自然增长。投资资产日益增多，投资形式不断丰富，投资活动的复杂性在增加，公司需要覆盖的资产类型更为广泛。投资团队持续扩充，中后台同步增加，员工专业程度各有高低，对于资产的理解不同，对于风险的理解不同。由此来看，搭建内部的交流机制，实现团队的共同提升是公司内生性的要求。

随着保险资金运用渠道和范围不断拓宽，保险资产配置结构不断丰富多元。保险资金可以投资的资产范围从传统的存款、债券、基金、股票扩展至股权、不动产、金融衍生工具、证券出借、公募REITs等品种。新的投资品种不断出现，对于保险资产管理公司的投资工作提出更高的要求，保险资产管理公司持续加强投资管理能力建设和风险管理能力建设。

其次，协同是基于差异化发展的必然要求。资管新规以来，各类型资管机构同台竞技，投资能力的强弱、牌照的差异、渠道与客户的偏好促成了不同的发展路径，大资管行业竞合发展的态势正在形成。保险资产管理作为大资管行业的一部分，服务保险主业是保险资产管理公司的首要职能。主业之外，各同业机构通过发行债权投资计划和组合类产品、专户委托等形式积极开展第三方业务，拓展管理规模、增加管理费收入。激烈的行业竞争环境下，保险资产管理公司依托禀赋差异和资源优势，走出差异化发展之路是必然选择。

2020年，《保险资产管理产品管理暂行办法》及其配套细则发布，2022年，保险资产管理产品登记制全面落地，产品发行效率进一步提升，行业发展活力加速释放。以保交所资产支持计划为例，依托保险资金的优势，从2022年起发展逐步步入快车道，登记数量及规模实现同比增长78%和106%。作为成长中的中小型保险资产管理公司，开展保险资产管理产品发行业务，从“买方”走向“买方+卖方”并重，由单一的投资管理职能转向更为复杂的资产管理职能，需要从零到一搭建新的业务体系，并开拓业务机会，对于前、中、后台的要求是整体性的，也是系统性的，势必需要充分利用内外部资源，提升专业能力。

最后，协同是基于人民至上的责任担当。保险资金是我国金融市场重要的长期资金提供者，具备专业、牌照和资金优势。保险资产管理公司可以通过发挥另类投资专业特长，聚焦重大战略、重要区域、重点工程项目，为国家基础设施建设提供中长期资金支持；可以通过发挥多元化投资优势，直接投资债券、股票、基金等标准化金融资产；可以通过发挥股权投资优势，通过股权投资计划、股权投资基金、产业基金等配置未上市股权资产，为战略性新兴产业的市场主体提供直接融资支持；可以通过发挥保险资产管理产品创设优势，发行债权投资计划、资产支持计划等产品，进行优质资产创设，直接对接国家重大建设项目和工程。一直以来，保险资产管理公司都是服务实体经济和国家重大战略的重要参与力量，近年来，参与渠道更是不断丰富，服务内涵和外延不断拓展。不过，依托自身团队的努力，保险资产管理公司难以深入触达市场主体的需求，可以通过行司协同、集团协同，增强金融服务的供给与需求匹配度，更好服务经济发展。

党的二十大报告指出，要“增进民生福祉，提高人民生活品质”，“健全社会保障体系”，“推进健康中国建设”，这为保险工作指明了着力点，揭示了动力源。随着老龄化进程提速、发展程度提升以及共同富裕推进，市场对养老、财富、健康保障的需求日益扩大，对保险的政治性与人民性提出了更高要求。在新的发展形势下，“以人民为中心”不再是一句口号，保险机构纷纷将养老金融提升为战略重点，助力多层次社会保障体系构建。工银安盛人寿提出“坚持人民至上”重构经营模式，工银安盛资管积极配合寿险母公司的战略调整，以实际行动践行人民保险的理念。

二、资负协同，服务保险主业发展

保险资产管理公司的成立与发展是在保险资金运用市场化改革不断深化、承保业务与投资业务两轮驱动的背景下，保险机构在资产端进行专业化运营的探索实践。资管公司成立后，积极开展投资管理能力建设，大力提升资金运用效率，较为有力地支持了保险主业的发展。

（一）资负联动，共同应对行业新变化

近几年在疫情冲击等因素影响下，居民就业、收入增速、消费意愿受到拖累，资产负债表呈现收缩倾向，保险消费能力和保险消费意

愿受到影响。同时，传统个险进入转型深水区，银保渠道竞争激烈，保险业自身在发展理念、公司治理、经营方式等方面，正处在向高质量发展的转型期。一方面，负债结构面临调整对保险资金投资产生较大的影响；另一方面，在利率中枢长期下行的背景下，资产端面临新增资产投资和到期资产再配置的双重压力、收息资产受到信用风险事件频发的扰动，合意资产不足和投资的不确定性是资管行业面临的共同难题。资负两端有必要加强沟通联动，探讨应对举措，共同应对流动性、资产荒及权益市场波动带来的影响。

“偿二代二期规则”下，与利率敏感的资产全部纳入利率风险计量，权益型基金、股权投资风险因子调高，投资性房地产的风险因子和认可标准被调整，新增大类资产集中度风险的最低资本要求。保险公司需要全面性、综合性地评估战略资产配置计划和投资管理工作，资产配置策略将更强调资负均衡下获取收益的能力。工银安盛资管适时适当调整投资策略，增配长久期政府债，增加高股息高分红股票，在风险容忍度限额内，选择风险收益最优的投资方式，加强投资能力建设，增强多元化资产配置，对各类资产进行整体、动态性的优化。

根据财政部要求，2023年开始，首批在境内外同时上市的企业同时执行新金融工具准则（IFRS9）与新保险合同准则（IFRS17），其他企业自2026年1月1日起执行，允许企业提前执行。新金融工具准则将金融资产分类由现行“四分类”改为“三分类”，原准则下可供出售（AFS）这一重要“利润稳定器”将不复存在。新会计准则实施后，要素法下权益工具投资会计分类选择尤为关键，权益工具投资FVTPL占比越高，保险公司利润表波动越大。工银安盛资管多次组织投资团队与母公司讨论研究，充分了解新的会计分类对于财务报表的影响，配合母公司进行分类调整。

（二）投研共享，着力建设核心能力

对于资管公司来说，管理母公司的保险资金是最核心的工作。资

管公司通过组合管理部门或资产配置部门服务和对接保险公司的投资管理中心或资产管理部的需求，通过风控合规部门对接保险公司的风险管理部门的要求，双线并行，已经形成一套较为成熟完善的沟通机制。资管公司按照保险公司的资产负债匹配、战略资产配置和投资指引的要求，进行战术资产配置、组合管理，开展品种投资，全力完成委托资产投资收益目标。但是，我们在推进金融衍生工具、证券出借、绿色金融等新品种投资、新业务的过程中，注意到监管机构往往对资管公司和保险公司做出同步监管要求，两方均须完成相应的投资决策程序和人员机制准备。这就需要保险公司作为委托人，资管公司作为受托人，增加沟通交流的频次，一起参与同业调研、携手开展新业务的培训，共同提升专业水平。此外，保险公司进行资产负债管理、开展战略资产配置需要较深入的宏观和固定收益研究，熟悉大类资产的收益假设，这些与资管公司的配置和固收等投资团队的诉求基本一致。近年来，工银安盛资管逐步完善投研共建机制，与母公司共享投研资源和信息，在避免重复研究和浪费资源的同时，有效地加强资负两方团队的沟通和合作，提升了投资效率和决策质量。

三、行司协同，主动融入集团生态

保险资产管理公司作为集团“大资管”的重要组成部分，通常也是集团唯一的保险资产管理牌照，可以为集团客户多元化金融需求提供特色供给。通过发挥保险特色，深化行司联动，为银行优质客户提供长期稳定的资金来源，与行内各类资金形成有机结合，共同为客户提供安全稳健的融资解决方案。

（一）携手合作，服务实体经济融资诉求

保险资金一直有投资基础设施和不动产的优良传统。作为中长期资金的代表，保险资产管理公司通过基础设施债权投资计划为国家和地方的重大项目、重大工程建设提供中长期限的资金支持，资金主要

投向交通、能源、市政、水利等项目，服务国家区域发展等重要战略；通过不动产债权投资计划为商业不动产项目提供融资服务，支持城市更新、保障房建设等民生建设。此外，对于主要投资于市场化债转股资产的债转股投资计划，商业银行可以联合集团内债转股实施机构发起设立债转股投资计划，引入保险资产管理公司进行投资，积极支持供给侧结构性改革、助力企业降本增效。

保险资产管理公司通过发挥保险资产管理产品的创设优势，主动服务市场主体的融资诉求，在基础设施项目、不动产项目、类永续、股权投资、资产证券化等投行业务领域积极作为。具体操作上，保险资产管理公司推进行司在客户营销、项目撮合等方面的联动协同，构建及时有效长期的项目信息来源渠道，发行债权投资计划、资产支持计划、股权投资计划等产品和保险私募基金，进行优质资产创设，直接服务银行客户的融资诉求。以资产支持计划为例，资产证券化的融资方式能够实现基础资产与发起人破产隔离，具有盘活存量资产、降低杠杆率作用。保险资产管理公司可以作为受托人设立资产支持计划，以基础资产产生的现金流为偿付支持，与银行在应收账款、基础设施、租赁租金、保理融资、小额贷款等领域进行项目合作，以新产品、新模式、新渠道厚植服务实体经济新动能。

（二）主动作为，构建更为有效的沟通机制

在银行提供优质资产的合作模式中，保险资产管理公司作为连接保险资金和银行客户的桥梁，需要重视行司联动的落实质效，依托总行协调，充分调动分支行推荐积极性。

首先，与总行投行条线进行充分汇报沟通，建章立制，共建定期沟通平台，强化信息共享交流，协同解决机制阻梗。从工银安盛资管的实践来看，从2020年开始，总行相继出台业务管理办法、联动业务指引等多项规章制度，每年对行司联动总体工作目标、重点拓展业务领域作出明确，同时对加强业务组织推动、注重客户营销策略、规范

业务办理流程等提出具体工作要求。公司通过定期不定期与总行投行部召开沟通会，解决联动机制、重点项目等问题。

其次，向分行主动推介宣传，利用行司联动学堂、编制区域白名单、现场拜访、视频交流等方式，积极宣传介绍保险非标投资业务，加大分行推荐业务的针对性和有效性。工银安盛资管紧抓落实跟进，对于合作中的分行，加快内部对于推进中储备项目的审批流程，积极配合分行项目授信申报审批，努力争取项目尽早落地；对于已有成功合作的分行，继续深挖区域内其他客户需求，复制成功经验，在区域内实现集中投放；对于已经注册完成的保险债权投资计划，与分行密切联动落实客户提款工作。通过不断加大业务推广和项目营销力度，抓好储备项目落地和提款工作，加强投后管理的职责落实，才能不断完善行司联动机制。

最后，发挥保险资产管理牌照优势，积极推广另类保险资产管理产品业务，使之成为分行服务客户新的重要渠道。在非标资产整体受到限制的大背景下，保险资产管理的牌照优势正在凸显，工银安盛资管抓住机遇，加强与集团内部的业务联动，继续大力推广债权投资计划，分品种分场景，加强对分行前台营销人员的宣讲，密切与目标客户的沟通联系；在产品端积极与银行理财等子公司探讨业务合作模式，为其提供更为丰富的可投资产品；在资金端密切与基金等子公司的业务合作，拓展企业年金、社保资金等新的资金来源，拓宽资金渠道。同时，深入研究市场变化、客户需求和同业竞争等情况，在符合集团整体风险偏好和投融资风险限额管理要求的前提下，积极开展资产支持计划等业务，在更好服务客户的同时，促进业务发展，深化行司联动。

四、深化协同，共建共赢，实现高质量发展

业务协同的深化是以互惠互利、共同发展为合作基础，以信任、

专业为纽带，保持沟通和理解，构建长期稳定的合作关系。保险资产管理公司可以通过建立内外部的协同机制，明确合作目标和任务分工，依托有效的沟通渠道和信息共享平台，在不断开展技术培训、知识分享和交流活动过程中，促进资负、行司专业水平的提升，增进不同团队之间的了解和信任，通过合作形成互补效应，实现业务的拓展和服务质量的提升。

工银安盛资管在深化行司协同的实践中，通过聘请分行作为咨询服务、托管人等角色，在增加分行中间业务收入、存款的同时，发挥分行在项目投后管理上的重要作用。自2023年初以来，市场融资成本继续出现较大幅度下降，导致高信用等级客户的融资成本持续下行、议价能力提升，在与保险产品成本尤其是与分行的中间业务收入贡献预期的匹配中存在一定难度，对行司联动业务带来不利影响，行司联手积极应对，在保险端投资收益和分行中间业务收入上都做出了一定让步，实现保险资金的持续投放。

当前，内外部环境复杂多变，保险资产管理公司坚持走高质量发展之路，应该主动作为，坚持互惠共赢的理念，以协同发展提升机构自身的运行效率和专业水平，加强行司合作获取市场份额和项目资源，实现协同深化和资源优化，共同推进行业的高质量发展。

张秦华

交银康联资产管理有限公司

高级经济师，上海财经大学硕士研究生毕业，现任交银康联资产管理有限责任公司总经理。2004年加入交通银行，先后在交通银行总行办公室、常州分行、总行资管中心、交银理财、交银人寿等单位工作。长期从事资产管理业务，对资管业务产品体系、投资研究、营运估值、风险管控、信息化建设、数字化转型、IFRS9标准等工作有全面系统且深入的研究，对资管行业发展趋势与动能有着较深刻的思考和理解。

银行系保险资产管理公司高质量发展路径思考

交银康联资产管理有限公司　张秦华

习近平总书记在党的二十大报告中指出，高质量发展是全面建设社会主义现代化国家的首要任务。近年来，作为金融行业的重要力量，保险资产管理行业心怀“国之大者”，以服务实体经济为根本遵循，全面落实金融工作三大任务，助力我国经济在转变发展方式、优化经济结构、转换增长动能上取得历史性成就。踏上全面建设社会主义现代化国家的新征程，保险资产管理行业需要坚持以高质量发展为主题，坚持完整准确全面贯彻新发展理念，加快构建新发展格局，努力在高质量服务实体经济上取得新突破。

一、银行系保险资产管理公司发展现状

党的十八大以来，在以习近平同志为核心的党中央的坚强领导下，金融改革有序推进，金融体系不断完善，保险资产管理行业迎来了合规经营稳健发展的黄金时代。部分国有商业银行在拓展经营模式、优化金融供给方面进行探索，自交通银行成立第一家银行系信托公司、工商银行成立第一家银行系基金公司、建设银行成立第一家银行系保险资产管理公司以来，商业银行特别是国有银行和股份制银行纷纷通过控股基金公司、信托公司、保险资产管理公司和新设理财公司等方式，构建资产管理业务集团化经营新格局。

截至2022年末，共有银行系保险资产管理公司5家，分别为建信保险资管、工银安盛资管、交银康联资管、中信保诚资管和招商信诺资管。2022年，在保险资产管理行业整体呈现营收、净利“双降”的

背景下，银行系保险资产管理公司迎难而上逆势发展，实现营业收入、净利润两位数增长，体现出较好的成长性和良好的发展前景。

近年来，交银康联资产管理公司以习近平新时代中国特色社会主义思想为指导，以习近平总书记关于金融工作的重要论述为根本行动指南，全面落实交通银行党委和交银人寿党委各项工作部署，在主动融入交银集团发展战略过程中，实现自身高质量发展。截至2022年末，公司管理资产规模突破1 000亿元，营业收入突破1亿元，净利润较2021年增长122%。受托资产综合收益率在银行系保险资产管理公司中排名靠前，在支持国家战略、防范化解金融风险、推进绿色金融业务等方面取得新成效。

当前世界百年未有之大变局加速演进，世界之变、时代之变、历史之变的特征更加明显。银行系保险资产管理公司的成长和发展还面临一些风险挑战：一是保险资金运用体系面临利率中枢长期下行挑战。固收类资产预期收益水平持续下降，权益类资产估值因素多变，银行信贷与保债融资互补关系模糊化演进，大类资产配置的均衡性和典型性面临挑战。二是基础管理能力仍有差距。运营基础、系统建设、数字化转型、产品管理、人力储备等方面均处于投入阶段，相关建设仍需要一定的周期性积累。三是新的增长动能尚待培育。一方资金快速增长曲线日渐平缓，组合类产品、保债计划、养老资管业务等第二增长曲线尚未充分形成。

二、站稳站准保险资产管理业服务经济高质量发展的立足点

习近平总书记指出，经济是肌体，金融是血脉，两者共生共荣。纵观历史，金融一旦脱离实体经济，就是无源之水、无本之木。因此，我们要始终把金融服务实体经济发展放在第一位，摆正金融工作位置，促进经济和金融的良性循环、健康发展。保险资产管理业务属于金融体系的一个分支，不断提高资产管理业务的政治性和人民性，对于推

动金融供给侧改革、完善中国金融市场结构、强化要素资源配置功效、服务经济高质量发展至关重要。

（一）主动融入国家发展战略部署，服务好重大战略举措落地

金融体系的核心职能，就是不断将作为国民经济“血液”的货币资金输送到经济“肌体”当中，通过货币资金的流动来引导实际资源（土地、劳动力、原材料、能源等要素）的配置，从而服务于经济的高质量发展。近年来，我国不断推动经济发展质量变革、效率变革、动力变革取得新成效，金融行业主动对接“十四五”时期重大项目、重大工程，积极配置金融资源，为服务国家战略、服务“国之大者”做出积极贡献。保险资金作为金融资源的重要组成部分，在融入国家发展战略，服务好实体经济上也有自己的应有之义。党的二十大报告对经济高质量发展提出明确要求，需要我们在具体工作中认真思考：一是要服务好现代化产业体系建设。坚持围绕产业完善金融服务的工作思路，发挥保险资金优势，更多向中高端制造业集聚，围绕先进制造业、战略性新兴产业、传统产业转型升级，以及现代化基础设施和流通体系建设等重点领域，持续增加中长期资金投放。二是要服务好区域协调发展战略。深入落实区域协调发展战略、区域重大战略、主体功能区战略、新型城镇化战略等。特别要重视区域协调发展，对京津冀协同发展、长江经济带发展、长三角一体化发展、大湾区发展，以及东北、西部、中部、黄河流域生态保护和高质量发展等方面重点推进。三是服务好高水平对外开放。聚焦畅通国际、国内两个循环工作大局，围绕高水平对外开放、货物贸易优化升级、“一带一路”高质量发展、人民币国际化等方面找好工作抓手。

（二）主动融入国家治理体系建设，支持好金融调控政策传导

习近平总书记强调，金融制度是经济社会发展中重要的基础性制度。我国很早就把金融调控作为经济管理和国家治理的重要手段。因

此，要深刻认识到金融对于经济社会调控的重大作用，通过货币金融政策和财政、产业、科技、就业、区域等政策协调配合，共同服务好经济社会发展大局。党的二十大报告指出：要健全资本市场功能，提高直接融资占比。在金融服务实体经济的诸多细分领域中，信贷市场与资本市场共同发挥主要作用。截至2022年末，中国社会融资总量344万亿元，其中约30%是由以资本市场为纽带的直接融资提供。在我国宏观货币政策调控中，信贷市场的总量调节和结构化调节工具日益丰富，政策传导效果较好；但资本市场调节作用一直没能充分发挥，政策传导有效性不足。银行系保险资产管理公司在国家金融体系占据重要地位，通过资本市场服务实体经济大有可为，也应有所为，通过发挥表内、表外投资引领作用，在改善直接融资结构、优化宏观经济调控过程中可以发挥更大作用。保险资产管理行业服务宏观经济的调控和稳定，要增强大局意识和顶层理解：一是不断优化基于IFRS9准则下的资产配置策略，更好地发挥OCI中长期资产配置优势，增加社会中长期融资供给，增强社会融资体系的稳定性。二是积极拓展新型资产占比，加大公募REITs、不动产支持计划、股权计划等资产投放，盘活社会存量资产，增加资本供给，优化社会资产负债结构。三是积极引导市场价值发现功能，深刻理解中国特色估值体系、绿色金融ESG等政策背景的长远意义，在投研领域前瞻性落实，增强资本市场政策传导效率，促进资金价值与社会价值的共同实现。

（三）主动融入国家安全战略要求，防范化解好金融风险

习近平总书记在多个场合多次强调金融风险和金融安全问题。他指出，金融安全是国家安全的重要组成部分，是经济平稳健康发展的重要基础。维护金融安全，是关系我国经济社会发展全局的一件带有战略性、根本性的大事。特别是，保险资产管理的资金属性决定，更加需要把风险管理和资金安全放在首位。不断增强保险资产管理业务风险管理有效性，要遵循其自身客观规律：一是要致力于完善保险资

产管理特色的全面风险管理体系。基于风险偏好约束，确保风险管理与风险监测的全覆盖，针对信用、市场、流动性、操作、合规、信息安全等领域，完善过程管理指标体系。致力于构建完善内控机制，建立“前中后”台三道防线的有效制衡体系。二是严格执行基于资金属性的策略目标约束。坚持深刻了解资金属性和目标约束的工作前提，树立敬畏市场的经营理念，重配置、轻投机，避免因所谓“确定性”而造成策略上的大开大合、大起大落。三是能力先行，严格业务边界。对新业务领域的拓展要“流程为本、制度先行”，并把能力建设作为基本前提，避免因战略冒进而发生战术损失，不做能力边界以外的事情。

（四）主动融入服务人民群众金融需求，提升金融供给效能

习近平总书记强调，要始终坚持以人民为中心的发展思想，更好满足各经济主体多样化的金融需求。保险资产管理行业虽然仍以服务机构客户为主体，基本还未直接面向社会大众开展公募服务，但在增强社会属性方面仍可有所作为：一是改善金融供给，服务社会金融结构优化。针对我国金融需求多层次与金融供给相对单一的结构性矛盾，发挥保险资金期限较长、运用灵活、可投资产类属多样的优势，进一步扩大融资服务类属覆盖面，提升基建、股权、不动产等专长领域服务优势，助力完善社会融资结构优化。二是拓展资金来源，提升金融服务能力。建立资产引导、负债驱动的经营理念，加强负债拓展管理，站准“一方资金为本，三方资金为擎”定位，强化分层次、多样化的资产负债匹配，扩大金融服务供给规模。三是增强跨业融合，打造一体化服务体系。随着社会经济主体对金融服务需求个性化、综合化要求的不断提高，依靠单一类型金融机构已难以满足客户全方位金融需求，对相关服务进行跨业整合已成为金融行业的必修功课。保险资产管理公司服务客群众多，服务周期持久稳固，在长周期内提供优质金融服务，客观上需要与银行、信托、基金、投行等机构优势互补，债

性资金与股性资金协同，长期资金与中短期资金协调，共同打造综合化服务体系。

三、推动银行系保险资产管理公司高质量发展的思考

相对于头部保险资产管理公司，银行系保险资产管理公司普遍成立时间较短、业务规模居中、能力建设不足，总体还处于发展成长期，当前的工作重点仍然在强化基础建设、加强专业积累、提升发展能力方面。作为银行系保险资产管理公司，在打造竞争特色的过程中，要找准战略定位，发挥好比较优势。

（一）坚持“三个强化”，提升战略能力

对于一家公司的长期稳健经营，战略能力是最为关键的能力，战略风险是最大的经营风险，不断增强战略上的思考和定力，是向着正确方向不断进步的重要保障。银行系保险资产管理公司的战略能力建设，要坚持“三个强化”，即坚持“加强党的领导，完善公司治理，增进战略连结”。在加强党的领导方面，就是要不断强化党中央重大决策部署和上级党委工作要求落实机制，要把落实各级党委部署作为公司经营发展的第一位工作，在指导思想、决策流程、管理机制、考核监督等层面构筑保障机制。在完善公司治理方面，就是要在发挥党组织“把方向、管大局、促落实”作用的前提下，不断健全公司治理各主体的相互制衡和协同工作机制，厘清职责边界，确保工作决策的科学性和民主性。在强化战略连接方面，就是要不断增进对银行集团整体战略的理解和落地，围绕共同目标协同发力，发挥资管业务纽带作用，共同服务好全量客户、服务好工作大局。

（二）坚持“三个联动”，提升发展能力

发展是解决一切问题的基础和关键，是实现公司经营目标和社会价值的基本前提。银行系保险资产管理公司提升发展能力，可以发挥

好“三个联动”，即“策略联动实施、客户联动服务、业态联动发展”。在策略联动实施方面，就是在遵循银行集团的总体策略框架下，更早洞察国民经济发展趋势，找准增长动能，优化经营布局，更好地把握业务机遇和投资价值。在客户联动服务方面，就是要发挥好银行集团政府类客户、企业类客户、机构类客户触达优势，增强在重点项目进入、优质资产投放等方面的能力，银司联动服务好共同客户。在业态联动发展方面，就是要发挥好集团综合经营优势，以资管业务为纽带，贯彻好银行集团“大财富、大资管、大投行”的跨业联动部署，多渠道联动，贯通资产、负债业务流，在银行集团从“传统信贷服务提供商”向“跨市场综合金融服务商”的转型过程中，更好地发挥特色服务能力。

（三）坚持“三个融合”，提升风险管控能力

当前形势变化和资管业务特点，决定了资管业务风险管理工作的特殊性和紧迫性。银行系保险资产管理公司在银行集团的统一管理下，一直坚持一体化风险管理理念，推动“风险策略、风险工具、风险处置”的“三个融合”，为安全稳健发展提供重要屏障。在风险管理策略方面，应当有效融入银行集团对各类子公司所实施的自上而下的统一风险偏好体系，并在资产准入、监控体系、限额管理等方面实施差异化方法，打造具有资管特色的全面风险管理体系，确保风险管控的力度和方向。在风险管理工具方面，可以积极引进银行集团风险管理工具和流程机制，确保全面风险管理各领域覆盖，比如当前已经较好地应用银行集团内部评级、风险计量、风险监测等方面的成熟做法，显著提高了风险管理的有效性。在风险项目处置方面，可以在银行集团内有效共享潜在风险信息，共同做好重点领域、重点区域、重点客户风险排查。同时，可实施一体化处置策略，提高风险项目处置的有效性。

（四）坚持“三个集约”，提升基础支撑能力

资管业务能力提升是一个系统化工作，涉及投资研究、数据管理、系统建设、交易运营等方方面面的基础支撑。银行系保险资产管理公司在基础支撑能力建设方面，可以与银行集团实现“投资研究、信息化建设、数字化转型”等方面集约化发展，缩短基础能力建设周期。在投研体系打造方面，由于保险公司长久期负债的特征以及对收益确定性的高要求，决定了投研建设中大类资产配置发挥关键作用，且需要自上而下打造跨货币、资本、外汇、衍生品等多市场资产工具的投研体系。银行集团拥有金市、理财、基金、贵金属等多家投资业务主体，并分别在宏观、利率、信用、外汇、权益等领域具备各自的投研能力专长，通过建立良好的集团投研共享机制，用平台化思维打造一体化投研能力，成为有别于其他非银行系保险资产管理公司的优势。在信息化建设方面，随着新技术的快速发展和广泛运用，资管公司对IT完全掌控的边际成本不断提升，甚至成为不可能事件，不得不着力打造分层次能力边界。我们在发展金融科技方面的一大优势是发挥集团IT建设基础、研发队伍资源等方面的优势，有效拓展公司IT能力外延，加速信息化建设进程。在数字化转型方面，资管业务自身的特殊性，包括：资产标的类型多样、人均管理规模较大、市场信号变化快速、监测指标体系复杂、风险处置手段单一等，决定了资管业务数字化转型方向成为必然。但是，资管业务数字化转型无法一蹴而就，必须经历：运营线上化、内外部数据治理、数据仓库及数据平台建设、业务模型建设等必要过程，每一个细分领域的工作都需要沉下心来精耕细作，在这些方面共享好集团资源，可以有效提升工作的进度和成效。

新时代新征程，作为保险资产管理行业的年轻一员和银行集团内资管板块的重要一环，银行系保险资产管理公司仍然处于重要战略机

遇期。各保险资产管理公司在打造经营特色的过程中，都有不同的禀赋和优势，其中银行系保险资产管理公司可以通过“三个强化、三个联动、三个融合、三个集约”，更好地筑牢高质量发展根基，提高高质量发展成效，为服务中国式现代化伟大进程贡献积极力量。

赵小凡

中信保诚资产管理有限责任公司

北京大学经济学院金融学专业毕业，经济学博士，高级会计师。1986年8月参加工作，曾先后担任中信银行股份有限公司副行长、中国中信集团有限公司财务部主任、中信财务有限公司副董事长等职务。目前担任中信保诚人寿保险有限公司总经理、党委书记，兼任中信保诚资产管理有限责任公司董事、总经理。

新形势下寿险资金权益投资的思考与探索

中信保诚资产管理有限责任公司　赵小凡

经过二十年的改革发展，保险资管行业在长期资金管理、大类资产配置、绝对收益获取等方面积累了丰富的经验，并在大资管市场中逐步形成了差异化的竞争优势。新形势下，权益投资的重要性日益凸显。一方面，在长期利率中枢下行、信用风险逐渐加大的市场环境下，权益投资在实现长期收益目标、优化资产配置结构、有效支持保险保障方面的作用越发不可或缺；另一方面，在中国经济转型发展的关键时期，权益投资可以发挥保险资金优势，为实体经济提供长期稳定的优质资本，在助推经济转型、支持科技创新、助力资本市场稳定发展等方面发挥着越来越重要的作用。

一、充分认识险资加强和优化权益投资的重要意义

（一）服务实体经济的内在要求

随着中国经济从高速增长转向高质量发展阶段，主导产业和驱动因素正在发生深刻变化，经济结构转型必然带来融资需求的结构性调整，建设现代化产业体系需要更多的直接融资尤其是股权融资的支持。传统以银行信贷为核心的间接融资体系具有明显的顺周期特征，对基建、地产等重资产行业相对友好，而对轻资产的科技创新行业相对不利，直接融资尤其是股权融资比重较低的问题进一步凸显。

服务实体经济是金融的天职和宗旨，加强和优化权益投资是保险机构发挥自身优势服务实体经济、践行国家战略的内在要求。保险资

金具有期限较长、来源稳定的特点，同时投资渠道多元、方式较为灵活，是金融市场上难得的长期资金、资本性资金，有条件在助推经济结构转型、支持现代化产业体系建设方面发挥重要且独特的作用。

（二）顺应政策导向的必然选择

党的二十大报告明确提出了健全资本市场功能、提高直接融资比重的战略部署。2022年末，原银保监会在学习贯彻中央经济工作会议精神时明确表示，将引导保险资金发挥长期优势，为实体经济提供差异化融资服务。支持保险资金随着行业发展和专业能力提升，持续加大资本市场投资力度。完善分级分类差异化监管措施，鼓励偿付能力充足、资产负债管理能力较强的保险公司加大股票等二级市场权益类资产投资。证监会也在多种场合反复强调，要进一步推动各类中长期资金加大权益类资产配置。

截至2022年末，保险资金权益投资规模达到5.4万亿元，约占保险资金运用总规模的21%，保险机构已经成为资本市场的重要机构投资者和股权投资市场的重要长期资本提供方。加强和优化保险资金权益投资符合党中央、国务院及金融监管部门的政策导向，对优化实体经济融资结构、支持经济转型与科技创新、改善资本市场投资者结构、助力资本市场稳定健康发展具有重要的现实意义。

（三）应对市场变化的有效途径

随着人口结构和经济结构的变化，无风险利率或将随着经济潜在增速与资本回报率的下降长期趋于下行；随着地产、城投等行业打破刚兑预期，符合险资风险偏好的优质债权类资产更显稀缺，保险资金的配置压力与利差损风险明显加大。应对利率下行的资产配置策略通常包括拉长久期、挖掘信用、创新另类、拓展境外等，但在实践中却面临资产供给不足、风险溢价压缩等方面的制约，或难以操作，或性价比不高。因此，权益投资在支持保险资金实现长期收益目标、优化成本收益匹配方面的作用越发重要。

从股债性价比的维度来看，随着利率中枢下行和股票市场的持续调整，权益类资产的吸引力已处于历史高位，部分行业的股息率达到5%左右，即使长期持有也已经具备较高配置价值。

从海外同业经验来看，面对利率下行的市场环境，负债成本的下降通常具有一定滞后性，通过适度增加权益类资产配置，在风险可控范围内承担一定的权益价格波动，有助于长期收益目标的实现。加强和优化权益投资是保险机构应对低利率市场环境，实现资产配置与资产负债管理目标的有效途径。

二、关于险资加强和优化权益投资的思考与探索

随着保险资金运用市场化改革的持续深化，保险资金的投资渠道不断拓宽，权益类投资品种从最初仅限于证券投资基金，逐步扩展到股票、股权投资计划、未上市股权、股指期货、优先股、创投基金、保险私募基金等，范围涵盖一级市场和二级市场，方式大致可分为直接投资和间接投资。2020年以来，监管部门又相继推出了优化权益类资产比例监管、取消财务性股权投资行业限制等改革举措，为险资加强和优化权益投资进一步创造了有利条件。

加强和优化权益投资，并不意味着盲目提高权益类资产的配置规模或比例，而是要在遵循保险资金运用规律的前提下，优化资产配置策略、探索创新管理模式、持续提升投研能力、完善风险防控与评价考核机制，更好地发挥长期资金优势，推动保险资金权益投资实现质的有效提升与量的合理增长。

（一）坚持配置理念，构建多元化权益类资产组合

权益投资的底层逻辑都是通过标的企业的价值提升或分红获取投资回报，但不同市场、不同品种、不同策略之间的风险收益特征仍存在较大差异。因此，即使在权益类资产内部，依然需要遵循资产配置

的理念和方法，构建多元化权益类资产组合，优化整体风险收益特征，满足大类资产配置需要。

1.合理安排已上市权益与未上市股权的配置比例与节奏

权益类资产整体具有高风险、高预期回报的特点，在保险资产配置中发挥增厚收益的功能、承担权益价格风险，但一级股权和二级权益在监管规则、投资流程、信息透明度、资产流动性等方面又存在较大差异。因此，在保险资产配置时既要通盘考虑权益类资产总体比例、又要区别对待一二级市场。一级股权投资周期长、估值相对稳定、预期回报较高、流动性较差，比较适合负债久期较长、当期收益压力不大的保险资金进行配置。二级市场流动性高、价格波动性大、影响因素多，是保险资金当期收益弹性的主要来源，也是权益价格波动风险的主要来源。合理安排已上市权益与未上市股权的配置比例与投资节奏，对资产组合整合的波动、收益及其在时间轴上的分布均具有重大影响。

2.整体规划与重点布局并重，持续完善股权投资策略

保险资金重在资产配置，保险机构也长于资产配置，但在开展股权投资过程中，却或多或少地存在“重单笔投资、轻组合管理”的现象，即在具体项目获取、尽调、决策、跟踪上投入了大量资源，而在组合层面缺乏深度分析和清晰规划。若能将自下而上的机会挖掘与自上而下的配置策略有效结合，从行业、投资阶段、退出方式等维度做到前瞻性研究与组合规划，将进一步提高股权投资业务的投入产出比，改善股权类资产组合的整体风险收益特征。

理性看待投资策略与退出方式的现状与未来趋势。从投资策略来看，成长策略在保险资金股权投资中仍占有绝对优势，新材料、新能源、数字经济等创新领域仍不乏高成长的投资机会；但随着宏观经济增速换挡，股权市场日趋成熟，并购策略在保险资金股权投资中的重要性或将逐步提升。从退出方式来看，我国多层次资本市场建设与全面注册制改革已经取得了重大成果，但从资本市场容量和股权市场待

上市企业数量来看，保险资金要对上市退出比例报以合理预期，根据项目或基金实际进展提前研究和筹划多种退出方式。

发挥资金优势把握S基金布局机会。近年来，国内股权投资市场上S基金的交易机会及交易量呈逐年增加趋势，主要原因在于：（1）大量私募股权基金进入退出清算期。国内私募股权基金的募资规模从2014年开始快速增长，至2017年达到阶段性高点，当年募资金额近1.8万亿元，基金数量近3 600只。按照私募股权基金平均7~10年的存续期测算，股权投资市场将面临巨大的退出压力。（2）部分LP存在提前退出需求。LP提前退出的原因主要包括：投资人自身出现流动性压力、资管新规或监管政策变化导致部分金融机构无法继续出资、央国企压缩非主业投资、政府引导基金完成使命提前退出等。（3）部分GP为了新基金募集，通过S基金份额让渡部分利益。S基金具有底层资产相对比较明确、交易价格享有一定折扣、收益确定性相对较高、现金回流较快等优点；但同时也面临底层资产尽调、估值、定价等方面的风险挑战。保险机构应充分发挥长期资金优势，提升资产获取与估值定价能力，重视和完善S基金交易策略，更好地满足保险资金配置需要。

加强与龙头企业或产业资本的深度合作。基于超大规模的国内市场以及WTO规则下的全球化发展，我国已经形成了门类最为齐全的工业制造体系，并在光伏、风电、新能源车、集成电路、生物制药等行业产生了一批优秀的国际化或全国性龙头企业，这些优秀企业不仅引领着行业上下游协同发展，本身也还在裂变迭代、推陈出新，不断孵化孕育新的产业、技术和产品，国内资本市场也配套完善了分拆上市的制度。险资应当充分发挥长期资金优势，通过股权、债权、股票投资等方式为龙头企业做好多元化金融服务，适时参与产业链上下游布局，以及企业分拆或新技术孵化。通过与龙头企业或产业资本深度合作，不仅可以切实提高险资的投研实力，把握最新产业趋势，还可以围绕产业链完善投资布局，真正实现金融与产业的良性互动。

3. 丰富二级权益投资策略和工具，更好地平衡收益与波动

保险资金追求长期稳健的绝对收益，而资本市场天然具有高波动特征。因此，构建上市权益类资产组合的重点就在于如何通过多元化的策略组合来平衡整体的收益性与波动性。

一是探索完善长期持有策略。保险机构的资金来源长期稳定，若能在有效控制市价波动对利润和资本冲击的情况下获得相对稳定的中等收益，则非常有利于险资长期持股。目前，市场总体仍处于低位，具备持续稳定回报特征的标的仍不在少数，根据会计政策若能实现权益法记账或放入OCI账户（新会计准则），则该类资产的风险收益特征将明显区别于其他二级权益类资产，在险资权益类资产组合中可以发挥压舱石的作用。2022年底，原银保监会在学习贯彻中央经济工作会议精神时明确提出，将积极创造条件，探索保险资金长期稳定投资股票模式，充分发挥机构投资者作用，加大优质上市公司股票投资。期待后续能出台具体措施，对权益法股票、OCI股票、优先股等长期持有类股票，能在偿付能力风险因子、比例监管、税收等方面给予差异化对待，鼓励引导保险资金长期持有优质上市公司股票，助力资本市场稳定健康发展。

二是持续优化主动权益策略。近年来，股票市场结构分化加剧，风格转换与行业轮动速度加快，对保险资金通过权益投资获取长期稳健的绝对收益带来巨大挑战。保险机构还是要扬长避短：一方面，要更好地发挥保险资金运用的体系化优势，以扎实的行业与个股基本面研究为基础，以有效的仓位管理、行业配置为手段，切实将自上而下的配置能力和自下而上的选股能力有效结合起来。投资团队从个体层面要鼓励投资框架和风格的独立性与多样性，但整体要尽量做到重点行业和主要策略的均衡布局，这样才能为不同市场环境下权益组合的结构调整提供丰富、有效的选择。另一方面，要更好地发挥险资长期稳定的优势，探索完善逆向投资策略。当市场处于非理性下跌阶段，保险资金要敢于针对优质上市公司开展逆向投资，长期而言不仅有助

于平衡收益与波动、化优势为胜势，也是保险资金“稳定器”作用的具体体现，有助于资本市场的价值回归和稳定发展。

三是充分利用指数工具和衍生工具。目前，全市场股票指数型基金共有1 577只，规模合计1.77万亿元，跟踪指数包括宽基、行业、风格、主题等；其中被动指数型基金1 337只，规模1.58万亿元；指数增强基金240只，规模1 940亿元。丰富的指数化工具为保险资金准确、快速地实现战术资产配置目标提供了一种有效手段，同时又不至于对主动权益组合造成过多干扰。

根据《保险资金参与股指期货交易规定》，股指期货为保险资金提供了一种灵活管理权益风险敞口的工具，不仅可以快速实现对冲或规避系统性风险的管理目标，同时又能降低股票组合集中大幅调仓带来的交易成本和摩擦成本，未来有望在保险资金权益投资业务中发挥越来越重要的作用。

（二）坚持开放合作，扩大保险资金权益投资朋友圈

险资虽然可以直接投资股权和股票，但间接投资方式在险资的权益投资中仍发挥着重要作用，保险机构已经成为私募股权基金、公募基金尤其是权益型基金的重要机构投资人。面向大资管、大财富市场，保险资管与银行理财、公募基金、私募基金、券商等其他机构之间的合作潜力也远大于竞争关系。

1.以间接股权投资为纽带，持续深化股权投资合作模式

近年来，在国内私募股权基金市场上，保险机构的出资规模仅次于政府引导基金、产业资本、家族及个人，已是最大的金融机构投资者，也是最重要的长期资金提供方。

间接股权投资已成为保险资金践行国家战略的重要途径。险资是金融市场上难得的长期资金和资本性资金，在支持科技创新、服务中小企业方面负有义不容辞的责任，但保险资金的安全性偏好与早期项目的不确定性之间存在天然矛盾，若通过直投方式实施“投早、投小、

投新”的投资策略，将在项目评审、投后管理、评价考核等环节面临巨大压力。通过间接股权投资，借助基金管理人的专业能力和策略安排，可有效降低个案风险的直接影响，在组合层面达到收益性与安全性的平衡，对险资而言也实现了经济效益与社会效益的有机统一。

通过间接股权投资，保险机构已经与私募股权基金建立了深度合作。随着投资能力的提高和经验的积累，险资对股权资产的配置需求越来越明确，对外合作也越来越深化，主要体现在：一是在细分领域具备专业化、差异化优势的管理人受到越来越多关注；二是投研团队之间围绕具体产业或项目的研讨交流越来越频繁和深入；三是项目跟投、专项基金等合作模式逐渐常态化。

考虑到保险资金在监管要求、风险偏好、资金期限、收益目标等方面均有其自身特点，若与其他诉求差异较大的资金共同设立基金，不仅不利于险资长期稳定优势的发挥，也为基金管理人协调各方利益带来一定挑战。下一步，保险机构可与基金管理人共同探索一对一或一对多的专户合作模式，量身打造真正适合寿险资金特点的股权投资策略与股权资产组合。

根据2022年5月发布的《保险资金委托投资管理办法》，间接股权投资已纳入保险资金可委托资产范围，保险资管公司可借鉴母基金管理模式，建立健全股权基金投资研究与评价体系，增强投后管理能力，为险资提供更加专业化的间接股权投资受托管理服务。

2.以FOF投资为载体，共同拓展新的市场空间

在权益二级市场投资领域，保险资金坚持长期、价值、稳健原则，已经形成了相对均衡的投资风格，总体更注重绝对收益；公募基金总体更强调相对收益，注重策略化、风格化、工具化的产品开发与管理；两者具有明显差异，也具有一定的互补性，在保险资金运用总体框架下发挥着各自不同的作用。截至2022年末，保险资金持有权益型公募基金规模约8 000亿元，占全市场权益型公募基金规模的12%左右，险资已是权益型基金最重要的机构投资人。

早在1999年，证券投资基金就已成为险资的权益投资工具；直到2004年，股票才成为保险资金运用的可投资品种。因此，保险机构在基金投资方面普遍积累了丰富的管理经验，并建立了较为成熟的基金投资研究体系。以FOF投资为载体，可以充分发挥险资在大类资产配置、绝对收益获取、基金投资研究方面的综合优势，探索形成解决方案或资管产品，进而对接追求长期稳健回报的银行理财或个人养老金客户，有望形成银行理财、保险资管、公募基金、证券、信托等机构大分工、大协作的财富管理行业新格局。

3.加强同业互动，提升保险资管行业合力与影响力

保险机构在权益投资方面具有类似的风险偏好和收益目标，加强同业间的交流互动，不仅有助于互相借鉴经验、取长补短，还可以在挖掘投资机会、防范化解风险方面开展务实合作。最直接深入的同业互动莫过于通过保险资管产品创设，汇集保险机构的长期稳定资金，在共同服务实体经济的大局中凝聚行业合力、提高行业影响力。

截至2022年末，保险资管行业的债权投资计划、股权投资计划和保险私募基金共登记（注册）2 882只、规模近6.33万亿元，主要投向战略性新兴产业发展、重点基础设施、区域协调发展等领域，其中，支持战略性新兴产业的产品登记注册规模为4 540亿元，涉及绿色产业的产品投资规模近1.1万亿元，充分发挥了长期保险资金与实体经济融资需求之间的桥梁和纽带作用。

（三）坚持因势而变，优化完善研究体系与组织模式

根据内外部环境和自身业务需求变化，持续迭代和完善权益投资研究体系是做好投资的基础，也是保险资管机构专业能力的重要体现。

1.整合内外部资源，构建“小核心、大协作”研究体系

保险机构的研究团队人员配置通常比较精干，客观而言，与证券研究所、头部公募基金相比，无论在人员数量，还是在行业覆盖方面仍有一定差距。加强保险机构的研究能力，不是要简单地增加人员，

而是要从整合内外部研究资源入手。一方面，要优化内部研究资源配置，构建可积累、可复制、可持续的研究体系，突出研究的实战性和实用性，在人员有限的情况下，集中资源围绕重点行业或重大产业趋势开展深度研究，持续完善投研沟通机制，提高从研究到投资的转换效率。另一方面，要充分发挥外部研究机构的专业优势，与券商研究所、行业专家库建立紧密合作，与公募基金、私募股权基金等合作伙伴加强研究交流，重视产业资源积累并将产业视角作为行业研究的重要组成部分。最终，通过构建“小核心、大协作”的研究体系，为保险资金权益投资提供方向引领与决策支持。

2.加强一二级研究互动，拓展跨市场视角与全生命周期视野

在保险资金运用监管框架下，股票投资与股权投资属于两项独立的能力，在人员团队、业务流程、决策体系等方面均需严格区分。但从研究的维度来看，两类投资所处经济与政策环境相同、市场相通，行业趋势或产业逻辑一致，估值体系可互为印证。加强一、二级市场投研团队之间的交流互动，有助于更加深入、准确地把握产业发展趋势与企业生命周期，也有助于更加客观地看待企业成长性和估值合理性，对做好股票投资和股权投资均具有积极的建设性作用。

3.重视非传统领域研究，关注跨周期的重大趋势变化

传统研究主要关注经济基本面、行业基本面、公司基本面和市场策略等内容，对非传统领域的关注和研究往往较少。但是，在百年变局与世纪疫情的交织影响下，非传统领域对权益投资的影响越来越显著。比如：新冠疫情全球蔓延对经济社会生活带来巨大冲击，对全球产业链、供应链变革带来深远影响；俄乌冲突对全球能源和粮食安全带来重大阶段性冲击，进而引发了欧美通胀上行和货币政策收紧；拉尼娜和厄尔尼诺现象相继出现，高温、干旱、洪涝等极端天气事件频发，给农业、能源、电力等行业带来了较大的影响；伊朗问题、半岛问题等地缘政治事件均一度对权益市场带来重大负面冲击。保险资金是长期资金，追求跨周期的长期资产配置，一定要准确理解“百年未

有之大变局”的深刻内涵，高度重视并深入研究全球政经格局、气候变化、能源安全、粮食安全等非传统领域的重大趋势性变化。

（四）坚守风险底线，提升权益风险管理的主动性与前瞻性

风险与收益一体两面，加强和优化权益投资，必须在全面风险管理体系框架下，通过组织保障、政策约束、流程嵌入、技术支撑及文化引领，将风险偏好传导至各业务条线的投资决策和风险管理过程中，做好资金运用风险的专业化管理与前瞻性应对。具体措施包括：

1.持续完善市场风险及权益风险管理体系

市场风险管理方面，要建立健全与公司的业务性质、规模和复杂程度相适应的市场风险管理体系，具体包括管理制度、工作流程、管理工具，并在识别、计量和监控的基础上，持续完善市场风险管理报告机制和风险预警处置机制。权益风险方面，要充分发挥“三道防线”风险防控协同联动作用，通过“自上而下”“分层分区”“人防+机防”相结合的风险监控和预警机制，利用归因分析、情景分析、压力测试等风险计量方法，积极防范和控制权益价格下行风险，实现市场风险偏好的有效传导与执行。

2.丰富组合波动性管理内涵，强化风险偏好指标逐级传导

进一步强化和丰富权益资产组合波动性管理的内涵，从常规的以VaR为核心的风险波动性，拓展为以EaR为核心的收益波动性和以C-ROSS为核心的资本波动性，进而从“敞口管理、组合波动、资本消耗、止盈止损”等多维度出发，构建基于账户、品种和特定资产包的风险量化指标体系，有效识别、管控各投资品种对组合整体波动性影响。风险偏好指标设置要体现逐级传导，一般风险指标设定更加贴近市场，与上层级指标相比具有较强的敏感性，强化下层指标的风险预警功能和防护作用。

3.强化情景分析和精准画像能力，提高风险管理的主动性

为确保市场风险偏好指标的有效性、一致性、稳定性，结合实际

市场环境，通过定量与定性相结合的方式，特别是以金融工程和量化分析能力为基础，加强多情景分析，完善对各类权益资产风险收益特征的“精准画像”的能力，将被动管理转化为主动应对、前瞻管理。

（五）坚持中长期导向，健全权益投资绩效管理体系

《关于优化保险公司权益类资产配置监管有关事项的通知》明确指出，保险公司应当建立健全与保险资金权益类资产投资相适应的中长期绩效考核指标体系。从经营实践来看，做好权益投资绩效管理的关键是要统筹处理好长期与短期、整体与局部的关系。

1.坚持着眼中长期、兼顾短期的考核理念

保险资金是长期资金，追求穿越周期的长期稳健收益，理论上最适合长期考核。但是，由于保险机构整体仍需按年度制定经营目标并披露业绩，且权益投资往往对当年利润影响较大，因此大部分险资对权益投资仍以年度收益率考核为主。为了更好地发挥保险资金的长期性和稳定性优势，真正体现权益类资产的长期风险收益特征，建议按照“着眼中长期、兼顾短期”的原则，在二级市场权益投资绩效中加入3年或5年平均投资收益率指标，并逐步增加长期指标权重；针对股权投资业务，按年度考核财务收益率或综合收益率的传统方式与股权投资本身的长周期特点严重不匹配，既不能客观反映股权类资产的业绩表现，也不利于对投资团队形成正面引导，可以考虑从组合或项目全生命周期维度加强对DPI、IRR、MOC等指标的跟踪、评价与管理。

2.统筹局部专业化、整体综合化的业绩导向

保险资金的权益投资整体追求长期稳健的绝对收益，同时还要兼顾偿付能力、负债特征、流动性要求等多重约束条件与管理目标，但这并不意味着所有资产组合都要追求同样的收益目标，也不意味着每个投资经理都需要统筹考虑多重约束条件。经营实践中，统筹兼顾的决策最好在董事会、管理层或专业委员会上完成，然后通过资产配置和组合管理部门进一步完成任务分解和策略分配，最终具体到每项资

产组合或每个投资经理的业绩目标要力求简单明确，尽量避免“既要、又要、还要”的情况。比如:长股投股票或高股息策略的目标就是获取稳定的并表利润或分红收益，不必对标市场涨跌；而主动权益组合的目标就是要跑赢市场获取超额收益；即使在主动权益组合内部，还可以进一步根据细分策略设置相应的绝对或相对基准；股权投资同样如此，成长策略、并购基金、基础设施股权虽然都属于股权类资产，但风险收益特征具有很大差异，应该在风险计量、考核标准方面给予差异化对待。

局部强调专业化分工，设置尽量简单明确且差异化的绩效目标，是为了在整体层面应对市场变化、调整配置策略时能有足够丰富、有效的选择，最终实现保险资金运用多重管理目标的平衡。

三、结束语

新形势下，如何加强和优化权益投资已经成为保险资金运用和保险资产管理必须面对的一项现实课题。本文抛砖引玉，希望与同业伙伴共同探讨加强和优化保险资金权益投资的实施路径，共同推动保险资金权益投资实现质的有效提升与量的合理增长，从而更好地履行服务实体经济、服务保险保障的使命任务。

中信保诚是保险资管行业的一名新人，我们将充分汲取行业二十年发展经验，牢记真资管、真私募定位，持续提升专业能力，积极融入资管市场，认真履行保险资金核心管理人职责，切实发挥资本市场重要机构投资者、实体经济长期资金提供方的功能，为保险资管行业高质量发展添砖加瓦，为中国经济高质量发展贡献力量。

黄旭锋

招商信诺资产管理有限公司

招商信诺资产管理有限公司总经理、首席执行官、审计责任人，中国政法大学博士。于2004年8月参加工作，拥有19年的经济金融行业工作经验，曾任农银国际（中国）投资有限公司助理总经理兼投资银行部总经理、安邦资产管理有限责任公司副总经理、大家资产管理有限责任公司副总经理等职务。

以价值创造引领公司高质量发展
——中小保险资产管理公司差异化发展路径浅析

招商信诺资产管理有限公司　黄旭锋

党的二十大擘画了以中国式现代化全面推进中华民族伟大复兴的宏伟蓝图，提出要加快构建新发展格局，着力推动高质量发展。经过二十年的快速稳健发展，保险资金凭借长期投资、稳健投资、价值投资优势，已经成为服务实体经济和国家战略的重要来源。在中国式现代化推进中国经济的深度转型发展中，保险资产管理公司经营宏观环境发生深刻变化，面临新的挑战和机遇。中小保险资产管理公司要实现高质量发展，需要主动适应新形势、新变化、新挑战，找准自身发展定位，积极寻找匹配自身资源禀赋的专业化、差异化发展路径。招商信诺资管成立两年多来，坚持价值创造、特色发展导向，持续打造差异化的核心竞争力，通过为客户、股东、员工、合作伙伴和社会创造价值，引领公司高质量发展。

一、宏观经营环境发生深刻变化

（一）金融服务经济高质量发展面临新要求

当今世界正经历百年未有之大变局，各国经济发展模式面临重塑的挑战。在对全球经济形势深刻研判的基础上，党的二十大报告指出“加快构建新发展格局，着力推动高质量发展”，“坚持把发展经济的着力点放在实体经济上”，“完善支持绿色发展财税、金融、投资、价格政策和标准体系，发展绿色低碳产业”。保险资产管理公司是国家金融体系的重要组成部分，是经济发展中长期资金的重要提供者和管理者，具有鲜明的特色和优势。面对新时代新要求，保险资产管理公司要强化担当、主动作为，主动适应新形势、新变化，积极融入新的发展格局，坚持以服务国家战略、服务实体经济为立足点，增强保险资金运用服务实体经济的质效，在落实服务区域经济发展战略、改善养老保障体系和支持绿色金融发展等领域彰显担当。

（二）经济中长期增速下行对投资带来新挑战

从全球看，全球化持续遭遇逆风，全球经济增长面临压力。从国内看，受人口老龄化、产业结构变迁等因素影响，我国经济潜在增速将趋势性放缓。总体上，未来全球可能将经历一段低增速时期，导致在全球产业链分工中处于生产者地位的经济体利率中枢保持低位。2021年以来，我国10年期国债收益率中枢从高于3%快速降至当前2.6%~2.8%的水平。根据前几轮利率高点外推，2.9%~3.0%可能成为未来几年十年国债收益率的顶部区间，直到经济转型格局落地。在此背景下，保险资产管理公司传统固收类资产将难以满足保险资金收益匹配要求，面临再配置风险和利差损失风险；另类债权投资面临基础资产或优质项目供给不足，长期存在较大的资产缺口，且在多因素叠加的背景下，有进一步扩大的趋势。

（三）产业结构和投融资模式转型为传统经营模式带来新考验

随着我国经济向高质量发展方向迈进，主导产业转向消费、健康、科技、新能源等新兴产业。过去依赖“房地产+地方政府基建投资+金融”的传统模式，正在加速向“科技+产业+金融”的现代模式转变。以房地产为例，2019年房地产投资增速为9.9%，到2022年两年复合增速已快速降至-3.1%。产业转型使传统配置类资产面临收益率下行、资产质量承压的双重考验，同时，在产业结构转型的过程中，投融资模式也在发生趋势性变化，从过去以银行为核心的债务融资体系正在向更符合新兴产业的直接融资体系转变。在此背景下，需要进一步发挥保险资金长期稳定优势，从长期视角精准把握优质产业进行资产配置。同时，也为保险资产管理公司通过股权、债权等多种直接融资方式服务实体经济提供了新机遇。

二、保险资产管理业发展面临的挑战和机遇

（一）面临的挑战

1.面临稳定投资收益的压力。在经济转型的背景下，保险资产管理公司在资产端面临“低利率、资产荒”的挑战，持仓资产收益率持续下降。符合保险资金配置的长期资产稀缺，超长债品种单一；重点区域风险持续释放，信用风险管控形势严峻；固收类资产难以满足负债要求，依赖权益投资获取中长期相对收益，波动持续加大。如何稳步提升受托资产投资收益是当前最核心的任务和挑战。

2.资产负债管理难度持续加大。当前保险资产资负久期缺口较大，保险公司寿险产品主要是期缴传统长期寿险，负债久期较长，但行业存量资产久期偏短，存在较高的利率风险敞口。负债成本呈现刚性，由于寿险产品的长期性，负债成本短期难以下降，负债端的综合成本较高，对投资收益的依赖增强。风险资本管控进一步加强，由于偿二代二期加强了资本认定标准，寿险公司偿付能力充足率明显下降，投资指引纳入关于风险资本占用考核，对久期管理、权益投资等提出更高要求。

3.行业市场竞争进一步加剧。随着大资管时代的到来，保险资产管理行业内外部机构的竞争更加激烈，大资管竞争呈现“头部寡头化、腰部平庸化和尾部边缘化”的特征。截至2022年末，保险资产管理行业管理规模排名前6的机构规模占市场份额的66.9%，收入占市场份额的60.6%。保险资产管理行业头部机构先发和规模优势明显，中小保险资产管理公司面临激烈竞争和能力挑战。保债业务方面，在宽货币及紧信用的市场环境下，资金进一步向优质央企和国企集中，导致保债

等传统投行业务获客难度增大，行业竞争白热化趋势加强。组合类产品方面，中小型保险资产管理公司投资能力、产品体系和业绩需孵化及迭代优化。

（二）面临的机遇

1.大财富市场快速扩容带来新机遇。随着资管新规落地，保险资产管理公司在产品发行和销售上获得了同等待遇，各类资产机构处于同一“起跑线”。截至2022年末，我国资管市场规模约136万亿元，保险资产管理公司的管理规模占比18.4%，位居行业第三，仅次于银行理财、公募基金。未来，高净值客户、银行理财及商业养老也将快速增长，为保险资产管理公司发展带来巨大的财富管理市场机遇。随着大资管时代的到来，保险资产管理公司独立的市场化主体地位进一步确立，主流机构通过第三方业务向外输出“大类资产配置”“绝对收益回报”等优势投资能力。通过拓展第三方业务不断提升自身的竞争力、加快实现市场化发展，已成为行业共识和长期趋势。

2.自身具有独特资源禀赋优势。在资金来源上，保险资金是保险资产管理行业的主要资金来源，持续增长的保费收入为保险资产管理公司提供了长期稳定的资金。在能力优势上，经过近20年的发展，基于保险资金规模大、久期长、成本刚性、追求绝对收益等特点，相较其他资管机构，保险资产管理公司在长期资金管理、大类资产配置、绝对收益获取、全面风险管理等方面形成了自身独特优势。在特色牌照上，作为保险资金的核心管理人，保险资产管理公司汇集“资管牌照”投资功能和“类投行牌照”于一体，具备保险债权投资计划、股权投资计划、资产支持计划等类投行、差异化的非标资产创设牌照，可与银行信贷、投行业务有效互补，是区别于其他资管机构的特色业务。

3.数字化发展提供新引擎。伴随新一轮信息技术创新及新型基础设施投资，数字经济有望成为新的增长点。参考“十四五”数字经济发展主要指标，假设2025年中国数字经济占GDP比重逐步提升到40%~50%，则保守估算2025年中国数字经济规模将超60万亿元。数字经济的“新基建”领域以及数字经济与传统行业融合的产业领域的快速发展，为保险资金投资布局和资产组织提供了重要机遇。保险资金可以通过债权、股票、债权投资计划、股权投资计划等多元投资工具支持数字经济发展，智能交通基础设施、智慧能源基础设施也成为保债业务资产组织的重要方向。同时，以5G、大数据、人工智能为代表的科技发展也将在很大程度上释放资管行业的生产力。资管业务和科技能力有机结合，将重塑投研、交易、风控、运营等环节，为提升投资运营和决策效率、降低成本和风险提供有力支持。

三、中小保险资产管理公司高质量发展的路径选择

面对宏观经营环境的深刻变化和行业发展的一系列机遇与挑战，作为初创型的中小保险资产管理公司，公司积极寻找匹配自身资源禀赋的专业化、差异化发展路径。

在新时代经济深刻转型的背景下，招商银行在“十四五”战略规划中提出，要“成为创新驱动、模式领先、特色鲜明的最佳价值创造银行”。这包括五个方面：一是为客户创造价值，做最佳客户服务银行；二是为股东创造价值，做最佳股东回报银行；三是为员工创造价值，做最佳员工体验银行；四是为合作伙伴创造价值，做最受合作伙伴信赖的银行；五是为社会创造价值，做最具社会责任银行。作为招行集团大财富管理体系下的长期资金管理机构，公司积极融入股东战略，提出坚持价值创造、特色发展导向，通过为客户、股东、员工、合作伙伴和社会创造价值，探索保险资产管理公司高质量发展的差异化路径。

（一）为什么坚持价值导向

在经济转型中，公司要在中国式现代化建设中发挥长期资金优势，

主动担当，积极贡献自身力量。价值创造就是要以客户、员工、股东、社会、合作伙伴综合价值最大化为目标，实现共生共赢的高质量发展。在当前宏观经营环境深刻变化的背景下，坚持价值创造导向是引领公司高质量发展的必由之路。

1.坚持价值创造是服务实体经济的使命所在。在新时代，作为经济发展长期资金的重要提供者，坚持金融工作的政治性、人民性、专业性，坚守金融服务实体经济是保险资产管理公司的天职。保险资产管理公司不仅要注重自身的经济效益，也要注重外部的社会效益，坚持商业原则的同时，坚持商业向善，为客户、为社会创造价值，积极践行ESG理念，更好地服务实体经济，这是我们的职责所在，也是我们坚守初心和践行使命的必然选择。

2.坚持价值创造是应对行业机遇挑战的必然要求。保险资产管理行业资产端面临“低利率、资产荒”挑战，资产负债管理难度持续加大，寿险业务对投资端的收益依赖逐渐增强。在此背景下，为股东提供长期稳定的盈利是衡量一家机构经营绩效的根本标准，也是市场化发展的基本价值取向。同时，在大财富管理和数字化发展的趋势下，我们只有积极“走出去”和“引进来”，不断扩大朋友圈，在开放合作中不断提升自身价值创造能力和经营水平，才能成为受合作伙伴信赖的机构。

3.坚持价值创造是实现自身经营模式转型的内在需求。当前，中小保险资产管理公司面临激烈竞争和能力挑战，在产业转型和投融资模式发生变化的背景下，作为初创型的保险资产管理公司，公司必须主动适应变化，抓住中国式现代化机遇，持续打造核心能力，夯实精细化管理水平，构建公司差异化的竞争能力和马利克曲线，加快推动投资和资产组织转型，提升管理水平和发展质量。同时，人才是资产管理机构的核心竞争力，员工是公司最大的财富，必须坚持以人为本，为员工提供人生出彩的机会，才能成为一家具有吸引力、凝聚力和向心力的机构。

（二）差异化发展路径选择

通过对宏观经营环境、行业发展趋势、价值创造导向的深入分析，在五年战略规划中确立公司定位于专业稳健的长期资金管理机构，坚持价值创造、特色领先导向，成为一家擅长管理长期资金、拥有核心竞争力的资管机构。根据公司发展规律，务实地提出通过践行“两个立足”的发展策略、“两步走”的战略安排和“一核、一专、一新”的业务策略，实现高质量发展。

1.“两个立足”的发展策略

一是立足于“服务好保险主业”。保险资产管理公司的基因是保险，最主要任务是服务于保险，最了解保险资金的属性，这是公司发展的基石和优势，也是相对于其他资管机构典型的差异化特点。保险资产管理公司要“立足保险”，服务好保险资金，根据保险的负债特点和要求，进行管理长期资金的能力建设，做好长久期和绝对收益的投资配置策略，成为长期稳健组合的管理人。

二是立足于“全面融入股东战略”。公司作为新成立的招行集团的子公司，以及招行集团内唯一的保险资产管理牌照，拥有长期资金管理能力和差异化产品创设的机构，要全面融入股东战略和集团飞轮，借助平台赋能、生态模式赋能，在大财富价值循环链上打造差异化核心竞争力。股东的资源禀赋为公司提供了重要的战略定位和特色。公司的股东具备银行、保险背景，招商信诺人寿是以健康险和健康服务为特长的公司，招行集团本身财富管理和零售的专长非常突出，股东优秀DNA可以为公司的核心竞争力提供有力支撑。

2.“两步走”的战略安排

第一步：起步蓄力期（2021—2023年），要坚持“稳中求进”，围绕服务好寿险主业提升投资能力。公司成立初期，遵循业务发展规律，着力解决“投资能力提升、核心竞争力打造”难题。重点是围绕受托资金负债特征，加强大类资产配置、内外部投资管理人选择、全面风险管理等能力建设，制定长期投资方案和执行策略，科学管控好投资风险，逐步缩小久期缺口，以专业投资助力收益提升。要聚焦主业，把主要精力放在管理内部保险资金上，以更专业、更主动、更精细化的工作来“服务”好委托方，尊重委托方的合理诉求，切实履行好受托管理责任，是公司当前最核心、最急迫的任务。

第二步：加快发展期（2024—2025年），要坚持高质量发展，推进“能力先行、特色发展、循序渐进”的策略。树牢“以客户为中心、为客户创造价值”的价值观，有所为有所不为，处理好规模和业绩、风险和收益、人才和激励的关系。公司坚持“特色领先的市场化专业化道路”，重点在“保险资金受托、保债类投行业务、组合类资管产品”三类业务上打造差异化的核心竞争能力，以充分的市场竞争锻炼队伍，检验投资能力和服务客户能力，发挥特色专长，走差异化竞争道路。

3.“一核、一专、一新”的业务策略

“一核”策略：围绕保险主业，打造核心投资能力，以专业能力和精进管理为委托方贡献价值。聚焦服务寿险主业，根据保险负债特点和要求，开展核心投资能力建设，开展精细化的资产配置和投资管理，强化与委托方的资产负债联动，提高资产配置的精准性和效率。制定并实施好更具针对性的长期投资策略，以专业能力和精进管理，助力受托资产收益稳步提升，为委托方贡献价值。探索建立适应中国式现代化产业发展的投资框架，加大对科技自主、新能源、高端装备、数字经济、绿色环保等战略性新兴产业的布局。

“一专”策略：融入集团飞轮，打造保债投行专长，以特色专长为合作伙伴贡献价值。全面融入招商大资管体系，发挥公司特色资管牌照和集团协同优势，打造和强化在保债类业务上的能力专长，探索打造在资产支持计划、股权投资计划、公募REITs等细分领域的新优势。加强与集团内部机构间的协同，全面提升联动质效，为合作伙伴贡献价值。发挥长期资金优势推动资产组织的转型升级，持续助力区域协同、乡村振兴、国企混改等国家重点领域，确保公司的业务开展始终与国家实体经济有效需求相结合，以优质资产组织为社会创造价值。

“一新”策略：抓住大财富市场机遇，打造资管产品新赛道，以优质产品为客户贡献价值。坚持能力先行，为服务寿险配置和市场需求提供产品化解决方案，创设组合类资管产品，稳步推进“投资策略化、策略产品化、产品市场化”。基于能力半径拓展业务，围绕母行需求，以低风险策略产品起步，培育风险收益特征清晰、稳健低波的“拳头”产品，力争成为寿险资金投资策略化的主要载体，成为招行集团的差异化资管平台，以优质产品为客户创造价值。

张凤鸣

国寿投资保险资产管理有限公司

经济学硕士，工商管理硕士。现任国寿投资保险资产管理有限公司党委书记、总裁。曾在中国民生银行、中国人寿资产管理有限公司、广发银行工作。2016年11月起担任国寿投资控股有限公司党委书记、总裁；2021年3月起担任国寿投资保险资产管理有限公司党委书记、总裁。

把握三条主线，赋能高质量发展

国寿投资保险资产管理有限公司　张凤鸣

随着我国保险业蓬勃发展与金融市场不断完善，保险资产管理业迎来前所未有的发展机遇。经过20年的改革探索，全行业管理总资产规模达24.52万亿元，2015—2022年资产管理规模复合增长率达12.29%。近几年，随着监管不断深化，保险资金运用的市场化改革稳步推进，投资范围持续拓宽，风险防范意识趋于强化，推动保险资产管理产品层次与内涵逐渐丰富，保险资产管理公司也培育出资产配置与跨周期产品创设等业务专长。

在全行业深入落实党的二十大精神、加快推进高质量发展的新征程中，作为中国人寿旗下专注另类投资的大型保险资产管理公司，国寿投资公司将兼顾稳增长和防风险两大目标，把握区域协调发展战略主线与产业结构调整政策主线，实现保险资金市场拓展与合理配置，为塑造区域协调发展新格局、构建现代化产业体系贡献力量。在具体策略上，应把握“三优”原则，以优质产品、优秀伙伴、优质资产为业务着力点，带动社会资本助推经济发展，激活实体经济新动能。

一、把握区域协调发展战略主线，聚焦核心城市群，优化空间布局

作为构建更加有效的区域协调发展新机制的长期资金来源，保险资金应紧扣区域协调发展战略和区域重大战略部署，深入研究与制定不同空间尺度下的投资策略。我们从经济增长、经济动力、经济结构、

公共财政、金融市场五个维度着眼，构建投资环境竞争力评价体系，运用客观赋权法合成各省区、城市的投资环境竞争力指数，以量化数据分析代替先验判断，研判出具有高质量发展潜力的龙头城市群与中心城市，优化资本空间布局。可以说，通过“量化”和“聚焦”，保险资金就找准了服务区域协调发展战略的方向，把握住了服务区域协调发展战略的重点。

（一）明确各类空间尺度下投资环境竞争力时空分异格局，为投资策略制定提供关键参考

我们从东西板块、南北板块、经济带、城市群、省区、城市多级空间尺度入手，多维度刻画区域投资环境竞争力的时空分异与演进轨迹，并得出以下研究结论：从东西板块来看，在东部率先战略的驱动下，东部地区始终处于先导地位；在中部崛起、西部大开发战略的带动下，中西部地区投资环境显著优化，反超东北地区；尽管近年来东北振兴的步伐加快，投资环境竞争力有所改善，但仍落后于东中西三大板块。从南北板块来看，南方地区投资环境竞争力强于北方地区，且二者间的差距呈扩大态势。从经济带来看，以江浙沪为中心，以北京、广深为南北两翼的沿海经济带拥有显著的投资优势，横跨东中西三级阶梯的长江经济带投资潜能迸发，黄河生态经济带的投资竞争力仍需进一步提高。从城市群来看，长三角、珠三角城市群投资环境竞争力明显领先，京津冀、长江中游、成渝、粤闽浙沿海、关中平原城市群的龙头城市投资潜力强劲。

（二）圈定区域协调发展变革中处于优势发展地位、兼具增长潜力与信用风险安全的空间载体，为业务拓展提供聚焦点

由于不同省区、同一省内不同城市间的投资环境竞争力各异，且部分省区内虹吸效应显著，因此我们将空间尺度分别落脚到省区和城市两级行政区划单元，分析各省市投资环境的变化情况。为最大限度

避免主观因素，对31个省区和284个城市投资环境竞争力指数值采用聚类分析，基于聚类分析统计量的检验效果进行分类命名，形成另类投资业务拓展聚焦清单。

从省级维度来看，各省区可划分为三类。一类省区包括上海、北京、广东、江苏、浙江，均位于东部沿海，与长三角、京津冀、粤港澳大体重合。二类省区中福建、湖北、安徽、四川、江西、重庆、湖南排名相对靠前，山西、陕西、河北、河南、天津相对靠后。除东北地区的黑龙江、辽宁、吉林外，三类省区中有8个地处西部。

从城市维度来看，各城市也可划分为三类。结合省区层面的评估结果，进一步细化城市投资环境竞争力分类。观察发现，一类城市46个，其中27个分布在上海、北京、广东、江苏、浙江5个一类省区，具体对应于京津冀、长三角、粤港澳大湾区的核心地带。除此以外，一类城市在二三类省区也有分布，但上述省区入围城市数量不多，且相关城市均为相应省区的省会或计划单列市，是投资环境竞争力的高地。二类城市127个，分布地域范围较广。在一类省区中，未入选一类城市的其他城市均属于二类城市。在二三类省区中，除去已入选一类城市的省会与计划单列市，二类城市的数量随着省区竞争力排名下降而逐渐减少。三类城市111个，均分布于二三类省区，且三类省区中的三类城市数量多于二类省区中的三类城市。

（三）相关策略建议

基于信用评级逻辑，金融机构通常将省级行政区视作投资决策的基本空间单元，但由于各省区发展状况差异较大，不同经济实力省区内具相同经济实力的城市通常受省区资质上限的影响，获取金融资源的能力各异。因此，建议保险资金应重点关注不同尺度下的空间战略，将投资聚焦于重大发展规划的目标，充分发挥保险资金在参与重大工程建设、盘活存量资产、服务国家战略等方面的天然优势，将城市群作为关键载体，通过股权投资计划、债权投资计划、信托投资计划等方式直接或间接为区域协调发展战略提供资金支持。一方面，建议将保险资金精准配置到国家级城市群的中心城市。具体包括京津冀城市群的北京、雄安，长三角城市群的沪杭，珠三角城市群的广深，长江中游城市群的武汉、长沙和合肥，成渝城市群的成都和重庆，粤闽浙沿海城市群的福州、厦门和泉州，关中平原城市群的西安，强化增长极的辐射带动作用，稳字当头实现保险资金保值增值。另一方面，建议加强保险资金对长三角城市群、珠三角城市群非核心城市的支持力度。两区域龙头城市的优质标的资金方竞争激烈，长三角城市群南北两翼、珠三角城市群东西两翼可成为保险资金关注的“蓝海”。对于长三角城市群而言，建议在重点聚焦南京、苏锡常、宁波投资机遇的同时，进一步关注南北两翼如南通、扬州、镇江、嘉兴、绍兴、金华、舟山、台州等城市的融资需求；对于珠三角城市群而言，建议积极探索东西两翼如珠海、汕头、佛山、江门、惠州、东莞、中山等地的合作机会。

二、把握产业结构政策主线，锚定优势行业，释放发展动能

现代化产业体系是现代化国家的物质技术基础，实体经济则是现代化产业体系的根基和命脉。保险资金在落实服务实体经济重大任务时，应聚焦产业融合化、集群化发展特点，深入分析区域投资环境竞争力的产业根基，通过构建产业结构多样性指数和关键性行业竞争力指数，精准刻画各区域产业图谱，立足科技自立自强、产业链供应链补短板、现代化基础设施体系建设等领域发展需要，有的放矢地支持优势关键性行业，释放区域高质量发展新动能。

（一）根据区域投资环境竞争力与产业结构多样性矩阵研判产业发展潜力，为制定区域产业投资策略提供关键参考

我们以区域投资环境竞争力综合指数为横轴，以产业结构多样性指数为纵轴，以中位数为界限构建指数象限图，将各省区、城市划分为四类。一是投资环境竞争力排名领先且产业结构多样的省区。上海

和北京科技研发水平高，极大促进了生产性服务业、流通性服务业、高端制造业跨界融合，兼具投资环境竞争力强劲、产业结构多样化的优势，潜在投资空间广阔。海南和重庆具备一定的产业结构多样性，但缺乏优势突出的关键性行业。二是投资环境竞争力排名领先且产业结构专一的省区。福建、山东、浙江、江苏和广东具备较高的产业结构专一性，高端装备制造业、高科技制造业具有显著的先发优势。湖北、安徽、四川、江西、湖南、山西产业结构相对专一，总体上看制造业和建筑业较为发达，其中湖北、四川的商务贸易业成为新增长点。三是投资环境竞争力不足且产业结构多样的省区。此类区域产业多而不强，需注意产业的可持续性和现金流稳定性。四是投资环境竞争力不足且产业结构专一的省区。此类区域整体经济规模较小，其优势行业多具有资源密集型特征（见图1）。

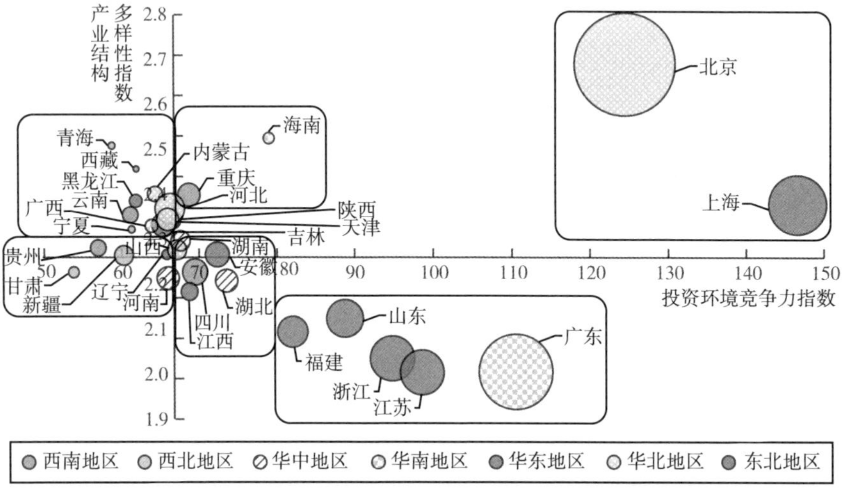

图1　省区投资环境竞争力-产业结构多样性象限图

（二）分析处于优势地位的关键性行业的空间分布特点，为制定差异化的投资策略提供参考

为最大限度避免主观因素，我们分别对七大类关键性行业竞争力

指数值采用聚类分析，筛选各省市具发展优势的关键性行业，形成各区域具有投资价值的行业清单。一是立足科技自立自强，助力高端制造业原创性、引领性发展。高端制造业发展与区域投资环境竞争力具有较强的相关性，保险资金可优先注入上海、北京、广深、珠海、东莞、南京、苏锡常、南通、杭州、宁波、绍兴和台州等城市，塑造以长三角为轴心、以北京和珠三角为南北两翼的沿海高端制造业、战略性新兴产业集群。与此同时，重庆、厦门、合肥、成都等地的高端制造业异军突起，也是保险资金助力制造强国建设的着眼点。二是助力现代服务业与先进制造业深度融合，推进生产性服务业专业化、高端化发展。软件和信息技术服务业方面，保险资金应响应东数西算的国家号召，有选择性地关注重庆、南昌、海口、青岛、福州的大数据、人工智能、云计算、区块链等新兴数字技术。科学研究和技术服务业方面，保险资金应聚焦集成电路、高端制造、关键材料等领域中底层核心技术存在的“卡脖子”难题，驱动上海、北京、广深、南京、苏锡常、杭州、重庆、福州、武汉等城市将科学研究和技术服务做大做强。三是健全现代化基础设施体系，保障现代化产业体系的完整性、先进性、安全性。基础设施建筑业方面，保险资金可关注中部的合肥、成都，西部的西安等地，东中西协同并进，提升产业链供应链的稳定性与竞争力。交通运输业方面，保险资金可参与盘活重庆、武汉等地的资本存量，水陆联运释放长江经济带黄金水道优势。能源业方面，保险资金应以2030年前碳达峰、2060年前碳中和为主线，以支持绿色转型升级为重点，紧随绿色革命多阶梯演化轨迹，在促进上海、北京、广东、浙江、重庆、四川等省区新能源开发的基础上，适时引导临沂、太原等资源型地区传统能源转型升级（见表1）。

表 1　处于优势地位的关键性行业的区域分布

分类	省区	城市	高端制造业	交通运输业	软件和信息技术服务业	房地产业	科学研究和技术服务业	能源业	基础设施建筑业
明星型省区	上海	上海							
	北京	北京							
	广东	深圳							
		广州							
		东莞							
		珠海							
	江苏	南京							
		常州							
		南通							
		苏州							
		无锡							
	浙江	杭州							
		宁波							
		衢州							
		绍兴							
		台州							
次优型省区	海南	海口							
	重庆	重庆							
	陕西	西安							
	山东	济南							
		青岛							
		临沂							
	福建	厦门							
		福州							
	安徽	合肥							
	四川	成都							
	江西	南昌							
	湖南	长沙							
		郴州							

续表

分类	省区	城市	高端制造业	交通运输业	软件和信息技术服务业	房地产业	科学研究和技术服务业	能源业	基础设施建筑业
次优型省区	山西	太原							
		临汾							
	河南	郑州							
		许昌							
	湖北	武汉							
	河北	石家庄							
	天津	天津							
审慎型省区	广西	南宁							
	新疆	乌鲁木齐							
	辽宁	沈阳							
	云南	昆明							
	其他								

注：颜色越深代表优势地位越突出。

（三）相关策略建议

保险资金应以制造业和生产性服务业为双轮驱动，充分布局各地产业规划重视、优势突出的，精准定位业务增长点。一是产业结构多样的区域。此类区域经济韧性较强，应聚焦协同发展优势突出、可持续增长潜力强劲的行业。北京、上海地区建议高度关注北京“2441”高精尖产业与上海“3+6”新型产业体系，跟踪人工智能、5G、元宇宙以及“北斗+”等潜导行业，通过设立科创基金、双碳基金率先抓住优质投资机遇。海南、重庆由于整体投资环境竞争力偏低，建议适当挖掘交通等政策扶持力度大的行业，以及文旅、机械等与资源禀赋适配的高壁垒行业。二是产业结构专一的区域。此类区域需重视关键性行业成长性以及产业链完整性，借助压力测试和敏感性分析等方法，追踪投资项目的中长期偿债能力。福建、山东、浙江、江苏、广东等地区可充分挖掘新能源汽车、精密仪器、生物医药、集成电路、大飞机等高端制造业的投资前景；湖北、安徽、四川、江西、湖南、山西等中西部省区要追随产业平台、产业链关键环节梯度转移的步伐，关注承转基地建设，聚焦新材料、新能源等传统优势行业转型升级，挖掘当地优质资源要素，助力差异布局、错位发展，切实增进产业链、供应链的稳定性。

三、把握“三优”原则，着眼能力提升，守好风险底线

通过前述量化分析，我们厘清了区域协调战略和产业结构调整这两条主线，“两条主线”很美好，关键还得看落实。这考验的就是保险资金运用的能力和水平，也就是保险资产管理公司投资策略这条“主线”。保险资产管理公司另类投资应进一步提升管理能力和服务能力，以优质产品、优秀伙伴、优质资产为策略主线，充分发挥私募股权投资、实物资产投资和非标债权投资服务国家战略和实体经济的关键作用，以点带面，撬动社会资本助推经济发展，努力将优质服务能力转化为市场竞争力，防范化解投资风险。

（一）私募股权投资重点做好“优质产品”

以策略型基金、母基金和股权投资计划为主要投资工具，立足科技自立自强、产业链供应链补短板等关键领域，选择基本面有支撑、估值面有优势、政策面有支持的投资标的，主动服务现代化产业体系建设，践行国有金融企业的担当使命。一是持续推进策略型基金。通过科创基金、双碳基金等策略型基金，加大科技和碳中和前沿项目的拓展力度，挖掘新能源、数字经济、先进制造、医疗科技创新和消费领域成长性股权投资机会。二是发挥股权投资计划在股权领域基础配置类资产投资中的重要作用。筛选历史收益稳定、政策预期确定、现金流稳定且未来供给格局较稳定的行业。如利润波动较小的电力、交

通、产业配套等公共行业，供给格局稳定的火电，以及风光电站、垃圾发电、水电、充电桩等项目需求。三是探索配置型母基金、S基金交易机会。通过P+S+D策略分散组合风险、优化现金流，撬动头部市场化基金管理人资源和团队，有效延展投资触角，抢占优质赛道，加大资产配置力度。

（二）实物资产投资秉持“三好”原则

以“好的”基础资产、合作伙伴和资产管理人实现实物资产全周期闭环管理，有效保障保险资金与被投资产保值增值。一是挖掘“好的”基础资产。保险资产管理公司应狠抓区位稀缺、业态成熟、具有持续稳定现金流的优质资产。一方面，依托“城市群”战略及区域协调发展目标带来的中心城市投资机会；另一方面，聚焦现代化产业体系和双循环新格局带来新型不动产需求，关注物流仓储、数据中心、研发办公、产业园和零售、冷链物流等各类新型不动产资产增量需求。二是开拓“好的”合作伙伴。与龙头企业合作挖掘具有持续稳定现金流的优质资产，通过设立Pre-REITs基金，积极推动社会资本以市场化手段服务于存量资产和新增投资的良性循环。通过更早介入生态链，深入了解基础资产并参与设计基础资产载体结构，从而获取资产证券化的主导权，拉长投资周期，提升策略的腾挪空间，提高投资收益上限，增强金融服务盘活存量资产的能力。三是寻找“好的”资产管理人。秉承“专业人做专业事”的原则，充分发挥资产管理人在特定领域的专业积累，丰富的跨周期管理运营经验和较强的抗风险能力，助力资产增值，为投资机构解决后顾之忧。在合作中充分学习和借鉴管理人在行业研究、资产筛选、管理手段和渠道建设方面的成功经验，加快自身能力建设。

（三）非标债权投资积极服务优质、多元化主体

面对保险资金的信用风险，保险资产管理公司在投资主体选择中，

应坚持“两个毫不动摇”，充分激发各类市场的主体活力，将保险资金配置到信用资质优、收益稳定、市场竞争力强、综合效益好的重点客户，通过债权投资计划、资产支持计划、信托计划等产品服务于战略性客户的融资需求。一方面，建议不断深化同国资背景优质客户的合作。在选择国资、财政局和部委等政府机关控股的企业时，应综合考虑企业定位、业务模式、资产质量及债务负担等因素，剔除净利润及经营净现金流连续为负值等财务风险偏大的企业。在选择城投主体时，针对区域城投企业数量较多的情况，应优先考虑主体平台地位高、经营业务划分明确的核心主体。另一方面，建议优先考虑区域内具有显著行业竞争力及区域优势的产业主体。加强对主体偿债能力、营运能力、盈利能力、成长能力的尽调评估，综合研判信用风险及其所在行业、行业所在区域的政策支持力度与发展潜力，聚焦较高行业壁垒、较强技术与资源优势的明星上市公司、行业龙头企业。此外，可扎实推进资产证券化等产品模式，为高精尖新小微企业提供稳定的资金支持。

朱颖锋

国华兴益保险资产管理有限公司

硕士研究生，现任国华兴益保险资产管理有限公司总裁、执行董事，兼任中国保险资产管理业协会第三届副会长、常务理事。朱颖锋先生具备丰富的金融领域专业知识及管理经验，曾荣获首届“陆家嘴十大金融之星”“2021年度区域发展贡献先进个人”等荣誉称号。

借鉴国际经验，探索保险资产管理公司高质量发展路径

国华兴益保险资产管理有限公司　朱颖锋

一、中国保险资产管理业二十年改革发展成效

自2003年首家保险资管公司设立以来，中国保险资产管理业已走过二十年波澜壮阔的改革发展历程。受益于我国经济社会快速发展，供给侧改革、居民财富持续增长，保费收入及保险资产的高速增长，以及政策环境的持续优化，我国保险资产管理业取得了长足发展和显著成就，市场化、专业化、规范化水平持续提升。

（一）市场主体稳步扩容，规模收益兼具长期亮眼表现

从市场主体看，监管部门坚持“成熟一家、批准一家”的原则，稳步推进保险资管牌照批设，目前我国保险资管公司队伍已扩容至33家，保险资金的公司化、专业化管理已成为必然发展趋势和需求；从行业规模看，截至2022年末，保险资产管理公司资产管理规模合计24.5万亿元，2016—2022年行业资产管理规模年复合增速达12%以上，已成为仅次于公募基金以及银行理财资金的第三大市场资金管理机构，行业年总收入达到274亿元，2016—2022年年复合增速达10%以上（见图1）；从投资收益看，保险资金近十年投资收益取得了长期稳定的正收益，投资收益规模由0.18万亿元增至1.05万亿元，平均年化财务收益率达5.28%。

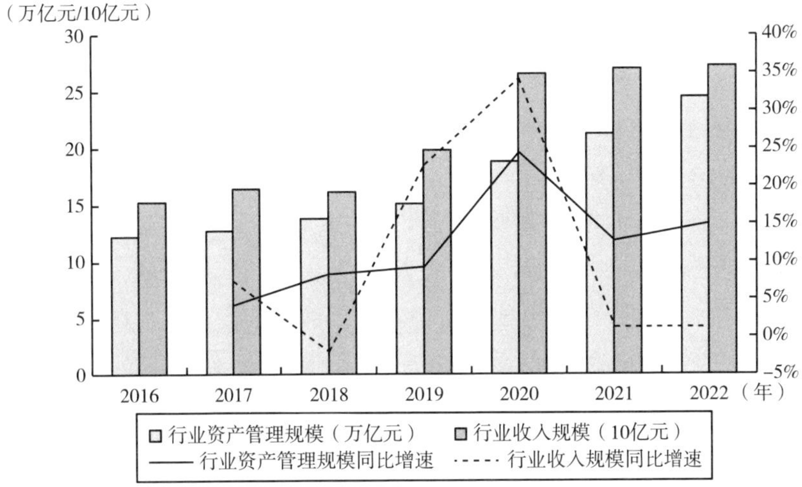

图1　2016—2022年保险资管公司规模与行业收入情况

资料来源：中国保险资产管理业协会

（二）体制机制不断健全，行业内生发展动力加速释放

中国保险资产管理业20年的发展壮大始终离不开监管政策的保驾护航与前瞻指引。特别是自2018年下半年以来，随着《关于进一步明确规范金融机构资产管理业务指导意见有关事项的通知》及一系列重要配套规章制度的相继出台，我国保险资管业监管框架得以基本确认，行业内生发展动力由此得到加速释放。具体来看，2018年资管新规的颁布，为保险资管机构与银行理财、公募基金等资管机构同台竞技奠定了制度基础；2020年《保险资产管理产品管理暂行办法》及三个配套制度的相继出台，使得保险资管产品规范化水平得到进一步提升，促进了保险资金领域的拓宽和投资产品的丰富化，打开了保险资管业务的广阔前景；2022年《保险资产管理公司管理规定》的颁布，全方位升级了行业发展的顶层设计，保险资管公司的发展方向与价值取向得以明确，也带来了一系列政策红利。

（三）业务体系日臻完善，第三方业务蓬勃发展

随着保险资产管理业监管框架的建立健全，我国保险资管业务体系日臻完善，逐步形成了投行业务及资产管理业务两大业务板块。前者包括债权投资计划、股权投资计划、资产支持计划和保险私募基金等，后者包含资产管理计划、企业年金业务、养老保障、公募业务、第三方资产管理业务和投连险管理等，形成了全谱系多元化产品优势。与此同时，近年来保险资管机构通过积极把握养老金入市契机、着力发展保险资管产品等举措，推动第三方业务蓬勃发展，资金渠道不断向市场化机构迈进。数据显示，截至2022年9月末，国内保险资管公司第三方资金规模约为4.2万亿元，规模同比上升约24.3%；截至2022年末，共管理养老金、企业年金、职业年金等其他长期资金3.98万亿元，资金渠道不断向市场化机构迈进。

国华兴益保险资产管理有限公司（以下简称国华兴益资管或公司）发端于大资管转型升级机遇期，是中国第三十家保险资管公司。成立两年以来，国华兴益资管以受托管理控股股东国华人寿资产为起始点，循着专业化、市场化发展路线，资产管理规模稳步增长，业务布局持续深化，资管产品线不断丰富，客户渠道日渐多元。截至2023年6月底，公司资产管理规模突破1 400亿元，较2022年末已实现翻倍增长，其中资管产品规模近700亿元，吸引了超70家机构投资者积极投资，第三方资金来源规模占比超90%。

（四）投资比较优势显著，擅长大类资产配置和绝对收益策略

从投资能力来看，保险资管公司以受托长期限大规模的保险资金为基础，在大类资产配置能力、中长期限的固定收益投资能力和另类资产投资能力（如基础设施、不动产债权、股权等）上具备天然的投资经验和优势，擅长绝对收益管理。从资产质量来看，数据显示，在2022年行业大类资产配置中，固定收益类资产占比始终保持在2/3以

上，债券投资中超七成为国债和金融债，公司信用类债券中近九成为AAA级，银行存款超七成集中于国有大行和股份制银行，股票配置以大盘蓝筹股为主（见图2）。此外，活期存款、货币基金、国债等高流动性资产占比22%，行业资金配置结构稳健，资产质量持续提高。从客群特点来看，除内部委托保险资金外，保险资管客户群体既有银行、保险、信托等金融机构客户，也有大型国企、中小企业以及地方政府等各类战略客户，还可以为个人合格投资者的配置投资需求提供解决方案，未来可拓展客群面广。

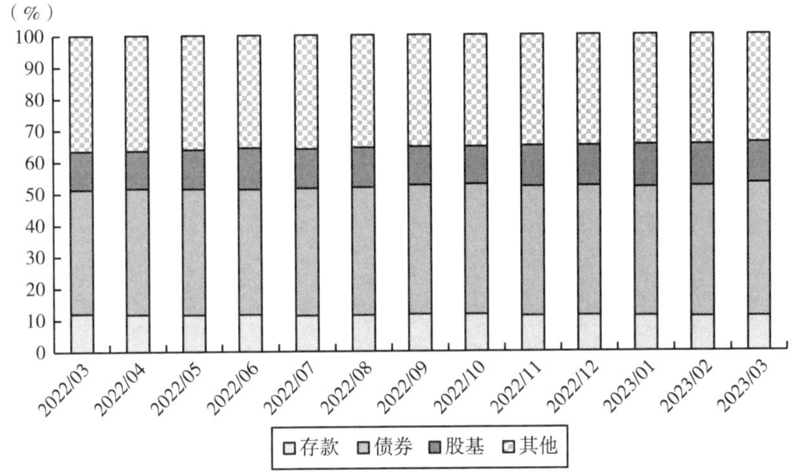

图2　保险资金投资以固收类为主

资料来源：国家金融监督管理总局

（五）践行金融初心使命，服务实体经济发展

金融是实体经济的血脉，为实体经济服务是金融的天职，是金融的宗旨，也是防范金融风险的根本举措。保险资金期限长、规模大、来源稳定、投资渠道多元，在服务实体经济方面更具天然优势。把服务实体经济作为出发点和落脚点，积极引导金融资源流向更符合国家战略需要、更符合中国式现代化建设需要的重点行业和领域，更是保

险资管机构义不容辞的责任与使命。数据显示，保险资金通过债券、股票、股权、保险资管产品等方式，为实体经济提供中长期资金支持，资金规模由2012年的4万亿元增加至2022年6月末的21.85万亿元，累计增长4.46倍。

作为新兴保险资管机构，国华兴益资管持续强化“新机构、新担当、新作为”责任意识，牢牢把握金融工作的政治性和人民性，稳步拓展保险债权投资计划等产品发行业务，为实体经济发展注入源头活水。截至2023年6月底，公司另类投资业务规模超180亿元，均投向交通及水利基础设施、市政工程、棚户区改造等重点行业及民生领域，项目计划委托人除保险机构客户外，还辐射到股份制银行和城商行的自营资金。

（六）积极融入开放格局，探索全球化资产配置

随着我国金融开放持续向纵深推进，保险资管业对外开放呈现新局面。截至目前，已有工银安盛资管、交银康联资管、中信保诚资管、招商信诺资管、安联资管等多家合资和外资保险资管公司获批开业。更高开放水平下，多家合资和外资保险资管公司相继获批，一方面对于完善市场体系、丰富客户选择、促进中国保险资管市场的健康发展做出了积极贡献，另一方面外资机构/股东的成熟经验将为我国保险资管发展提供有益借鉴。与此同时，保险资金近年来也正积极利用港股通、沪伦通、债券通等渠道途径，稳步探索全球化资产配置，加强与国际领先金融机构深度合作，吸纳和借鉴境外优秀资管机构投资能力，实现内外部结合发展。

二、国际优秀资管机构的发展经验

历经二十年探索实践，在“大资管”时代浪潮及对外开放格局下，我国保险资管行业迎来了前所未有的广阔空间和时代机遇，同时也面

临着行业竞争日趋激烈、经济下行、低利率及资产荒等现实挑战。放眼全球，国际资产管理行业历经多次变革，涌现出了如安联保险资产管理公司（以下简称安联资管）、贝莱德集团（以下简称贝莱德）以及摩根大通资产管理有限公司（以下简称摩根大通资管）等极具代表性的优秀资管机构。通过探析国际资管同业发展经验，将为我国保险资管机构高质量发展提供借鉴思路。

（一）安联资管——国际保险资管巨头

1.背靠集团、发展三方资管，实现稳定利润贡献。安联资管是国际顶尖的保险资管机构之一，隶属于全球最大的保险和资管集团——德国安联保险集团（以下简称安联集团或集团）。截至2022年末，安联集团总管理资产规模达到2.66万亿欧元，第三方资管规模达1.64万亿欧元，在全球保险机构中排名第一。安联集团的资管业务由子公司安联资管运营，资管业务是安联集团利润的重要组成部分（见图3）。截至2022年末，资管业务实现营收82.34亿欧元，占安联集团总营收的5.4%，实现营业利润31.99亿欧元，占集团22.6%的比重，利润转化率较高。

2.并购细分领域龙头，健全投资能力。回顾过往发展历程，安联资管主要通过一系列外延并购与内部重组不断完善业务布局，以第三方资金为抓手实现跨越式增长。公司历史兼并收购的资管机构均为细分领域的佼佼者，不断健全集团在各领域的投资能力。从最终转化结果来看，公司在2000—2001年、2009—2011年、2016—2018年的三次集中并购活动都使得集团总资管规模有突破性增长（见图4）。

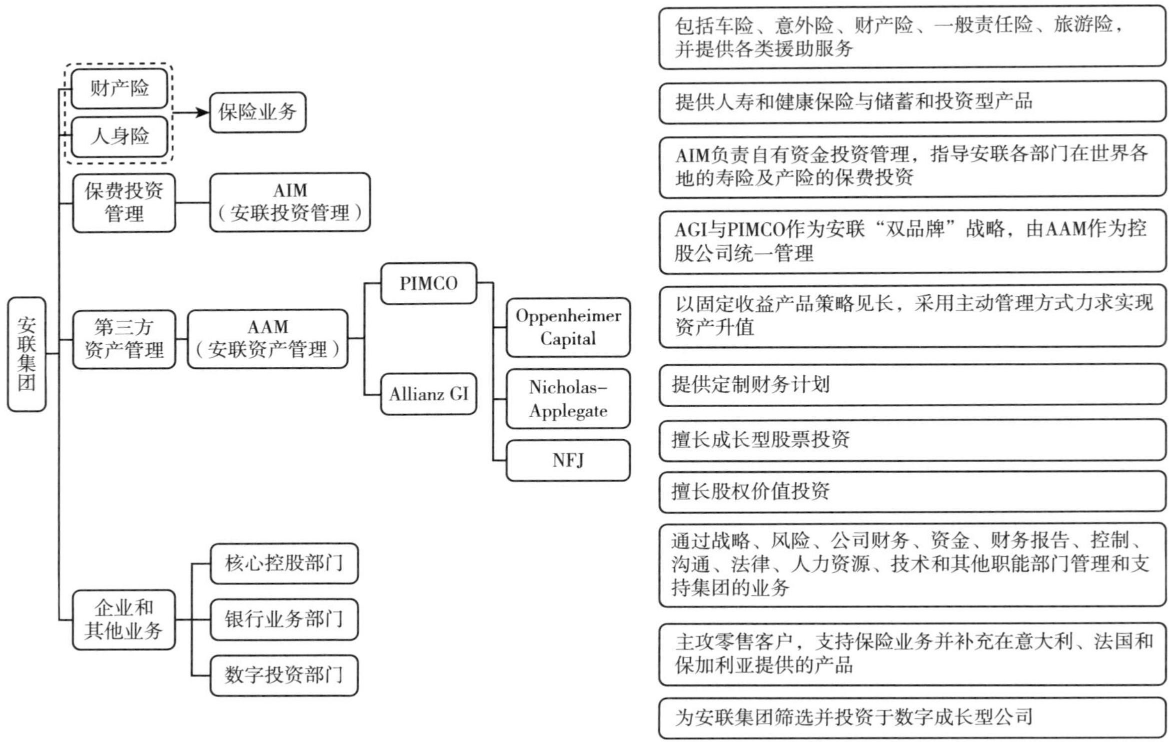

图3 安联集团整体业务布局

资料来源：安联公司官网

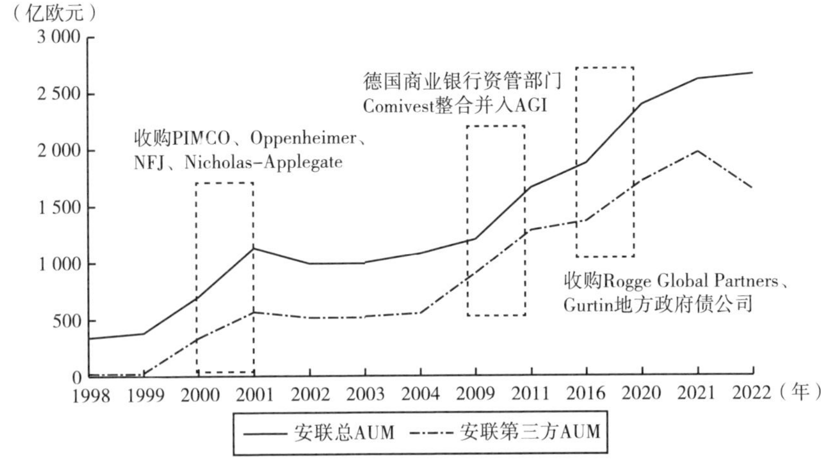

图4 安联通过外部兼并迅速积累管理资产

资料来源：安联官网，安联年报

3.双支柱为基础，全球化和多元化的投资策略。安联资管采取“双支柱”模式，旗下设有太平洋投资管理公司（Pacific Investment Management Company，PIMCO）和安联全球投资者（Allianz Global Investors，AGI）两家专业投资管理公司。安联集团下设的安联投资管理部门（AIM）负责管理自有保险资金，第三方资金则由PIMCO以及AGI进行管理，其中前者为国际固收资产管理龙头，长期以主动固收策略见长，后者整体资管规模较小，在全球多地区设立基金，倾向于较为均衡的大类资产配置。

通过资产全球化配置，安联集团在资产管理业务中平滑了不同金融市场的周期波动，并在全球范围内有效分散资产管理的市场风险，同时抓住全球各个经济区域财富增长的机遇，取得长期稳健的收益。安联集团市场核心主要集中在美国、德国、法国、意大利、英国和亚太地区。

此外，安联集团通过采取多元资产策略，主动争取稳健超额收益。近年来主要表现有：其一，提升另类资产投资比例应对费率下行；其二，加大可再生能源与数字化领域等新兴产业投资，有助于在积极扩张的同时保证资产的稳定收益；其三，在合理的风险控制和适当的风险容忍之下，适当下移固收投资组合信用评级攫取溢价，提升整体盈利水平（见图5）。

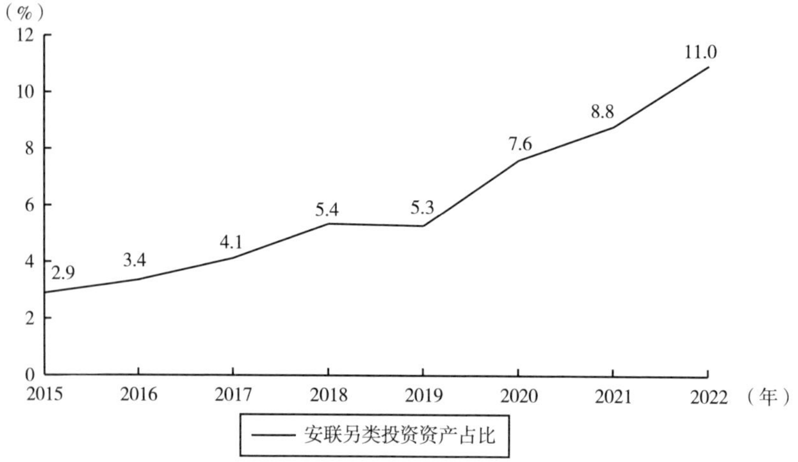

图5　安联另类投资比重逐年上升

资料来源：安联集团年报

4.投研为基，全球化为辅的风险管理体系。安联集团通过健全自上而下的投研体系，构筑兼顾全球性及区域性的风险治理架构，曾多次成功识别并防范重大风险。以投研体系为例，安联集团投资管理部门（AIM）对安联资管业务作出投资策略的指导，在此基础上，AGI下设环球研究平台、基层研究平台、ESG研究平台、行为金融学研究平台四个平台，PIMCO则积极与外部研究所、大学合作，每年邀请资深经济学家、政治家、企业家等与自己的投资团队就宏观问题讨论研究。通过上述自上而下的投研体系，安联集团在2006年成功识别美国房地产市场泡沫，并在2008年次债危机全面爆发时的极端市场环境下保持了4.82%的收益，而后又成功预言欧债危机发生的可能，在投资选择时远离了欧洲国家主权债券，成功躲避欧债危机的影响。

5.数字化转型为资管业务赋能。安联资管为实现“完全数字化”

目标，提升公司整体的运作效率和承载能力，实现降本增效、业务增量不增人；同时，提升财富管理与客户服务的效率，提升用户体验与黏性，支撑产品创新，扩大资金流入。此外，数字化也提升了投研分析效率与投资管理能力，如通过智能技术提升投研数据的处理效率、引入另类数据和因子等直接创造Digital Alpha。总体而言，数字化为资管业务提供了有效赋能。

（二）贝莱德——全球公募基金巨头的差异化发展之路

1.以“权益类+指数类+iShares ETF”为主的多层次产品矩阵策略。贝莱德产品以指数类为主。较低的产品费率反而带来了价格竞争优势，AUM大幅增长，基础管理费收入随之提高。2011—2021年，指数类产品AUM占比从60.26%增至66.33%，CAGR为14.80%，达6.64万亿美元，其中iShares ETF投资产品2021年占指数类产品的49.21%，CAGR为21.33%，而主动类产品AUM占比从27.96%降至26.04%。2011—2021指数类产品带来的总基础管理费收入增长148.72%至71.01亿美元。

2.开发多资产与另类投资产品，提高管理费率。开发提供满足客户需求的定制化多资产产品方案。截至2021年底，贝莱德多资产产品AUM达到8 164.49亿美元，2011—2021年CAGR为13.75%。主要包括四类子产品：目标日期/风险产品（2021年占比51.27%）；平衡资产配置产品（占比29.11%）；受托服务（占比19.62%）；Future Advisor（智能投顾投资咨询服务）。

开发定制另类投资产品，满足客户多样化需求的同时带来较高基础管理费收入。截至2021年底，公司另类投资产品AUM达到2 648.81亿美元，2013—2021年CAGR为11.47%。2021年另类投资产品费率57.12BP，远高于其他类产品费率，为公司贡献较高收入。主要产品包括：货币及商品（2021年占比28.30%）、流动性另类投资产品（2021年占比32.98%）、非流动性另类投资产品（2021年占比38.72%）等。

3.金融科技赋能公司成长，构筑深厚壁垒，收入来源多元化。贝莱德以iShares、Aladdin和贝莱德智库三大支柱作为公司发展根基，持续加码金融科技，完善被动投资产品，强化投顾能力，构建独特竞争壁垒，持续赋能公司业务发展。

以阿拉丁的风控系统为例，阿拉丁平台目前正逐渐成为全球资管行业的重要基础设施，风险分析服务客户涉及银行、保险公司、主权投资者、捐赠基金以及政府部门等机构，服务对象涵盖全球超500家公司、世界65个国家，实现了自身技术变现的同时也将贝莱德的影响力提升到了新高度。2011—2021年，由阿拉丁带来的技术服务收入稳步增长，在总收入中所占比重由2011年的5.62%升至2021年的6.61%，达到12.81亿元，同比增长12.47%，使得贝莱德收入来源日趋多元化，形成了强大的技术壁垒。

（三）摩根大通资管——全客户覆盖的银行系资管典范

1. 全谱系客户覆盖，增强AUM稳定性。依托庞大的客群，摩根大通银行从1974年开始经营资管业务。历经半个世纪发展，负责摩根大通银行资管业务的摩根大通资管成为既涵盖零售又深耕批发客户的全能资管机构。

摩根大通资管既有以高净值和超高净值客户为代表的私人银行客户，也有包括共同基金、NGO和政府相关的机构客户。同时，公司也为零售客户提供有针对性的客群经营产品和服务。目前，摩根大通资管的私行、机构和零售客户AUM比例大约为5∶3∶2，多元化的客户体系加强了公司管理资产的规模稳定性。

2. 丰富产品矩阵，满足客户多元化需求。金融科技近十几年来对资管行业产生了深远的影响。随着技术进步，资管规模快速扩张，指数类基金兴起，行业整体管理费率降低。摩根大通资管以主动管理见长，但也积极拥抱新变化，丰富自身产品矩阵，补充丰富自身被动产品体系，提升客户在全生命周期的一站式投资体验。

由于摩根大通资管广泛的客群，其资产配置方面亦相对多元化和均衡化。例如在其资产结构中，高流动性的货币基金、低波动的固收类资产、权益类、混合类及另类资产的占比相对均衡。尤其是公司通过集团项目优势，加大另类资产配置力度，混合及另类投资占比逐渐从10年前的23%升至1/3，从而帮助需求及多样化的客户更好地在全球不同区域、不同行业部门、不同资产类别中，寻找符合自身风险收益需求的资产类别。

3.加大金融科技投入，有效触达客户。摩根大通资管也积极贯彻将“一切数字化”战略，使专业投资服务能够更有效地触达客户。例如公司倡导业务条线可以开发和实施其专业领域的新功能和新产品，减少IT部门对业务部门的阻碍。公司在2018年推出了智能投顾系统You Invest，后于2021年前后升级为Self-Directed Investing，为客户提供了一个根据自身风险承受能力、财务目标和投资时限建立投资组合的便捷方式，并且不断升级迭代，持续提升客户体验。

三、国际优秀资管机构对我国保险资产管理业发展的启示

对标国际优秀资管机构，我国保险资管行业目前在管理规模、资金运用成熟度方面仍有广阔的发展空间。立足新发展阶段，我国保险资管可从以下几方面入手，借鉴海外发展经验，抓住时代新机遇，拥抱大资管时代的到来：

（一）重视三方业务培育，扩大收入来源

国际头部保险资管机构在后期发展中充分受益于第三方资管业务的规模增长，如安联资管第三方资金规模占比长期维持在70%以上，英国法通资管则可达到90%以上。三方业务可扩大保险资管公司管理费以及业绩提成收入的弹性，在过去十年指数化拉低整体资管市场管理费率背景下，对资管机构而言具有重要的稳定器功能，同时作为单一保险资金的补充，也可在一定程度上分散保险资管公司的经营风险。

虽然近年来我国保险资管第三方资金规模比例已有显著提升，但

目前管理资金仍大多来源于系统内保险资金，以及部分养老金、企业年金等保障类资金。借鉴国际优秀资管机构的发展模式，我国保险资管未来扩张第三方资金可从以下几个方面考虑：

首先，产品角度注重产品创设的多样化，贴合不同风险偏好属性的资金需求。例如PIMCO与AGI产品的风险收益光谱较为宽阔，产品投资标的覆盖股票、债券、房地产、大宗商品等多投资品种，为广大零售客户提供丰富选择。其次，渠道方面，加强与第三方经销渠道的合作。国际大型资管机构在合作方属性、数量上均不断拓展以开拓零售资金，包括但不限于各大投行、证券经纪商、财富管理咨询公司，且在区域上从欧美发达地区向新兴市场拓延。最后，注重信息披露。国内保险资管信披制度相对公募基金、银行理财等财富管理机构相对落后，未来可借鉴海外资管机构充分信披的优秀经验，增强客户对产品的了解与信任。

（二）发挥负债端优势，拉长资产久期

受益于相对丰沛的长久期资产供给，海外保险资金通过增配长久期债券或另类资产，较好匹配负债端资金久期。例如美国10年以上的债券供给占比超过70%，而中国5年以上债券供给占比接近70%。可喜的是，近年来我国债券借贷期限已出现从5年以下短期向5~10年中期转移的趋势，同时伴随公募REITs等创新投资工具不断放开。未来我国保险资管机构可在考虑自身投资能力的基础上，以更积极的姿态拉长资产久期，参与相关资产投资，实现负债和资产的期限匹配，降低期限错配所带来的经营压力。

此外，以AGI为例，全球化资产配置有助于险资平滑不同金融市场的周期波动。在分散市场风险的同时把握各经济区域财富增长的机遇，取得长期稳健的收益。全球化资产配置几乎是国际头部保险资管公司的必由之路（见图6）。

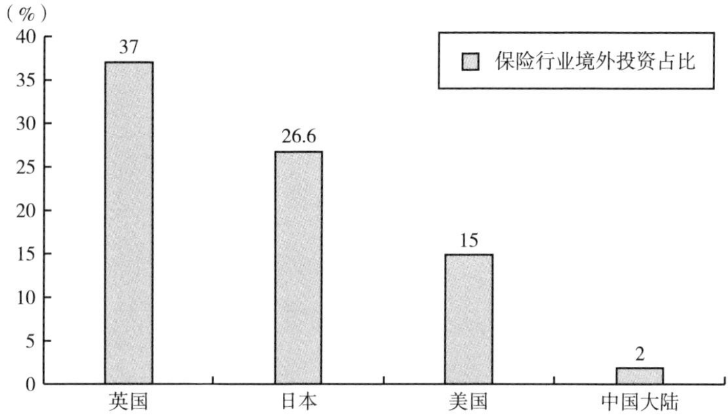

图6　我国境外投资较发达市场有较大差距

注：数据截止时间分别为英国（2013年）、日本（2021年）、美国（2015年）、中国大陆（2020年）。

资料来源：ABI，LIAJ，NAIC，中国保险资产管理业协会

（三）多元化产品类别及资产配置，增强管理费韧性

目前，我国保险资管产品形式较为单一，以组合类保险资管产品、债权投资计划等产品为主，第三方资金管理大多也采用专户形式进行管理。参考海外模式，未来我国保险资管机构可向产品货架方向转型。增加标准化资管产品的创设，多元化产品类别，可满足内外部投资者一站式资产配置的需求，扩大资管机构的管理收入来源。

另外，多元化资产配置，拓展另类资产投资途径，可有效对抗综合管理费率的下行。国内近十几年来金融市场的开放和发展给予了保险资金使用新方式新工具支持实体经济、提升投资效能的有效途径。目前保险机构可通过南向通、北交所等扩大投资标的覆盖率，也可通过配置金融衍生品、REITs、并购基金、创业投资基金等新兴品种，挖掘特殊机会资产投资。从海外安联资管与贝莱德的经营经验中可以看到，另类投资资产的配置，有助于资管机构获取长久期、稳定收益的资产类别，同时获取较高的管理费费率，增强整体收入的韧性。

国华兴益资管作为新兴保险资管机构，现阶段将在服务好保险主

业的基础上稳步拓展、创新公司资管产品业务线，致力于为客户提供多元化、一站式资产配置解决方案。公司组合类保险资管产品业务将从产品端、策略端、市场端全方位发力，围绕客户资产配置“稳收益、博弹性、高回报”三条需求主线，进一步细化产品策略，丰富产品矩阵，拓展多种销售模式的渠道资源；公司另类投资产品将持续围绕“重要行业+重要区域”的思路构建多重筛选策略，积极服务碳达峰碳中和、科技强国、制造强国、数字中国等重大战略，推动资产配置从追求量的增长向追求高质量发展转变，做好连接资本市场与实体经济的桥梁与纽带，持续为实体经济注入源头活水。

（四）完善风险防范机制，促进稳健发展

需要关注的是，发展到成熟阶段，保险资管产品矩阵趋向复杂，风控难度加大，资产管理业务面临突发风险事件时资金流失易出现集中挤兑，流动性风险增强，进而在发展过程中也应建立更完备的流动性管理机制。例如，提前制定赎回政策、增加现金储备等，保证资产变现能力；着力加强产品创新能力，提升产品多样性，降低对某些特定产品或投资工具的依赖；在继续构建高效交易市场的同时避免零售渠道产品和投资组合集中度过高，控制风险敞口降低业绩波动等。同时，进一步强化科技赋能，推进风险管理的数字化水平，将是保障保险资管参与大资管市场竞争、实现高质量转型与可持续发展的利器。

国华兴益资管自成立以来即以监管评级指标和国内外行业最佳实践为指引，规划并构建了符合业务发展要求、具有一定前瞻性同时与公司实力匹配的数字化信息系统。公司现已完成投资能力支持系统、产品业务支持系统建设，建立了较为完善的全业务支持系统架构，保障了专户受托业务和三方产品业务的高速发展。当前公司正在此基础上进一步推进统一数智化平台建设，不断完善投研平台、运营中台、数据中台和消息平台等系统建设，以及RPA、OCR等智能技术应用。通过上述举措，公司旨在打破系统割裂，跨越数字鸿沟，实现业务流、

数据流的统一流转，加强金融科技对业务创新的赋能作用，实现“优化投资研究辅助，提升交易运营效率，提供风控合规保障”的数字化目标。

（五）保障架构精简，加强外部合作

国际上以安联资管、摩根大通资管为代表的一批优秀资管机构，在不同的经营阶段都通过外延并购实现资管规模的扩大。回顾上述机构的发展历程，在公司发展的不同阶段，资管机构通常选择不同的并购整合策略。初期注重核心业务能力，选择与自身优势业务相似的对象进行收购。数次兼并收购后，更加注重对业务的整合吸收。随着中国资产管理行业的发展，行业集中度大概率也将逐渐上升。在业务收并购中，保持组织架构清晰精简避免过于冗余，有利于实现自身优势的集中与放大，提高组织的效率和协同性。

资产管理行业对外开放与国际化是大势所趋，伴随着大资管市场竞合格局迈入新阶段，中国保险资管业已迎来重要战略机遇期。国内保险资管机构应在“向内挖潜”与“向外求索”双向寻求发力与突破。一方面，巩固和发挥在长期资金管理、大类资产配置、长久期资产创设和绝对收益获取能力等方面的丰富经验与核心优势。另一方面，充分学习借鉴国际优秀资管机构发展经验，通过在提升第三方业务水平、夯实产品投研能力、完善风险防范机制以及深化与外部机构合作等领域探索实践，多措并举，全面提升资管服务效率和水平，为推进保险资产管理业高质量发展，更好满足人民群众和实体经济多样化金融需求做出更多贡献。

甄庆哲

安联保险资产管理有限公司

现任安联（中国）保险控股有限公司总经理及安联保险资产管理有限公司董事长，从事保险资产管理领域工作近二十年，曾任中外合资寿险公司资产负债匹配经理、风险管理部总经理、首席投资官等职位。2013年筹备成立了第一家中外合资保险资产管理公司，并于2013年至2019年间担任中意资产管理有限责任公司第一任总经理。2020年起开始筹建中国第一家独资保险资产管理公司，于2021年筹建成立了安联保险资产管理公司，并任第一任总经理。

从绿色金融视角思考保险资产管理行业的高质量发展

安联保险资产管理有限公司　甄庆哲

一、绿色金融与保险资管行业高质量发展

党的二十大报告提出了全面建成社会主义现代化强国的发展目标，加快构建新发展格局，着力推动高质量发展，为保险资金投资配置、绿色转型指明方向的同时提出了更高的要求。站在历史交汇的新起点，保险资管行业拥抱机遇，迎接挑战，奋力迈向高质量发展新征程。

保险资产管理在金融领域中扮演着重要的角色，具有重要的影响力。经过20年的改革探索，保险资产管理业在保障资金安全、丰富投资组合多样化、稳定长期收益、持续贡献经济增长以及促进金融市场流动性和稳定性方面发挥着至关重要的作用。新的发展阶段，保险资产管理行业发展也呈现了新特点：科技创新驱动了投资决策与风险管理，人工智能、大数据分析、区块链等技术快速提高了资产管理的效率和精确度。与此同时，社会责任投资促进越来越多的资产管理机构开始将社会、环境以及治理因素纳入投资决策的流程，为可持续发展和长期投资回报积蓄力量。在这个过程中合作与整合能力增强实现优势互补与可持续发展，资产所有者和投资管理者等各相关方不断适应市场变化需求，加强行业内的整合和联动，推动业务创新和市场竞争力提升。

当前纷繁复杂的内外部环境压力下，及时应对形势变化，提升抵抗冲击的弹性和韧性，助力资产管理行业的高质量发展更是保险资金投资管理的使命与责任。其中，绿色金融是促进高质量发展的重要手

段之一。我国“双碳”目标之下，保险资管行业向着绿色发展新方向不断探索，真正把发展绿色金融作为应对气候变化、促进经济社会绿色转型、实现“双碳”目标的工具，在更高架构、更创新的产品和服务体系、更稳健可持续的基底支撑等多个维度全面发力，开启金融助力绿色发展和可持续未来的“加速度”。

为推进绿色金融实践，顶层设计方面逐步完善。2022年6月1日中国银保监会印发《银行业保险业绿色金融指引》，要求银行保险机构深入贯彻落实新发展理念，从战略高度推进绿色金融，加大对绿色、低碳、循环经济的支持，防范环境、社会和治理风险，提升自身的环境、社会和治理表现，促进经济社会发展全面绿色转型。该指引在2012年的《绿色信贷指引》基础之上，将机构覆盖面拓宽，首次对保险类金融机构绿色金融提出了要求。该指引明确银行保险机构的董事会或理事会承担绿色金融主体责任，负责确定绿色金融发展战略，高级管理层负责制定绿色金融目标，建立机制和流程，明确职责和权限。同时，要求开展全流程和全链条ESG监管，明确银行保险机构识别、防控和监测环境、社会和治理（ESG）风险的责任和义务，需要把ESG纳入全面风险管理流程，建立ESG负面清单制度，开展情景分析等。这意味着银行保险机构不仅仅对客户本身环境、社会和治理（ESG）风险进行评估，还需要重点关注客户的上下游承包商、供应商的ESG风险。同时，该指引首次提出了银行保险机构最终需要实现碳中和，特别是强调了资产组合碳排放的强度，有力地支持“双碳”工作，在保障能源安全、产业链供应链安全的同时，渐进有序降低资产组合的碳强度，最终实现资产组合的碳中和。该指引深入绿色金融内涵，强调金融要支持绿色发展，同时关注自身的绿色发展，对银行保险机构引导绿色发展有着划时代的意义。该指引虽然在名称上强调“绿色金融”，也就是E（环境）的部分，在内容上还包括S（社会）和G（治理），可以指导金融机构全面考量和评估融资人和被投标的的非财务表现，将ESG表现纳入全面风险管理，为投融资决策提供更全面的依据。

高质量的发展要求保险资管行业在推动经济增长和满足客户需求的同时，积极促进环境可持续性和社会责任的发展，强调在金融活动中融入环境、社会和治理因素，并将可持续发展纳入业务战略和决策过程中。高质量发展理念与ESG的核心思想高度契合，ESG表现是衡量企业可持续、高质量发展的重要指标，也是践行高质量发展的重要抓手。

二、安联集团可持续发展理念的落地经验借鉴

安联集团作为全球最大的保险和资产管理集团，高度重视可持续发展。在过去133年的经营过程中，持续致力于寻找可持续发展问题的解决方案，制定有效的、制度化的长期解决方案，为客户提供可持续的产品和服务，始终秉承可持续性和包容性是实现增长和价值创造潜力的最佳方式。可持续发展战略框架以“守护你的美好未来”（We secure your future）作为宗旨，以联合国可持续发展目标（SDG）为指引，将“气候变化”“社会影响”和“业务整合”三个方面作为重点议题落地执行。

其中在业务整合方面，安联集团将可持续发展价值理念融入包括保险、自有资金投资和资产管理的各个业务条线中，针对不同业务线制定具体的ESG方案，落实ESG理念。从可持续管理、绿色机遇、外部合作以及能力建设四方面挖掘绿色潜能，自上而下全方位持续为客户、员工、股东、政府以及全社会创造价值。可持续管理方面，积极应对气候管理风险，形成可持续应对策略；绿色机遇方面，拥抱可再生绿色能源，布局新能源产业；外部合作方面，积极与政府、监管方、合作伙伴、投资人加强交流，共同探索，形成强有力的合作联盟，共同实现ESG目标；能力建设方面，强化自身绿色运营体系建设，在数据库搭建、专家团队建设、内部培训、技术提升等方面多管齐下，全方位转型绿色可持续发展。

对于不同的业务条线，ESG渗透在业务环节的方方面面。保险业

务方面，对ESG的考量贯穿于承保流程，通过ESG转介和评估流程确保相关风险被识别，以及专业的保险解决方案，有效预测风险进而支持低碳经济的转型，并开发保险产品提供天气指数保险、产量损失和动物死亡率保险等创新的气候风险保险产品。此外，在保险组合中逐步淘汰煤炭相关的产品，不再为单体燃煤电厂提供保险，最迟在2040年将煤炭相关风险从财产保险组合中剔除。此外，作为低碳技术保险的全球领导者，积极支持和推动低碳技术的发展，在60多个国家为可再生能源承保的经验，提供标准化和定制化的保险产品，作为可持续解决方案的一部分。

自有资金投资业务和资产管理业务方面，安联集团将ESG考量因素纳入投资的全过程。2011年，安联集团以资产所有者的身份签署了联合国负责任投资原则（PRI），并承诺持续践行负责任投资的六项原则。ESG整合是安联集团投资流程的基础，强大的ESG分析能力对于识别风险和改善财务业绩至关重要。针对主权债券、公司债券和权益等上市资产，利用ESG评分对投资组合进行评估、识别和管理投资组合中的风险。安联集团尤其注重积极行使所有权，与被投公司就ESG相关问题进行沟通。专业的ESG团队对ESG议题展开深入研究，并通过双边或者多边协作的形式，向被投资企业发放问卷调查，为他们提供改进意见，监督其在可持续方面的进展，积极影响被投企业。

三、安联保险资管以绿色金融战略为导向，落实高质量发展理念

安联保险资产管理有限公司（以下简称安联资管）自成立时即确认了将绿色金融纳入公司战略体系，在安联集团可持续发展战略框架指引下，同时为响应国家“碳达峰、碳中和”的目标，承担作为资产管理公司的社会责任，公司积极从战略高度推进绿色金融，加大对绿色、低碳、循环经济的支持，防范环境、社会和治理风险，提升自身

的环境、社会和治理表现，并积极将ESG议题纳入投资全流程，作为行业引领者积极研究和开发相关投资产品，向市场输出专业的ESG产品和服务。从资产管理角度，促进经济社会发展全面绿色转型。

去年指引发布之后，安联资管ESG工作组第一时间对每条规则进行了逐条解读，并结合现状做了自我检视和差距分析，对所涉及的每项具体工作均按工作流程和责任部门进行了全面梳理和工作拆解，包括对现有的可持续投资政策、全面风险管理制度、信用风险管理制度等进行了完善。

在组织架构和职责方面，安联资管ESG体系自上而下由董事会、ESG委员会、ESG办公室和执行小组组成。董事会负责确定绿色金融发展战略，审批高级管理层制定的绿色金融目标和提交的绿色金融报告，指定专门委员会负责绿色金融工作，监督、评估绿色金融发展战略执行情况。ESG委员会对管理层负责，在公司管理层的授权下，负责决策涉及ESG领域的重大事项，统筹推进ESG与公司日常运营与投资业务等方面的全面融合，确保公司的制度、流程和执行层面符合ESG原则和要求。ESG办公室负责牵头绿色金融与可持续发展的相关工作，包括推动ESG体系在制度建设、工具搭建以及整合投资全流程的具体工作；执行ESG/绿色金融与可持续发展战略目标的落地规划，统筹协调各相关部门推进各项工作；研究ESG相关产品和服务的开发，参与ESG投资策略研究，协助推进相关产品和服务工作；定期向ESG专业委员会报告工作情况等。ESG执行小组由各部门指派的工作人员构成，配合ESG办公室推动ESG相关事项的具体执行工作。

在能力建设方面，越来越多的资管机构开始组建专业的ESG分析团队，研发ESG评估模型，运用多种外部数据库作为参考，更好地筛选优质公司标的或进行ESG整合策略。安联资管积极探索研发兼顾国际标准、中国市场发展特点与投资逻辑的分析模型，通过研究国际ESG评级机构对ESG的评估要点，结合国内经营环境与监管政策，在指标选取、关键议题判断、权重分配等方面进行本土化改造。例如，在环境评价指标方面，考虑到国内新能源技术在高速发展阶段，绿氢制造、新能源汽车、储能电池等绿色技术及业务机会，是实现碳减排的有效手段，将“是否有采用新型绿色技术或发展该类业务”成为国内企业的一个加分指标项；在社会责任评价指标方面，“是否通过扶贫、分红、上缴利税等手段践行共同富裕理念”，是评判中国企业社会责任的重要体现。

目前已逐步将ESG的分析方法与工具落实在自有资金的管理与投资考量中，对自有资金组合ESG表现和碳排放建立定期监测机制，加强对投资标的在环境、社会和治理方面的监测和风险控制。在组合ESG表现监测方面，公司搭建了ESG分析工具，将集团内部ESG评估标准与组合持仓相结合，一方面确保公司自有资金ESG评估的覆盖率；另一方面可以有效识别存在一定ESG风险的标的，并结合其他投资因素，综合考量该投资标的的风险回报比。在组合碳排放监测方面，随着全球碳中和的发展趋势和中国双碳目标的催化下，对组合碳足迹的管理重要性突显。安联集团承诺在2050年之前实现投资组合净零碳排放，并在短期内设立了2025年之前实现二氧化碳当量相比2019年基准值降低25%的碳减排目标。公司在集团整体目标指引下，制定了自有资金组合碳减排实施路径图，对持仓标的的碳排放情况进行直接计量或估算，根据持仓占比综合计算出组合整体碳排放量，并与既定目标进行比对，对高碳排放的标的定期监测，以及在新增投资中避免高碳排放的标的，以确保组合碳减排目标的达成。

四、绿色金融产品与服务助力保险资产管理进一步高质量发展

保险资管公司始终坚定以服务险资为立足之本，持续提升市场化水平，升级专业能力，坚持长期经营理念，落实绿色发展理念，努力实现行业和公司的高质量发展。保险资管公司在完善绿色金融领域的

政策框架和能力建设的基础上，应着重提升绿色金融创新服务能力，将保险资管对气候投融资的支持落实在产品与服务中。

近年来，在碳中和趋势的催化下，ESG资管产品的热度不断高涨。据彭博社预计，到2025年全球ESG资产有望超过53万亿美元，占管理总资产的1/3以上。与此同时由于“漂绿”（Green-washing）事件层出不穷，以欧洲为主的世界各地监管机构正在提高ESG监管标准，包括对ESG基金的名称、分类以及更严格的信息披露，从而将投资真正导向可持续性发展，在这一过程中打击“漂绿”行为。2021年3月，《可持续金融披露条例》第一阶段开始生效，所有符合“SFDR 第4条”的大型金融市场参与者需要于2021年6月30日之前，遵循“不披露即解释”的原则，根据要求披露其主要不利影响（PAI）声明。为满足披露需要，金融公司需获取非传统类型的市场数据，例如投资标的的二氧化碳排放量、社会公益参与等ESG数据。2023年1月，SFDR第二阶段监管标准生效，要求机构将金融产品按照可持续及ESG的属性分类，对应了不同的披露要求，这一要求使得不少国际资管巨头因此陆续宣布下调ESG基金评级，部分产品撕掉了最高可持续性的“第9条”标签，重新归类为范围更广、要求更低的“第8条”基金。长期来看，更严格的监管规定往往能够推动市场参与者挖掘出更符合可持续发展的投资标的，促进整个市场的高质量发展。

我国绿色金融市场的不断完善，在信息披露等方面借鉴先进经验，市场环境不断得到完善。安联资管将始终秉持可持续发展的愿景，专注于实现长远发展目标，做绿色发展的引领者，做符合国家经济转型升级和长期发展方向的投资，积极将ESG方法与工具落实在产品和服务的创新与研发中，推动ESG投资在中国市场的实践，携手共建可持续发展的中国资本市场。

万谊青

人保资本保险资产管理有限公司

现任人保资本保险资产管理有限公司党委书记、总裁，人保资本股权投资有限公司董事长，兼任中国保险资产管理业协会理事会理事及副会长，国家新兴产业创业投资引导基金理事会专家咨询委员会委员等。

深耕私募股权投资和保险资金运用，坚持“研究驱动、洞察未来、引领变革”的投资理念，系统搭建保险资金股权投资体系，在生物医药、科技创新等领域投资数百亿元，取得出色的投资业绩，凸显了大型机构的专业化投资运营实力。

发挥保险资金优势　以高质量股权投资服务中国式现代化建设

人保资本保险资产管理有限公司　万谊青

2010年，原保监会出台《保险资金投资股权暂行办法》（保监发〔2010〕79号），自此，保险资金开启了私募股权投资的快速发展历程。十余年来，在监管政策的支持引导下，保险资金发挥独有优势，坚持守正创新，积极以股权投资助力实体经济发展，取得了良好成效。随着《关于设立保险私募基金有关事项的通知》（保监发〔2015〕89号）、《关于保险资金财务性股权投资有关事项的通知》（银保监发〔2020〕54号）等政策陆续出台，保险资金股权投资运用政策体系逐步发展完善，保险资金股权投资模式不断丰富、投资领域不断拓宽、投资规模显著提升，目前已形成直接投资与间接投资相结合、股权计划产品与私募股权基金产品相协同、保险资管机构与市场化专业机构相互补充的保险资金股权投资体系。截至2022年末，保险资金股权投资规模已超1.8万亿元，约占保险资金运用余额的8%，保险资金已成为股权投资市场上重要的机构投资者，保险资金股权投资发展构成20年来保险资管业高质量发展的重要组成部分。而今，我国正迈上全面建设社会主义现代化国家新征程，保险资金还需发挥自身差异化优势，以高质量股权投资展现更大作为，这是保险资管行业的历史责任。

一、服务中国式现代化需要保险资金股权投资展现更大作为

（一）股权资本是促进经济高质量发展的重要生产要素

高质量发展是全面建设社会主义现代化国家的首要任务，是中国

式现代化的本质要求。高质量发展的着力点在发展经济，发展经济的着力点在实体经济。企业是实体经济高质量发展的主体，企业成长是经济增长的微观基础，没有企业成长就没有经济增长。股权资本是企业成长的关键生产要素，是带动各类生产要素集聚配置的重要纽带，也是债务资本存在的前提。改革开放40多年来，股权资本为我国国民经济的繁荣发展作出了重要贡献。从功能上，股权资本有助激励创新，培育新产业，促进实体经济技术和生产力水平提升。在中国式现代化背景下，高质量发展需要股权资本与企业同担风险、共享收益。要扎实推进中国式现代化，加快构建新发展格局，推动高质量发展，就必然要进一步充分发挥股权资本的重要作用，以股权资本推动我国经济竞争力、创新力、抗风险能力不断增强。

（二）保险资金是稀缺的、可持续的长期股权资本来源

在我国当前以银行信贷等间接融资为主导的金融系统中，银行理财、公募基金、信托产品等大体量资金由于缺少长期资金来源，很难成为长期资本；企业年金、职业年金虽然投资期限较长，但受多种因素影响，担当长期资本的力度也较为有限。特别是随着资管新规过渡期结束，穿透合格投资人、打击多层嵌套、严禁资金池等监管规定相继落实，过往通过短钱长配进入股权市场的资管产品陆续退出，来自金融机构渠道的股权资金显著缩减，长期限股权资金具有明显的稀缺性。相比于其他金融资金，保险资金具有期限长、规模大和供给稳定的特性，可以实现跨周期的配置，减少周期性波动的影响，符合股权投资的内在需求，是股权投资市场上极为稀缺的、可持续的、大体量的长期股权投资资金，也成为重要的长期股权资本来源。按照目前的保险资金股权投资规模占比保持约8%不变测算，预计未来5年新增保险股权投资资金规模将可超过1万亿元人民币。这也使股权投资成为保险资金服务实体经济的重要着力点。

（三）发展股权投资是保险资金运用高质量发展的内在需求

在全球经济内生增长率放缓背景下，利率长趋势维持较低水平，全球投资收益率持续下行。历史数据显示，全球私募股权投资平均回报率3年、5年、10年、20年各期限均显著高于其他配置资产类别。这使加大股权投资配置力度，成为保险资金提升投资运用收益、覆盖负债端成本的重要选择。同时，与二级权益投资相比，私募股权投资除了存在收益率溢价外，还具有更注重长期高成长性、账面价值波动小、获取信息与参与管理更具主动性等优势，更有益于平抑保险资金投资收益波动。在保险负债端刚性资金成本要求下，为增强负债端偿付能力与抗风险能力，促进主业高质量发展，保险资金也需加大股权投资来提升收益、降低波动，推动险资股权投资的高质量发展对促进保险业高质量发展也具有重要意义。

二、保险资金股权投资要在中国式现代化建设中找准着力点

作为保险资金运用的专业管理机构，保险资管公司需保持战略定力，从服务中国式现代化建设、推动高质量发展出发，结合险资属性特点，在严守风险底线的前提下，找准我国实体经济发展的需求点与着力点，有机统筹服务扩大内需与促进深化供给侧结构性改革，使保险资金股权投资与实体经济发展相互协同，顺应时代脉搏、把握历史机遇，真正实现保险资金运用与时代发展的同频共振。

（一）着力服务现代化基础设施体系构建

基础设施是经济社会发展的重要支撑，攸关国民经济体系的整体效能。党的二十大报告指出，要优化基础设施布局、结构、功能和系统集成，构建现代化基础设施体系。现代化基础设施体系是中国式现代化重要的物质基础，能够发挥促进经济循环的基础性保障作用，畅

通国内大循环和国内国际双循环；能够发挥投资“乘数效应”，促进扩大内需战略实施；能够强化现代化产业体系基础，满足高质量发展长远需要。构建具有战略性、基础性、先导性的现代化基础设施体系，对于服务国家重大战略、支持经济社会平稳发展、加快实现现代化国家进程具有重要意义。构建现代化基础设施体系，既要提升交通、能源、水利等传统基础设施水平，精准补短板、强弱项，也要加快5G、数据中心等新型基础设施建设，促进动能转换、产业升级。同时，还需要加力推动基础设施绿色化、智能化发展，打造系统完备、高效实用、智能绿色、安全可靠的现代化基础设施体系。

（二）着力服务推进高水平科技自立自强

科技是第一生产力，是全面建设社会主义现代化国家的基础性、战略性支撑。党的二十大报告指出，要加快实施创新驱动发展战略，坚持面向世界科技前沿、面向经济主战场、面向国家重大需求、面向人民生命健康，加快实现高水平科技自立自强。当前，新一轮科技革命和产业变革深入发展，全球科技创新空前密集活跃，新的科学研究范式和跨学科融合的创新模式成为科技发展的重要推动力量，各国间围绕科技制高点的竞争空前激烈。同时，新阶段我国的经济发展环境也在逐渐演变，低劳动力成本、高资源投入的旧生产函数组合难以持续，科技创新的重要性全面提升。实现高质量发展必须实现创新驱动的内涵型增长，围绕科技创新需要着力打好关键核心技术攻坚战，实现关键核心技术自主可控；统筹推动补短板、锻长板，解决产业链“卡脖子”问题，提升产业链水平；促进供给侧结构性改革深化，以新供给更好满足老龄化带来的新需求。

（三）着力服务深化国资国企改革

改革是解放和发展社会生产力的关键，是推动国家发展的根本动力。国有企业是社会主义市场经济的核心力量，在高质量发展中具有重要的基础作用。党的二十大报告指出，要深化国资国企改革，加快国有经济布局优化和结构调整，推动国有资本和国有企业做强做优做大，提升企业核心竞争力。新一轮国企改革步入深水区，要坚持以有利于国有资产保值增值、有利于提高国有经济竞争力、有利于放大国有资本功能的方针，助力国有企业深化改革，提升经营管理水平，发挥国有企业自身技术优势、规模优势、资源优势、产业优势，增强现代产业链“链长”的核心能力，更好提升国有经济战略支撑作用，增强国有经济竞争力、创新力、控制力、影响力、抗风险能力。

（四）坚守风险底线统筹发展与安全

发展和安全是一体之两翼、驱动之双轮，必须同步推进。当前，世界面临百年未有之大变局，多年来基于比较优势的宏观经济假设发生动摇，全球化向区域化逆转，经济发展进入战略机遇和风险挑战并存时期，各种“黑天鹅”“灰犀牛”事件随时可能发生。新形势下，更需将防范风险放在重要位置，充分认识到经济逻辑重塑、产业逻辑重构发展环境下的挑战，增强忧患意识，坚持底线思维，统筹发展和安全，推动实现高质量发展和高水平安全的良性互动，牢牢守住不发生系统性风险的底线。

三、保险资金股权投资要在实践中立稳落脚点

围绕服务实体经济高质量发展的着力点，保险资管公司尚需结合自身能力优势与资金特点，在实践中不断增强以股权投资服务中国式现代化建设的能力。

（一）股债结合，全面发力基础设施体系建设

基础设施建设资金需求量大、回报周期长。要充分发挥险资规模大、久期长的特点，以股权资本协同债权资金形成一揽子金融解决方案，系统落实中央构建现代化基础设施体系的决策部署，统筹支持传

统基础设施升级与新型基础设施建设。

人保资本紧密围绕京津冀、长江经济带、粤港澳大湾区、长三角等国家区域重大战略，积极助力交通、能源等网络型基础设施强化完善，统筹支持传统能源体系改造升级与新型清洁能源体系构建，着力服务城市更新与民生工程，稳步布局信息、科技、物流等产业升级建设，投资支持了山东能源、紫金矿业、上饶投控等一批基础设施建设项目。投资27亿元支持中广核集团太平岭核电厂“华龙一号”百万千瓦级压水堆核电机组建设，是我国首座生态核电示范工程，项目全部建成后，年发电量可达500亿千瓦时，每年可减少二氧化碳排放4 160万吨，相当于造林11.3万公顷，有效促进粤港澳大湾区能源基础建设与绿色发展。

（二）精准布局，全面助推科技自立自强

企业是科技和经济紧密结合的重要力量，是推动创新创造的生力军。要将股权资本精准有效配置到科技型中小企业和战略性新兴产业等重点、关键领域，加快培育“专精特新”企业，助力解决“卡脖子”难题，不断强化供应链韧性。

面向国家重大需求，人保资本积极在具有战略意义的大体量市场中寻找具有前瞻性技术的投资标的，聚焦硬科技，聚力新一代信息通讯技术、信创等领域，为“卡脖子”的关键技术提供大额长期资金支持，投资了国内动态随机存储芯片领域龙头企业睿力集成、华为X86服务器分拆资产超聚变公司等，专项支持我国集成电路先进产业技术发展，助力芯片企业科技攻关，打破国外长期技术垄断；投资全球领先的汽车数字钥匙供应商银基科技，支持其成功入选国家级第四批专精特新“小巨人”企业，助力国家重点战略产业创新发展。

面向人民生命健康，人保资本坚持“人民至上”的价值理念，始终关注新技术给医疗健康领域带来的创新和变革，紧跟科学和产业发展前沿，聚焦具有巨大未满足临床需求的关键治疗领域，着力覆盖支

持重大疾病创新疗法与平台型创新医药研发、高壁垒刚需医疗器械等方向，推动以创新满足健康产业升级需求，投资了拥有自主知识产权的人工心脏研发企业同心医疗、全球领先的以人工智能驱动药物递送和药物发现的生物技术公司剂泰医药、以创新技术驱动新药研发的国际性生物技术公司百奥赛图、心脏瓣膜微创介入治疗技术领先企业健世科技等一批优质企业，其中，百奥赛图、健世科技两家企业均已分别于2022年下半年在香港联交所主板挂牌上市。

（三）规模投资，积极助力国企改革深化

国有企业是我国经济发展的“顶梁柱”和“压舱石”。要以大规模长期股权资本积极参与国企混改，完善公司治理，激发高质量发展新活力，助力打造具有全球竞争力和创新力的国有企业，促进国企在经济增长中的重要作用得到更好发挥。

人保资本积极关注参与国企混改，助力国企完善公司治理，做强做优做大，领投广汽集团旗下新能源汽车战略核心载体广汽埃安183亿元A轮融资，创下国内新能源整车行业最大单笔私募融资纪录，资金用于广汽埃安新产品开发、新一代电池、电驱研发及产业化建设、智能驾驶、智能座舱、能源生态及产能扩建等核心技术的研发和产业化布局，进一步增强广汽埃安在智能电动车领域的领先优势；参与中远海运下属物流公司混改融资，助力其为海内外客户提供现代化、专业化的全程物流供应链解决方案，对提升企业竞争力具有积极意义。

（四）研究驱动，守住不发生系统性风险的底线

坚守投资纪律，构建机构化的能力，研究驱动，洞察未来，引领变革。人保资本坚持以研究驱动投资，着力以深入的研究洞察未来，以前瞻的眼光发现价值，以有影响力的投资引领变革，坚持优中选优、精准投资。通过自上而下的深入研究，充分认识和把握行业发展的长期趋势和驱动力，力争从长期趋势中找寻价值、防范风险；通过自下

而上的分析发现企业的价值，鉴别企业的核心竞争力，挖掘具有长期成长动能的优质企业；最终以有影响力的投资来引领行业变革，深入参与行业的变革和发展，在行业利益的重新分配中获取收益。同时，在投资过程中，摒弃短期冲动，戒除急躁心理，严守投资纪律，使研究与洞察真正得以转换为最终的投资业绩。

吴松

太平资本保险资产管理有限公司

现任太平资本保险资产管理有限公司党委书记、总经理。毕业于北京大学国际关系学院国际政治专业，获法学博士学位。曾在外交部、中组部、中办任职，曾任深圳市太平投资有限公司总经理、太平投资控股有限公司总经理、中国太平保险集团投资管理部总经理。

推进险资REITs投资　助力存量资产盘活

太平资本保险资产管理有限公司　吴松

一、公募REITs和Pre-REITs是优化保险资金另类投资布局、服务高质量发展的重要途径

另类投资作为保险资金多元化配置的重要领域，在提升保险资金投资收益、服务实体经济等方面发挥着至关重要的作用。近年来，随着宏观经济增速、利率水平、信用环境等发生深刻变化，有效应对“资产荒”、降低低利率环境下再投资风险，已成为新形势下险资另类资产配置必须解决的关键问题。以公募REITs和Pre-REITs为代表的REITs类业务，在满足低利率环境下保险资金配置需求的同时，促进了存量资产盘活，支持了实体经济发展，实现了促进保险资管行业高质量发展和服务国家战略的高度统一。

（一）公募REITs已成为保险资金的重要配置领域

自2020年4月基础设施REITs试点启动以来，我国REITs市场体系逐步完善。已上市REITs底层资产优质、现金流预期稳定、市场认可度较高，高度匹配低利率环境下的保险资金配置需求，并较好满足多元化、长期性资产配置和风险分散需要，已成为保险资金的重要配置领域。

自2021年首批公募REITs产品上市至2023年3月底，国内已上市公募REITs产品27只，募集资金规模909亿元，保险资金通过战略配售、网下配售合计投资规模约120亿元，占比约13%，已成为公募REITs市场的重要机构投资者。同时，保险资金参与战略配售和网下配

售合计金额的占比均值，也从首批9只产品的6.36%，增加到后续18只产品的15.66%，配置意愿持续提升。

长期来看，我国REITs市场拥有巨大潜力，市场空间广阔。以REITs总市值/GDP作为分析指标，美国2022年GDP为25.5万亿美元，REITs总市值1.27万亿美元，占GDP比例约5%。以此比例测算，我国REITs市场规模有望达到6万亿元。从历史长期收益来看，1972—2021年，美国REITs年平均总回报率为13.3%，长期回报率跑赢股债，是保险资金大类资产配置的重点领域。

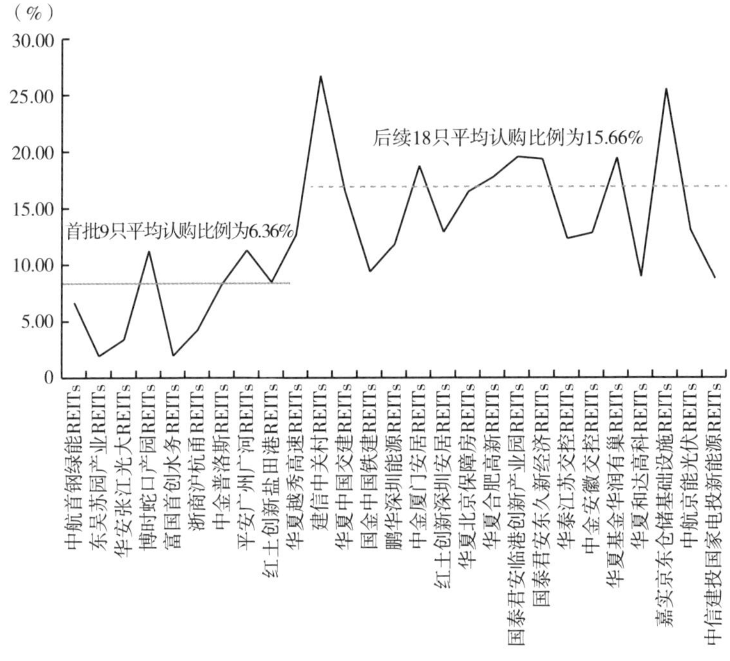

图1　保险资金参与公募REITs战略配售及网下配售比例

资料来源：Wind，太平资本整理。

（二）Pre-REITs有助于扩大公募REITs资产供给，前置契合保险资金配置需求

Pre-REITs是指以未来具备发行公募REITs产品可能性的基础资产

为投资标的，以投资、持有、运营与培育该等基础资产为主要业务，以发行公募REITs为主要退出途径的投资产品，主要获取资产上市前现金收益、估值增值收益，以及资产上市后现金收益及二级市场流动性溢价。

一方面，Pre-REITs有助于扩大公募REITs资产供给。Pre-REITs作为公募REITs业务价值链的前端延伸，能够有效发掘和培育符合公募REITs上市要求的优质资产，扩大资产供给。保险资金采用股权直投、股权计划、私募股权基金等多种方式开展Pre-REITs投资，可为底层资产注入长期稳定权益资金支持，满足原始权益人差异化融资需求。同时，保险机构作为财务投资人参与Pre-REITs投资，可通过设置优先收购权条款，持续保持原始权益人后续轻资产模式下专业运营能力，有助于保持资产经营的稳定性，从而增加公募REITs前端资产供应，助力盘活存量资产。

另一方面，Pre-REITs前置匹配保险资金配置需求。一是满足保险资金配置规模要求。在公募REITs战略配售机会较难获取、配售比例较低的情况下，保险资金可以从业务前端的Pre-REITs获取大额规模配置机会。二是适配保险资金期限属性。Pre-REITs产品久期相对较长，有助于改善资产端与负债端的期限错配问题。三是满足保险资金收益要求。在当前低利率环境下，Pre-REITs资产在提供稳定期间收益的基础上，能够通过权益属性获取超额收益。以上市满一年的11只公募REITs①进行测算，上市评估基准日估值价格较账面价值估值增值率均值约为134%，2022年年报估值较上市评估基准日估值增值率均值约为2%，现金分红率平均值约为6.8%，可有效覆盖保险资金长期精算假设（见表1）。

① 数据截至2023年3月，数据来源于已上市公募REITs年报、募集说明书等公开披露信息，由太平资本整理。

表1　　上市满一年的11只公募REITs收益表现

序号	名称	上市日期	上市前估值增值率（%）	上市后估值增值率（%）	现金分红率(%)
1	建信中关村REITs	2021-12-17	158	0.10	1.53
2	华夏越秀高速REITs	2021-12-14	0	2.32	5.45
3	博时蛇口产园REITs	2021-06-21	475	-0.67	4.94
4	平安广州广河REITs	2021-06-21	78	-0.37	8.21
5	红土创新盐田港REITs	2021-06-21	75	3.28	2.50
6	中航首钢绿能REITs	2021-06-21	11	-11.22	16.25
7	华安张江光大REITs	2021-06-21	—	0.07	4.68
8	浙商沪杭甬REITs	2021-06-21	102	-7.56	12.22
9	富国首创水务REITs	2021-06-21	4	-9.87	11.29
10	东吴苏园产业REITs	2021-06-21	81	0.30	2.65
11	中金普洛斯REITs	2021-06-21	353	1.80	4.88

注：上市前估值增值率口径为上市评估基准日评估值较上市前账面价值的增值率；上市后估值增值率口径为2022年年报评估值较上市评估基准日评估值的增值率；现金分红率计算口径为2022年度分红/上市前一日净值。

资料来源：Wind，太平资本整理

（三）公募REITs和Pre-REITs有助于拓展保险资金支持服务高质量发展的广度和深度

习近平总书记强调，高质量发展是中国式现代化的本质要求，是全面建设社会主义现代化国家的首要任务。党的二十大报告围绕建设现代化产业体系、全面推进乡村振兴、促进区域协调发展等内容，对加快构建新发展格局、着力推动高质量发展进行了全面部署。报告提出，要优化基础设施布局、结构、功能和系统集成，构建现代化基础设施体系；加快建设制造强国、质量强国、航天强国、交通强国、网络强国、数字中国；统筹乡村基础设施和公共服务布局；实施城市更新行动，加强城市基础设施建设等。党中央重要战略部署为REITs及Pre-REITs业务发展提供了根本遵循，也提供了难得的历史机遇。

保险资金具有期限长、规模大、来源稳定、投资方式多元化的特征，在落实国家战略、服务实体经济、支持民生建设方面始终发挥着重要作用。面对新形势新任务，要深入贯彻落实党中央关于高质量发展的决策部署，积极研究推进REITs及Pre-REITs业务发展，助力现代化基础设施体系建设，进一步拓展保险资金支持服务高质量发展的广度和深度。

二、优化保险资金投资REITs和Pre-REITs资本计量规则

自2020年4月中国证监会与国家发改委联合发布《关于推进基础设施领域不动产投资信托基金（REITs）试点相关工作的通知》以来，各部门陆续出台一系列政策制度，促进了公募REITs和Pre- REITs业务发展。特别是，原中国银保监会发布《关于保险资金投资公开募集基础设施证券投资基金的通知》，中国证监会指导证券交易所制定《保险资产管理公司开展资产证券化业务指引》，中国证券投资基金业协会发布《不动产私募投资基金试点备案指引（试行）》，进一步建立健全了保险资金参与REITs和Pre-REITs业务的长效机制。虽然相关政策环境已日益完备，但考虑到REITs市场总体上还处于起步阶段，部分政策支持衔接还有待进一步完善。特别是偿二代二期实施后，保险资金投资公募REITs和Pre-REITs面临较大的资本计提压力，可考虑探讨优化资本计量相关政策衔接和规则完善路径，促进REITs和Pre-REITs业务发展。

（一）偿二代二期关于投资端资本计量的主要变化

偿二代二期工程重点针对资本质量、复杂投资、风险管理实效、保险保障功能等方面进行升级，首次全面引用对保险投资资产的穿透式监管，并全面更新风险资本计量标准，着力解决资本不实、底层资产风险不清晰、偿付能力数据不实、风险保障功能发挥不足等问题。

正式实施以来，保险行业整体偿付能力更加贴近真实情况，在引导保险业健康发展、加强保险业风险防控等方面发挥了重要政策引导作用。与一期相比，涉及投资端资本计量的主要变化包括：一是实施全面彻底的穿透计量，对于多层嵌套结构、交易不清晰、底层不明确或者投资信息获取不及时不充分等的投资给予资本惩罚；二是校准各类资产的风险因子，大部分类别因子较一期有不同程度提升，特别是从引导行业审慎投资、专注主业的角度，大幅提升了未上市股权、长期股权投资、投资性房地产的风险因子；三是增加集中度风险的资本要求（见表2）。

表2　偿二代一期、二期下主要另类投资资产风险因子对比表

资产类别		偿二代一期风险因子	偿二代二期风险因子
未上市股权		0.28	0.41
长期股权投资	子公司	0.10	0.35~1.00
	合营/联营企业	0.15	0.35~0.41
投资性房地产	历史成本计量	0.08	0.15
	公允价值计量	0.12	
公募基础设施（REITs）		—	0.6/穿透
未上市股权投资计划/基金		0.31	0.6/穿透
基础设施债权投资计划		0.01~0.13	0.6/穿透
基础设施股权投资计划		0.12	0.6/穿透

资料来源：保险公司偿付能力监管规则，太平资本整理

（二）不同交易类型下REITs和Pre-REITs业务的资本计量情况

公募REITs和Pre-REITs均属于非基础资产，在偿二代二期下采用穿透原则计量最低资本占用。对于公募REITs，目前采用“公募基金+资产支持专项计划”标准化交易结构；对于Pre-REITs，保险资金可以根据自身需求选择不同交易模式，主要投资形式包括直接投资项目股权，以及通过私募股权基金、股权计划等投资项目股权，其中以私募

股权基金为主要方式。

保险资金计量公募REITs和Pre-REITs最低资本的核心在于最底层投资资产的认定。在尚未明确政策支持的前提下，不同类型底层资产资本占用存在较大差别。如不能穿透，则直接适用惩罚性风险因子（0.6）；在可穿透的情况下，若底层股权投资资产不能被认定为投资性房地产，则穿透至底层均适用未上市股权的风险因子（0.41），较投资性房地产的风险因子（0.15）显著增加。特别是对于Pre-REITs，若通过股权计划、私募股权基金等非基础资产形态投资，受交易结构层数影响，资本占用更大，可能对保险资金配置Pre-REITs的意愿产生影响。

表3　不同交易模式下REITs和Pre-REITs投资风险因子简化测算

序号	产品形式	交易模式	完全穿透情况下偿二代二期风险因子	
			底层资产为非投资性房地产	底层资产为投资性房地产
1	REITs	直接投资基础资产股权	0.410	0.150
2	Pre-REITs	直接投资基础资产股权	0.410	0.150
3		通过股权计划或私募股权基金投资基础资产股权	0.451	0.165
4		通过股权计划或私募股权基金投资Pre-REITs基金份额	0.492	0.180

资料来源：保险公司偿付能力监管规则，太平资本整理

（三）关于完善REITs和Pre-REITs资本计量相关规则的探讨

我国REITs产品启动试点以来，坚持服务实体经济导向，产品发行标准统一，全流程全链条的监管机制日趋成熟完善，已基本形成较为完善的基础设施项目投资标准化市场。为促进畅通从Pre-REITs培育孵化、运营提质到公募REITs上市的渠道机制，建议可考虑进一步完善保险资金参与公募REITs和Pre-REITs投资的资本计量规则，促进Pre-REITs业务发展和多层次REITs市场建立。具体包括：

1.建议参照保险资金运用监管要求，将房地产与基础设施统一归类为不动产类资产，统一适用投资性房地产风险因子。基础设施与房地产类资产风险实质属性接近。参照《中国保监会关于加强和改进保险资金运用比例监管的通知》（保监发〔2014〕13号）[①]，不动产、基础设施投资计划、不动产投资计划、不动产类保险资产管理产品及其他不动产相关金融产品均属不动产类资产境内品种。同时，《不动产私募投资基金试点备案指引（试行）》（中基协发〔2023〕4号）也将房地产与基础设施统一到不动产的分类之下。

目前，偿二代二期的监管规则对两类资产严格区分，适用不同的风险因子系数。针对投资性房地产，偿二代二期保留了低风险因子赋值（0.15）。针对基础设施资产，删除了偿二代一期下针对基础设施股权计划0.12的风险因子系数，通过私募股权投资通常要类比适用未上市公司股权投资的风险因子系数（0.41）。结合资产风险特征，可考虑将房地产和基础设施统一适用房地产现行的风险因子系数，以体现两类资产风险收益相似的特征，进一步调动保险资金配置公募REITs和Pre-REITs的积极性。

2.建议按照偿付能力监管对引导保险资金服务实体经济和国家战略的政策支持导向，对符合条件的Pre-REITs投资设置调控性特征因子，适当降低其最低资本要求。《保险公司偿付能力监管规则第8号：市场风险最低资本》第七十一条和《保险公司偿付能力监管规则第9号：信用风险最低资本》第四十四条分别规定，对于保险资金支持国家战略形成的投资资产，在计量市场风险、信用风险最低资本时，国家金融监督管理总局可设置调控性特征因子，以体现监管支持。

目前，偿二代二期已对保险资金投资绿色债券、公开募集基础设施证券投资基金（公募REITs）、中国保险投资基金二期支持国家战略

① 根据《中国保监会关于进一步加强保险资金股票投资监管有关事项的通知》（保监发〔2017〕9号）第一次修改；根据《中国银保监会关于修改保险资金运用领域部分规范性文件的通知》（银保监发〔2021〕47号）第二次修改。

的未上市股权投资等给予资本计量政策支持，促进了保险服务国家战略和实体经济，回归金融本源。其中，对于公募基础设施REITs，允许最低资本按照80%的比例进行计量；对于绿色债券，允许最低资本按照90%的比例进行计量；对于中国保险投资基金二期支持国家战略的未上市股权投资，计量其权益价格风险最低资本适用的基础因子为0.15。Pre-REITs与REITs的底层资产类型基本一致，同属于服务建设国家现代化基础设施体系的重要资产类别，建议可对符合条件的Pre-REITs投资，给予与REITs类似的资本计量政策支持，以进一步调动保险资金开展Pre-REITs投资的积极性，助力经济高质量发展。具体资本计量优惠政策，可参考公募REITs计量比例（80%），并结合Pre-REITs自身特点确定。

三、太平资本积极加强REITs和Pre-REITs投资能力建设

太平资本保险资产管理有限公司（以下简称太平资本）作为专业另类保险资产管理机构，始终深入贯彻落实党中央关于高质量发展的决策部署，立足行业高质量发展新要求，积极探索推进公募REITs和Pre-REITs业务发展。在我国公募REITs和Pre-REITs市场进入蓬勃发展的新时期，太平资本将积极把握市场机遇，大力加强投资能力建设，努力为REITs类业务发展做出应有贡献。

（一）通过投资、管理联动，打造特色资产管理能力

近年来，太平资本聚焦清洁能源及高速公路等基础设施领域，落地了一批投资项目，其中部分底层资产已作为公募REITs底层项目申报REITs发行。下一步，公司将基于自身能力牌照优势及基础设施类资产投资管理能力，积极探索开展Pre-REITs业务，通过深度参与基础资产运营管理，加快提升相关细分行业专业能力。同时，探索与私募股权

投资平台、公募基金合作，整合各类资源，促进REITs全链条业务发展，逐步形成有自身特色的基础设施领域资产管理能力。

（二）加强产品管理能力，满足保险资金配置需求

太平资本将积极发挥另类投资经验优势，深化对基础设施领域资产特性、融资需求的理解，持续加强覆盖投资研究、产品开发、投后管理的全生命周期资产管理能力。一是强化研究引领，加强对保险资金开展REITs和Pre-REITs投资的前瞻性研究；二是注重资产筛选和产品设计，在做好风险防控的基础上，优化交易结构，满足保险资金配置需求；三是加强投后管理和运营风险监测，落实保险资金风险管理要求。

（三）加强人才队伍建设，为REITs和Pre-REITs业务提供有力保障

公募REITs和Pre-REITs底层资产以基础设施及不动产类实物资产为主，投资逻辑的核心在于“基础资产导向”，投资收益与管理人的运营管理能力密切相关。该类业务投资链条较长，对识别细分领域交易对手和运营主体、筛选底层资产的专业化能力要求较高，需储备相关专业化人才队伍。下一步，公司将加大相关领域专业人才储备和培养，建立专业化投资业务团队，提升资产运营效能，保障公募REITs和Pre-REITs业务健康发展。

其他资产管理机构篇

贾飙

中保投资有限责任公司

中共党员，南开大学经济学院金融学专业毕业，研究生学历，博士学位。历任原中国保监会保险资金运用监管部副主任、原银保监会人身保险监管部副主任、原中国银保监会原新闻发言人。现任中保投资有限责任公司党委副书记、总裁（主持公司全面工作），中国证券投资基金业协会母基金委员会委员，上海资产管理协会监事长。曾在审计署、招商证券、西南证券、泰阳证券工作。2005年入职原中国保监会，长期从事保险资金运用监管工作，参与了中国保险资金运用绝大部分制度建设，见证了保险资金运用的发展壮大历程。

顺应保险资管行业趋势，践行高质量发展新征途

中保投资有限责任公司　贾飙

习近平总书记在党的二十大报告中指出："高质量发展是全面建设社会主义现代化国家的首要任务。"金融活，经济活；金融稳，经济稳。金融在高质量发展中发挥着重要作用。险资是金融市场"稳定器""助推器""压舱石"，在稳投资、促增长、补短板、惠民生方面有优势。保险市场竞争激烈，往往导致承保能力过剩，承保利润下降。保险资金运用不仅成为行业重要利润来源，而且成为支持国家经济建设、提升保险业竞争力的重要手段。

中国保险投资基金是于2015年经国务院常务会议批准设立的有限合伙制基金，可以股、债、资产证券化、债转股、优先股、永续债等形式，灵活对接实体经济多层次投融资需求。累计管理资产规模超2 800亿元，为140多家保险机构、地方国资、非银等机构投资人提供了投资管理和资产配置服务。作为保险资金运用的国字号，基金设立近八年来坚持以服务国家战略、服务保险行业、服务金融市场为宗旨，覆盖保险资管与私募股权两类投资，体现"投资+投行"双轮专业性，紧密围绕市场需求，稳健开拓业务版图，持续丰富产品种类。

我们紧贴服务实体经济彰显金融的政治性与人民性。一方面，我们始终按照监管要求，围绕国务院常务会议批复的主责主业加大资金支持力度。比如，2022年落实"建设航运强国"，投资日照港项目等34.5亿元；落实"建设交通强国"，投资中国铁建等项目17.2亿元；落实"碳减排"，投资天津市清洁取暖工程16.9亿元；落实"健康中国"，投资联影医疗10.23亿元、海正药业5.21亿元；落实"科技强国"，投资上海兆芯、中国航发等企业20.46亿元。延续400亿元优先股支持招

商局集团“一带一路”一揽子项目。

另一方面，我们始终铭记金融为民、富民、惠民的使命，将资金投入人民关心的领域。比如，习近平总书记强调，旧区改造涉及群众切身利益和城市发展，再难也要想办法解决。我们创新产品模式向上海地产投资250亿元，覆盖黄浦、虹口、杨浦、浦东等区域，极大地推动了上海地产旧改建设加速跑，是人民城市重要理念的生动实践。我们设立70亿元债权投资计划支持厦门市岛内唯一的少数民族社区钟宅畲族社区改造升级，改善了3 000户居民的生活环境。

一、保险资管行业的变化和趋势

一方面，目前中国保险业已成为全球第二大保险市场，国际影响力不断提升，随着保险资金规模的提升及运用体系不断完善，其服务实体经济的方式发生了诸多变化。一是保险资金运用于直接融资的占比提升。从纵向来看，保险资金作为长期资本，2022年股权投资金额约2万亿元，是2012年的10倍。从横向来看，截至2023年一季度末，保险业资金运用余额26.02亿元，其中人身险公司资金运用余额中，银行存款占比9.89%，债券占比41.65%（同比增13.09%），股票占比7.8%（同比增10.19%），证券投资基金占比5.35%（同比增16.82%），长期股权投资占比10.27%（同比增11.54%）；其中财产险公司资金运用余额中，银行存款占比21.58%，债券占比33.61%（同比增17.84%），股票占比6.59%（同比减2.6%），证券投资基金占比8.24%（同比增5.5%），长期股权投资占比6.46%（同比增2.5%）。保险资金通过股票、债券、股权、债权等方式助力实体经济直接融资的作用持续凸显，而通过传统银行存款等助力实体经济间接融资的比例持续缩小。随着保险资管产品投资范围扩大，一些长线资金持续注入保险资金的“资金池”，特别是将基本养老金、社保基金、企业年金等长期资金纳入其中。二是保险资金运用范围日渐拓宽。目前已成为国内可投资大类资产类别最丰富的主流资金。从品种上，保险资金涵盖权益、债券、另类股权债权、优先股、永续债、不动产、衍生品等类别；从阶段上，横跨创投企业、股权基金、一级市场、二级市场。特别是债权投资计划、股权投资计划、保险私募基金等保险系产品，已成为保险资金服务国家战略和实体经济的重要途径。此外，险资普遍看好新技术、医疗健康、高端制造等领域，关注基础设施、不动产及REITs、产业、并购、夹层以及S基金等基金类型。S基金由于已投项目明确、期限短、回报快，越来越受到险资青睐。

另一方面，保险资金运用也面临不小压力。一是资产荒问题仍比较突出。伴随财政、准财政发力形成企业、居民存款，推动广义货币M2增速上行，但国内信贷增长到形成有效需求还需要时间，实体经济自发融资需求偏弱，货币供应相对社融增速处于高位，且贷款利率持续下行，叠加资产荒背景，加剧了保险资金的配置难度（见图1）。加之，险资投资还需要将传统金融观念转化为产业金融观念，优化考核制度和监管政策以匹配长期投资要求，险资配置所需配套的制度机制

图1　近期国内信贷增长到形成有效需求尚存差距，加剧保险资金运用难度

资料来源：Wind

上还有不小待完善空间。二是“变化”成为新常态。近年来，无论是“双碳”目标、数字经济、区域融合、科技战略等，还是经济转型、产业升级、创新驱动等，均体现出政策制度的出发点是“应变”。险资运用的转型始终是一个长期、持续和动态的过程，相应地，保险资管机构在社会定位、市场定位、治理结构、决策机制、业务模式、管理模式、服务对象、资源投向、激励机制、盈利水平等方面，也都发生着深刻持续的改变。

二、实现高质量发展的战略举措

中保投资公司不仅面临行业高质量发展的内在要求，而且要思考如何在新格局、新环境、新经济背景下，更深入地融入国家战略、实体经济、民生建设及金融市场改革的进程与发展之中。面对保险资管行业之变、政策之调、市场之需，我们将顺势而变、相机而行，持续推动公司在服务监管、投资实践、内部管理等方面提质增效，迈向以高质量发展为目标的新阶段，主要战略举措体现为以下方面：

（一）坚守投资底线

中保投资公司将坚持建立既贯彻落实党中央决策部署、充分体现以人民为中心的发展思想，又坚持市场在金融资源配置中发挥决定性作用、遵循资本市场客观规律的保险资金运用方法论。我们认为，实现公司长期稳健发展，核心就是坚持投资底线，服务国家战略和实体经济。未来，公司将继续发挥党委“把方向、管大局、促落实”作用，使党委领导、党委决策扎扎实实体现在对投资工作把关定向上。坚持集体决策，通过党委会审议“三重一大”议题，坚持重大事项请示报告制度，坚持围绕习近平总书记最新指示批示开展党委会“第一议题”传达学习；坚持持续完善公司治理，要求党建与业务同部署、同落实。构建现代产业体系是破解发展难题的迫切要求，我们深切感受到国家高质量发展的前提是保障自身在人工智能、集成电路、医疗健康、新能源等方面是否具备“自主可控”。未来我们将继续准确把握新时代险资运用的特点和规律，找准定位、明确方向，以险资运用国家队的使命担当坚决服务重大基础设施建设，支持产业加快转型升级。

（二）做优基金框架

一是稳步扎实发起募集二期基金。以大基金运营管理质量为核心目标，明确大基金运营策略和差异定位，综合运营目标、管理能力、项目储备确定合理规模。二是持续提升一期基金运营效果。梳理分析一期基金成立以来的运行情况，总结经验、解决问题；持续向基金注入符合国家战略方向的优质项目，提升一期基金的运营效果。三是坚持完善大基金运营机制。完善中国保险投资基金管理机制，建立大基金LP动态管理标准，优化大基金运营管理制度流程，提升项目纳入大基金框架标准，优化大基金的绩效评价体系。

（三）做强产品谱系

创新能力是大基金的核心能力，我们将持续提升中台专业能力，提升公司层面对产品的把控力和对风险的识别力，把握好守住底线和灵活创新之间的平衡。“动人春色不须多”，在把握好风险的基础上，我们坚持鼓励团队做“首单”、做产品创新，鼓励和引导前中后台共同推进公司金融工具箱日臻丰富。我们将通过以下工作，进一步提升自身服务资金、资产两端的能力和水平：一是发挥债权计划的价值和作用，匹配长周期和大规模的保险资金运用需求；二是发挥股债结合夹层产品的优势为制造业和战略性新兴产业提供多层次资金支持；三是探索具有更高标准化、更强流动性的产品类别，扩大在基础设施公募REITs、二手份额转让基金、资产支持证券等领域的布局；四是持续关注战略配售、定增等一级半市场项目机会；五是参与募集产业基金、引导基金、母基金等多元化基金形式，关注市场化S基金投资机会，扩大股权投资占比；六是推动自有资金审慎投资，提升协同效应。

（四）做细投资策略

我们认为，未来的经济格局将呈现结构重于总量、新兴战略性产业优于传统产业、内需驱动强于外需驱动的态势，新发展格局下中国资产仍是全球最有吸引力的品种之一，我们要持续细化投资策略。一是要充分运用保险资金稳定长久期优势，坚持长期投资、价值投资、精细化投资，重点布局与双循环、跨周期新发展格局相匹配的方向。二是加强基本面深度研究，挖掘和把握优质股权类资产的投资机会，以深度研究和主动管理能力来提升投资业绩。三是在新旧动能转换的关键期，我们的投资需要有更充分耐心，特别是新兴产业回报周期长，我们要拉长业绩考核周期，与实体经济中的新经济进行融合，与国家发展大计相贴合。四是主动作为适应时代发展，促进险资运用新发展格局的良性运转，既把握好新发展格局带来的投资机会，又充分发挥好保险资金的资源配置作用，与企业共同成长。

（五）做深客户服务

大力深化客户服务，客我关系定位从项目视角转向客户视角。一是满足客户差异化定制化需求。针对资产端客户，提供全周期、全链条、全系统综合服务。全周期即满足客户成长期、成熟期发展需求，匹配不同属性股债产品。全链条即沿客户的产业链上下游延展投融资，主动融入客户发展生态。全系统即拓展同一客户体系内的上级、同级和下级单位，建立立体式的客户关系。针对资金端客户，深度了解不同属性资金客户的投资偏好、收益要求，采取“一企一策”制定服务方案和产品策略。二是建立立体化的客户关系。围绕客户战略规划、重要人事、重点项目、市场活动、党建联建等多维度的深度合作。研判客户长期布局，为客户提供长期战略落地的资金工具；关注跟踪客户重要决策人的变动和决策特点，提高为客户服务的适配度和效率；紧抓客户重点工作和重点项目，依托项目质量展示投资能力与专业性；

协同客户的市场活动、招商引资等活动，发挥公司差异化优势提高客户满意度；深化党建联建、员工活动等多样化客户沟通方式。三是成为客户的业务伙伴。逐步推动资产端与资金端的融合，面向同一客户提供资金和资产双向的定制服务。从项目客户入手，募集政府端的产业引导资金、地方国资资金，募集企业端的产业投资资金，同时探索推动向重点客户的优质企业投资，加深协同效果，实现伙伴成长。进一步加强投资者关系活动与投资者教育，引导资金尤其是保险资金逐步加强权益投资比例，充分彰显行业平台作用。

（六）聚焦重点领域

一是聚焦重大基础设施项目。挖掘在扩大内需和基础设施超前建设中的投资机遇。关注国家“十四五”规划中提及的重大基础设施工程项目和重点区域规划布局中的重大建设项目，积极参与交通、现代能源体系、国家水网、农村和城镇建设、生态环境和经济安全保障等领域。同时，持续关注特高压、城际高速铁路和城市轨道交通、新能源汽车充电桩等新型基础设施项目。

二是聚焦重点区域布局机会。寻求符合以险资为代表的资金客户主体评级要求的优质标的，从重点区域的发展中找机会。集中布局“一轴两翼”。“一轴”即以长江经济带为区域主轴，立足上海，关注长三角中的杭州、南京、苏州、无锡、常州、南通、嘉兴、宁波、合肥等城市，关注长江中游的武汉等城市，关注长江中上游的成都、重庆等城市。“两翼”即以京津冀为一翼，粤港澳大湾区和福厦漳泉地区为一翼，重点关注其中的北京、天津、深圳、广州、佛山、东莞、厦门、漳州、泉州、福州等核心城市。积极关注成渝地区项目需求。

三是聚焦战新产业硬核科技。聚焦于有助于提升国家科技创新力和稳链固链强链补链能力的“3+X”硬核科技领域，重点布局人工智能、集成电路半导体、医疗健康、新能源等核心赛道。同时，在核心赛道的基础上，积极关注由其衍生出的新材料、数字科技等新兴领域。

依托已投资项目，沿产业链上下游获取优质资产。强化投后赋能，把握产业链生态建设，帮助项目标的企业成功的同时提升投资收益。依托朋友圈、客户圈、校友圈，与投资同业、产业龙头、地方政府及产业基金等外部力量合作。同时，探索“小步快跑”，在积累产投经验的同时，布局盲池、半盲池（部分指定，部分自由）类基金。

四是聚焦优质企业混改机遇。在国有企业做强做精主业，各类要素向实业集中、向主业集中的背景下，关注国有企业重大产业项目混改机遇。为优质企业提质增效提供险资解决方案。引导行业资金参与各类优质企业混改，寻求优质企业在聚焦主业、发展新兴产业过程中的参股合作机会。同时，关注企业双向混改、二次混改动态，助力企业深化改革，不断提升发展质量。依法合规参与科技企业改革重组和混合所有制改革，参与政府投融资体制改革，参与政府出资产业投资基金和市场化创投基金、私募股权投资基金，满足科技创新企业在各发展阶段的融资需求。

（七）聚焦关键能力

一是强化产品与方案的创新能力。加强公司创新研究，深化对于各类产品特点和风险的理解力和把控力。大力推动为客户解决实际需求而开展的“微创新”，对于其中的新项目、难项目，形成跨团队、跨前中后台的合作机制和模式，促进团队能力和资源互补、互促。设计向创新倾斜的激励政策和考核机制，支持公司创新成果在行业内的宣传推介和在公司内部其他团队的推广复制。将“走出去”与“请进来”相结合，坚持构建学习型、创新型组织。

二是强化客户服务能力。坚持规划先行，锁定客户并提升客户黏性。动态跟踪建立重点客户清单，按资产端、资金端分别建立战略客户责任部门、责任人员。重大项目客户由公司领导担任第一客户维护人。经常性针对重点区域客户定点突破、针对重要资金客户关系系统理顺。积极总结团队业务模式和客户服务中的成功经验，形成可复制、可验证的模式，推广、延展到更多同类型客户。

三是强化战略资产获取能力。随着全球经济增速趋势下行，资产回报率下降，货币政策处于历史相似背景下更宽松的状态。考虑到相对其价值比较的无风险收益率会逐步降低，在这样较为宽松的金融环境中，创造价值的企业将会越来越“贵”。战略资产是决定长期收入或长期成本的关键资产，是企业战略价值的源泉。如何有效识别、挖掘区域战略资产，对于重点区域项目转化率至关重要。为此必须集中优势资源，牵住资产“牛鼻子”，将对战略资产的获取作为业务拓展重点。持续提高获取战略资产的资源投入力度，建立匹配战略资产和项目的激励机制。

四是强化重点领域投研能力。我们在公司内部建立双层投研体系，即公司层面设立具有研究职能中台部门，对宏观环境、市场状况、产业战略开展全局性、动态性研究；在投资团队层面形成专长研究行业与领域，鼓励以产业链节点为突破，延展研究深度与广度。持续在投研流程、投研深度和投研纪律上发力形成特色：在投研流程方面，建立高效的投研交流和决策机制。在投研深度方面，提升自上而下和自下而上的能力，两者相互结合印证，挖掘长期投资机会；在战略性的赛道行业中前瞻研究，提前布局；在投前尽调、投后跟踪方面做到领先市场。在投研纪律上，严格遵守投决会等决策机制形成的决议。

（八）聚焦机制保障

一是风险管理机制保障。系统性提升公司风险管理能力建设速度，完善信用评价、项目评审、风险控制、法律合规等相关体系与制度标准，进一步匹配公司业务拓展思路与产品创新节奏。针对权益类产品与固定收益类产品不同特点，建立差异化的风险管理流程和决策标准。针对重点难点项目，风险管理部门提前参与尽调环节。针对业务审批各环节，风险管理部门牵头建立操作指引、引导清单、审查框架，保障业务发展与合规经营的兼顾。视需加大力量充实风险管理部门人员配备，提升风险管理人员专业能力，改进风险管理人员绩效制度。

二是组织人力机制保障。明确上海总部决策中心定位与北京、深圳子公司以及在各地逐步设立的合资子公司的差异化特色。基于深圳市场特点，以创投业务、股权投资为方向，扩大在深圳地区的团队规模和市场影响力。基于北京公司服务对接监管机构、协会的职责和对接客户总部的便利优势，以重大任务落实和客户总部对接为方向，同步做优做强辅助监管业务。基于合资子公司设立的背景，以落实重点项目、创新机制为方向，探索组织管理新的可能性。

三是战略管理机制保障。完善战略闭环，重点强化中期“战略推进”。建立各层级充分参与战略管理的机制，把战略规划和重点任务管理结合。根据战略规划制订本年度经营计划和重点工作，各部门和各团队按照战略行动计划及分解战略目标拟定年度绩效目标。适时开展战略回顾、实施效果评判和战略调整工作，提出改进建议，反思战略业绩。审视监督战略运行与企业文化的契合度，保障公司战略方向与公司使命、愿景、价值观相契合。

四是运营管理机制保障。优化流程效率、决策有效性与投后管理，提升运营管理成效。进一步优化投资决策流程，完成相关制度的梳理优化，以流程再造为切入，不断提升部门协作和流程效率。建立高资质的专家库和智库，加强第三方机构在辅助决策和管理中的作用。持续跟踪存续项目的情况和投资人动态，定期形成投后管理报告。加强对投资项目的定期复盘、业务指导和文化融合，持续优化完善财务管理、核算清算规则标准，形成符合大基金定位的全方位的、制度化的、体系化的运营管理框架。

（九）彰显国资担当

强化公司社会责任意识，建设公司社会责任体系，积极推动社会责任投资，彰显公司社会责任与担当。一是制定公司可持续发展战略目标，明确公司在治理、环境、社会管理维度的努力方向。结合行业标杆企业优秀做法，制定中保投资公司在环境、社会和公司治理等维度的可持续性和社会价值评价指标，引导公司关注、实现可持续发展理念下的社会责任目标。二是探索形成中保投资公司社会责任体系与评价机制，建立公司社会责任履行的方法论。探索建立公司的社会责任管理体系，在业务和管理端融入社会责任要素，形成系统性、制度化的责任管理体系，同时形成社会责任评价机制和社会责任报告，提升公司对于利益相关者的社会责任履行能力。三是积极推动社会责任投资，形成公司重要的业务领域。围绕共同富裕、绿色发展、乡村振兴等社会福祉项目，形成特色资管产品，创新社会资金参与社会责任投资的方式。充分识别各类客户的社会责任投资需求，持续挖掘市场中符合要求的优质项目。四是引导党员干部和公司员工承担更大社会责任、发挥更大作用。鼓励引导公司党员干部在“急难险重”任务中发挥作用，鼓励引导公司员工在对外帮扶、服务社会方面承担更多责任。

2023年是全面贯彻落实党的二十大精神的开局之年，是推进“十四五”规划承上启下的关键之年，我们坚信，中国式现代化建设，将为中国保险投资基金提供高质量发展的重要战略支撑和战略机遇。我们将积极融入中国式现代化历史进程，坚持以习近平新时代中国特色社会主义思想为指导，深入贯彻党的二十大精神，深刻领悟新发展阶段、新发展理念、新发展格局，持续主动对接国家战略，坚守服务经济社会发展的本源，在持续布局交通、市政、水利等基础设施的同时，加大向国家重大战略、区域协调发展、战略性新兴产业、“双碳”及绿色产业等方向投资力度。我们将坚持党的全面领导，增强工作的政治性、人民性。坚持市场化经营理念，立足长期投资、稳健投资、价值投资。始终坚持风险控制和审慎投资的原则，严谨论证每一项投资决策，坚持稳字当头、稳中求进，稳健审慎开展业务经营、防范业务风险。站在“两个一百年”奋斗目标的交汇点，中保投资公司坚持为民情怀，在高站位服务国家大局、满足人民美好生活向往中实现高质量发展，在服务国家战略、服务保险行业、支持实体经济方面不断创造出新的更大贡献。

王军辉

中国人寿养老保险股份有限公司

博士研究生，高级经济师，现任中国人寿保险（集团）公司首席投资官，中国人寿养老保险股份有限公司党委书记。曾任中国人寿资产管理有限公司党委书记、总裁，国寿投资控股有限公司党委书记、总裁，中国人寿资产管理有限公司党委委员、副总裁、总裁助理，嘉实基金管理有限公司总经理助理兼投资部总监、投资决策委员会执行委员等。

勇于担当　聚力创新
为养老金融发展建设贡献更大力量

中国人寿养老保险股份有限公司　王军辉

党的二十大报告是全面建设社会主义现代化国家的宣言书，是闪耀马克思主义中国化时代化理论光辉的纲领性文献，对于发展多层次、多支柱养老保险体系作出了更加清晰的部署。养老金融作为围绕社会成员各种养老需求所进行的金融活动，宏观层面关乎养老保障事业建设，微观层面关乎人民群众的切身利益，对于增进民生福祉、促进共同富裕和实现中国式现代化具有非常重要的意义。

一、高站位部署，大力发展养老金融战略意义显著

党的十八大以来中国特色社会主义进入新时代，社会保障体系不断完善，保障水平持续提升。党的二十大报告提出坚持以人民为中心的发展思想，对进一步深化社会保障体系改革提出了新要求。养老金融通过创新金融产品服务丰富养老保障供给，加速养老资金积累，为养老保障事业高质量发展提供坚强的市场后盾。

（一）养老保障是国家制度和治理体系优势的重要体现

养老保障是保障和改善民生、维护社会公平的基本制度，也是实现广大人民群众共享改革发展成果的重要制度安排。在以习近平同志为核心的党中央坚强领导下，养老保障制度进行了一系列关键环节的重点改革，改革的系统性、整体性、协同性明显增强，养老保障事业高速推进，集中体现了我国治理体系的显著优势。

坚持以人民为中心，不断保障和改善民生，凸显了增进人民福祉

的显著优势。党的十八大以来，养老保险制度建设取得突破性进展。统一城乡居民基本养老保险制度，具有中国特色、覆盖全民、统筹城乡的养老保险制度体系逐步形成。开展养老保险顶层设计，进行总体规划。改革机关事业单位养老保险制度，实现了与企业养老保险制度并轨。建立企业职工基本养老保险基金中央调剂制度，启动实施企业职工基本养老保险全国统筹。建立职业年金制度，出台个人养老金制度，填补了多层次、多支柱养老保险的制度空白。

坚持全国一盘棋，调动各方面积极性，突出了集中力量办大事的显著优势。围绕全民覆盖、人人享有社会保障的目标，积极构建形成城镇职工基本养老保险和城乡居民基本养老保险两大制度平台，全面实施全民参保计划，参保人数达到10.5亿人，建成了世界上规模最大的养老保险体系。2022年正式实施企业职工基本养老保险基金全国统筹，全年共跨省调剂基金2 440亿元，有效均衡地区间基金当期收支压力，困难地区的养老金发放更有保障。建立中央和地方养老保险支出责任分担机制，中央财政补助力度进一步加大，地方财政养老保险投入机制更加完善。

坚持改革创新、与时俱进，彰显了善于自我完善、自我发展的显著优势。为弥补多支柱养老保险制度短板，增强居民个人和全社会应对老龄化风险的韧性，我国加快推进第三支柱个人养老金制度建设，目前已进入政策落地实施阶段。第三支柱坚持市场化运行，充分发挥银行、保险、基金等各类金融机构的优势，设计提供更多运作安全、成熟稳定、标的规范、侧重长期保值的个人养老金产品，满足不同群体的多样化需求。

（二）养老金融是社会民生建设与实现共同富裕的有力抓手

老有所养是社会民生建设的主要内容之一，促进老年群体共同富裕是扎实推进共同富裕新征程的时代命题。养老金融作为向人民群众提供养老相关金融产品服务的重要市场机制，已成为保障和改善民生、促进共同富裕的关键力量。

养老金融是保障老有所养的有效举措。随着我国人口老龄化程度不断加深，第一支柱基本养老保险基金的财政压力日益加剧。加快发展第二、第三支柱，有利于推动养老保障体系改革协同高效，实现“保基本”的可持续性。养老金融是建设发展第二、第三支柱的重要力量，有利于进一步健全多层次、多支柱养老保险体系，筑牢老有所养根基。与此同时，社会主义新时代的老有所养已逐步从基础“生存型养老”向高质量“生活型养老”转型，人民群众对于养老保障的需求不断提高。发展以市场主体与社会力量为重要产品服务供给者的养老金融，将会进一步满足社会广大人民群众对养老的多样化需求，促进实现更高质量的养老生活。

养老金融是推动共同富裕的有效手段。推动人的全面发展、实现全体人民共同富裕是中国特色社会主义优越性的重要体现。党的十八大以来国家实施精准扶贫、统筹城乡发展、协调区域发展等举措，共同富裕的探索实践取得积极成效，但不断加剧的人口老龄化正在成为扎实推进共同富裕新征程的基本国情和现实挑战。截至2022年底，我国65岁及以上老年人口占总人口比重达到14.9%，且将继续快速攀升，预计“十四五”期末，我国将全面进入中度老龄化社会。在实施积极应对人口老龄化的国家战略中，实现老年群体的共同富裕成为关键环节之一。养老金融产品服务可及性强，可满足更多个性化养老需求，有助于加速养老金积累和实现保值增值，让人民群众在职期间再多一些积累，退休后的老年生活再多一些收入，为实现老年群体的共同富裕提供强力支撑。

（三）养老资金是优化投资者结构及完善资本市场的关键力量

养老资金具有长期性、稳定性，能够夯实资本市场运行基础，促进资本市场稳定发展。对处于发展中的我国资本市场来说，尤其需要养老金机构投资者发挥“压舱石”作用。

一是养老资金有利于增强资本市场稳定性。养老金由在职人员和单位缴纳、专门用于年老退休后领取，可以长时间留存于养老金账户中，具备天然的长期资金属性。相对个人投资者而言，养老金机构投资者专业性更强，不易受到市场短期波动影响，能够起到稳定市场的作用。

二是养老资金有利于优化融资结构。目前，我国融资结构以银行提供的间接融资为主，贷款在社会融资中占比高达60%。从国际比较看，我国直接融资占比不仅明显低于成熟市场，也低于不少新兴市场。养老资金能够为资本市场带来规模化的长钱，可促进直接融资的快速增长，在我国经济的高质量发展阶段发挥重要作用。

三是养老资金有利于推动金融创新。养老金投资以高安全性为基础，这就要求对资本市场中各类金融工具的风险分布以及回报分布进行重新调整，促进资本市场提供多样化的投资工具以供选择。养老资金进入资本市场，能够推动丰富金融投资工具，为广大投资者提供新的金融投资品种，促进资本市场更加成熟。

二、高起点建设，在养老金融发展中彰显行业价值

养老保障事业的发展，需要市场主体与社会力量的积极参与。金融机构在养老金融领域持续发力，不仅是金融机构实现自身不断发展壮大的需要，更是促进多支柱养老保险制度体系健全完善的内在要求。养老保险公司作为名称中唯一带有“养老”的金融机构类型，因服务第二支柱企业年金而诞生，是养老金融市场的重要参与者。

（一）金融机构在养老保障体系建设中发挥重要作用

建立健康可持续的养老保障体系，需明确不同主体的责任边界，充分调动社会力量紧密合作，政府、金融机构、用人单位及广大居民共同努力协调推进。

金融机构具有市场敏感、产品多样、服务周到的优势，能够丰富

养老金融产品服务供给，满足人民群众多样化、差异化的养老需求；通过专业化市场运作实现养老基金的保值增值，让全民共享改革发展的成果；积极开展养老金融教育，根据客户的特征与偏好定制投资者教育服务，培养更多理性成熟的投资者。

金融机构在养老保险三支柱的建设与发展中，承担受托人、投资管理人、托管人、产品提供者等多种角色与职责。近年来，得益于政策利好与需求增长的共同驱动，养老金投资运营规模不断扩大。各类金融机构积极贯彻落实国家政策，重视养老金融业务，提供了种类丰富的以养老为目标的金融产品与服务。

（二）养老保险公司在养老金融供给中展现独特价值

养老钱是百姓的“养命钱”，先是“放心钱”，再是“钱生钱”。养老保险公司在年金行业深耕数年，对养老资金的属性与要求有深刻领悟，并建立了与之匹配的管理体系，凸显出了独特价值。

一是依托多年积淀的长期资金管理经验，提升长期资产配置效率。养老资金管理看似简单，实则复杂。一方面，养老资金是长周期资金，要求绝对安全、稳健回报；另一方面，又参与市场排名，充分竞争，优胜劣汰。近年来，在金融市场波动较大、利率市场化进程加快的背景下，养老保险公司注重长期资产配置、严控投资风险，在养老金管理服务领域逐渐确立了投资稳健、收益较好的品牌形象，形成了“兼顾短期与长期、平衡相对和绝对”的均衡投资风格。

二是依托独有的精算技术优势，抵御长寿风险专业能力突出。养老金作为全生命周期财务安排，必须进行科学、精准、合理的统筹和规划。相对于其他金融机构，养老保险公司经营养老金融业务具有绝对的精算技术优势，通过科学、精准、合理的养老金统筹和规划，在抵御长寿风险能力上具有不可替代的专业价值，让个人及家庭的养老保障更加符合预期，更加精准。

三是依托养老产业链优势资源，打造综合服务特色优势。养老保险公司可以借助大健康大养老产业优势，为客户提供健康养老规划以及健康养老规划基础之上的长期养老金融规划，使养老金的资金管理与养老健康服务有序衔接，为客户提供包括保险保障、财富管理、健康养老服务在内的综合化解决方案。

（三）国寿养老在养老金融市场浪潮中引领行业发展

国寿养老作为中国人寿旗下的专业养老金融公司，始终牢记“国之大者”，坚决贯彻党中央决策部署，主动践行金融央企职责使命，发挥头雁带动作用，引领行业高质量发展，更好地服务国家养老保障事业新发展格局。截至2023年一季度末，公司管理资产规模超过1.5万亿元，服务企业客户超过3万家，个人客户超过3 000万人，为33个职业年金统筹区提供服务。

一是养老保障事业的建设者。公司管理第一支柱基本养老保险基金特定投资组合规模和业绩排名前列；管理第二支柱企业年金规模突破万亿元大关，职业年金规模超过4 000亿元，均稳居行业首位。作为年金市场最大的法人受托机构，公司受托投资管理能力突出，投资管理业绩排名处于行业上半区；第三支柱方面，公司成功入围商业养老金首批试点机构，并在业内率先推出5只商业养老金产品。

二是社保政策制定的参与者。公司积极参与各项政策的研究和养老金制度顶层设计，积极配合人社部制订国家标准《企业年金基金数据交换规范》，牵头推进《职业年金管理运营流程规范》和《职业年金基金数据交换规范》的制定，参与推进《职业年金信息披露办法》等重要文件的出台，并多次组织年金受托机构共同规范业务标准，促进了行业健康有序发展。

三是科技创新赋能的引领者。公司先后有20个信息系统获得国家版权局软件著作权认证，40余项科技创新成果荣获金融行业信息化奖项。自主研发的职业年金代理人监督管理系统覆盖率高达85%，是支撑各地社保经办部门开展基金监督的有效工具；在国内率先推出首个个人养老规划服务系统，帮助居民更加直观、简洁地做好养老财务安排和资金储备；依托受托资产大数据，推出年金行业首个指数——“国寿年金指数”，为年金投资管理提供科学、客观的业绩评价标准。

三、高标准规划，在养老保障事业建设中贡献国寿养老力量

受益于多层次养老保障体系的建设与完善，养老金融市场发展空间广阔，各类金融机构踊跃投身其中。对于国寿养老来说，参与养老保障事业既是重要的机遇，也是义不容辞的责任和使命。国寿养老作为一家国有养老金融机构，将继续发挥标杆示范作用，积极服务国家战略与实体经济，抓牢人民最关心最现实的养老问题持续探索和创新，加快建设世界一流专业养老金融机构，引领行业长期稳健高质量发展。

（一）立足人民需求，持续探索产品服务创新

随着人口老龄化程度持续加深以及个人财富管理需求的不断提升，人们对养老金融产品服务有了更个性化、更高层次的需求。

国寿养老坚持养老金融创新实践，探索提供多样化、综合化、立体化的养老金融产品服务方案。一是围绕客户“投资增值+风险保障+退休领取”三重养老需求，提供满足全生命周期需求的金融产品服务。积累期开发投资风险合理分摊的产品，满足客户本金安全需求和长期收益目标，更好地平衡风险收益关系。领取期注重资金管理与风险保障相配合，实现养老资金管理与老年风险管理的功能衔接，满足老年居民的风险保障诉求。二是利用大数据、区块链、云计算、人工智能等前沿科技改造创新服务全流程，提升客户体验。通过搭建线上养老金融综合服务平台，围绕客户需求探索与消费养老、养老社区等康养产业联动，形成线上线下服务融合的协同效应，同时将简化的购买流程、轻薄的界面风格、深度的投教内容与标准化的服务有机融合，惠及更多客户。

（二）融入国家战略，积极有力服务实体经济

养老金融机构作为机构投资者以及长期资金管理者，在服务国家战略、支持实体经济方面作用显著。

国寿养老深刻领会国家新战略、新政策、新制度，积极发挥养老资金优势和市场引领作用，坚决贯彻落实党中央决策部署，积极为实体经济高质量发展聚能添力。一是服务科技兴国战略。加大对科技创新与战略性新兴产业的支持，重点研究符合科技新领域、新赛道的投资机会，支持智能制造、数字经济、生物技术等关键领域，助力核心技术突破升级。二是服务区域经济协调发展。加大养老金投资支持，积极服务京津冀协同发展、长江经济带发展、粤港澳大湾区建设、长三角一体化、黄河流域生态保护和高质量发展、成渝双城经济圈建设，增添区域经济发展新动能。三是支持推进乡村振兴。持续贯彻落实党中央关于全面推进乡村振兴的决策部署，扎实推进巩固拓展脱贫攻坚成果同乡村振兴有效衔接，继续加大资源投入，为公司定点帮扶的广西崇左龙州县产业振兴、人才振兴、文化振兴、生态振兴和组织振兴贡献力量。四是服务绿色经济发展。坚持创新、协调、绿色、开放、共享的新发展理念，贯彻落实党中央关于碳达峰碳中和战略部署，建立健全具有中国人寿养老险公司特色的绿色金融服务体系，全面系统将绿色发展理念融入公司经营管理，持续加大绿色金融投资和产品开发力度，力争在绿色金融领域体现国企担当。

（三）聚焦资产增值，不断提升投资管理能力

在新发展阶段，宏观市场环境与投资范式正在发生深刻变化，养老金融机构持续聚焦投资能力建设。

国寿养老砥砺深耕养老金融，始终恪守客户利益至上的原则，以获取持续、稳健的投资收益为目标，实现管理养老金资产的保值增值。在投研体系建设上，坚持研究驱动，充分发挥各品种投资专业委员会

在资产配置和品种策略中的作用。研究体系覆盖所有资产类别和宏观、策略、行业、公司等多个维度，建立适应经济周期、市场周期各阶段，不同风险收益特征、不同投资目标的策略体系和产品体系，不断提高投资解决方案能力。在大类资产配置上，精准把握委托资金约束条件，不断强化对于宏观经济、市场趋势、资产特征的长期研判，在战略配置下构建投资组合，开展战术配置和动态调整优化，持续巩固跨周期稳健投资、获取长期稳定现金流回报和绝对收益的能力。在投资能力建设上，加大内部员工的培养力度和关键岗位招聘，优化投资研究机制、绩效考核机制和人员晋升机制。做实收益率表现、绩效归因、业绩对标和服务沟通满意度分析，加强组合净值跟踪管理，形成组合投资情况跟踪评估机制。继续推动提升组合整体的产品化归集水平，巩固现有产品行业地位，努力打造带有鲜明特点的风格类养老金产品。

（四）顺应数字时代，着力强化金融科技赋能

新一轮科技革命和产业变革迅猛发展，企业发展环境日益复杂多变，数字化转型是信息时代重塑企业核心竞争力、推动产业结构转型升级的关键。国家“十四五”规划中对金融科技创新和金融机构数字化转型提出明确要求，金融机构应稳妥发展金融科技，加快数字化转型。

国寿养老积极融入新一轮科技革命与产业变革，全面推进经营模式创新升级的基础性工程，强化科技赋能，提升服务质效。一是夯实数据化基础，发掘数据要素潜能。通过养老金融业务链条中海量数据的全面整合与互联互通，为销售、服务、投资、风控等提供安全高效的数据服务，为科学管理提供重要支撑。二是推进运营管理数字化，创新管理运营模式。加快新一代运营平台建设，持续提升运营配置化业务支撑能力、智能化作业处理能力及精细化业务管理能力。三是丰富智能应用，提升服务触达性。 通过数字产品和数字服务将养老金融服务嵌入人民群众的日常生活，让人民群众触手可及，感受“更快速、

更智能、更安全、更方便”。

（五）坚持市场培育，继续深化投资者教育

养老金融素养是指人们基于对退休后生活质量的追求，有意识地运用所拥有的金融知识，对养老金融资源进行合理评估和有效管理，最终作出科学决策的能力。目前，我国居民的养老金融素养相对偏低，养老规划和储备意识不足，整体投资风险偏好倾向保守，流动性偏好较高，需要通过持续的市场培育，进一步提升国民金融素养。

国寿养老以高度的社会责任感，持续开展投资者教育，引导个人积极承担养老责任、提前进行养老财富储备。一是针对不同客群、不同生命周期阶段人群等分类开展精准化、体系化的投教，提升投教效率和效果；二是持续提供优质丰富的投教内容，满足人们的专业需求和情感需求；三是丰富投教宣传形式，除传统的讲座、海报、微信图文外，进一步探索音视频、直播等多种投教形式；四是完善消费者权益保护机制，引导客户科学判断投资风险，正确维护自身合法权益。

刘挺军

泰康保险集团

泰康保险集团总裁兼首席运营官。中共党员，武汉大学经济学博士、兼职教授，现任泰康保险集团总裁兼首席运营官。兼任泰康人寿保险股份有限公司监事长、泰康在线财产保险股份有限公司董事长、泰康健康产业投资控股有限公司首席执行官、泰康拜博医疗集团有限公司董事长。此外，担任中国保险行业协会副会长、中国保险资产管理业协会医养健专委会主任委员、中国非公立医疗机构协会理事会副会长、中国医院协会第四届理事会常务理事。

创新“保险支付+医养服务”筹资模式，促进寿险业高质量发展

泰康保险集团　刘挺军

一、长寿时代和健康时代

（一）人均预期寿命持续增长，人口结构转向柱状

长寿时代是人类社会共同面临的百年未有之大变局，低生育率、低死亡率、寿命延长带来人口结构转向柱状，甚至逐步发展成“倒金字塔”型（见图1）。相关研究表明，中国人口预期寿命将会进一步增长，2030年预期寿命将达到79岁，到2035年预期寿命将增长到81.3岁。2022年末，中国60岁及以上老年人口达2.8亿，占总人口的19.8%，65岁及以上人口达2.1亿，占总人口的比重达14.9%。以此为标志，中国已成为中度老龄化社会，并将快速进入深度老龄化社会。预计2035年，中国65岁以上人口将接近1/4。老龄人口规模和占比将迎来的是“高原”而非“高峰”（见图2），未来很难逆转。

（二）长寿时代带来健康时代

百岁人生来临，人人长期带病生存成为长寿时代的普遍现象，主要体现在三个方面：一是中国老年人带病生存时间长，2018年第四次中国城乡老年人生活状况抽样调研成果表明，2018年中国人均预期寿命是77岁，健康预期寿命仅为68.7岁，带病生存约8.3年，65岁以上多病共存的老人占比达到2/3，促使整体健康养老的需求快速增长。二是疾病谱系发生重大变化，由慢性疾病所带来的死因占比达到90%，包括心脑血管疾病、肿瘤等。三是传染病并未离我们远去，特别在全

球范围内新发传染病流行间隔期有明显缩短的趋势，传染病对老年人带来巨大威胁。

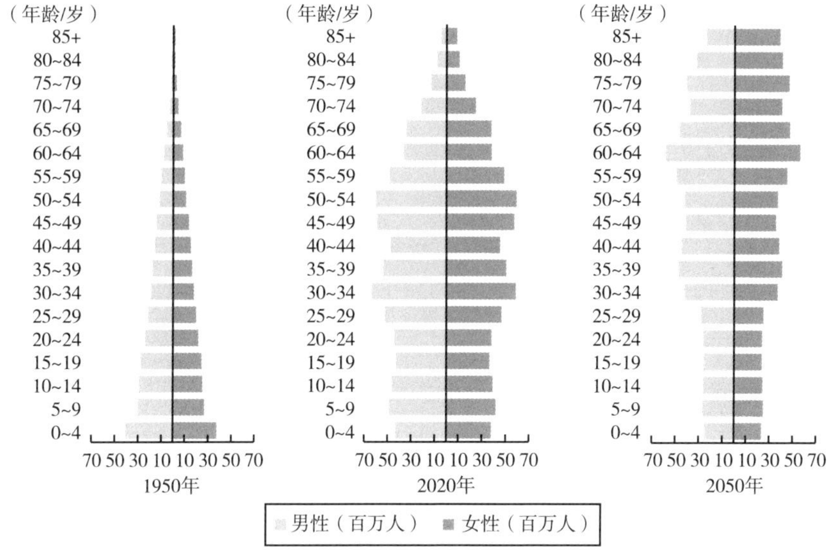

图1　不同时期我国人口年龄结构比较

资料来源：联合国《世界人口展望2022》

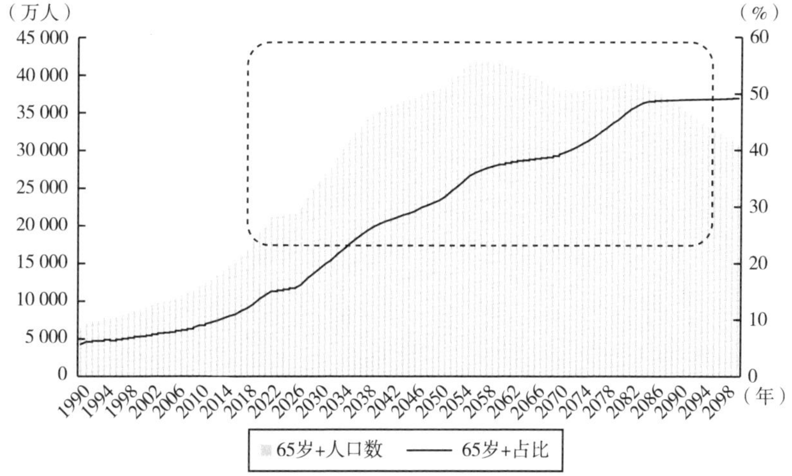

图2　我国老龄人口规模及占比（假定生育率为1.2）

资料来源：国家统计局，育娲人口

二、筹资和医养服务面临挑战

社会保障体系与保险的本质就在于筹资，而筹资是大健康产业的龙头，在卫生系统中发挥引领作用，解决了由谁支付的问题。长寿时代的大背景下，筹资和服务体系将面临更大的挑战。

（一）筹资的挑战

人口结构变化将长期且深刻地影响社会运行机制，也将影响社会资源的投入产出关系在代际之间的分配平衡，呼唤更高效的筹资机制。随着人口老龄化发展，养老金缺口呈扩大趋势，麦肯锡研究报告提到全球养老金总缺口已接近41万亿美元。从筹资角度，当前中国还处于“未富先老”和“未备先老”的阶段，养老筹资总量少，第三支柱占比低，现收现付制的筹资机制将面临可持续性挑战。

从总体经济水平看，“未富先老”的现实要求我国实现更高效的代际平衡。同等老龄化水平下，中国的人均收入仅为同时期发达国家的不到1/3。2022年，中国65岁以上人口占比约15%，人均GDP为1.3万美元左右，而日本、美国同期的人均GDP则分别是4.0万和5.7万美元。从年龄结构看，2021年末我国老年抚养比首次突破20%，而在当前的人口结构下，抚养比将不可逆转地持续攀高，预计在2050年突破50%，意味着每两个年轻人需要抚养一位老人（见图3）。从参与范围看，我国养老筹资主要依赖第一支柱的社会保障体系，其占养老筹资总量的90%以上，并与个人劳动关系紧密相连。而现代产业中灵活就业人群规模在不断增加，这部分群体往往未能获得传统意义上的“雇员”身份。根据中华全国总工会调查，以快递员、网约车驾驶员为代表的新就业形态劳动人口规模已达8 400万，占全国就业人口的11%。他们以个人参保为主，参与意愿和能力低、日常办理不便、缴费持续性弱，实际上也降低了社会养老筹资覆盖范围和代际分配效率。

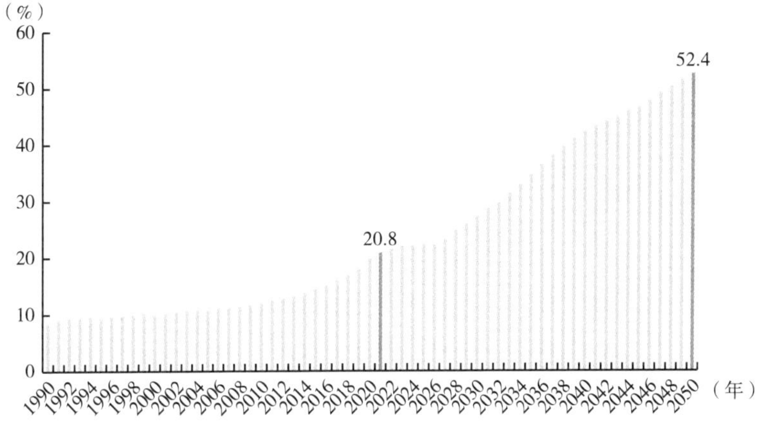

图3　我国老年抚养比(假定生育率为1.2)

资料来源：国家统计局，育娲人口

从发达国家的经验看，长寿时代往往引发医疗卫生等核心支出向老年人群倾斜。美国凯撒家庭基金会的研究数据显示，2019年美国65岁以上人口占总人口的17%，人均医疗支出约为1.3万美元，是占总人口21%的19~34岁人口人均医疗支出的3.7倍。目前，我国围绕老年医疗卫生支出的专项研究还比较有限，北京大学中国经济研究中心江宇博士以四种分析方法估算城乡老龄人口医疗费用分布，认为中国老年人医疗支出从结构上显著偏低，消费受到抑制，根本上需要解决提高老年人收入和扩大医保覆盖的筹资问题。

(二)医养服务的挑战

医养服务与筹资保障是一体两面的，获得高质量的医养服务是进行筹资规划的最终目的，也是筹资保障的实际承载；而高效的筹资安排提升居民支付能力，是支撑医养行业可持续发展的基础条件。中国医疗养老服务行业从早期社会福利与保障为主逐步转向事业与产业协同发展，仅仅经过了二三十年的时间，仍然面临一系列结构性挑战。

从消费者角度看，医养服务供给不足与供需错配的问题同时存在。在中国“9073”养老结构下，绝大多数退休人群选择居家或社区养老，其需求主要通过家庭互助和传统家政服务来满足。当前上门养老照护服务机构的专业化和标准化不足，持续运营需要大量依靠政策性补贴或长期护理保险，居民独立付费尚未获得有效开发；上门医疗与家庭病床等业务则主要由各大医院调度资源开展，服务能力和辐射覆盖范围较为有限。在机构养老方面，截止到2022年三季度，全国约4万家机构提供了509万张养老床位，每千人床位数尚不及美国和日本的一半，但实际入住率却仅在40%左右。康复护理与安宁疗护等老年人亟须的持续性医疗服务发展滞后、总量不足，不同健康阶段的服务之间相互割裂，老年患者及家属往往在巨大的信息不对称下无所适从，也丧失了获得高质量生活的机会。

从从业者角度看，医养照护专业服务人才供给少、留存难，行业吸引力呈下降趋势。全国现有养老护理员约50万人，其主体是高年龄段的家庭妇女和下岗职工，学历教育程度普遍低，也缺少职业技能培训，青年专业人才总量少、留存难。全国开设养老服务专业的院校约260所，每年能够向社会输出的毕业生人数仅在2万~3万名。护理人员面临类似挑战，全国注册护士约502万人，近十年平均每年新增注册护士数量约28万人，其中从事老年、康复和安宁疗护等领域的人数更加有限。与上述数据对应的，则是近十年平均每年新增超过809万人的65岁以上老年群体。除工作压力大、社会认可度不高等原因外，从业者普遍反映收入水平未能充分体现专业价值，相对于其他行业在薪酬待遇上缺乏吸引力。专业人才获取难、留存难，进一步提高医养服务企业的质量管理难度，加剧了运营成本压力。

从企业角度看，医养服务行业门槛低、周期长、利润薄，尤其缺少可持续的商业模式作为龙头示范。可持续的商业模式需要实现产品定位定价、客户需求和支付能力之间的有机平衡。以养老机构为例，公办普惠养老机构仍以兜底保障为主要功能，无法满足老年人群不断提高的生活品质追求和专业服务需求；中高品质养老机构在考虑运营成本尤其是人力成本后，往往不得不设置相对刚性的定价区间；在缺少充足养老资金准备的情况下，老年人及家庭的支付能力和支付意愿无法与之匹配，进而造成部分床位长期空置。可持续的商业模式，是医养行业实现资源盘活、获得持续的资金投入、打造产业集群的前提。筹资提质增效，提高老年人的经济安全感，提升老年阶段的财富储备和支付能力，是解决医养产业当前面临的问题，实现高质量发展的关键。

三、筹资变革

农业时代，家庭养儿防老与邻里互助是应对健康和养老风险的主要方式。人类进入工业化时代以来，社会保障制度和现代商业保险出现，通过大数法则、社会互助共济等方法，解构了传统的家庭互助养老模式，实现了人群间横向与个体生命纵向的筹资平衡。长寿时代下人口结构转向柱状结构，现收现付制难以为继，筹资模式面临挑战，亟须变革。

（一）筹资变革的必要性

1.筹资模式将从现收现付制为主，趋向于积累制，第二支柱、第三支柱发展的重要性更加突出。目前，在全世界已经建立社会养老保险制度的165个国家和地区中，有146个国家采用现收现付制进行筹资，即通过不同年龄阶段的人群之间横向进行平衡，按照社会保障机构所需支付的保险金额“以收定支”，一般由雇主和雇员按比例进行缴纳，在总体上实现当代“年轻人”支付当代“老年人”开销。随着人口年龄结构的改变，现收现付制的筹资模式面临突出的“长寿风险”。积累制则主要寻求实现个体在自己一生中的资金进行纵向平衡。以新加坡为代表的少数国家选择积累制筹资模式，实现了较强的抗“长寿风险”能力。同时，积累制预筹资金期限长，投入到资本市场后实现较好的保值增值效果。长寿时代加速到来的背景下，我国“第一支柱”现收现付制的局限性日益突出，亟须加快完善第二、第三支柱发展的政策框架和产品货架，强化个人养老筹资规划意愿和能力，尽快实现积累制筹资对现收现付制筹资的补充。

2. 筹资与服务不可分割，保险公司将金融产品与医疗养老实体服务相结合，前置性地进行风险减量管理，具有示范效应。英国保险巨头保柏集团（Bupa Group）通过收购医院、诊所等方式布局全球医疗服务资源，充分发挥支付与医疗服务的战略协同效应。此后，保柏又依靠自身医疗优势，通过国内外收并购的形式进入养老护理行业，实现了医疗与养老服务的融合协同。日本损保控股（Sompo International）自2012年开始进入养老护理行业，通过收并购快速成为国内第二大介护公司。保险支付与养老介护服务的结合，令日本损保控股实现了客户引流和数据的双向赋能，同时日本损保控股凭借自身资金和技术优势，改善了介护业务的经营效益，建立起介护产业生态链，为介护业务提升营业利润达18.6%。

在美国，随着健康险经营模式逐渐成熟，保险公司逐步与医疗服务资源整合，既获得差异化竞争优势，又延伸至服务前端实现控费。美国凯撒医疗从医疗端起步，将自建的医院和诊所实体和支付端形成强绑定关系，通过保险+医疗服务的战略协同，实现了服务成本与高质量医疗服务的平衡，实现患者、医疗、保险三方共赢。联合健康则从保险端起步，在保险主业基础上不断延伸医疗健康产业链，通过全产业链布局构建服务端壁垒，强化了与保险端的协同效应，以此来为客户带来更全面的、更优质的健康保障。

3. 打通健康、养老、住房等筹资账户，提高预筹资金使用效率。筹资的割裂一定程度上决定了服务的割裂。在长寿时代，老年人的日常居住、生活照护和医疗健康需求往往难以分割，我国在近年来也提出了一系列推动“医养结合”机构发展的政策文件，但主要集中在机构运营层面。筹资账户打通，有利于实质性增强老年支付能力，满足居民个性化服务需求，提高资金使用效率。

（二）筹资变革的政策建议

筹资变革关键在于解决激励不足、积累心理惰性、特色产品创新不足等问题。国际上往往通过税收优惠、财政支持、第二和第三支柱账户打通来进行引导和动员。我国推动筹资变革，在借鉴国际经验的基础上，需要重点从以下四方面进行推动：

1. 推动居民对养老筹资重要性的认知变革，从“靠政府、靠家庭”转向“靠自己”。根据《国人养老准备报告》针对全国4 965份调研样本的整理，48%的受访者认为个人应对自身养老准备负责，69%的受访者想过但还没有具体规划，高达22%的受访者表示从未想过要作退休规划，居民养老意识多数停留在被动养老层面。一方面需要长期广泛的市场教育，另一方面也需要更加活跃和高质量的医疗养老服务行业，促使居民对未来生活可感，主动思考筹资规划。

2. 加强居民对金融机构的长期信任，引导居民不盲目追求短期投资收益。金融机构需要持续创新，提供更加优质和丰富的中长期商业养老金融产品，进一步强化资产配置能力和投资管理能力，提高金融产品的市场竞争力。

3. 打通第二支柱和第三支柱资金账户，实现个人养老金复利效应。从国际上经验来看，多账户联通是大势所趋。投资时间延长，可以有效提高资金使用效率。再对接税优政策，进一步增加企业年金的吸引力及第三支柱养老金来源。

4. 鼓励和支持医养行业发展，加强长周期持续提供高质量服务的能力。鼓励第三支柱产品满足全生命周期的养老金融+医养服务需求，允许相应的养老保险的产品和养老医疗的服务进行连接，实现协同效应和风险减量发展。

四、泰康“保险支付+医养服务”创新筹资模式的实践

泰康成立于1996年，历经27年发展，始终秉承“尊重生命、关爱生命、礼赞生命”的价值观，践行大健康战略，构建长寿、健康、财富三大闭环，推出“长寿时代 泰康方案”。

（一）政策背景

2007年，泰康开始探索进入养老服务领域。2008年底，国务院办公厅发布《关于当前金融促进经济发展的若干意见》，指出“支持相关保险机构投资医疗机构和养老实体”。2009年底，在与原保监会进行了多轮汇报后，泰康成为中国保险行业中首个获得养老社区投资资格的公司，启动了养老社区实体的选址与建设，并成为保险行业中最早成功投资运营养老实体的公司。

在积极应对老龄化背景下，政策鼓励保险业进入医疗养老产业。2014年《关于加快发展现代保险服务业的若干意见》出台，指出支持符合条件的保险机构投资养老服务产业，促进保险服务业与养老服务业融合发展，完善社会治理体系，并鼓励符合条件的保险机构投资兴办养老产业和健康服务业机构。2020年，银保监会等13个部委出台《关于促进社会服务领域商业保险发展的意见》，再次阐明鼓励保险行业支持养老服务产业发展的态度，支持保险企业为社会服务领域提供长期股本融资，进一步加大养老产业投资力度，投资设立养老护理等服务机构。

（二）泰康“保险支付＋医养服务”的筹资模式

在支付端，泰康创新性地推出“幸福有约”产品体系，将虚拟的保险产品与实体的医养服务相结合，为客户提供涵盖养老财富规划与养老生活安排的一揽子解决方案。泰康首创保险销售领域的崭新职业——健康财富规划师。健康财富规划师是个保险顾问、健康顾问、理财顾问“三位一体”的职业，扩展了代理人的传统销售职能，切实提高了绩优代理人的长期留存，支持队伍向专业化、职业化转型。同时，泰康的代理人开始从原来的陌生拜访、产品说明会，转向把客户带到养老社区、综合医院、口腔连锁店实地体验、感受，这种“体验式营销”的创新升级也提高了寿险营销的效率。

在服务端，泰康通过自建体系+生态投资+战略合作，打造泰康大健康产业生态体系，提供全生命周期产品和服务。截至2023年7月31日，泰康长寿社区已在全国30个重要城市完成布局34个项目，全部项目建成运营后可服务7.6万名老人，已实现14城15家社区开业运营，在住居民超9 000人。泰康医疗以健康为中心，构建面向未来的新型健康服务网络，在北京、深圳、南京、武汉、成都东西南北中五大核心城市打造医教研一体化、医养融合、医险结合的五大医联体，规划床位5 000余张，其中南京泰康仙林鼓楼医院、泰康同济（武汉）医院已经投入运营。2021年，泰康向武汉大学捐赠10亿元，成立武汉大学泰康医学院和泰康生命医学中心，联合头部战略合作机构，建设高水平临床和研究能力平台。泰康拜博口腔是泰康投资控股的全国最大的连锁口腔机构，面向优质中产阶级，提供全生命周期的高品质齿科健康管理服务。

（三）泰康“保险支付+医养服务”模式的优势

第一，泰康“保险支付+医养服务”的模式通过享老生活方式调动养老资金积累意愿，有助于克服当前筹资激励不足的挑战。

传统销售模式下，客户面对的是虚拟的合同保单，既抽象又容易陷入宣传误导。长寿时代下，泰康创造出来的超级体验式营销为寿险销售带来了创新革命，通过让客户在医养实体参观、体验、互动，把抽象的保险产品具象化为与自身养老生活相结合的保障方案、可预见的未来养老的生活方式，客户看得见、摸得着，从而购买保险意愿也更为积极。在这种模式下，不再单纯依靠税收优惠吸引客户积累资金，广大客户购买此类产品，其目的并非追求短期收益，而是真正为个人养老做准备，因而继续率都非常高，市场反响十分积极。此外，通过将长期年金与养老社区有机对接，进一步拉长了年金的久期，这为获得长期且稳定的复利收益奠定了基础。

第二，泰康“保险支付+医养服务”的模式解构了传统保险资产负债表，资产端和负债端长期匹配使得两端都可以发挥复利效应，从而在金融资产负债风险管理与减量方面具有积极作用。

人寿保险的底层逻辑是一张资产负债表，客户缴纳的保费形成了公司的负债，公司运用保险资金进行投资形成了资产，习惯投资股票、债券、不动产。传统保险公司只有负债端与客户有联系，资产端并没有直接为客户提供服务，而是将重点放在了提高保险资金投资效率上，市场上可以用于长期投资的资产品类和标的有限，存在资产负债匹配的问题，呈现出“短资产、长负债”的特点。

泰康“保险支付+医养服务”模式对传统寿险资产负债表的重构是顺应长寿时代的一种创新。一方面，作为一项不动产投资，支付端能够向服务端提供资金，并且为其市场开拓及稳定运营提供坚实的后盾，解决了资金短缺和融资成本高的后顾之忧，同时从国际经验看，资产端拉长对稳定金融市场发挥着积极作用；另一方面，服务端通过稳定的经营和盈利能力，向支付端提供长期稳定的投资回报，支持支付端持续发展。

从资产负债的角度看，在负债端，这种模式调动了投资者个人积累的积极性，拉长了负债久期；在资产端，通过将资金投向诸如养老、康复护理、医疗等具有长期稳定收益的基础设施项目中，进而使负债端与资产端都能收获长期复利收益。长期的资产与负债匹配，可以有效降低资产端期限与负债端期限不匹配等带来的金融风险，在金融资产负债风险管理与减量方面发挥重要作用。

第三，泰康“保险支付+医养服务”的模式可以发挥筹资在大健康产业体系中的龙头作用，推动健康管理、医疗养老、康复护理良性发展，降低长寿健康风险，提升公共卫生体系效率，降低社会保障成本和医疗负担。

泰康在进入医养大健康产业之初，先后考察了欧美、日本等全球发达地区的养老社区，其经验表明入住养老社区能够提升老年人生活质量、改善健康状况、有效降低医疗费用。美国政府问责局（U.S.

Government Accountability Office）一份报告指出，美国CCRC居民的预期寿命比非CCRC居民长1.5~2年。辅助生活业态也被证实能够降低美国医疗保险（Medicare）和医疗补助（Medicaid）等公共卫生计划的成本。目前美国辅助生活养老社区有大约200万居民，以美国Juniper Communities为例，其Connect4Life护理模式将居民住院率降低了52%，再住院率降低了83%，即使是一半的辅助生活居民在此模式下也将节省132亿美元的医疗保险成本。

泰康通过医养融合的特色优势，实现更健康的长寿，从而降低整个养老周期的成本和负担。泰康之家借鉴欧美成功经验，结合中国特色，建设大规模、全功能、国际标准的高品质养老社区，同时在社区规划配建康复专科医院。围绕老年人的健康需求，泰康打造国际标准康复体系和长期照护体系，提供包括独立生活、协助生活、专业护理、记忆照护、老年康复及老年医疗在内的覆盖老年人全生命周期的连续健康服务。根据泰康开业养老社区实际经营数据测算，若80岁入住养老社区，在社区内预计生存13年，是非社区居民的保险客户余命的1.2倍。过去的三年疫情，面临最大挑战的是老年人，内部初步统计显示泰康长寿社区居民感染率只有67%，重症率只有7%，死亡率大幅度低于社会同级别年龄组。

医险结合在国际上是发展潮流，泰康正在打造健康闭环，致力于发展商业健康险推动大健康产业体系发展。一方面，商业健康险通常会提供健康检查、健康教育和健康管理等服务，帮助个人和企业员工提前发现健康问题，采取主动的健康管理措施，可以有效降低患病的风险，减少就医需求，从而降低医疗费用水平。另一方面，商业健康险的发展也可以推动医疗行业的竞争与创新，推动医疗机构提供更高质量和更有效率的医疗服务，也有助于降低医疗支出，实现更为可持续和负担得起的医疗保健体系。

长寿时代，外部环境的改变倒逼寿险行业转型，寿险行业的高质量发展路径与筹资变革的底层逻辑高度适配。泰康“保险支付+医养服务”的模式全面对接国家医养三支柱，发挥保险保障与社会管理的基本功能，提升社会保障体系运行效率，推动医养支付体系建设，成为最佳最优的筹资模式。寿险业脱虚向实，以客户为中心，满足人们对养老和健康服务等美好生活的需求，服务好实体经济，走高质量、可持续发展之路。

陈林

长江养老保险股份有限公司

现任长江养老保险股份有限公司党委书记、董事长、执行董事，中国保险资产管理业协会副会长和养老金管理专业委员会主任委员，曾担任太平洋资产管理有限责任公司总经理。陈林先生拥有研究生学历、博士学位。

强优势、补短板、固根基
打造养老金融高质量发展新引擎

长江养老保险股份有限公司　陈林

一、把握养老金融业务发展的新形势和新挑战

（一）国家养老保障体系已经基本建成但仍需不断完善

根据国家统计局数据，2022年我国60岁以上人口达到2.8亿人，占全国人口的19.8%，其中65岁及以上人口超过2亿人，占全国人口的14.9%。面对日益严重的人口老龄化，我国已形成以基本养老保险为基础、以企业年金/职业年金为补充、与个人储蓄性养老保险和商业保险相衔接的三支柱养老保障体系。

得益于政策利好与需求增长的共同驱动，养老金投资运营的规模不断扩大，各类养老金融产品也蓬勃发展。但养老体系的发展总体还不够平衡，第一支柱负担过重，第二支柱覆盖人群及积累规模有限，第三支柱发展尚处于起步阶段，在制度覆盖面、长期资产配置、有效服务供给等问题，还面临着诸多挑战，与解决我国突出的人口老龄化问题尚有较大差距。

（二）养老财富长期增值需求对投研能力提出更高要求

根据人社部数据，2009年以来，基本养老保险的支出增幅大于收入增幅的趋势比较明显，2020年受疫情和减税降费影响，基金规模出现一定负增长。2021年底，我国制度性养老金约13.8万亿元人民币（包括社保基金、基本养老保险基金、企业年金、职业年金等），占当

年GDP的12%，人均储备9 800元。

同时，全球经济格局也在发生变化，金融市场黑天鹅、灰犀牛事件增多，长久期高回报的优质资产越来越稀缺，固定收益投资领域的稳定类资产收益波动也在明显加大。

未来，亟须进一步多渠道、多方式充实养老财富储备，探索通过更加丰富多元、收益稳健的养老金融产品，增加对市场的敏感性，完善投研框架，将长期投资、价值投资理念有机融入国家发展战略中，以长期可持续的复利回报吸引居民加入养老金制度，将储蓄有效转化为投资，通过跨周期的资产配置，长效积累养老财富。

（三）养老健康服务需求亟须金融机构提供综合解决方案

养老财富储备的最终目的是有能力支付更加优质的养老服务，未来养老金融与养老行业相关的“医、药、养、护”等配套领域共同建设是必然趋势，金融机构养老金管理的基础上需要进一步关注养老及健康服务的一站式供给和支付，成为覆盖投资顾问、资产规划、养老金融产品供给、养老健康服务供给等在内的综合服务商。

目前，健康养老服务还未与养老金融产品之间形成良好的衔接和串联，尚未形成体系化、综合化、立体化的服务模式，在服务内容方面两极分化也比较明显，高端与低端市场中间出现了较大的服务供给真空，服务的可触达性有待提升。

二、以党的二十大精神指引养老金融业务发展方向

党的二十大报告高瞻远瞩、统领全局、内涵丰富，系统阐述了新时代坚持和发展中国特色社会主义的重大理论和实践问题，科学谋划未来5年乃至更长时期党和国家事业发展的目标任务和大政方针，提出一系列新的思路、新的战略和新的举措。其中有关重要论述对于回答好“新时代养老金融如何实现高质量发展”这一时代之问具有很强的

指导意义。

（一）以人民为中心，聚焦高质量发展的多重需求

党的二十大报告提出要增进民生福祉，健全覆盖全民、统筹城乡、公平统一、安全规范、可持续的多层次社会保障体系。养老金融业务的高质量发展，归根结底是要解决人民群众日益增长的美好退休生活需要与养老财富积累不充足、养老服务供给不充分之间的矛盾。无论是参与基本养老保险、年金还是个人养老金，都需要聚焦满足三个方面的核心需求。

第一，是稳健收益的需求。金融机构如何帮助个人达成理想的投资收益目标是吸引个人加入养老金制度的核心，当前市场利率长期下行、优质资产供给不足、信用风险事件频发等都可能导致产品投资收益不达预期。

第二，是专业投资的需求。随着个人养老金制度的普及，个人拥有了自主购买储蓄、理财、保险、基金等多种类型养老金融产品的投资选择权。如何做好老百姓养老金投资的顾问和助手，提供专业的陪伴式投资服务，是开展养老金融业务的一大重点。

第三，是综合服务的需求，养老金融是基于客户全生命周期养老需求的持续服务，随着预期寿命延长、“少子化”现象加剧，除了资金管理的需求外，还会延伸出一系列的健康管理和养老服务等外延需求，这对机构提供一站式综合养老金融服务的能力提出了更高要求。

（二）服务实体经济，形成高质量发展的良性循环

党的二十大报告指出建设现代化产业体系，坚持把发展经济的着力点放在实体经济上，推进新型工业化，加快建设制造强国、质量强国、航天强国、交通强国、网络强国、数字中国。这不仅是对实体经济重要性的肯定，更是对于实体经济寄予厚望。监管部门一直重视和引导各参与方建立健全安全稳健的长期投资业绩导向，坚持把安全规

范、防范风险放在首位，并鼓励发挥长期资金在资本市场中的“压舱石”作用。

养老金融服务实体经济，既是发挥养老金、保险资金的安全性、长期性、稳定性特点，发挥资金融通功能助力实体经济发展的重点领域和薄弱环节，更是把握国家发展大势与行业周期变化，把资金切实投向符合大政方针、具有成长机会的领域，在信用风险频发的背景下实现长期资金保值增值与实体经济健康发展的良性互动。

（三）重视ESG投资，以绿色创新推动高质量发展

党的二十大报告中专门阐述了“推动绿色发展，促进人与自然和谐共生”，原银保监会也在2022年出台了《银行业保险业绿色金融指引》。金融业在助力国家绿色转型上大有作为且能发挥不可替代的作用：一是加大金融对传统行业低碳转型的支持力度；二是持续提升绿色金融产品的多样化；三是重视对低碳环保技术的优化升级；四是提升金融机构的绿色投资偏好。

“双碳”目标的提出和绿色金融理念的推广，也为养老金管理找到了与其长期性、公益性、避险性特点高度匹配的投资策略和路径。ESG建设的体系和制度已经日渐成为养老金投资过程中非常重要的评价指标，未来还需持续推动构建符合养老金与保险资金特点的ESG投资管理体系和行业评价标准。

三、保险业全力推动养老金融高质量发展的思考

2004—2023年，企业年金、职业年金、个人养老金陆续启动市场化投资运作，保险资产管理改革发展的20年恰好是保险业深耕养老金融市场的二十年。随着市场经济现代金融体系和大资管的融合发展，“保险+资管”在养老金融领域发挥越来越重要的作用，正在持续向风险定价、资产配置、财富创造等多重功能延伸，并将借助产业转型、科技创新和财富增长进一步推动养老金融的高质量发展。

（一）以客户需求为中心，提供全生命周期综合服务

保险业深耕养老金融领域多年，具备养老金管理的多项能力，并提供了多样化的养老金融产品。包括参与第一支柱基本养老保险的投资管理，在第二支柱企业年金和职业年金基金管理中担当受托人和投管人的主力军，做好第三支柱个人养老金产品的试点发行和资金投资管理。不同收入层次、不同年龄阶段的个人对于养老金投资有着差异化的需求，只有关注不同客户群体的养老需求，才能吸引更多类型的客群主动成为制度的参与者。

一是整合服务B端和C端客户的能力，深入分析大型企业年金或团险客户背后庞大职工队伍的养老财富需求，为企事业客户单位的员工搭建一站式养老金管理系统平台，在该平台上帮助客户建立养老金融综合账户，提供覆盖养老金三支柱的全方位养老资产视图。同时，在该账户中整合对接客户退休后的健康支出、医疗支出、社交娱乐支出等更多消费需求，形成资产端和负债端的协同效应。客户在平台上可享受到大型综合保险集团的年金管理、个人养老金产品、投资咨询、健康管理、养老服务等全流程服务。

二是逐步升级年金受托咨询服务能力，为广大客户提供更专业的投资顾问服务。通过建设统一的数字化系统、形成统一的养老金融产品池，为客户提供覆盖三支柱养老金的投资顾问咨询服务，比如基于客户提供的第一支柱基本养老保险、第二支柱年金基本信息，进一步给出第三支柱个人养老金的配置建议，并提供符合个人风险偏好的不同类型的产品组合等。

三是发挥提供康养增值服务的独特优势，实现客户价值的全生命周期管理。近年来，各大保险集团提前布局了健康管理、养老社区等领域，打通了养老金融产业链的上下游。以中国太保为例，近年来已持续在全国城市打造“太保家园”系列高品质社区，并持续布局互联网医院、康复医院、护理医院，引进老年照护康复的资源和人才。未

来，一方面可以直接在自营的养老金融产品中附加健康管理和养老社区入住的增值服务，更加顺畅地建立起养老财富的支付生态。另一方面，也可以与不具备自营康养资源的机构开展合作，为其养老金客户提供相应的增值服务。

（二）夯实投研核心能力，创造长期稳健的价值回报

养老金资产管理和其他资产管理的区别在于，养老金是养老钱、保命钱，需要实现绝对收益之上的相对收益。因此，需要深刻洞察养老金管理的特点和规律，在时代大潮、技术创新、产业兴衰和行业转型的大背景下思考投资问题，坚持策略胜过预测，看大势做大事，关注长期和未来、兼顾短期和当下。

保险业兼具财富增值和风险保障功能优势，运用精算技术，做好长寿风险管理和大类资产配置，能够更好地打造覆盖积累期和领取期的养老资产配置和规划方案。例如，保险资管机构在管理保险资金过程中对于长期资金的目标和风险偏好有较为深刻的理解，在FOF等投资领域形成了独特优势和长期经验，构建了较为成熟的方法体系。支撑目标的稳健达成，也与养老金融产品的长期稳健管理需求天然契合。根据原银保监会2022年底披露的数据，保险资金近十年投资收益保持稳定，年均财务收益率为5.28%，每年均实现正收益，波动幅度远小于其他机构投资者。

未来，一是可以持续优化投资策略，不断优化投研框架、投资逻辑、反复锤炼投资理念，形成多策略、多维度的投资策略体系，探索发挥保险资管机构的大类资产配置能力，运用长期限稳定收益策略、FOF及“固收+”等多资产组合投资能力，打造满足不同风险收益目标及不同期限资产配置需求的投资策略。强化归因分析，科学归因，厘清养老金投资的目标体系，帮助投资经理提升业绩和专业能力。

二是不断强化资产创设能力，积极把握国家战略、民生建设的投资机遇，还可在资产管理层面探索形成与养老健康产业的闭环投资链

条。稳步开展债权计划投资，积极服务高等级信用主体，严格避免信用下沉，持续满足重点区域、重点企业的融资需求。积极开拓股权投资领域，健全业务体系，围绕国家鼓励发展的关键领域，重点服务新型工业化、信息化、医药健康、国企混改、乡村振兴等发展主题。持续探索资产证券化投资，参与REITs市场，挖掘多种类型的底层资产并研究其核心价值，逐步做好主体信用与资产质量并重。

（三）聚焦ESG和金融科技，在创新中明方向促发展

一方面，推动构建符合养老金与保险资金特点的ESG投资管理体系，将重大环境、社会和治理因素纳入公司经营与投资决策体系。明确绿色金融的支持方向和重点领域，明确对国家重点调控的限制类以及有重大风险的行业授信指引，建立高耗能、高污染、高排放主题的负面清单，实行有差别、动态的投资政策，将ESG风险评估结果作为投资决策的重要依据。建立健全ESG风险管理的政策、制度和流程，健全ESG风险因子评估和监控预警机制，将ESG风险因子纳入项目尽调、项目评审、风险评价、投资决策等流程。加强对高碳资产的风险识别、评估和管理，在保障能源安全、产业链供应链安全的同时，渐进有序降低资产组合的碳强度，努力实现资产组合的碳中和。

另一方面，充分运用金融科技手段，有效提升养老金管理和服务过程中触达客户的效率，后续可集中资源优先开发和重点保障与受托和投研等核心能力提升，以及服务体验改善密切相关的系统平台，搭建统一门户、统一客户入口，为客户提供千人千面的定制化服务和即时触达的良好体验。包括精准刻画养老金客户画像，实现智能营销、智能客服、智能投顾，为客户提供即时反馈的体验和个性化的定制服务；还可运用大数据、人工智能等新技术，增强投资研究、风险防控和运营管理工作效能，打造更加体系化、系统化、智能化的投资体验。

（四）加强培养复合型人才，为高质量发展积蓄动能

当前养老金融涉及业务种类多、业务范围广，亟须深化在养老财富规划及健康管理规划方面的专业性、复合型人才培养，加强优秀人才的引进以及内部人才的培养选拔。

营销层面，保险机构拥有覆盖全国的机构网络和营销员队伍，具备强大的市场覆盖能力和客户直接服务能力。未来可以通过属地化的服务保证在不同区域开拓业务，并做好后续服务与信息反馈；同时，借助优质的代理人实地宣传普及养老金融知识，有利于将存量的个人保险客户更加有效地转化为个人养老金客户。

投资层面，可进一步从平台环境的建设和人才队伍培育方面打牢基础，建立适应养老资金长期属性的考核评价机制，培养个人价值观和职业规划与养老金投资文化契合的队伍，让市场团队更加专业、投研团队更懂服务，推动个人能力和公司体系化能力的平衡共建、同频共振，在实现专业化分工的同时，也实现对养老金融事业的价值认同。

船到中游更奋楫，对于养老金融机构而言，在国家养老战略的总体部署中进一步找准自己的战略方位，从市场竞争中挖掘机遇、从机制创新中获取动能，依靠内生性增长、高质量经营、科技进步、降本增效等真正形成长期价值，精益求精、久久为功，才能够更好地打造高质量发展的新引擎。长江养老也愿与所有市场参与者共同努力，以全生命周期的陪伴、以可持续的价值增长，守护好每一位养老金受益人的退休生活，持续为国家养老保障事业的高质量发展贡献力量。

孔德昌

国寿健康产业投资有限公司

博士研究生，高级经济师。现任国寿健康产业投资有限公司党委书记、总裁。曾任国寿投资保险资产管理有限公司党委副书记、副总裁，天津市东丽区委副书记、区长、区政府党组书记，天津市金融工作局党委书记、局长，天津市人民政府金融服务办公室副主任，中国农业银行三农政策与规划部总经理，中国农业银行青海省分行党委委员、副行长、纪委书记，中国农业银行董事会办公室副主任。

保险资金助力康养产业迈入高质量发展新阶段

国寿健康产业投资有限公司　孔德昌

一、康养产业迎来高质量发展新阶段

根据国际经验，判断康养产业的发展阶段有几个关键指标，首先是人口老龄化水平决定了养老需求的规模，其次是经济发展程度与国民收入水平决定了养老支付能力，两者共同作用决定了有效需求及需求涌现的时机。在此基础上，通常还需关键性政策的出台最终催化康养市场的繁荣与发展。应深刻理解我国经济发展与人口问题的一体两面性，正确认识健康养老产业在人口与经济高质量协同发展中的重要作用与特殊地位，有效把握康养产业即将迎来的发展机遇期，为高质量发展贡献保险力量。

（一）老龄化程度不断加深，康养需求呈阶梯式涌现

一是老龄化规模大。当前我国人口发展呈现老龄化、少子化、区域分化等趋势性特征，截至2022年底，全国65岁及以上老年人达到2.1亿，占总人口的14.9%。据联合国预测，2050年我国65岁及以上老年人口将突破4亿，人口占比将超过1/3。二是老龄化进程快。欧美各国由老龄化社会到深度老龄化社会的过渡基本在50年以上，由深度老龄化社会到超级老龄化社会的过渡时间基本在30年左右。而我国老龄化进程远快于其他国家，从2000年步入老龄化到2021年进入深度老龄化社会，用时仅21年，且预计在2035年以前进入超级老龄化社会，用时仅14年，明显快于欧美各国。三是需求呈阶梯式涌现。由于人口代

际分布的非连续性，健康养老需求一般呈现阶梯式增长的特点，也为康养市场带来跨越式扩容。新中国成立以来，我国共经历三轮“婴儿潮”，第一轮为1949—1957年，年平均出生人口约2 000万人；第二轮为1962—1973年，年平均出生人口约2 700万人；第三轮为1980—1991年，主要由第二轮“婴儿潮”出生群体成年后生育带动。2022年我国正式迎来“60后”退休高峰，预计将激活康养产业进入增长新阶段。

（二）经济发展与老龄化进程深度交融，催生银发经济

经济发展与收入增长是应对老龄化最强有力的保障，但老龄化本身也为经济增长带来不小挑战。从历史经验看，日本、英国、德国、法国等发达经济体进入老龄化阶段时人均国民收入（GNI）在1万~3万美元，因此政府、企业和家庭有足够的财力来解决养老问题。2022年我国人均国民收入（GNI）为12 608美元，按照世界银行最新高收入国家标准（人均国民总收入13 205美元）以及各权威机构对中国经济2023年增速预测，我国即将有望带领14亿人口迈入高收入国家行列，这将为我国更好地应对人口问题提供坚实的基础。同时也要看到，老龄化程度加深反过来也为经济发展带来不小挑战。一方面，我国已于2022年正式步入人口负增长时代，劳动年龄人口减少的趋势明显。据联合国预测，到2050年中国劳动年龄人口将累计减少2亿人，这将导致由人口规模形成的传统“人口红利”不断降低，而人口规模的减少需要在人口质量、科技创新、产业升级等方面进行弥补，以应对生产力下降的压力。另一方面，2021年我国老年人口抚养比达到20.8%，相较而言美国于2013年达到20.9%，而其人均GDP在当时已达5.33万美元。抚养比的攀升加重了家庭的经济负担，抑制了家庭消费，加大了养老金压力，造成劳动力老龄化等一系列社会问题，也给经济增长带来进一步挑战。

老龄化为经济高质量发展带来结构性机遇，康养产业重要性日趋加强。康养产业能综合发挥消费的基础性作用和投资的关键性作

用，既是当前巩固经济的基础，也为发展提供了后劲。从扩大内需看，2022年底召开的中央经济工作会议首次把养老服务与住房改善、新能源汽车并列为三大内需消费，康养产业通过改善养老消费条件，创新养老消费场景，以优质的健康养老服务激发扩大内需。2018年，美国50岁以上人群年消费总额达76 000亿美元，占全美消费总额的56%。可见，中老年群体已然构成了美国的核心消费群。据预测，2035年我国“银发经济”规模将达19.11万亿元，占总消费的比重达27.82%。从供给侧结构性改革看，由于市场在资源配置中的决定性作用，经济要素正随着财富和需求的代际迁移而重新配置，康养产业将通过盘活土地、资本、人力等经济要素服务实体经济高质量发展。一是承接房地产行业、公共部门相关存量资产，提供养老服务以匹配未来需求；二是以保险为主的长期资金投资健康养老产业，通过直接投资的方式“供血”实体经济，助力金融领域供给侧改革；三是在相关人才全方位紧缺的背景下，实行教育、培训、用人并重，打造素质优良、总量充裕、结构优化、分布合理的康养人力资源储备。

（三）顶层设计不断完善，政策红利催化产业发展由量变引起质变

近年来我国相关政策密集出台，将积极应对人口老龄化上升为国家战略，政策与市场“双螺旋”式发展，养老产业的蓝图越发清晰，关键政策的出台更加标志着政策红利催化产业发展正在由量变引起质变，引导康养产业迈入新阶段：一是养老金体系的完善带来可观的长期资金，随着个人养老金制度落地，标志着我国养老金第三支柱进入实质性发展阶段。第三支柱的本质是长期储蓄，在熨平资本市场周期波动、保障个人长寿风险方面具有天然优势。根据麦肯锡测算，在税优额度扩大、与企业年金实现打通等乐观预期下，至2030年中国养老金规模接近人民币42万亿元，其中第二、第三支柱合计占比有望提升至70%，带来约19万亿元资金净流入，为养老支付提供切实保障。二是引导社会资本投资养老产业，推动养老服务市场化。政府主导作用

不断强化，整体谋划和推进行业发展，以政策鼓励发挥市场的主体作用，在补助投资、购买服务、完善投融资等方面激发社会力量参与养老行业的活力和积极性，有助于提供专业化、多元化的优质养老服务供给。三是长护险制度试点工作持续推进，逐步完善在覆盖范围、筹资机制、待遇标准与失能评估管理等制度规定，从资金端提升了消费者的支付能力，并通过链接资金端和护理服务端优化护理服务体系，保障养老护理刚性需求。

二、新阶段保险资金投资康养产业的机遇和挑战

我国健康养老产业市场空间足、产业关联深、社会影响大，既是破解社会之痛、百姓之痛的焦点领域，也是走向共同富裕、守护人民美好生活的重点领域。发展多年以来，政策不断完善，市场不断扩容，商业模式不断演进，吸收了国际经验的同时，也展现出极具中国特色的特点。2022年我国养老产业规模约为9万亿元，据预测2025年养老产业规模有望突破12万亿元。作为市场成长性可期的战略新兴领域，康养产业具有投入大、周期长、参与深、盈利薄等特点，为保险资金的参与布局带来了机遇和挑战。

（一）新阶段险资布局康养产业的机遇

从行业发展看，康养业务助力传统保险商业模式转型升级的价值凸显。目前，我国已成为世界第二大保险市场，但保险深度和保险密度仍处于较低水平，存在较大的待开发市场空间。国家统计局数据显示，2022年我国人均GDP约为12 741美元，从国际经验来看，保险行业在人均GDP为1万~3万美元的阶段将进入中高速增长期。可见，我国保险行业正处于增速换档新阶段，亟须探索改革发展的应变求变之路。传统保险业盈利主要依赖于“三差”收益，而未来经济增速放缓、潜在低利率等环境新趋势，以及长寿风险、护理风险等行业新挑战，均需险企进行前瞻性思考，在巩固原有商业模式竞争力的前提下，探

索新盈利模式、扩大盈利来源、优化盈利结构，从以产品为中心转变为以客户为中心，从以养老服务拉动保单销售升级为以综合服务满足客户全方位多层次需求。由此，“保险+服务”模式应运而生且极具中国特色，通过构建连接支付端与服务端双链条，为客户提供全生命周期的综合化一站式服务，增加与客户接触的频次和深度，提高客户黏性，有效延长保险业务的服务链、重塑价值链，促进保险行业顺应趋势高质量可持续发展。据保守预测，2022—2035年养老服务将贡献行业新业务价值规模将超过1 900亿元。

从客户需求看，全方位多层次康养产品服务才能匹配险企客群需求。养老本质上是全体老年人对晚年美好生活的追求，属于广泛的、丰富的、多维度、深层次需求，而满足人民对美好生活的期盼就是康养产业发展的目标，也是以人民为中心的中国式现代化的本质特征。可以预见，新阶段行业将由照护型延伸到体验和享受型康养；由医疗事业扩展到体量巨大的健康产业；由保基本养老服务发展为前景无限的银发经济。于险企而言，一方面，活力长者由于尚未真正步入高龄阶段，拥有更高的消费意愿，对养老方式的选择多样且灵活，符合保险主业客群画像，是蓄客服务的主要群体。胡润研究院数据显示，可支配资产在1 000万元以上的高净值群体中，50~59岁人群占比超过20%。另一方面，护理老人需求刚性强，一旦入住留存率较高，机构盈利也会较为稳定，这与保险资金对于长期稳定的现金流诉求相匹配。以上海市为例，护理型养老机构平均入住率近90%。新阶段险资应充分聚焦客群全生命周期需求，提供全方位多层次的康养产品与服务，既应满足传统的“衣、食、住、行、用”物质层面需求，也应包括长期照护、健康管理、医疗保健、护理康复、家政服务、养老金融等服务类型需求，以及文化、艺术、体育、休闲、娱乐、旅游等精神层面需求，为我国养老服务体系的建设完善做出贡献。为满足不同养老群体多层次多样化的养老服务需求，中国人寿旗下养老服务品牌国寿嘉园已经在天津、苏州、深圳、成都、青岛等地建设布局了以“吃、住、医、护、乐、学、游”为主要功能的中高品质养老社区，开业以来广受市场欢迎。

从资金特性看，规模大、久期长、追求收益稳定的保险资金与康养产业双向奔赴。一方面，保险资金的长期属性为战略布局大健康产业创造了条件，国家金融监督管理总局数据显示，目前我国寿险行业平均负债久期约为13年，而目前寿险公司的平均资产久期为5~8年，行业久期缺口有待进一步弥合。同时，长期持有运营的养老项目对资金实力提出较高要求，规模庞大的险资参与布局为康养产业良性发展奠定了稳固坚实的资金保障。另一方面，康养产业作为资产项，具备持续成长潜力、稳定现金流回报、抗经济周期多重优势，作为服务项，具有协同保险主业发展和构建生态闭环的独特化学反应，因此是保险资金投资的优质战略标的。经过多年积累，险企已逐渐成为我国康养产业布局的中坚力量，近年来地产行业由于结构性问题导致的调整更加巩固了险资在康养领域的地位。截至2022年底，已有20余家险资企业布局康养领域，遍布30多座城市，总床位规模超13万张，“保险+康养”模式的生态建设蓬勃发展、日益成熟。

从资产布局看，险资扩大康养产业布局与存量资产盘活机遇契合。存量资产转型养老服务的核心是盘活改造土地上的附着物，使之符合养老服务设施的标准和要求，进而获取养老经营许可并开展运营。存量资产包括闲置土地和闲置物业，医院、办公楼、培训中心、厂房、疗养院等构成了转型养老服务设施主要物业类型。国家“十四五”规划中提出，至2025年末将支持300个左右培训疗养机构转型成为养老机构。一方面，2022年以来房企债务违约事件频发，部分房企为稳主业健康发展，采取低于成本价出售养老等非主业资产以缓解资金压力，为市场提供了优质资产选择，也为险资主体扩大康养产业布局创造了机会窗口。由于房地产与金融系统、实体经济间深层次关系的调整预计将长期持续，在发展新阶段，相关资产交易盘活的机会窗口仍将存在。另一方面，近年来，受疫情冲击、地缘政治、外部形势影响，经济下行压力加大，叠加减税降费规模逐步加大，我国财政收入增速整体放缓，土地出让金下滑也给地方政府财政带来挑战，因此有序盘活具开发价值的公共资产进行改扩建来提供养老服务，也为保险机构扩大投资带来结构性、区域性机会。

从科技创新看，险资企业有望借数字化实现叠加式赋能。技术进步与跃迁是社会经济发展的第一生产力，数据要素的注入也将深度重构社会生产关系，聚焦险企康养布局。一是新兴技术在康养端实现服务管理升级。一方面，随着物联网、大数据、云计算、人工智能等新一代技术日臻成熟，康养行业不断探索融合前沿科技，形成一系列智慧产品服务形态，如智能穿戴设备、智能监护设备、养老数据平台、个性化健康管理、互联网健康咨询等。斯坦福长寿中心调查显示，2021年全球养老护理产品服务中，超过53%的收入来自数字化解决方案。另一方面，有了科技手段的介入，康养服务与管理将更加实时、快捷、高效，未来有望降低对于人工服务的依赖，有效解决护理人员紧缺、人力成本高昂、运营管理效率低等行业难题。二是数据要素在保险端促进质效提升。随着公共数据的逐步共享与保险客户数据的充分联通，数字化革命将持续赋能保险新基建升级，实现保险产品服务的数字化、线上化和定价优化，提升展业效率、节约展业成本，提高理赔精确性和便捷性，助力防范化解金融风险，有效打通生态系统内各相关业态，综合提高客户的获得感、体验感，进而提升保险商业模式的整体盈利性。

（二）新阶段险资布局康养产业面临的挑战

短期看养老项目盈利水平不足是行业共同面临的挑战。我国民营养老机构约44.3%处于亏损状态，行业面临共同的运营压力。一是“未富先老”问题突出。按2010年不变价美元计算，当65岁及以上人口占比达到12%时，中国的人均GDP不到1万美元；而在达到相同的老龄化水平时，德国、美国和日本人均GDP分别高达1.8万美元、2.9万美元和3.8万美元。可见，中国老龄化程度与发展阶段有一定错位。二是支付端发展不充分导致有效需求不足。我国居民虽然储蓄水平较高，但家庭财富过度集中于房产，退休后缺乏多样化且稳定的被动收入来源，限制了老年人的支付能力和意愿。数据显示，城市居民对于费用在1万元以内的养老服务的支付意愿较强；当月费超过1万元时，愿意为养老支付的人数比例出现骤降。三是供给端结构性错配限制了客群的有效覆盖。自理老人对养老服务需求较弱，有医疗、康复、护理等需求的老人在普通养老机构中又得不到有效服务，导致优质医养结合项目“一床难求”的同时，行业平均空置率居高不下、运营效率不高，拉低了康养产业整体投资回报。

运营服务体系建设是险企开展康养业务的主要矛盾。养老产业有周期长、回报慢、参与深、盈利薄的特点，运营服务体系建设是其核心竞争力，这也给强金融属性的险资企业带来了一定的挑战。首先，养老产业运营服务涉及质量、安全、供应链、数字化、人力资源、风控管理等诸多方面，因其综合性和系统性，天然具有较高的壁垒。其次，养老产业作为典型人力密集型服务业，高度依赖人员投入，打造一支优秀的运营服务队伍和成熟的运营服务体系需要较长的遴选、培训、磨合、优化的过程，而城镇化放缓和居民收入提高更加提高了人力成本，导致团队打造难度进一步加大。最后，险企因自身的强金融属性，一般而言较为缺乏产业经营管理的直接经验，因此，形成业内领先的运营服务体系难度更大、需要长期锤炼打造。但也要看到，根据国际经验，采用收并购方式实现运营服务能力的加强不乏先例，例如，法国欧葆庭公司收购大量欧洲养老运营商，美国Brookdale公司先后并购Alterra、ARC、Sunrise、Emeritus等公司以实现运营服务能力强化和业务版图扩张。

医康养结合是新阶段康养产业重点攻关领域。老年人慢病高发，失能问题显著，专业照护需求大。国家卫健委数据显示，2022年我国共有4 500万失能半失能老年群体，带病生存的老年人口已达1.9亿人。

调查显示“医疗配套”“护理照料服务”是老年人选择养老机构时首要考虑的因素，因此医康养结合对于布局康养产业的保险公司而言几乎是一道必答题，是即使难度再大也需攻克的领域，其难点主要在于服务相异、人才难留、医保难办、盈利不足。一是专业服务相异，医疗护理与养老护理专业性不同，待遇差异较大，医护人员虽能提供医疗康复服务，但并不能解决老年人生活照料、心理调适、精神慰藉等诸多专业问题，如依赖医疗护理作为养老机构主打服务，在增加成本的同时，容易忽略养老服务端的专业性。二是医疗人才难留，我国医疗卫生服务体系以公立机构为主，医护人员在民营医养结合机构既无编制也难以评定职称，因此很难留住专业人才，而高薪聘请的医生由于多地医保仅限第一执业点，无法为老人开具医保报销的药品服务，降低老人有效需求。三是医保资质难办，养老机构办理医保结算可以降低客户实际支付成本，提升入住率，但医保资质的办理要求严格，办理时长差异较大，根据民政部与医保局数据，全国养老机构中内设医疗机构纳入医保定点范围的占比不到10%。四是盈利空间不足，在医养结合模式中，医疗团队人员成本相对更高，但养老床位收费标准相对更低，造成无论是“医办养”还是“养办医”，均不易算好这本经济账。同时，医养能力强的机构去化较快，但一般的养老机构又需足够的入住率才能供得起较好的医疗服务，这个“先有鸡还是先有蛋”的悖论更是给养老机构发展初期造成了较大的困扰。

三、新阶段保险资金助力康养产业发展的路径建议

康养产业投资具有长坡薄雪的特点，只有度过前期的艰难爬升期坚持下来的企业，才能享受由商业模式构建、运营服务能力打造、人才队伍培育、客户资源积累而铸就的竞争优势。对于险资企业来说，应以习近平总书记提出的“积极老龄观、健康老龄化”新理念为纲领，以解决人民群众急难愁盼的养老问题为导向，发挥保险长期资金优势，

补足产业经营短板，以能力建设为根基，以技术创新为牵引，致力于打造投资能力卓越、运营体系完善、创新能力一流、综合竞争优势突出的企业，形成“保险+健康养老”的特色解决方案，引领新阶段康养领域质量变革和效率变革，为康养产业高质量发展贡献险资力量。

（一）立足金融专业能力，助力养老支付端升级

从整体上看，根据世界银行数据，养老金替代率在70%~80%可以保持退休前后生活水平基本一致，而我国养老金替代率目前仅为45%。从结构上看，我国养老金储备中第一支柱占比达71.1%，第二支柱占比约18.3%，第三支柱占比仅10.6%。相比之下，美国养老金体系中第二、第三支柱占比分别达59.4%和34.1%。因此，保险机构应积极参与我国三支柱养老体系建设，助力提升养老金替代率，有效应对康养行业盈利性困境，缓解我国养老金缺口可能带来的养老支付能力不足的风险。一是发挥产品研发能力，加大养老年金、养老保险、养老理财等产品创新力度，根据市场需求和政策指引，丰富细分产品线，满足养老金融多样化的风险收益偏好和期限目标。二是充分运用第一、第二支柱中积累的受托管理、投资管理、大体量资金账户管理经验，强化受托职能与优势，助力受众更广、潜在规模更大的第三支柱事业发展，为促进三支柱协同发展贡献力量。三是依托险资专业投资团队，发挥长期稳健的保险资金和养老金投资能力，为客户提供多元化资产配置方案，平衡好安全性、收益性和长期性要求。

（二）发挥资本纽带作用，以模式创新打通产业盈利堵点

经济是肌体，金融是血脉，两者共生共荣。鉴于盈利性不足仍然是困扰康养行业的痛点堵点，保险机构应进一步发挥资本的纽带作用，在以下几方面探索新型高效的商业化路径：一是产品服务模式的链式融合，通过投资实现产品服务链接化融合，围绕客群开展链式经营，

将照护服务、康复医疗、健康管理、金融服务、老年教育、社交娱乐等环节打通，以专业化投资打造康养生态圈，解决收入来源单一问题，提升服务效率和盈利水平。国寿旗下大养老基金围绕机构养老、社区居家养老、医养结合、专业护理等重点环节，积极推进康养产业链布局，为形成医康养融合的服务供给能力提供有力支撑。二是系统化经营与专业化分工的有效配合，在产业主体层面，需坚持系统思维，搭建“投建管一体化”经营管理体系，统筹从规划到实施的全生命周期项目管理，在实现更为低廉的综合管理成本的同时提供更加优质的康养产品服务；在内部各专业环节，建立专业化分工合作机制，有效提升专业水平，持续完善服务标准化体系，实现康养业务整体效率优化与价值挖掘。

（三）依托保险资金优势，加快健康养老产业布局

保险机构应紧抓政策红利和资产机遇期，把握优质标的投资机会，发挥保险资金总量大、久期长的优势。一是丰富机构养老产品服务供给，积极围绕人口老龄化程度高、需求大、支付能力强的重点区域和核心城市布局，提供CCRC养老社区、城市精品养老公寓、康养旅居等多元化机构养老服务。二是积极探索社区居家养老布局，通过自建自营、股权投资、战略合作等方式，扩充居家养老服务覆盖范围，增强产品服务的均衡性和可及性，构建“机构+社区+居家”三位一体的养老服务体系，以满足老年人多层次养老服务需求。三是投资赋能健康产业发展，聚焦医疗健康产业的关键领域和重点环节，针对企业融资发展需求，通过专业化投资发掘、培育、扶持打破国外技术和产品垄断、专注解决“卡脖子”难题的创新型高科技企业，提升产业链供应链的安全性和竞争力，在支持医疗健康产业供给侧改革中体现险资担当。四是拓展康养产业资金来源，通过设立康养产业专项基金等方式，提升服务第三方资金的专业投资能力，助力健康养老产业高质量发展。

（四）补足运营服务短板，打造养老产业经营护城河

作为金融企业，保险机构并非天生具备康养产业运营服务的基因，通过加强关键环节攻坚来锻造运营服务体系，提升管理质效以塑造核心竞争力。一是构建多维度养老服务体系，一方面贯彻以人为本的理念，围绕长者居住、饮食、医疗、护理、社交、娱乐等多方面需求下功夫；另一方面打造“医疗—护理—康复”关键服务体系、获取医保资质认证、实现医院“绿色转诊通道”等关键要素，着力促进医康养结合能力提升。二是深化养老服务标准化建设，把服务流程细节制度化、具体化、可量化。当前我国养老服务标准仍有较大优化空间，保险机构应以优质服务扩大自身在康养领域的影响力，助力康养产业打造并持续更新迭代高质量服务标准体系，满足人民群众日益增长的养老生活需要。三是充分把握“养老服务的核心在于人才”这一行业特点，持续加强养老服务人才培养，探索产学研融合、校企合作等模式，建立“选—育—用—留”的成熟机制，建立符合新时代要求的养老人才队伍，推动康养产业可持续发展。

（五）强化科技创新引领，实现行业整体效率跃迁

2014—2019年，我国智慧健康养老产业市场规模从0.17万亿元扩张至3.2万亿元，年均复合增长率达80%。《国家积极应对人口老龄化中长期规划》也提出，要深入实施创新驱动发展战略，把技术创新作为积极应对人口老龄化的第一动力和战略支撑。面向未来，保险机构参与康养业务应一方面聚焦康养产业数字化，把握好大健康大养老领域产业升级、国产替代、自主创新等机遇，以股权投资为产业链升级赋能；加大智慧养老在各业态中的应用，将数字化、科技化、可视化手段与养老运营服务有机结合，实现养老服务的精细化管理。截至2023年5月末，国寿旗下大健康基金投资企业中科技型企业占比超过70%，“专精特新”企业占比近50%，在助力科技自立自强中彰显了

央企担当。另一方面，聚焦保险数字产业化，通过对保险主业客户公共性、综合性数据的获取与健康、养老等方面专项数据进行深度整合与挖掘，综合运用区块链、数字孪生、人工智能等技术途径，实现保险行业数据互联互通以及与大健康大养老领域的桥接和赋能，提升保险机构综合化经营质效，以高质量发展为服务广大人民群众做出卓越贡献。

金紫雨

人保资本股权投资有限公司

经济学硕士，毕业于北京大学金融学专业。具有17年金融行业从业经历，熟悉信托、保险资管等另类资产投融资实务。2006年至2022年就职于中诚信托有限责任公司，历任信托业务部高级经理、业务团队负责人、业务部门总经理、公司总裁助理。2022年4月任职于人保资本保险资产管理有限公司，担任公司总裁助理、董事会秘书，并兼任人保资本股权投资有限公司总裁。

新形势新机遇下
保险私募基金服务科技创新的实践与思考

人保资本股权投资有限公司　金紫雨

原中国保监会《关于设立保险私募基金有关事项的通知》（保监发〔2015〕89号）开启了保险资金股权投资的新篇章。保险资金有了专注于股权投资的专业投资机构——保险私募基金管理人，有了新的股权投资品种——保险私募基金。2015年以来，保险私募基金聚焦健康、养老、新能源、新基建、集成电路、先进制造、低碳环保等领域加大投入，已经成为保险资金服务国家战略、服务实体经济、服务科技创新的重要力量。

一、保险私募基金迎来新的战略机遇

党的二十大报告提出了全面建成社会主义现代化强国的发展目标，开启了建设中国式现代化的新征程，为金融资产未来布局指明了方向；面对"世界百年未有之大变局加速演进，新一轮科技革命和产业变革深入发展"的外部环境，我们需要正确认识和把握中国式现代化新征程的战略机遇，始终坚守保险私募基金独特优势，保持战略定力、加快自身建设，走好中国特色保险私募基金高质量发展之路，为中国式现代化建设贡献力量。

（一）新的战略机遇根植于我国经济高质量发展新阶段的内生动能

一方面，我国经济发展持续韧性为保险资金投资提供长期战略支撑。我国已由高速增长阶段转向高质量发展新阶段，党的十八大以来的十年，我国国内生产总值增加近70万亿元，年均增长6.2%，在高基数基础上实现了中高速增长；居民人均可支配收入由1.65万元提高到3.69万元，形成超4亿人口的世界最大规模中等收入群体；近年来，虽然宏观经济增长承压，但我国经济长期向好基本面没有改变，新经济范式快速崛起，市场空间广阔，社会大局稳定，发展韧性依然强劲，预期未来较长时期仍将保持中高速增长，良好的经济增长环境为保险投资长期稳健发展创造有力条件。

另一方面，我国经济高质量发展转型为保险资金股权投资提供时代机遇。党的二十大报告指出，要加快构建新发展格局，着力推动高质量发展，加快建设现代化经济体系，推动经济实现质的有效提升和量的合理增长，把我国经济发展所具备的巨大潜力转化为强大经济实力，不断开拓新的发展领域，打造新的战略空间。相比传统经济主要依靠要素投入，在高质量发展新阶段，知识、技术、创新等因素将成为主要驱动力量，股权投资在更好匹配高质量发展特征的同时，也能带来更高投资收益率；保险资金具备规模大、期限长、稳定性强的优势，是稀缺的、可持续的长期股权资本来源；在中长期利率下行趋势下，通过不断提升股权投资占比，助力推进“现代化产业体系建设”“科技自立自强”“健康中国”等国家战略实施落地，有利于保险资金缓解配置压力，提升收益、降低波动，取得长期稳定回报，在推进我国经济高质量发展同时实现行业自身的高质量发展。

（二）新的战略机遇蕴藏于以科技创新为核心的产业升级

科技创新事关国家发展稳定大局，国家高度重视科技创新型企业发展。党的二十大报告提出，科技是第一生产力，创新是第一动力，要坚持创新在我国现代化建设全局中的核心地位。习近平总书记在7月24日中央政治局会议进一步强调，要“推动数字经济与先进制造业、现代服务业深度融合”，“加快培育壮大战略性新兴产业”。在我国步入中国式现代化发展的新征程上，加快推进高科技产业新业态发展，推动创新技术赋能产业转型升级，有助于增强我国经济增长内生动力，为经济高质量发展开辟新空间。我国从政策上对科技创新型企业发展予以大力支持，根据国务院印发《助力中小微企业稳增长调结构强能力若干措施》，到2023年底，我国将累计培育创新型中小企业15万家以上、省级专精特新中小企业8万家以上、专精特新“小巨人”企业1万家以上。

我国对科技创新型企业的金融支持力度整体不足，为保险资金股权投资提供发展机遇。由于科创类企业发展前期往往需要大量资本投入，在一定期限内不盈利或者盈利水平较低，成果转化不确定性强，与间接融资重资产、重抵押、低风险偏好的特征难以匹配；高科技企业初创、成长、壮大面临诸多困难，也导致直接融资支持占比在近年来不升反降。工信部公布的三批4 921家国家级“专精特新”小巨人企业中，A股上市公司只有311家，证券化率仅6%，金融支持短板有待补足。保险资金可充分发挥自身股权投资优势，坚持以国家战略需求为导向，把握大趋势下时代发展机遇，积极赋能数字基础设施建设、战略性新兴产业、医疗健康产业等科技创新重点领域，发掘真正具有核心竞争力的主体，帮助被投企业实现成长，助力科技发展和产业升级，在服务国家科技强国战略大局中，实现保险资金的核心竞争力和长期价值。

（三）保险私募基金已经建立了抓住新战略机遇的基础

自2015年原保监会正式允许保险资金设立保险私募股权基金以来，保险私募基金承载战略使命而生，围绕重大基础设施、棚户区改造、新型城镇化建设等民生工程和国家重大工程，围绕科技型企业、小微企业、战略性新兴产业等国家重点支持企业或产业，切实服务实体经济，收获成果显著。中国保险资产管理业协会数据显示，截至2023年一季度末，保险私募基金累计登记近80只，规模超过5 600亿元，近四年来每年登记规模均超千亿元。22家保险私募基金管理人已经成为保险资金股权投资的重要力量。

伴随着保险私募基金的出现和发展，其投资管理人的角色定位，为保险资金更好地服务国家战略、服务科技创新奠定了基础。一是在职责定位上，对于具体投资项目，保险私募基金管理人可根据既定的基金投资策略，围绕投资决策和投后管理事项，进行独立调查、研究、判断和决策，承担决策责任，而不是逐项事先征求委托人的意见，对管理人专业化、市场化运作提出了更高的要求。二是在投资组合上，从股权计划等单一股权项目转变为保险私募基金项下的投资组合，推动管理人不断检视和打磨细分赛道、项目阶段、退出计划和规模分配的组合策略。三是在决策机制上，根据保监会（2015）89号文的要求，保险私募基金要通过制度设计，确保法律意义上的独立动作，因此面对市场具有决策效率高、机制灵活的优势，能够精准直接向实体经济和科技企业输送资金。四是在绩效管理上，从管控逐个项目风险转变为管控基金投资组合风险，推动投资管理人更加重视战略风险、行业风险和策略风险。五是在团队管理上，面向科技创新型企业投资，一线团队主要由经济金融类人才组成逐渐转变为由行业专家、财务法律等人才组成，打造了具有生物、医药、半导体、电子信息、新材料等行业经验的复合型团队。

二、保险私募基金服务科技创新的具体实践

保险私募基金肩负着落实中央决策部署的战略规划、服务实体经济的行业期望，在规模大、期限长、关系国计民生的项目上优势显著，在生命健康、医疗服务、智能驾驶等领域更能发挥保险业务的协同优势，成为具有特殊意义的“产业投资人”。心系“国之大者”，服务国家战略，更是人保资本股权公司作为金融央企下属保险私募基金管理人的职责使命所在。

（一）服务科技自立自强

服务科技创新，是中国人保集团的战略服务方向之一，是以服务

高水平科技自立自强、建设科技强国为己任，准确把握党的二十大对科技创新的新要求。人保资本股权公司通过人保科创基金投资中电金信数字科技集团有限公司（以下简称中电金信），助力中电金信构建金融及重点行业全栈全域自主可控解决方案，助推国产化金融IT解决方案在金融行业的快速落地和迭代。2022年中电金信连续中标保险公司新准则业财数据汇聚平台、IFRS17新准则数据中台改造、新保险合同准则数据报送平台建设等重要项目，未来还将与保险公司围绕联合创新、保险核心业务系统、业务建模等业务专题巩固和深化交流合作，是保险支持金融信创领域自主科技创新的典型项目。

国产化金融IT解决方案要依托于国产化的数字基础设施。人保资本股权公司积极把握数字化发展新机遇，通过科创基金布局基础设施提供商超聚变数字技术有限公司（以下简称超聚变），助力其成为全球领先的算力基础设施与服务提供者，加速金融保险行业数字化转型，有力推动数字基础设施优化完善。据IDC《2022年中国服务器市场跟踪报告》显示，2022年中国服务器市场规模为273.4亿美元（1 888.37亿元人民币），同比增长9.1%，其中超聚变2022年市场份额占比10.1%，收入190.73亿元，排名国内前三。

（二）服务人民对健康美好生活的向往

在人口结构加速老龄化的时代背景下，人保资本股权公司把“人民保险 服务人民”的经营理念贯彻到投资理念当中，推动科技创新服务人民未被满足的健康需求。通过康养基金投资颐家（上海）医疗养老服务有限公司（以下简称颐家养老），在保险行业内率先布局社区居家养老服务机构，推动智慧养老AHC系统的科技赋能，持续推进颐家养老与长期护理保险、商业护理保险的协同。人保财险上海分公司以“专业保障，长者舒心，全家安心”为设计初衷，率先试点全国首款服务型理赔医护康养产品——“福佑一家”中老年骨折护理险，以专业医护康养服务替代传统现金赔付；人保寿险与颐家养老探索定制了居家养老服务权益包，并于2023年1月在广东率先试点上线。

要推进健康中国建设，就要把保障人民健康放在优先发展的战略位置。2020年全球心衰患者超过3 000万人，中国心衰患者超过1 000万人，晚期患者唯一治疗方案就是心脏移植。由于传统心脏移植供体极为有限，人工心脏成为医学领域对心力衰竭治疗的重大突破，为寻找替代心脏移植的晚期心衰患者提供了维系生存的希望。人保康养基金投资布局的苏州同心医疗科技股份有限公司（以下简称同心医疗）是专注于研发心室辅助装置的国际领先企业，公司自主研发的CH-VAD是我国首个获得NMPA批准的、拥有完备自主知识产权的国产人工心脏，也是全球范围内首个获得NMPA批准的全磁悬浮式人工心脏，被列为国家“863”计划重点项目。人保寿险与同心医疗合作开发了关爱百万（特需版）医疗保险，专门将同心医疗的CH-VAD以及其指定适应症纳入百万医疗保险理赔范围，已于2022年10月正式发布。通过保险私募基金投资，推动国内人工心脏磁悬浮技术加速研发和应用；通过保险服务，为患者分担高额医疗成本，踏实用上安全强劲的“中国心”。

（三）发掘保险功能，赋能科技企业发展

科技创新企业也蕴含着新的保险资源，保险私募基金不仅要懂产业，能够与企业家深度交流、获得信任；也要会讲保险，及时发现和对接创新的保险资源。人保科创基金所投企业上海迪赛诺医药集团股份有限公司（以下简称迪赛诺）是中国最大的抗艾滋病药生产企业和全球主要抗艾滋病原料药供应商，也是中国截至目前唯一一家实现抗艾滋病药物制剂出口国际市场的制药企业，已惠及东南亚等“一带一路”国家600多万艾滋病患者。2023年5月，人保资本股权公司和人保财险上海分公司推动迪赛诺将碳排放配额在上海环境能源交易所进行质押，构建了“碳资产质押+保险”创新模式，促成了人保财险与上海环境能源交易所签署战略合作协议，签发了全国首张“碳资产质押

融资贷款保证保险保单”，是“碳汇保险”在“双碳”绿色金融领域实现的重大突破。

新冠疫情期间，世界范围内都出现了“缺芯”的现象，指甲盖大的芯片困住了汽车行业，生产甚至为此停顿。在对汽车芯片研究的过程中，人保资本股权公司逐渐认识到，保险也是保证产业链供应链稳定的法宝之一。整车厂之所以不敢用国产芯片，就是担心国产芯片在质量、性能、可靠性、寿命等方面不如进口芯片，缺乏一种为此风险兜底的担保机制。2021年4月，人保资本股权公司推进中国汽车芯片产业创新战略联盟与人保财险北京分公司对接，结合主要芯片企业和整车企业、汽车电子厂商的需求，共同研究“汽车芯片保险方案”，在有关部门支持下开展了首批国产汽车芯片保险试点，以保险的方式来进行担保，助力国产汽车芯片加速“上车”。

（四）发挥专业先导优势，撬动更大规模保险资金

聚焦科技创新的保险私募基金通常是盲池基金，往往受基金整体规模和集中度限制，投资于单一项目的规模有限。但保险私募基金的投资团队精研一条或多条行业细分赛道，深耕赛道内的领先企业和上下游关键技术，是保险资管机构发现项目线索、先期迅速论证的“侦察兵和先遣队”。新能源汽车是我国战略性新兴产业，2022年我国新能源汽车产销量分别完成705.8万辆和688.7万辆，居全球第一，是我国新的经济增长点。其中，广汽埃安2022年销量27.1万辆，同比增长126%，累计销量超50万辆，是自主品牌龙头。睿力集成是国内首屈一指的DRAM存储芯片供应商，是领跑国内DRAM行业、打破国外垄断的重要力量，属于高水平科技自立自强的典型案例。在上述项目中，人保资本股权公司注重发挥保险资管整体优势，以科创基金为先导，同步协同上级保险资管公司股权计划设立发行，撬动了数倍于基金投资规模的保险资金，成功取得联合领投地位。

三、保险私募基金下一步发展的几点思考

（一）研究鼓励保险私募基金服务科技创新的政策

在偿付能力计量方面，保险私募基金在风险计量方面对资本占用较高，保险机构在配置时难度较大；需要对保险资金支持和落实国家战略决策部署、服务科技创新形成的投资资产，可以研究明确界定标准，给予一定政策扶持。比如，偿二代规则可以对科技创新股权类投资设置不同的风险因子，在资本占用要求上予以适当放宽，有助于保险资金投资设立服务科技创新的保险私募基金。

（二）建立符合保险资金偏好和科技创新特征的机制

科技创新是一个不断试错、反复探索的过程。科创板推出后，科技创新企业上市进度普遍提前，给保险私募基金识别科技创新风险，提出了更高要求。《关于银行业保险业支持高水平科技自立自强的指导意见》指出："在股权投资业务中建立符合早中期科创企业投资特点的容错和激励约束机制。"但从实践来看，由于不同保险集团属性和保险资金风险偏好影响，保险私募基金在容错机制上缺少顶层设计引导，在机构层面"尽职免责、失职追责"原则也很难认定和操作，对机构和团队的保护都缺乏可落实的机制。

（三）持续提升投资研究和价值评估的能力

保险私募基金服务科技创新，关键是做好研究，而投资则是研究的成果。股权投资市场正经历着重新定价、重塑逻辑、重建预期的过程。重新定价体现为估值下调，投融资双方对资产价格存在较大分歧，投融资交易减少，市场效率降低。重塑逻辑体现为由以估值的爆发性增长带动投资收益爆发性增长的短期投资逻辑，转向强调长期可持续性成长的投资逻辑。重建预期体现为融资企业和投资人对未来预期

的调整，融资企业要充分认识企业估值重新定价的趋势背景，投资人则需适当降低投资回报的预期，树立持有更长时间的预期，并做好应对被投企业长期风险的准备。人保资本股权公司始终坚持“研究驱动，洞察未来，引领变革”的投资理念，持续建设适应新形势下股权投资业务特点的各项专业能力，吸收私募基金行业领先机构和产业集团投资平台有益经验，努力成为具有中国保险特色的一流私募基金管理机构。

（四）坚持底线思维，牢牢守住不发生系统性风险的底线

国际环境正在发生重大改变，中国发展环境从“战略机遇期”进入“战略机遇和风险挑战并存、不确定难预料因素增多的时期”，必须扎牢夯实“国家安全”这一根基。保险私募基金既要服务国家科技安全，也要服务保险资金安全，必须增强忧患意识，坚持底线思维，做到居安思危、未雨绸缪。关注识别科技创新企业在自主创新水平、持续经营能力和抗风险能力，与能够经受风高浪急甚至惊涛骇浪考验的科技创新企业共同奋斗成长，同时在机构化建设中要全面搭建专业严谨的全流程管理体系，实现规范化的基金运营，确保公司发展行稳致远。

李胜

华泰宝利投资管理有限公司

华泰资产管理有限公司副总经理兼华泰宝利投资管理有限公司总经理，历任北京国际信托投资公司投资银行总部副总经理、长城证券公司私募股权总监、私募股权管理部总经理、长城证券公司直投子公司长城长富投资管理有限公司总经理、长城富浩基金管理公司总经理、长城弘瑞投资管理公司董事长。在直接投资方面有接近30年的投资经验。

利用股权投资支持科技强国建设的思考与实践

华泰宝利投资管理有限公司　李胜

正如党的二十大报告指出，高质量发展是全面建设社会主义现代化国家的首要任务，坚持把发展经济的着力点放在实体经济上，推动战略性新兴产业融合集群发展，构建新一代信息技术、人工智能、生物技术、新能源、新材料、高端装备、绿色环保等一批新的增长引擎。金融的根本宗旨是服务实体经济，高质量股权投资市场能为经济转型提供重要的依托。股权投资为企业拓宽直接融资渠道、链接产业链资源，既是支持实体经济发展的重要力量，也是助力经济高质量发展的重要抓手。华泰宝利投资管理有限公司（简称华泰投资）于2017年成立并完成中国证券投资基金业协会私募基金管理人备案，是经国家金融监督管理总局批准设立的私募股权投资管理机构，一贯致力于从资金端践行保险业“回归本源”的理念。基于负债匹配的险资股权投资具有长期性、稳健性和价值追求的特征，华泰投资力求坚持投资本质，支持科技强国建设，聚焦高成长科技产业，服务于国家战略和主业发展。

一、股权投资市场概况

（一）宏观环境

根据国家统计局的数据，2022年中国GDP总量达121.02万亿元人民币，按不变价格计算同比增长3%，其中高技术产业投资增长18.9%，快于全部投资增长13.8个百分点。

在推进科技成果转化和促进战略性新兴产业发展的新格局下，股权投资作为保险资金运用形式已在法律层面得到充分明确。保险资金投资股权相关政策的日益完善，以及保险公司权益类资产配置监管环境持续优化，保险资金投资被赋予了更多自主权，为保险资金通过股权投资支持科技创新企业提供了重要的政策保障。

2022年的中美股权投资市场的趋势相同，在募资金额、投资数量、投资金额和退出数量均有不同程度下滑。美国主要由于美联储加息和地缘政治导致市场流动性降低。中国股权投资市场在国有资本的深度参与下，募资总量保持稳定，但外币新募基金数量缩减严峻、人民币基金结构分化显著；同时，由于IPO项目溢价降低和上市不确定性增强，中国PE/VC机构普遍在寻求灵活多样的退出渠道①。

（二）募资：结构分化，出资主体特点显著

2022年中国股权投资市场新募集基金7 061只，同比上升1.2%；募资规模2万亿元，同比下降2.3%（见图1）。新募集基金的单只规模主要集中在1亿元人民币以下，占比60%；50亿元及以上的基金数量占比不足1%，规模占比超25%。

一方面，小规模基金数量近5年占比不断上升，大型基金保持稳定设立节奏，市场募资结构两极分化逐步加深。另一方面，LP主体也在发生深刻变化。以险资、银行理财等金融机构为代表的LP旨在求稳求增，正在逐步建立市场认知及品牌，在建立合作评价体系的同时看重长期业绩、公司治理、投后赋能、ESG实践等方面表现良好的管理人。以市场化母基金、产业资本等为代表的LP更关注垂直领域机构，通过对成熟市场认知或产业独到见解获取投资收益和协同效益。以政府引导基金、政府出资平台为代表的LP注重“引资、引智”，以推动区域发展、产业转型为目的，基金定位与投向日渐清晰。

---

① 清科研究. 百张PPT，总结VC/PE这一年［EB/OL］. https：//mp.weixin.qq.com/s/HYCwB-unlsroWk1euxYRAw.

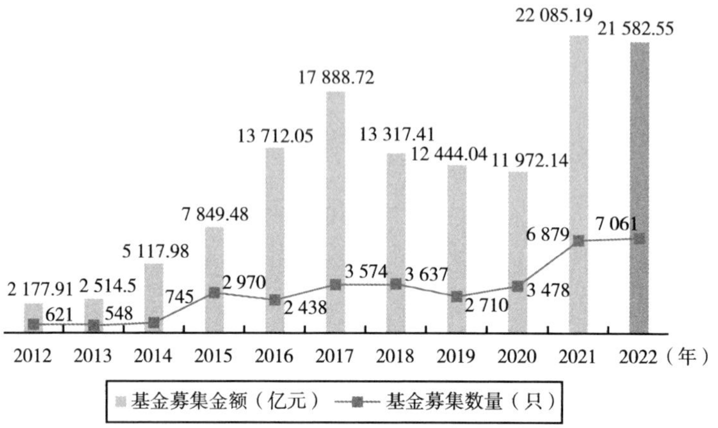

图1　2012—2022年中国股权投资基金募集概况

资料来源：清科研究

（三）投资：增速放缓，硬科技领域成为热点

据统计，2022年股权投资案例10 650起，同比下降13.6%；投资规模9 076.79亿元，同比下降36.2%，市场热度有所下降（见图2）。投资阶段上，市场投资主要以扩张期为主。2022年扩张期投资金额占比近50%，成熟期投资金额同比下降显著；在投资轮次上，天使轮、Pre-A轮投资金额涨幅明显。随着一二级市场价差逐渐缩小，多数PE/VC机构投资阶段有所前移，呈现向更早期阶段移动以寻求高收益率的倾向。

股权投资市场在经历过2022年国际形势变幻及疫情等外部环境洗礼后，投资机构等市场参与者开始寻求持续发展之道，在深耕赛道的基础上，沿产业链纵向延伸完善投资布局，横向拓展赛道挖掘新增长点。2022年IT信息化、制造业和医疗健康获投案例数量及金额居行业前三，科创投资成为市场主旋律，投资人的投资布局逐渐精耕细作，交叉领域的细分赛道龙头企业成为关注焦点，例如半导体高端设备、汽车芯片、CGT上游材料设备等。市场进化不仅促使投资机构加强投研能力，提高行业认知，也考验着其投后赋能及资源对接能力。

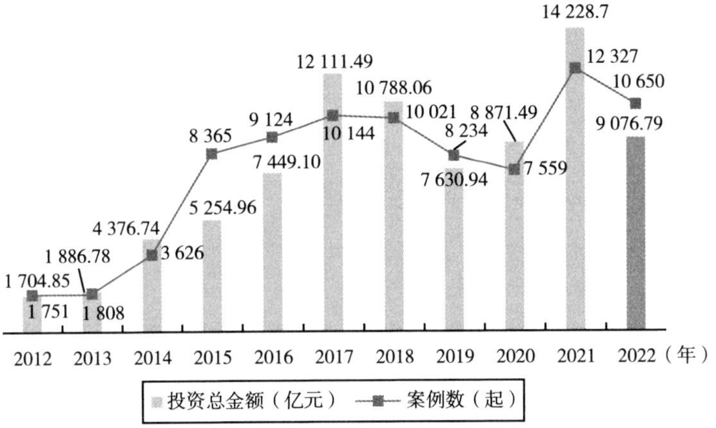

图2　2021—2022年中国股权投资市场投资概况

资料来源：清科研究

（四）退出：IPO为主要退出方式，寻求多渠道退出

2022年，被投企业IPO案例数量同比下降12%，并购性质案例数量同比上升29.7%。但从整体看，企业IPO仍是一级市场主要退出渠道。

2022年共计511家中企在境内外上市，其中A股424家中企在上交所、深交所、北交所上市（见图3）。A股市场IPO数量虽同比降低12%，但融资规模升至5 784亿元，占全球募资总额87%，数量与规模均领跑全球。从账面退出回报看，2022年退出规模超6 000亿元，科创板账面回报贡献超50%。从退出行业看，IT信息化及医疗健康的账面退出规模均超千亿元，一级市场估值逻辑由商业模式创新明确转向科学技术创新。

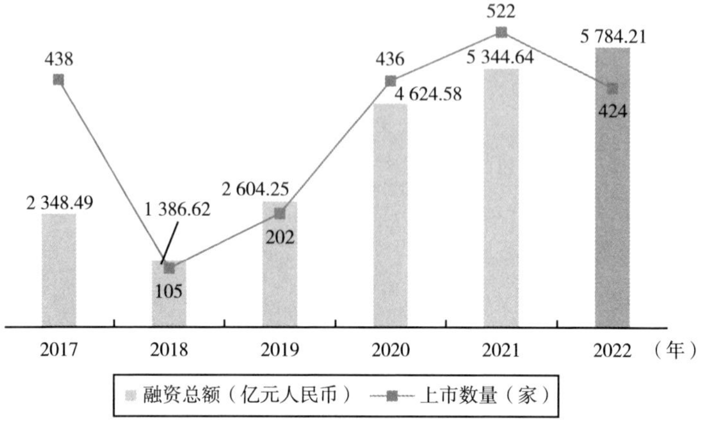

图3　2017—2022年中企A股上市概况

资料来源：清科研究

（五）险资股权投资：政策完善，多维度参与

2006年原保监会出台《关于保险机构投资商业银行股权的通知》（保监发〔2006〕98号），首次通过正式文件明确保险资金可用于非上市股权投资。2010年原保监会颁布《保险资金投资股权暂行办法》（保监发〔2010〕79号），规定保险资金可以直接投资企业股权或者间接投资企业股权，投资范围扩展至与保险业务相关的汽车、医疗和养老等领域，成为保险资金投资股权的基本政策依据；2018年原保监会发布修订后的《保险资金运用管理办法》（保监会令〔2018〕1号），明确将“投资股权”列举为保险资金投资的运用形式。

近十几年来，监管机构更加细化的规范性文件也逐步出台。2012年《关于保险资金投资股权和不动产有关问题的通知》进一步规范了保险资金投资股权和不动产行为，增强投资政策的可行性和有效性，以防范投资风险，保障资产安全；2014—2015年分别出台《关于保险资金投资创业投资基金有关事项的通知》（保监发〔2014〕101号）、《关于设立保险私募基金有关事项的通知》（保监发〔2015〕89号），明确要求在进一步发挥保险资金长期投资独特优势的同时，做到有效防范金融风险，规范保险资金投资行为，切实支持科技型企业和战略性新兴产业发展。2020年《保险资产管理产品管理暂行办法》正式实施，配套规则《中国银保监会办公厅关于印发组合类保险资产管理产品实施细则等三个文件的通知》（银保监办发〔银2020〕85号）也于同年发布，明确了保险资管产品私募定位，理顺了保险资管与保险资金运用的关系，监管机构简政放权的工作思路进一步提高了产品发行效率，有力地促进了保险资金股权投资业务的发展。

在政策引导和监管完善下，保险资金加速多维度参与股权投资的进程。《中国保险资产管理业发展报告（2022）》显示，2021年保险公司股权投资规模为1.71万亿元，已成为保险资金的第四大资产配置类别，其中直接股权投资同比增长14%，间接股权投资同比增长21%。整体看，保险资金正在通过直接股权投资、间接股权投资和发行产品等途径多维度服务实体经济。

二、保险资金视角下的科技产业股权投资

（一）股权投资对险资投资的重要战略意义

改革开放以来，中国经济经历40年高速增长时期，“工业化+互联网”浪潮促使传统周期行业和互联网行业共同构成过去中国产业发展和财富创造的基础脉络[①]。在这一阶段，货币市场利率高企，保险资金投资策略更多地聚焦在地产、基建等资本密集型行业，但随着中国进入新发展阶段，“高质量发展”成为经济社会的主题词。一方面，产业发展已由要素驱动转向创新驱动，行业间套利性、制度性投资收益差收敛，高科技产业、战略性新兴产业成为经济新增长点；供给侧“三去一降一补”，需求端融资结构发生变化，投资模式正在由债性财务型

① 段国圣，马得原.保险资金股权投资新机遇［J］.保险研究，2021（6）：8.

投资转变为股性价值型投资。另一方面，市场利率中枢不断下探，债权类资产收益逐渐难以覆盖刚性资本金成本，权益类资产配置愈加重要；与二级市场短期波动风险相比，一级市场股权投资更能发挥保险资金的长期投资和价值追求的优势，可以与优秀企业共享经济发展成果。这些因素决定了股权投资将在险资配置中占有越来越重要的地位。

（二）股权投资契合险资属性，险资股权投资应助力科技强国战略并获取相应的回报

从境外保险资金运用实践来看，欧洲创业投资协会统计表明，保险资金在风险投资出资中占比超过10%，是创业投资、风险投资的重要投资者。究其原因，从资金端看，保险资金具有期限长、规模大、持续稳定等特征，是资本市场上稀缺的长期资金和耐心资本，坚持长期投资、价值投资既是其本质属性，也符合其运作规律。从需求端看，科技创新企业在发展中往往体现出早期投入大、利润空间小的特征，缺少必要的担保与抵押物，具有高成长性、高风险和轻资产特征。华泰投资认为，保险资金与科创产业具有一定的契合性和内在适配性。

首先，华泰投资也认识到，在新发展格局下，国家政策多维度支持科技成果转化和产业落地，科技创新已明确成为经济发展的主要驱动力之一；其次，全面实行注册制，一级市场退出渠道有望更加畅通，上交所、深交所、北交所为股权投资提供了更加多元的退出渠道；最后，大批受过学术训练的科学家投身科技产业、海外精英归国创业，拓宽了股权投资的优质项目来源。华泰投资判断，高技术壁垒更能构建企业护城河，科学家成功率更高，特别是具备国内国际大厂从业经历的科学家创业更加有市场针对性。为此，在过去5年的实践中，华泰投资坚持“硬科技”投资理念，深耕半导体产业链——已投项目覆盖芯片设计、晶圆制造及清洗检测设备；围绕汽车产业链，布局汽车电子Tier1及汽车芯片项目；主动挖掘医药健康领域上游耗材设备行业的投资机会。

（三）“财务投资人”定位

传统战略性投资一般要求与被投资企业具有业务协同性，投资人通过较大持股保证影响力，在追求财务回报之外看重长期战略利益，并且自身具备着提高被投企业核心竞争力乃至促进行业升级的能力。而作为中小保险资金，用于进行股权投资的资金规模较小、行业整合能力弱，笔者认为获取财务回报应该是中小保险资金核心诉求。为此，华泰投资坚持财务投资人理念，力图通过与优秀管理人合作，通过项目直接投资增厚收益，追求 α 和 β+回报率。

（四）严守投资纪律

作为市场化保险资金管理人，华泰投资采取“直投+FOF”投资模式和“纺锤型”投资策略。

在直接投资方面，成长型项目主要遴选B轮、C轮及之后轮次，价值型项目遴选收入高增长、具有明显壁垒及重大战略意义的早期项目，将企业成长和资本市场溢价效应作为盈利之道。项目立项阶段对行业趋势、公司成长、业务属性、团队结构等方面进行综合研判。现场尽调阶段关注外部环境、核心人员素质、产业链位置、竞争格局及政策现状。投决阶段进行“胜率—赔率”判断（见图4），基于机会类型、赛道、赛马、估值、资本化进程等因素置项目于“胜率—赔率”坐标轴，在高胜率白马型项目和高赔率黑马型项目的两个象限寻找投资机会，坚持追求 α，力争整体组合有 β+回报率水平。投后管理方面，健全双岗负责模式等管理制度，及时追踪已投项目经营情况、风险事件，不定期进行项目复盘和归因分析，为已投企业提供公司治理、资本运作等方面的专业意见；退出策略以A股IPO为主，上市即启动被投企业行业、业务现状分析，做好减持计划，在原则上不重择时。

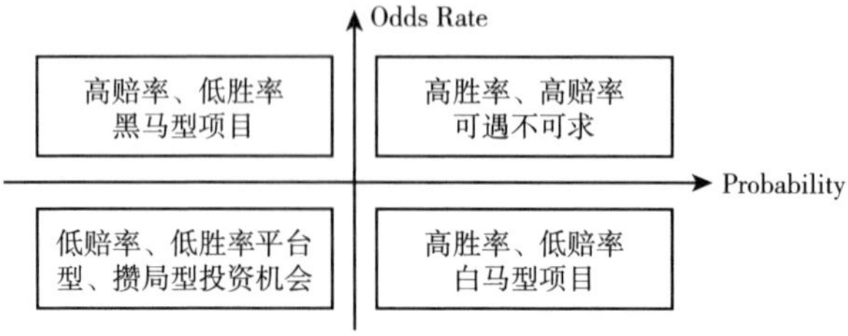

图4　基于“胜率—赔率”的投资决策

在间接投资方面，华泰投资重视对管理人能力的判断与考量，将市场上私募股权的管理人大致分为四类：机会型管理人、资源型管理人、专业型管理人和全能型管理人（见图5）。其中，机会型管理人占据市场大多数，前景并不乐观，基本不构成险资的合作对象；资源型管理人在项目获取或者资金募集等方面有不同的单项优势，但全面能力尚待提高；专业型管理人在特定行业精耕细作，拥有比较优势；全能型管理人综合优势强，但现阶段 α 能力可能受到一定考验。由此华泰投资的策略是选择与头部全面型管理人及专业型管理人长期交流学习，寻求合作机会，并重视长期市场参与者甚于项目新贵。

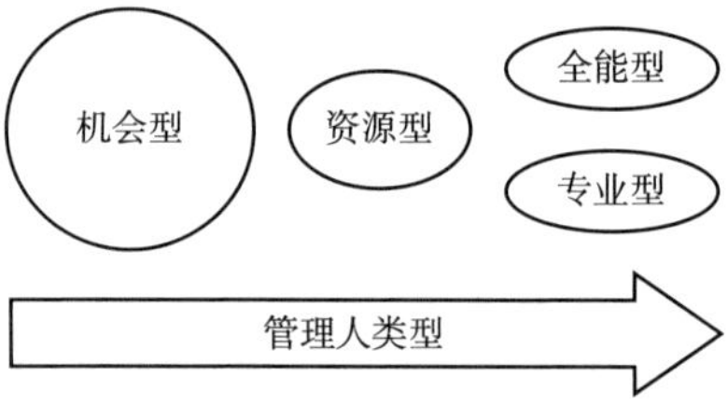

图5　基金管理人的演进路径

三、华泰投资作为保险系PE基金管理人的硬科技投资实践

华泰投资于2018年完成首只私募股权基金设立以来，坚持耕耘“硬科技”赛道，底仓项目围绕高端制造和芯片设计进行投资布局，轨道交通核心零件项目与多媒体芯片设计项目分别于科创板首批、第二

批完成上市并成功退出；随后投资于国内成熟制程晶圆厂，持续加持显示驱动芯片、半导体IP、汽车SoC芯片、通信芯片等半导体产业，支持国家重大战略部署；在医疗健康领域，聚焦于生命科学工具，医用设备、耗材方面的投资机会。未来，华泰投资将持续关注如下产业的投资机会：

（一）半导体产业链

将投资布局延伸至国产化率更低的半导体设备材料领域，以及确定性较高的功率器件、第三代半导体与人工智能领域，构建“服务国家战略+大市场孕育高成长高技术壁垒标的”的底层投资逻辑。

1.设备材料领域。半导体产业核心在于制造工艺，设备材料作为制造工艺基石，其先进程度决定了半导体产业发展水平。2022年全球半导体材料市场规模达到698亿美元，中国市场约占全球20%，国内产业链中下游大力发展，为上游高端设备材料加速国产替代提供了有利条件，预计3~5年中国半导体设备材料市场增速将快于全球。在项目筛选方面，华泰投资倾向于已具备产品能力、通过客户验证和具备产品迭代升级能力的标的公司。设备领域重点关注光刻机整机及核心零部件、先进封装、半导体级激光加工、检测量测和原子级工艺设备；材料领域重点关注光刻胶、电子特气、湿电子化学品、CMP、靶材及其他材料。

2.功率器件及第三代半导体。目前全球功率半导体厂商以欧洲、日本企业为主，国产化率不足10%，高端功率芯片国产几乎空白。“双碳”背景下，全球绿色能源、储能需求爆发，预计2025年全球功率半导体市场达到548亿美元，5年CAGR达6%。碳化硅材料主要应用于高压、高频、抗辐射及大功率器件，对实现节能减耗起到重要作用，预计2027年全球市场达63亿美元。华泰投资看重具备高端IGBT功率芯片设计能力企业及具备设计、成本优势、优质客户导入的功率模块企业；在第三代半导体领域，关注SiC IDM厂商的MOSFET能力及高良率的SiC衬底厂商，看好拥有器件结构创新设计能力和商业能力的SiC芯片设计企业。

3.人工智能。人工智能与半导体技术相辅相成，半导体产业为人工智能发展提供重要的硬件支持，新型神经网络模型及生成式AI有望加速芯片产品大规模落地，“AI+半导体”的科技融合生态或将成为产业发展趋势。在全球数据流量不断增长的背景下，AI技术对提高数据处理效率，丰富数字信息的人机交互形态与应用场景起到关键作用。中国拥有全球规模最大的信息通信网络，数据、算法、算力等方面迫切需求高水平自主可控。华泰投资关注基于刚需场景的AI模型优化及应用服务，聚焦数据中心、边缘侧、车载及移动终端侧的AI训练和推理芯片，以及大算力AI服务器、计算板卡。

（二）汽车产业链

电动化、智能化、网联化和E/E架构升级引领汽车行业变革，含硅量不断提升促使汽车电子行业快速发展，2020年汽车电子成本占整车成本50%，预计2025年可达60%。中国作为汽车生产第一大国，在自主可控、保供降本、服务支持、安全可靠等刚性需求下，汽车电子行业国产替代动力强劲。华泰投资认为，汽车电动化将推动功率模块、电控系统需求爆发，汽车智能化以L2/L2+技术的渐进式智能驾驶方案为主，智能座舱SoC、智能驾驶SoC、核心传感器、MCU等车规半导体将迎来新增长机遇。

（三）新能源

“十四五”是中国碳达峰的关键期、窗口期，碳达峰、碳中和作为“十四五”时期发展循环经济的重要目标之一，推动新能源行业高速增长，产业出现系统化投资机会。中国光伏产业、动力电池产业已明显具有全球竞争力，市场空间广阔，有望争取α收益。光伏领域关注Topcon、HJT、钙钛矿等新型电池技术，以及蒸镀机、金刚线等关键生产设备耗材。新一代电池技术关注钠电池、固态电池、燃料电池等，以及新型生物基隔膜等新能源功能材料。储能领域关注压缩空气、飞轮储能等新型储能技术及储能管理系统。

（四）高端制造

中国是全球最大的制造业国家，产业转型升级需求迫切，高端制造业具有大市场、长周期的投资机会。近几年国内IT信息化、人工智能等新兴战略产业发展迅速，有望嫁接传统制造业实现中国企业弯道超车。华泰投资聚焦“卡脖子”高端设备，包括显示面板设备、高端机床、工业机器人等；关注电机、减速器、控制器等核心零部件，轻量化、耐高温、耐腐蚀等新材料，以及EDA、CAE、CAD等研发设计类和MES、APC等生产控制类国产工业软件领域的投资机会。

四、结束语

高质量发展是“十四五”乃至更长时期中国经济社会发展的主题，“科创投资”理念已深入市场，主动拥抱股权投资配置是保险资金必然的战略性选择。保险资金参与股权投资，应清晰定位、严守投资标准，练好内功、提升专业水平，站在支持科技强国建设的高度，更好地服务实体经济同时收获更高的回报水平。

林晔

平安创赢资本管理有限公司

工商管理硕士。平安创赢总经理，拥有20逾年金融相关从业经验，曾历任平安资产管理有限责任公司运营管理室经理、直接投资中心投后团队负责人、直接投资中心投后董事总经理等，负责保险资金等机构客户股权、债权投资等另类投资的投后管理工作，管理存量规模超万亿元。

新形势下保险资金不动产投资的路径探索

平安创赢资本管理有限公司　林晔

一、美国不动产运作方式

（一）美国不动产主要投资方式概览

美国商业地产REITs化率高，只有一半的资产以自持方式持有。如表1所示，据EPRA、中金公司研究部数据统计，2021年12月21日，美国商业不动产总体量约为93 702亿美元，从持有方式分析，以公募REITs方式持有的商业地产占比为12.48%，以私募REITs方式持有占比为24.65%，以CMBS/类REITs的方式持有占比为11.97%，剩余50.91%的部分以自持方式持有。

表1　美国商业不动产各类型占比

	总商业体量	公募REITs	私募REITs	CMBS/类REITs	自持
美国（亿美元）	93 702	11 694	23 093	11 213	47 702
占比（%）	100.0	12.5	24.7	12.0	50.9

资料来源：EPRA官网，CNABS，Institutional Real Estate，Nareit，平安资管

如表2所示，美国地产投资公司可细分为六个类型，其中：（1）房地产私募股权（REPE），指筹集资金以收购、开发、运营、改善和出售建筑物以为其投资者带来回报的公司；（2）房地产投资管理公司提供回报的方式与REPE类似，主要区别在于REPE一般为封闭式基金，而投资管理一般为开放式基金；（3）房地产开发指建造房产而不是收购现有房产的公司；（4）REITs通常是拥有和经营房地产的上市公司，

必须将总资产的75%投资于房地产取得租金收入，并向股东支付至少90%的应税收入；（5）房地产经营公司（REOC）也拥有并经营房地产，其与REITs不同，现金流来自租金、购买和（或）开发房产然后出售，以及为他人管理房产；（6）房地产经纪商负责联系买方与卖方，并为此收取费用。

表2　不同地产公司的类型及其代表公司

房地产公司的类型	代表公司
房地产私募股权（REPE）	Oaktree，Blackstone，BentallGreenOak，Starwood，Capital Group
房地产投资管理	Brookfield Asset Management，PGIM，Nuveen/TH Real Estate，Clarion Partners
房地产开发	Trammell Crow，Hines，Related
房地产投资信托基金（REITs）	Equity Residential，JBG Smith，Ventas，Prologis，ParkHotels & Resorts
房地产经营公司（REOC）	Crow Holdings，The Davis Companies，Grosvenor
房地产经纪商	Cushman & Wakefield，CBRE，JLL，Avison Young，Colliers，Transwestern，Marcus & Millichap

资料来源：WallStreetPrep，平安资管

（二）美国公募REITs

1.美国REITs历史沿革。美国REITs发展始于19世纪60年代，国会通过了必要的立法使得REITs有和共同基金类似的特殊税收待遇。但由于有限合伙等方式节税更多，导致REITs早期发展较慢。

1967年美国开放抵押型REITs，叠加当时银行利率管制，1968—1974年REITs快速发展。1967年，抵押型房地产投资信托基金（Mortgage REITs）开放，REITs发展出了影子银行的功能，向市场提供抵押贷款融资。1969—1974年，美国REITs市场规模快速膨胀。而1975—1986年石油危机引发高利率及经济衰退的环境下，REITs深受打击、规模不断萎缩，其中抵押型受影响更大。

REITs复苏转机来自于1986年制定的《税收改革法》，增强了

REITs的税务吸引力，放开REITs直接经营管理他们的资产。1999年至今，权益型REITs全方位发展。1999年《房地产投资信托现代法案》扩大了上市 REITs 的经营范围，从传统的公寓、写字楼等逐渐拓展至数据中心、诊所等各类经济业态（见图1）。

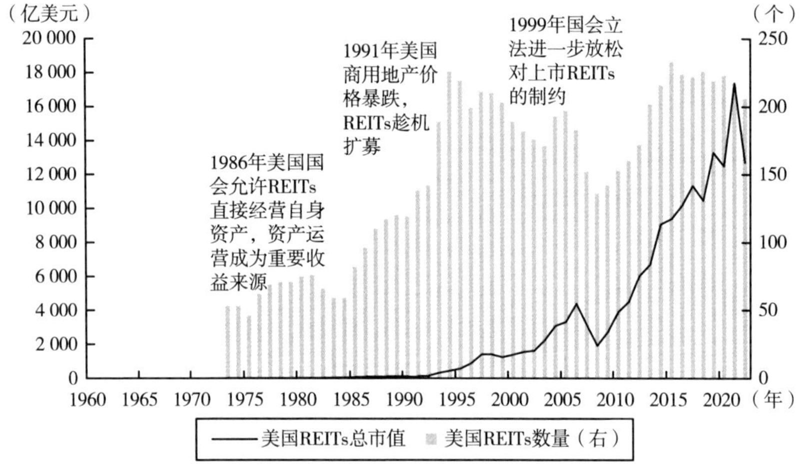

图1　美国REITs数量及总市值

资料来源：Nareit，平安资管

2. 美国公募REITs以权益型为主。美国公募REITs主要分为权益型和抵押型，权益型是最主要的REITs类型。权益型REITs直接投资或经营房地产以获得权益，而抵押型REITs购买CMBS等抵押债务从而成为债权人。在2010年之前还有一种混合型REITs，通常指股权和债务混合进行房地产投资。据Nareit，截至2020年，81.6%的REITs为权益型，18.4%为抵押型（见图2）。

权益型、抵押型和混合型REITs的主要区别是投资对象及收益来源的不同。权益型REITs是指直接经营具有收益性房地产的投资组合，投资者收益主要来源于租金收入以及不动产的增值收益（见图3）。权益型REITs常见投资的房地产类型包括购物中心、公寓、医疗中心、办公大楼、工业区、餐厅、旅馆、游乐区或混合形态等。抵押型REITs主要扮演金融中介的角色，其主要投资对象是房地产抵押贷款或抵押支持证券（MBS），主要以抵押贷款和MBS的利息为收益来源。混合型REITs即权益型和抵押权型的综合体，其主要投资标的包括房地产本身及抵押放款债权。

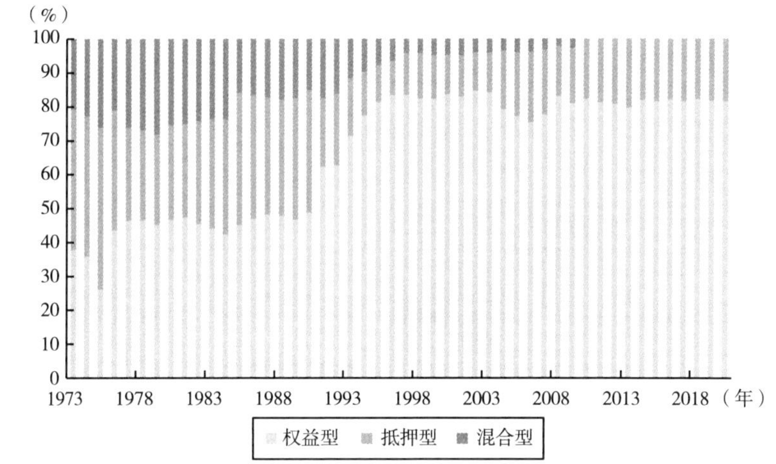

图2　不同类型REITs数量占比

资料来源：Nareit，平安资管

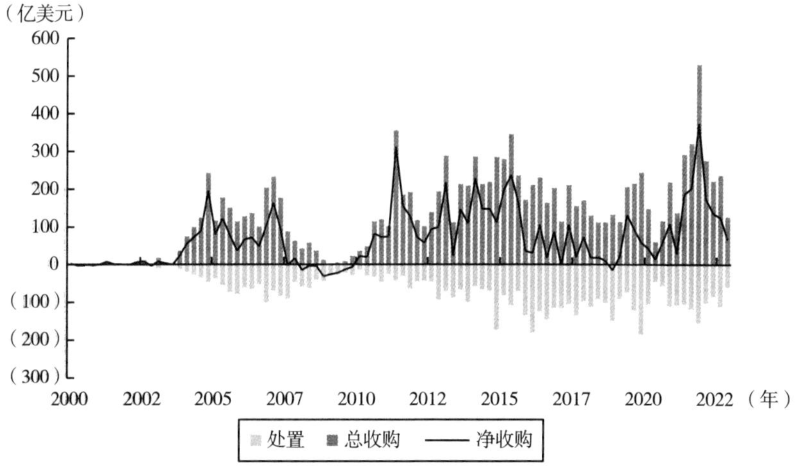

图3　权益型REITs收购情况

资料来源：S&P Capital IQ Pro，Nareit T-Tracker，平安资管

3.管理运营及案例。REITs的运营管理会根据宏观经济与政策调整投资战略，并注重组合的多元化。以美国最大的购物中心REITs西蒙地产Simon Property Group Inc.（SPG）为例，20世纪90年代至21世纪20年代借助REITs便利的融资渠道，公司大举收购和并购美国及欧洲和亚洲的优质商业资产及商业开发管理公司，公司在丰富自身商业产品线的同时完成了全美布局（见图4）。目前，SPG拥有Malls购物中心、Simon Premium Outlets奥特莱斯折扣店、The Mills超级区域型购物中心等多种资产类别，业务范围涵盖美国、亚洲、欧洲及加拿大等地。

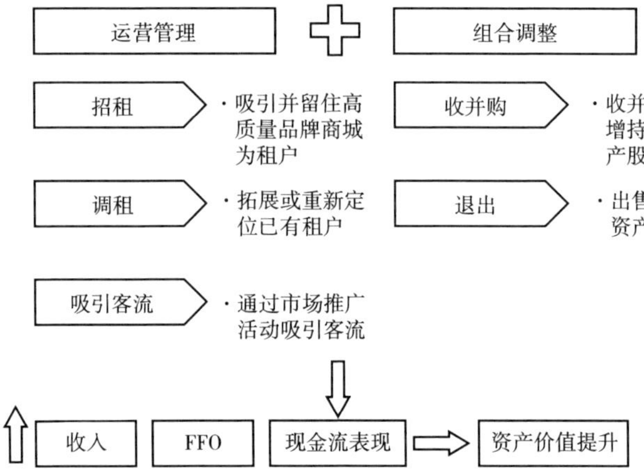

图4　西蒙地产运营模式

资料来源：平安资管

在多元化管理之余，REITs仍注重组合资产的质量。一般来说，REITs管理会将旧资产货币化，收购具有更高增长潜力的新资产，减少对低增长和非核心资产的敞口。从业务模式上来看，SPG聚焦高质量的商业地产，通过收并购、开发、资产翻新和拓展、资产运营管理（提升出租率、租金和管理费之间的差距）实现资产的长期保值和增值。

从收入结构的角度上来看，SPG的收入主要来自租金收入、管理费用和其他收入。截至2022年末，SPG营业总收入为52.91亿美元，其中租金收入占比达92.70%。

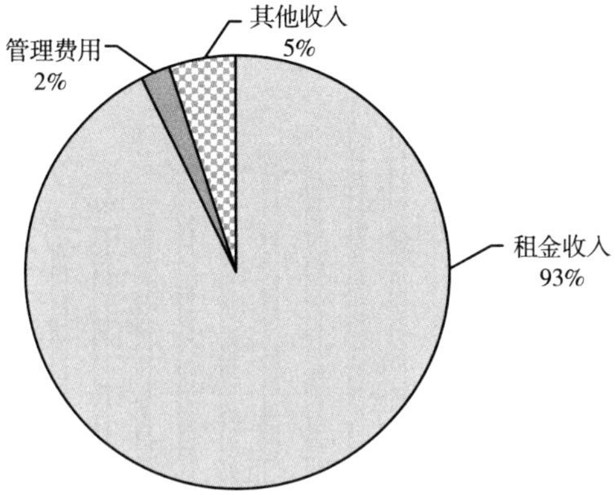

图5 西蒙地产商业构成来源

资料来源：SIMON，平安资管

（三）美国私募REITs

私募REITs是从2000年开始在美国市场兴起，其组织依据美国REITs法律设立，份额不在公开市场交易。私募REITs的投资者一般包括保险公司、养老基金等机构投资者以及与发行人有特殊关系的个人等。目前私募REITs管理龙头主要有黑石、喜达屋、锐盛等。

2022年私募REITs的回报率相比于上市REITs表现较好。截至2022年12月底，Blackstone、Starwood Capital Group和KKR管理的REITs的回报率分别为8.4%、6.3%和8.32%，而衡量上市REITs表现的Dow Jones U.S. Select REIT Total Return Index（DWRTFT）同期下跌25.96%。

（四）美国CMBS

美国CMBS（以商业住房抵押贷款为基础资产）业务发展较早，也很成熟。1983年，美国保险公司Fidelity Mutual将价值6 000万美元的商业地产抵押贷款以证券的形式出售，由此诞生了第一单CMBS商品。2000年以后美国CMBS规模发展迅速，直至遇上2008年全球金融危机，引发市场恐慌性抛售CMBS，随着监管和风险管理的强化，美国CMBS市场才逐步回暖。截至2021年末，美国未偿CMBS规模为6 728亿美元（见图6）。

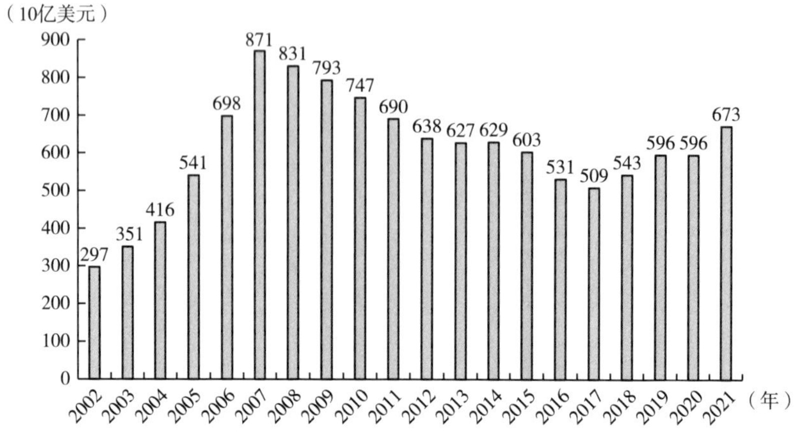

图6　美国CMBS存量变化

资料来源：平安资管

二、我国不动产运作方式

（一）中国房地产私募股权基金

近年来，我国私募股权房地产基金存续规模较为平稳。如图7所示，截至2022年末，协会存续私募股权房地产基金838只，存续规模4 043亿元；存续私募股权基础设施基金1 424只，存续规模1.21万亿元，主要投向商业地产、交通基础设施、物流仓储、市政工程开发与建设等。

（二）中国公募REITs

公募REITs顺应我国经济建设需求应运而生，发展迅速。我国目前已有27只REITs，上市累计募集资金916.58亿元（见图8）。按照底层分类，有4只保租房、2只环保、7只高速公路、8只产业园区、3只仓储物流、3只能源REITs。随着我国经济结构转为存量经济时代，以及低利率环境等都为REITs发展提供了外在条件。公募REITs也被赋予盘活存量资产、促进基建高质量发展、降低杠杆率等宏观积极意义。

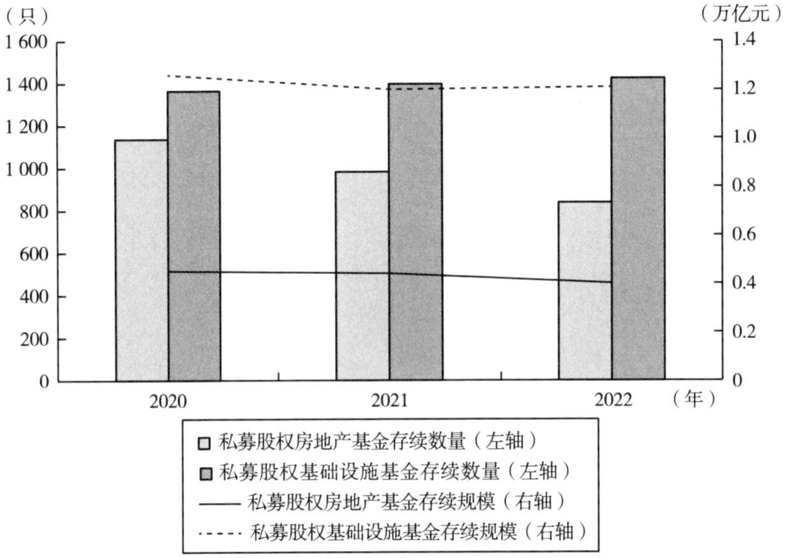

图7　近三年私募股权不动产基金投资情况

资料来源：中国证券投资基金业协会，平安资管

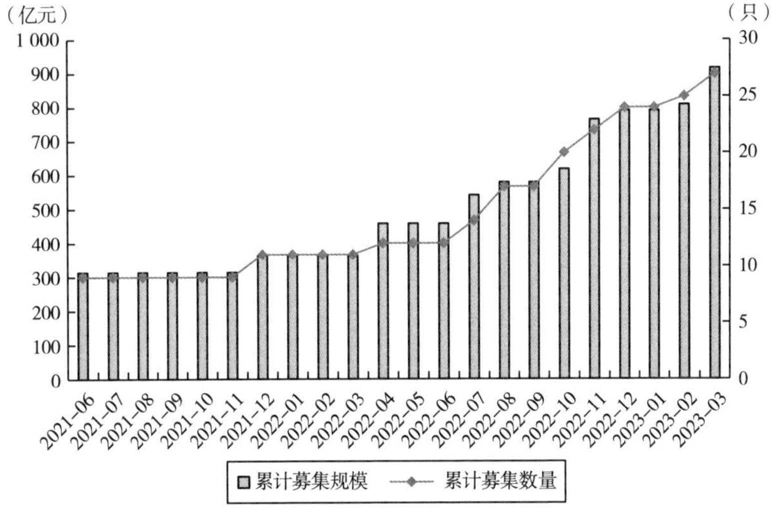

图8　现有公募REITs募集情况

资料来源：Wind，平安资管

从底层资产看，我国目前存量REITs中商业不动产项目募集资金

规模占比为27%。按底层资产分类，已上市REITs中产业类与仓储物流类底层资产属于商业不动产，两类共计11只REITs，募集资金总额为246.57亿元，占目前已上市REITs募集资金总规模的27%（见图9）。

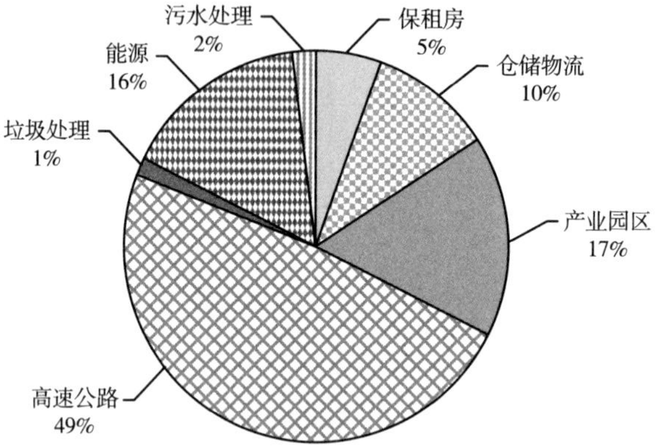

图9　商业不动产REITs募集资金规模占比为27%

资料来源：wind，平安资管

（三）中国不动产ABS

我国不动产ABS市场主要包括CMBS市场和类REITs市场。

整体来看，2021年之前我国CMBS呈增长态势，2021年后受地产政策影响较大，发行量有所下降。截至2023年4月11日，我国一共发行了349单CMBS，发行规模累计6 967.44亿元，发行量2016—2020年呈现增长态势，自2018年增速放缓，2021年，受房企“三道红线”等政策影响，我国CMBS发行量首次下跌，相较于2020年同期跌幅达12%。2022年，发行量有所回升，增速为9%，未明显受地产违约潮扰动，主要系CMBS业态相对较为丰富（见图10）。

整体来看，我国类REITs发行基本保持较高速增长，底层资产以基础设施、零售物业等为主，2021年以来，公募REITs的发行对类REITs发行有所替代。截至2023年4月11日，我国一共发行了146单类REITs，发行规模累计2 777.29亿元（见图11）。

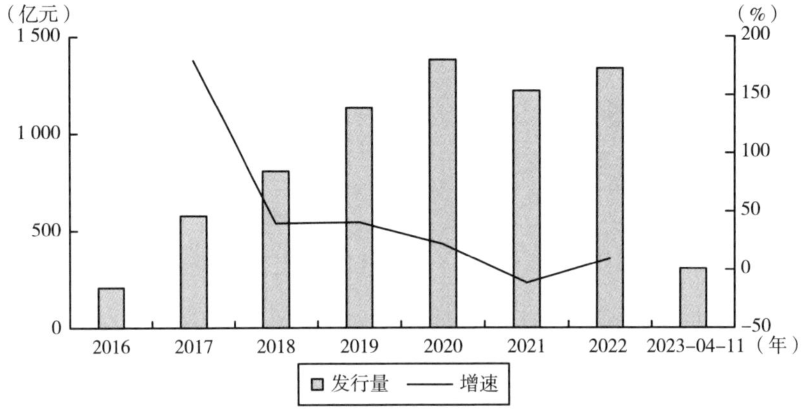

图10　我国已发行CMBS规模及同比增速

资料来源：CNABS，平安资管

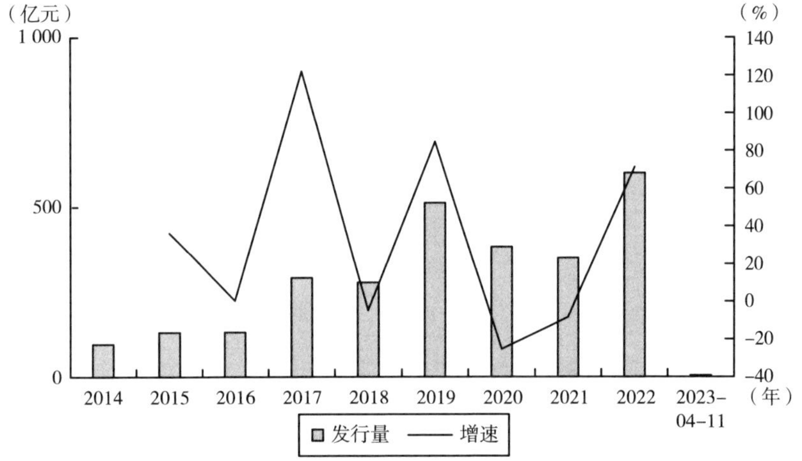

图11　我国已发行类REITs规模及同比增速

资料来源：CNABS，平安资管

三、我国保险资金投资机会

（一）市场展望：我国不动产存量充足，未来可期

1.从美国经验来看我国不动产证券化空间。我国商业地产REITs化

率相比美国较低，未来发展空间广阔。上文提到，美国以公募REITs方式持有的商业地产占比为12.48%，以私募REITs方式持有占比为24.65%，以CMBS/类REITs的方式持有占比为11.97%，剩余50.91%的部分以自持方式持有。如表3所示，中国商业不动产总体量在2022年12月22日约为419 131亿元（使用2022年12月22日人民币兑美元汇率中间价6.9713换算），其中以公募REITs方式持有的比例仅占0.07%，以私募REITs方式持有的比例为0.96%，以CMBS/类REITs方式持有的比例为1.59%，我国绝大部分商业地产仍以自持方式持有。目前我国公募REITs市场处于起步阶段，若按照美国2021年商业地产持有人结构数据估算，我国商业地产未来公募REITs市场可达52 308亿元，相比目前274亿元的商业不动产类公募REITs体量，我国商业地产公募REITs发展空间广阔。

表3　　中美商业地产数据对比

	总商业体量	公募REITs	私募REITs	CMBS/类REITs	自持
美国（亿美元）	93 702	11 694	23 093	11 213	47 702
占比（%）	100.00	12.48	24.65	11.97	50.91
中国（亿元）	419 131	274	4 043	6 652	408 162
占比（%）	100.00	0.07	0.96	1.59	97.38
按照美国的比例估算中国未来的规模（亿元）	—	52 308	103 296	50 156	213 372

资料来源：EPRA官网，CNABS，Institutional Real Estate，Nareit，平安资管

2. 我国不动产存量充足，未来可期。我国仓储物流市场总供给快速提升。据中国仓储与配送协会，截至2022年底我国通用仓库总面积已达到3.9亿平方米，同比增长12.6%（见图12）。展望未来，高端制造业和装配行业有望为工业地产带来新的动力，仓储物流园区也会叠加更多生产制造的功能，发展前景向好。

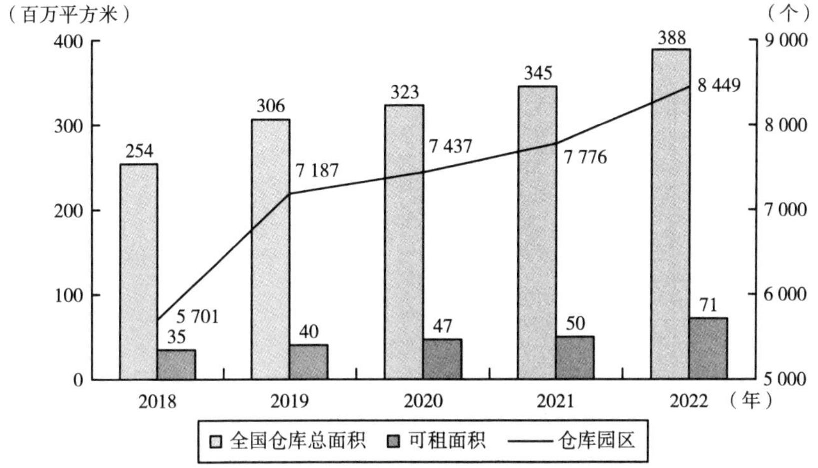

图12　中国：通用仓库总面积、可租面积及仓库园区数量

资料来源：中国仓储与配送协会，物联云仓，平安资管

我国写字楼存量规模大，2023年需求恢复可期。据高力国际，截至2022年末，全国重点监控的20个城市甲级写字楼总存量超过7 800万平方米。

3.我国产业园存量规模庞大，存量盘活前景可期。据观研报告网，2021年我国各等级开发区中省级开发区数量为2 111个，国家级经开区为230个，国家级高新区数量为168个，海关特殊监管区数量为166个，国家级自贸区21个，国家级新区19个，国家级自创区19个，边/跨境合作区19个，其他国家级23个（见图13）。展望未来，随着市场环境与政策环境的不断优化，产业园将迎来新的发展契机，其周边配套设施将更加完善，运营模式也将从“管理型”向“服务型”转化，发行REITs也会成为盘活产业园存量资产的重要方式之一。

4.购物中心存量规模充足，发展REITs前景广阔。目前我国购物中心存量规模充足，据中购联不完全统计，截至2022年底全国购物中心总数已达5 839座，建筑面积超过5亿平方米，2023年还将有490余个购物中心计划开业，新增超4 500万平方米商业建筑面积，消费基础设施REITs前景可期（见图14）。

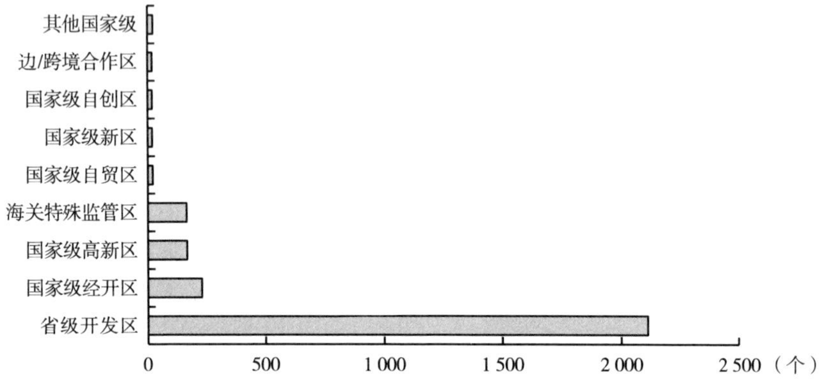

图13　国家级及省级产业园区类型分布

资料来源：《中国智慧园区行业现状深度研究与投资趋势分析报告（2023—2030年）》，平安资管

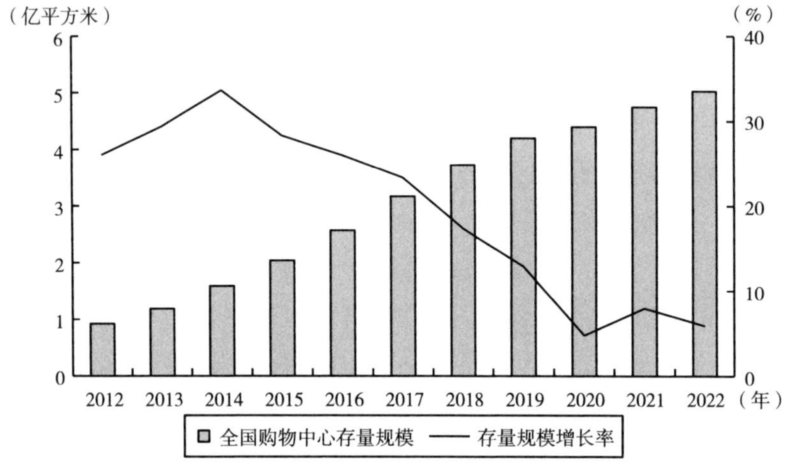

图14　全国购物中心存量规模及增长情况

资料来源：赢商大数据，平安资管

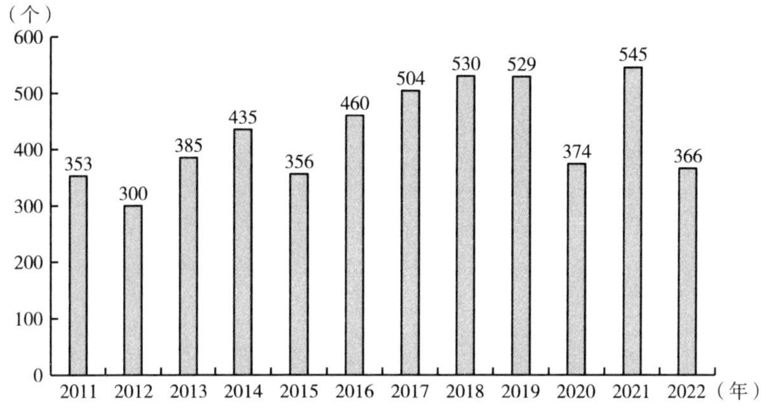

图15　全国新开购物中心项目数

资料来源：赢商大数据，平安资管

（二）保险资金不动产投资必要性和制度支持

1.投资的必要性。保险资金体量大，久期长，风险偏好低。因此，银行存款、国债、地方政府债等固定收益类产品一直是保险资金配置的主战场，但这些资产收益较低，且易受通货膨胀影响，再加上近年来保险业快速发展导致保费收入激增，给资产端带来巨大的配置压力。在这种环境下，拓宽保险资金的投资渠道，适当提高投资收益，优化保险资金的大类配置结构显得尤为重要。不动产领域作为资金密集型行业，投资周期长，开发商融资压力大，且不动产行业的风险多集中于开发阶段，底层资产一旦进入稳定运营阶段，就能够为资产持有人提供长期稳定的现金流收入，与保险资金的属性契合度高。不动产开发商通过出售项目公司股权，将成熟资产资本化，实现存量资产盘活，得到资金回笼后再进入下一个开发周期。因此，保险资金进行不动产投资，既拓宽了自身的投资渠道，也促进了不动产行业的良性发展。

2.投资的制度及范围。为了规范行业发展，促进保险资金更好地服务实体经济，监管部门针对保险资金在不动产领域的投资也出台了一系列的文件。

2010年原保监会发布《保险资金运用管理暂行办法》（中国保险监督管理委员会令2010年第9号），明确保险资金可用于投资不动产，同时禁止保险资金“直接从事房地产开发建设”。同年9月，原保监会发布《保险资金投资不动产暂行办法》（保监发〔2010〕80号），首次明确保险资金可以投资基础设施类不动产、非基础设施类不动产及不动产相关金融产品。该暂行办法沿用至今，是保险资金投资不动产的最主要依据之一。

2012年原保监会发布了《关于保险资金投资有关金融产品的通知》（保监发〔2012〕91号）明确，保险资金可以投资保险资产管理公司基础设施投资计划、不动产投资计划和项目资产支持计划等金融产品。2022年，原银保监会修订了该通知，拓宽可投资金融产品范围，将理财公司理财产品、单一资产管理计划、债转股投资计划等纳入可投资金融产品范围。

3.投资的方式。保险资金的投资方式，可分为直接投资和间接投资两类。

保险资金直接投资不动产，指保险公司以股权、债权等方式直接投资于底层资产或其项目公司（见图16）。在这种模式下，保险公司运用保险资金购买持股平台全部或部分股权，持股平台持有一个或多个项目公司100%的股权，再由项目公司持有目标资产。投资期内，目标资产产生现金流，持股平台通过股东借款的形式，将目标资产产生的现金流抽回，分配回保险公司及其他参与方。退出时，持股平台可以通过股东回购或大宗交易等方式回笼本金，兑现资产增值的收益。这种模式下，一方面，保险公司在投资期内可以获得稳定的现金流收入，另一方面退出时点还可以获得资产增值的上行收益。

保险资金间接投资不动产，指保险公司通过投资金融产品（包括金融机构依法发行的资产管理产品和资产证券化产品）或者私募股权基金，从而间接参与不动产市场的投资方式（见图17）。

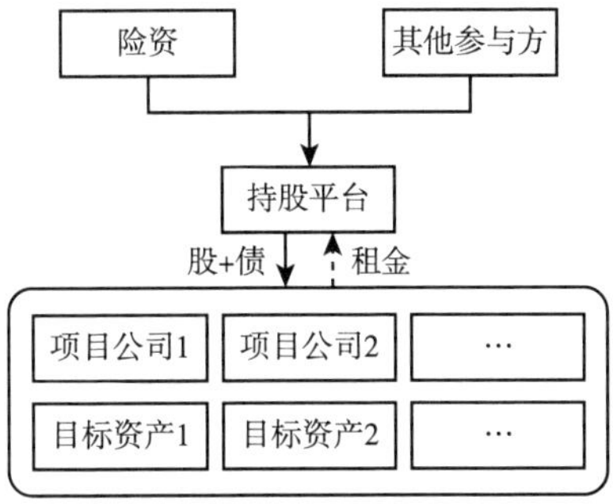

图16　保险资金直接投资不动产

资料来源：平安资管

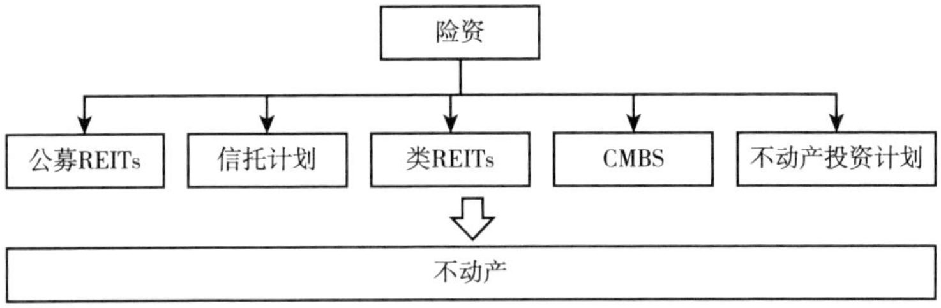

图17　保险资金间接投资不动产

资料来源：平安资管

在这种模式下，先由专业的投资机构对底层资产进行价值判断，与资产的出售方协商好交易方案和条款，并将底层资产的股权以公募或私募方式进行发行，保险资金再进行认购。保险公司应根据自身投资和投后管理的能力、底层资产的状况、自身偿付能力综合判断参与方式。

（三）保险机构参与不动产证券化市场的路径思考

在当前“资产荒”加剧的背景下，我国广大的不动产证券化市场将有助于保险资金进一步扩大投资渠道，丰富资产配置，分散组合风险，激发和拓展保险资金潜在的投资空间，实现资产和负债的均衡发展。基于目前的政策环境、市场生态及险资内在禀赋，保险资金可以考虑从以下三个方面入手，全面、深入参与不动产证券化市场：

1. 多元资产配置，寻找符合经济发展趋势的“新经济”不动产投资机会。在中国经济新旧动能转换的背景下，不动产的底层逻辑由原来的资产和投资属性逐渐转变为产业和发展保障属性，“新经济”产业的蓬勃发展驱动了领域内现代化基础设施的海量市场需求，支撑着物流地产、数据中心等领域的稳健发展，同时也推动生物制药、科研中心等“专业产业地产”机遇快速涌现。

与此同时，公募REITs的不断完善，产业园、物流园等资产的投、融、管、退循环也被进一步打通，资产流动性大幅提升，市场化估值体系也日趋成熟，资产投资价值正在逐步显现。据统计，近几年来，以生命科学产业园、物流园、数据中心等产业载体为代表的“新经济”不动产在商业地产大宗交易额里的占比不断攀升，已经从2019年的仅5%左右上升至2022年的超30%。

新经济不动产是国家经济结构转型升级背景下的趋势性投资机会，加强对于支持科技创新、产业升级和服务民生等需求端确定性增长的新基建资产的配置，不仅是保险机构多元化资产配置的有效举措，也是险资服务实体经济高质量发展的有效途径。

2. 全产业链布局，打通债权、Pre-REITs、REITs全链条投资体系。保险资金作为不动产市场的重要参与者，不仅具有较强的一二级市场产品投资能力，同时拥有较强的优质资产挖掘和主动管理能力，具备构建横跨资产建设期、运营期和上市退出期的全生命周期，包含债权、ABS、类REITs、Pre-REITs、公募REITs等多种产品形态的一体化综合投资体系的能力，可以作为基石投资者、资产孵化器、计划管理人三重身份全产业链参与系统性的REITs投资生态构建。

一是作为基石投资者持有已发行的REITs份额。通过对公募REITs、类REITs等已发行产品投资实现对核心优质资产的锁定，分享优质不动产资产提供的稳健收益。

二是作为资产孵化器参与Pre-REITs业务。围绕公募REITs覆盖的资产类别，积极投资布局Pre-REITs基金，覆盖开发期或运营爬坡期资产，实现从项目规划、建设、运营到退出的全产业周期与金融资本的深度对接。

三是作为产品管理人提供专业管理服务。2023年3月，中国证监会指导发布了《保险资产管理公司开展资产证券化业务指引》，支持优质保险资管公司开展ABS、REITs业务，这一举措极大地丰富保险资管机构的业务空间，同时也帮助进一步拓宽了保险资金的投资渠道。

3.投资运营联动，金融方和产业方有机协同、强强联合。不动产投资的核心，一是“投”，主要指挖掘、筛选优质资产的能力；二是“管”，主要指精细化资产运营、管理的能力。险资的优势在于长期稳定资金，但相比于产业方，缺乏实业领域独立投资能力及资产后续经营管理能力，产业方虽然拥有对行业的深刻理解，能够提供丰富多样的资产来源，输出不动产资产运营管理经验，但缺乏期限长的权益性资本支持。险资作为金融资本，从资本角度寻找投资机会，以多种形式走向联手产业方的产融结合，是一个重要方向。

具体方案上，可以联合细分领域的龙头公司合作设立专项不动产基金，充分借力行业龙头公司成熟的资产融通能力和丰富的基础设施不动产资产运营经验，共同提前锚定优质资产，打通基础设施不动产募资、投资、运营提效、增值退出循环，实现资产运营管理与金融服务协同驱动的完整商业闭环。

马勇

太平资产管理（香港）有限公司

太平金融控股有限公司党委书记、总经理，兼任太平资产管理（香港）有限公司董事长。山东大学产业经济学博士，特许金融分析师（CFA）。2004年加入中国太平，长期从事保险资产管理和配置工作。

中资保险资产管理机构全球化资产配置实践与规划

太平资产管理（香港）有限公司　马勇

一、香港保险资管行业概述

（一）资管行业现状[①]

1. 市场规模保持增长。保险资管行业在香港的金融业务分类中属于资产管理及基金顾问业务，保险资产管理公司是受香港证监会监管的持牌金融机构，一般持有9号（资产管理服务）和4号（就证券投资提供意见）金融牌照。

近年来，得益于全球市场宽松的货币政策，香港的资产管理及基金顾问业务蓬勃发展，自2019年以来，连续三年创出新高，截至2021年末，该业务规模达25.9万亿港元，同比增长8%。其中，持牌法团（获香港证监会发牌的专业资管机构，包括保险资产管理公司）的管理资产规模达23万亿港元。如果按市场参与者和所属业务进一步细分，持牌法团的资产管理业务规模为20.6万亿港元，基金顾问业务为2.2万亿港元，房地产基金为0.2万亿港元；注册机构（主要为商业银行）的资产管理业务为1.5万亿港元；保险公司的资产管理业务为1.3万亿港元。

2. 市场环境得到国际认可。中国香港资管业务的国际化程度较高，对全球专业机构和个人投资者具有广泛的吸引力，从受托资产的地域分布看（见图1），来自中国香港本地的资金规模占比为35%，来自中国内地的为9%，来自亚太其他地区的为13%，来自北美洲的为23%，来自欧洲的为10%，来自其他地区的为10%。

---

① 相关数据来自香港证监会披露。

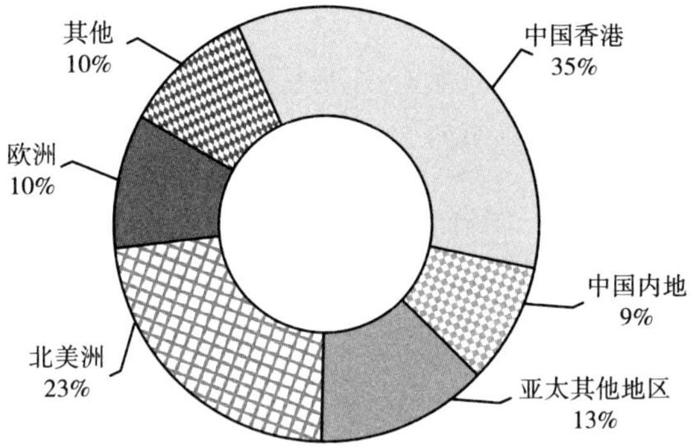

图1　受托资产的来源分布

资料来源：香港证监会

另外，香港的资管市场是以专业投资者为主体的。截至2021年底，来自专业投资者的资金占比为69%，其中法团/金融机构/基金是最大的客户；来自非专业投资者的资金占比为31%。值得注意的是，这类投资者的资金增速较快，在2021年的同比增速达19%。

3. 产品和服务多元化。从资管产品分类看（见图2），公募基金和管理账户（专户）是最主要的资管产品，两项合计占总资产规模的68%，私募基金占17%，包括强积金计划（MPF）在内的退休基金占比为7%，其他资管产品占比为8%。

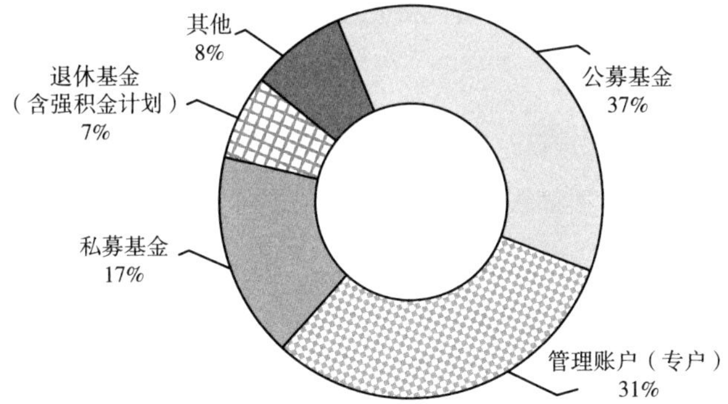

图2　各类资管产品分类占比

资料来源：香港证监会

受益于香港政治经济环境的好转，各类资管产品的规模在2021年均录得正增长，其中私募基金业务增长最快，同比增长17%；管理账户的资产规模在高基数的基础上，也实现了8%的同比增长。

4.资金配置全球化。香港本地资管机构的全球化配置趋势显著（见图3），跨地区投资占比逐年提升，主要投资方向是亚太地区，常年保持在60%以上的比例。随着投资能力的不断提升，非亚太地区的投资规模占比近年来正在逐年上升，截至2021年末已经上升至37%。

在所属亚太地区的投资中，投资于中国香港本地的资金占23%，投资于中国内地的占21%，投资于日本的占4%，投资于其他亚太地区的占15%；在亚太地区以外，投资于北美洲的资金占16%，投资于欧洲的占13%，投资于其他地区的占8%。

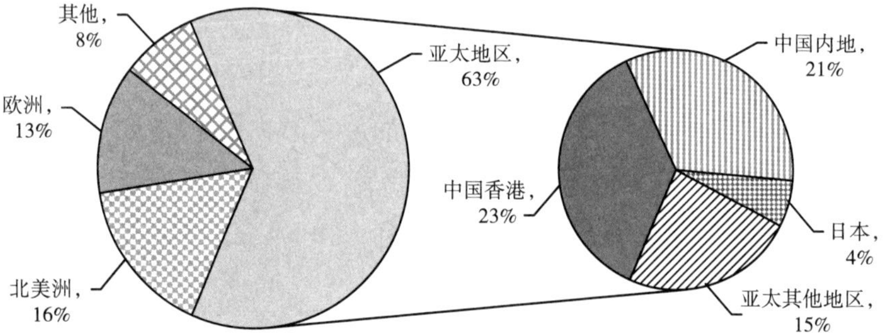

图3　受托资金的投资方向分布

资料来源：香港证监会

从投资资产类别看，股票是规模最大的资产类别，占比达49%，债券占比为29%，集体投资计划占比为10%，现金类资产占8%，其他资产占4%。

（二）保险市场概况①

根据瑞士再发布的数据，2021年香港保险密度（人均保费）达

① 数据来自瑞士再保险瑞再研究院。

9 556美元（其中寿险密度8 433美元，产险密度1 123美元），保险深度（保费占GDP比重）19.6%（其中寿险深度17.3%，产险深度2.3%）。我国香港保险深度、密度排名亚洲第一，全球第二（仅次于开曼群岛）。2021年香港寿险业务总保费5 408亿港元，同比增长3.7%，其中寿险新单保费共计1 668亿港元，同比增长25%，从具体产品看，仍由储蓄或投资型产品主导。产险市场保费总体保持稳定增长，但增速放缓，2021年总保费增长3.3%至618.3亿港元，各类风险保障覆盖比较充分，绿色发展等新趋势带来潜在业务机会。再保险方面主要由寿险保费贡献，2021年寿险分入保费235亿港元，同比增长24.4%，为近年来新高。

二、香港保险资管机构面临的机遇与挑战

作为国际化金融中心，香港金融市场受欧美宏观政策和市场走势的影响较大，近年来，欧美国家在较长时间维持了货币宽松政策，我国香港资管行业整体得到了较快发展，但在2022年，行业受国际环境影响，同样也遭遇了较大的困难。展望未来，香港保险资管行业的机遇与挑战并存。

（一）困难挑战

1.逆全球化趋势制约经济活动。近年来，世界种族主义、单边主义抬头，逆全球化愈演愈烈。欧美国家以“黄马甲”“黑人弗洛伊德”等为代表的社会运动频发，国家间的战争威胁不断，俄乌爆发军事冲突，科索沃局势严峻，伊核、朝核危机仍未平息。随着各国政治互信下降，经济体之间的贸易制裁不断增加，WTO体系逐渐式微，全球经济秩序面临重塑，国际产业链供应链结构也在发生变革。在“脱钩”的过程中，经贸活动将受到较大负面影响，中国香港作为重要国际贸易中心的影响力下降，金融业处于阵痛期，在香港的中资保险资管公司面临规模下降、缩量投资的困境。

2. 地缘政治矛盾压缩投资空间。当前，地缘政治矛盾突出，在大国博弈的背景下，原有的资产全球化配置体系也面临巨大挑战。例如，俄乌冲突爆发后，欧美制裁接踵而至，有的中资金融机构对俄罗斯的存量投资面临资产价格下跌、本息回收困难的问题，对相关国别的新增投资也大幅缩量。其次，高端芯片、生物医药、人工智能等投资回报较高的投资标的大多由美资企业牵头或主要参与，在中美竞争逐步全面化、长期化的背景下，此类投资的国别风险不断增加。此外，中国香港作为国际金融中心，中资保险资管公司主要经营美元业务，其使用的托管行、交易系统等不同程度有美资企业参与，这些服务当前的合规成本也在显著上升。

3. 发达经济体货币政策急转弯。新冠疫情暴发以来，发达国家的货币政策经历了极端变化，疫情之初，发达国家央行开始了史无前例的宽松政策，美联储将联邦基金利率降至零的水平，欧洲、日本则维持负利率水平，全球进入了超低利率环境，各品种的投资收益率直线下降，保险投资端和负债端甚至出现利差损。进入2022年，发达国家通胀快速走高，其货币政策也在短时间内发生了180度的急转向，开启了激进加息模式。欧洲国家相继退出负利率，美国2022年加息7次，加息幅度达425BP。货币政策急转弯导致2022年金融市场股债双杀，全球债券指数下跌18%，美国纳斯达克指数下跌33%，恒生指数下跌15%，年中最低下探至14597点，创13年以来新低。2022年，包括保险资管公司在内的绝大多数资管机构均遭受了投资收益率大幅下降的冲击。

4. 行业竞争较为激烈。中国香港是一个开放性金融港，国际金融巨鳄和香港本地金融机构都在抢夺市场，竞争之激烈冠绝全球。中资保险资管公司由于起步较晚，在业务规模、品牌影响力方面并不占优。另外，在金融领域，人才是核心竞争力，也是各资管机构的核心资产，在境外从业人员薪酬较高的背景下，中资保险资管公司的干部和专业人才更多依靠自身培养，人才队伍的建设需要更长的周期，而且高素质的投研人员是市场的稀缺资源，人才难寻难留问题也是制约中资保险公司提升投资能力的重要因素。

（二）发展新机遇

1.中国经济复苏势头良好。2023年，党中央、国务院更好统筹疫情防控和经济社会发展，中国经济快速修复。一季度，GDP增速达4.5%，好于市场预期。其中，外贸出口数据逆势大幅上涨，同比增长8.4%；消费持续恢复，社会消费品零售总额同比增长5.8%；社会融资规模维持高位，新增贷款中的企业中长期贷款占比较高，贷款的数量和质量双提升；与此同时，CPI温和上涨，经济处于复苏初期。考虑到2022年中国在疫情干扰下，GDP基数前高后低，如果保持当前的经济复苏势头，中国在2023年的GDP增速将有望超过预期，达到6%，有力拉动全球经济增长。中国内地经济持续向好既有助于香港地区充分发挥战略作用，也有助于中资保险资管公司在香港树立良好形象，获得国际的广泛认可。

2.香港国际金融中心地位更加稳固。《中共中央关于党的百年奋斗重大成就和历史经验的决议》将“一国两制”事业作为党百年奋斗重大成就和历史经验的重要组成部分，党的二十大报告也再次强调要支持香港融入国家发展大局，香港的政治治理已经翻开新篇章、走进新时代。2023年以来，香港有序放松防疫举措，免除出入境检疫、取消口罩令，举办金融领袖峰会等活动，通过“你好，香港”“开心香港”等活动惠及海内外游客，新增高端人才通行证等人才引进政策，一系列举措让香港快速恢复市场影响力，国际金融中心的地位更加稳固。繁荣稳定的香港为中资保险资管公司提供绝佳的平台，助力其立足香港、辐射全球，在新的历史条件下挖掘新的投资机遇，以更好的视野开展全球化资产配置。

3.香港对外开放更具有深度和广度。在逆全球化和地缘政治并存的背景下，党中央明确提出了要全面贯彻新发展理念，加快构建新发展格局，统筹好国内国际两个大局，着力推动高质量发展，这是新的历史条件下，做出的重要战略部署，为中国开展经贸合作指明了新方向。随着“一带一路”逐步向纵深发展，《区域全面经济伙伴关系协定》（RCEP）正式实施，以更加紧密的区域合作为基础的全球化正在焕发生机。中国香港作为“双循环”的交汇口，同时也是全球普通法系地区中唯一使用中英双语的区域，能够为国际与内地企业提供桥梁纽带作用，让中国的对外开放更具深度和广度。在港的中资保险资管公司将获得更多机遇参与“一带一路”的金融投资，服务“双循环”战略，助力保险资金更高水平地“走出去”。

三、保险资金性质是开展资产管理工作的根本遵循

资管行业的原则是受人之托、代客理财，而委托资金的风险偏好和收益要求是影响资产配置方向的重要因素。就保险资金而言，最重要的投资原则是坚持三个根本性质：安全性、收益性、流动性。

从安全性角度看，保险资金主要来自保单持有人的资金，具有负债属性，保险公司和保险资产管理公司有义务确保保险资金的安全，保证账户本金的总体稳定。保险资金的安全性原则决定了其与证券投资基金、银行理财等资金有本质上的区别，不能与其做同质化的资产配置，承担超出保险资金风险偏好的风险。

从收益角度看，保险资金投资的目的是在资金保值的基础上争取一定超额收益，进而增强赔付能力，降低产品保费、扩大保险业务。保险资金相对于其他资金而言具有长期性，在实践中，保险负债端更看重的是稳健收益和长期收益，其天然具有较强的配置属性，既要考虑在大类资产配置之间对冲市场风险，也要注意在同类别资产的选择上控制投资标的的相关性。

从流动性角度看，保险资金将用于赔偿保单持有人，赔付受偶然规律支配，具体的时间节点往往具有随机性，部分保险资金在投资时

有较强的流动性约束，需要在不损失资产价值的前提下，较快地将资产变现用于赔付。因此，在运用保险资金投资时要充分考虑保险资金的流动性要求，尤其是对于财产险和巨灾险这种偶发性较强、单次赔付金额较大的账户，要将被投资资产的流动性放在更加突出的位置。

保险资金与金融周期有较强的关系。在金融周期的上行期，货币宽松、信贷扩张、利率进入下行通道，各类金融机构资产负债表均大幅扩张。在此市场环境下，新增保险资金明显增多，尤其是投资型理财险加速扩张，保险资金的理财属性加强。2019—2021年的香港保险市场就面临此种情形，保险资管公司迎来了大量新资金，但此时的资金久期短，如果为提升投资收益而配置了较多的长期资产，则极易产生流动性风险；反之，如果过多配置短期资产，则较低的投资收益将影响保险公司的偿付能力。在金融周期转入下行后，融资条件收紧，保险机构的资产负债表扩张放缓甚至转为收缩，以理财需求为主的保险资金被挤出，保险资金开始回归保险本源，追求长期稳定收益的属性更强。2022年的香港保险市场属于此种情形，大量存量的短久期资金开始加速赎回，保险资管公司的流动性管理承压。而此时新进的保险资金大多并不看重短期收益，是可以用来开展多元化配置的优质稳定资金。

四、保险资金全球化配置趋势及投资建议

太平资产管理（香港）有限公司［以下简称太平资产（香港）］于1986年在香港设立，主要职责是受托管理集团境外的保险资金，兼顾管理第三方资金，同时也是香港强积金计划（MPF）的管理人之一，总资产管理规模超千亿港元。太平资产（香港）立足香港，以集团境外保险资金保值增值为主要目的，积极探索资产全球化配置。2020年以来，全球市场风云变幻，太平资产（香港）在集团的大力支持下，充分结合保险资金性质，牢牢把握“保险姓保”基本准则，开展了一

系列资产配置和防化风险工作，并取得较好成果，有力落实了稳中求进，实现了稳中有进。展望未来，资产全球化配置已经进入新阶段，在新的历史条件下，太平资产（香港）对全球化资产配置的趋势和应对举措进行了深入思考，具体有以下几个方面：

（一）加息周期还未暂停，流动性仍是配置的首要原则

当前，发达经济体通胀维持高位并缓慢下行，市场还处于加息进程，其中，美联储仍在酝酿加息，欧洲央行的加息进程可能延续到2023年中，日本央行也有退出负利率的政策倾向，当前的市场环境仍属于金融周期的下行阶段。所以，目前保险负债端面临的主要问题还是资金的持续流出，流动性压力仍然较大。与此同时，投资端还存在部分存量资产浮亏，金融资产质押融资的成本较高等问题。自2022年初以来，太平资产（香港）的全球资产配置将流动性放在首位，多措并举解决上述困难，一是积极压降组合久期，降低加息对组合市值的负面影响；二是适度增加质押回购，进一步提升资产流动性；三是利用香港市场的便利条件，适时启用港元融资替代部分美元融资，在保障资金流动性的同时压降融资成本。

在加息周期下，增量的保险资金同样需要强化流动性管理，投资组合中适当增加了短期美元国债、通胀保值债券等品种。

（二）境外利率位于较高水平，美元投资级债券处于配置窗口期

2023年3月，美国银行体系风险开始显露并蔓延至欧洲银行，进而引发了信贷收缩。美联储方面积极参与救市，同时软化了加息态度，此事件很可能标志着本轮加息已接近尾声。此外，美国通胀逐渐回落，CPI增速在2023年4月降至联邦基金利率水平之下。从1950年至今的加息周期看，除1974年外，每一轮降息周期启动时的通胀水平均低于政策利率水平，这也预示未来美联储可能引导政策利率下行。基于美债收益率处在历史较高水平且未来存在较大下行预期的情况下，当前的

美元投资级债券能较好满足保险资金的投资需求，处于配置的窗口期。

（三）境内外双重利好，港股配置价值凸显

近期，内地推出多项利好香港的政策，一是香港与内地实现了全面通关，香港的人流、资金流持续修复；二是稳地产政策力度明显加大，民营地产企业的流动性危机得到缓解，有助于稳住宏观经济大盘；三是互联网行业进入常态化监管，预计将集中推出绿灯案例。港股已经从2022年的极度悲观中逐渐修复，但估值仍处于历史平均水平之下。2023年，港股不断迎来政策面利好，在一系列稳外贸、稳就业、扩内需、促消费的政策发力下，中国经济有望持续复苏，成为利好港股的主要推动力。与此同时，港股还有估值面和资金面的优势，海外加息见顶，科技公司估值修复；外资机构的信心恢复，资金加快回流香港。太平资产（香港）长期深耕港股市场，增配港股是当前权益投资的主要方向，也是在中长期实现保险资金增值的举措之一。

（四）区域经济联络更加紧密，海外配置迎来新机遇

当前，逆全球化和地缘政治对保险投资工作的影响加大，原有的中美、欧俄两组经贸循环受阻，但随之而来的是“一带一路”和RCEP等伙伴关系迎来了快速发展，更加深入、更加互惠的区域经贸体系逐渐完善，中国倡导的多边主义焕发勃勃生机。在此条件下，太平资产（香港）的全球化配置要更多向东南亚和欧洲地区倾斜，立足香港，助力新的区域经贸体系日臻完善。随着新的区域经贸体系发展成熟和人民币国际化的推进，香港作为国际金融中心的投融资机会将大幅提升，太平资产（香港）届时可以配置更多来自该体系并以人民币或港元计价的金融产品，为保险资金提供安全性与收益性更加平衡的全球化资产配置。

（五）加强内外联动投资，服务国家战略

目前，海外的“聪明钱”都在积极布局中国市场，投资中国仍是

主旋律，因此，开展中国境内投资是保险资金全球化配置不可或缺的一环。太平资产（香港）深耕大湾区，长期利用保险资金投资服务国家战略和服务实体经济发展，在服务区域协同发展方面，参投了大湾区共同家园基金，在服务战略性新兴产业方面，通过多只头部基金投资了多家独角兽企业，有力支持实体经济发展壮大。随着“双循环”格局的形成，内地将给香港带来更多的内外联动契机，太平资产（香港）将挖掘境内优质项目，抓住境内资金、土地、劳动力等要素加速流通的机遇，以保险资金投资助力内地改革创新，分享改革红利。

（六）强化协同保险主业，促进生态圈建设

保险资金投资也要将促进保险主业协同作为一个重要参考因素。太平资产（香港）在2022年3月组织设立了太平香港保险科创基金，这是香港第一只由中资保险资管公司设立并自主管理的基金，重点聚焦粤港澳大湾区内的大健康、大科技等与集团保险主业具有协同效应的优质另类投资项目。近期，基金已经完成了首个项目落地，并积累了多个储备项目。接下来，太平资产（香港）将以该基金为抓手，积极对接香港高校、科研院所、科技园孵化企业等机构，深度挖掘与保险主业具有协同效应的优质项目，促进保险资金投资与集团的“保险+金融科技”和“保险+医康养”两个生态圈协同发力，实现同频共振。

李巍

中再资产（香港）有限公司

现任中再资产管理股份有限公司党委书记、副董事长、总经理，中再资产管理（香港）有限公司董事长。

李巍先生，1971年出生，香港大学经济及工商管理学院管理学博士，北京大学光华管理学院高级工商管理专业硕士。拥有20余年经济金融从业经历，对保险市场、保险公司资产负债管理、全面风险管理有深入理解，熟悉资本市场运作和保险资产管理，海外资产管理领域经验丰富。任中国金融40人论坛常务理事，中国保险资产管理业协会行业发展研究专业委员会主任委员。

曾任中国再保险（集团）股份有限公司战略客户部总经理，中国大地财产保险公司党委委员、副总经理，北京分公司党委书记、总经理，光大永明资产管理有限公司党委委员、副总经理，光大永明人寿保险公司业务总监等职务。

加快推进国际化能力建设　服务保险主业高质量发展

中再资产（香港）有限公司　李巍

投资的本质，是分享经济发展的成果。过去30年世界经济呈现典型的全球化特征。通过比较优势和专业分工，生产层面实现了生产效率的提升和成本的下降；金融与经济相辅相成，利率总体下行、主权风险溢价降低，跨国投融资兴盛。保险资金的全球化配置实践正是顺应了经济全球化与金融全球化的发展趋势。当前，全球宏观周期与金融周期复杂叠加，疫情的系统性影响超出传统经济范畴，科技创新和数字化产业变革正在加速，世界百年未有之大变局继续演化。从放眼海外到着眼国内，全球化配置已经成为稳定投资收益，防范控制风险的关键，也成为多极推动保险投资高质量发展的必然选择。加快保险资产管理机构国际化能力建设，正当其时、恰逢其势。

一、保险行业开展海外投资实践回顾

（一）全球化资产配置已经成为海外保险资金拓展有效投资边界的重要方法和关键路径

从全球保险资金配置实践来看，欧美等发达国家及部分新兴市场国家开始全球化配置时间较早，英国、日本等国家的保险资金海外资产配置比例已经超过30%。这既是经济和贸易的全球化时代背景下，跨国经营风险规避需求对保险业务国际化必然结果，也是覆盖保险资金负债成本、提升保险投资收益率，获取相对更高收益的必然要求。

在金融全球化背景下，特别是在2008年金融危机之后，低利率环境中固定收益的配置价值大幅降低，经济增长速度和波动性下降使成长板块和个股估值享有更高的估值溢价。全球保险资金通过在世界范围内寻找优质高效的资产、产品及项目，分享不同市场的成长红利及发展空间，同时防范单一市场的整体性、系统性风险，跨市场、跨产业、跨区域、跨类别的趋势更加明显，投资风格、投资方向和投资模式等均呈现出鲜明的多元化、国际化特征。

（二）全球化资产配置是国内保险行业快速发展和良好经营进入新的发展阶段的重要体现

从国内金融业发展来看，保险业是中国加入WTO后即全面对外开放的唯一金融行业，“引进来”与“走出去”稳步推进。2004年《保险外汇资金境外运用管理暂行办法》颁布，我国保险资金境外投资正式启动。近年在各级监管机构、行业协会等多方面指导下，国内保险资产管理行业稳步推进全球配置与跨境投资，积累了丰富的实践经验。从期初主要服务于保险公司境外上市融资、境外发债资金试水，到主动申请ODI额度、QDII额度，再到综合运用外币保费、港股通等进行多渠道布局，投资区域从中国香港市场逐渐拓展至英国、美国和澳大利亚等发达国家和地区，投资品种从最初股票、存款及债权等品种逐步拓展，目前几乎涵盖市场上全资产的类别，包括股权、不动产、PE、REITs及衍生品等大类品种，传统投资和另类投资更加均衡，取得了长足的发展。

根据中国保险资产管理业协会调研数据，截至2022年末，保险资金境外投资余额4 589亿元，其中境外普通股和未上市股权投资占比65%，债券及存款类固定收益类占比35%。目前境外投资在保险总资产中的占比仍然较低，保险境外投资仍有广阔的空间和发展前景。2019年至2022年保险机构境外投资余额年平均增长14%，2022年境外未上市股权增速超过52%，境外债券增速超过100%，也体现出国内保险机构对开展全球配置和境外投资的信心。

（三）全球化资产配置是全球宏观周期、金融周期与产业周期错位下优化保险投资的内在要求

随着国内经济步入新常态，经济增长从传统的基建、地产、出口的需求侧拉动模式，向新能源、高科技和消费产业支柱的高质量增长模式转型，经济增长速度逐步放缓，步入新的平稳增长区间。同时，长期人口结构变化可能会给我国带来劳动力市场规模下降以及消费需求减弱，隐含着长期宏观经济增长率下降和利率中枢下行趋势。对保险机构资金的资产匹配负债能力、风险管控能力和收益持续稳定能力等提出了更高要求。内外经济分化、金融周期的不同步，为国内保险资金提供了更多选择，强化保险资产管理机构国际化投资和配置，是投资趋势的内在要求，也是应对不确定性的有力手段。

世界之变、时代之变、历史之变正以前所未有的方式展开，全球科技创新和产业变革带来新机遇、新市场，各国、各地区相互联系和彼此依存比过去任何时候更加频繁、紧密。通过全球化投资，有利于更加主动地把握产业链上下游各个环节投资机会。以新能源车产业链为例，中国在制造成本、方案能力和前沿技术等方面的综合优势明显，造车新势力主要集中在港股，北美有较多的智能化和整车引领者上市公司；欧洲和日韩则是转型中的传统燃油车企。全球产业链结构动态变迁过程中，推进保险资金全球化配置更有利于把握产业全生命周期的投资机会。

（四）全球化资产配置是双循环发展格局下保险资产管理机构深度参与全球资本市场的有力举措

在贸易红利下相对价值造就了中国制造，资本市场开放下推动了中国资产的循环。从中国制造到中国资产，从商品贸易到金融资产交易，从经常账户到资本和金融账户，中国对外开放的进程逐步加深。

外资机构对中国市场的投资价值认识日益深刻，境外保险机构在华共设立了67家外资保险机构和80家代表处。

中资机构“走出去”是金融业双向开放的重要环节。人民币国际化进程的稳步推进为保险资金走向国际市场带来了新机遇，保险资金在全球资本市场参与的广度与深度有望进一步提升。作为保险资产管理机构，在投资理念、制度规则、投资能力建设等方面，借鉴国际先进经验，不断提升全球化配置、风险控制、综合经营等各项能力，积极拓展海外养老金、主权基金、境外保险机构等境外客户，积极融入全球市场，进而服务我国经济高质量发展。

二、再保险资金全球化配置和管理实践探索

中再集团是以再保险经营为主的国际化保险机构。再保险业务全球化特点、国际化机构布局客观上决定了必须开展跨区域资产配置、跨市场投资布局。目前，中再集团海外机构已经拓展到11个国家和地区，境外业务保费收入占比超过20%，未来将进一步提升至30%。作为行业内唯一的再保险资产管理公司，中再资产管理股份有限公司秉承再保险“专业化、国际化、市场化”基因，积极服务于中再集团全球发展布局。在参与服务再保险主业在全球业务拓展过程中，公司也成为行业最早参与QDII投资、行业首笔海外另类投资、首批港股通的保险资管机构，为公司带来资产管理国际化的先行优势和持续的增长机会。

（一）全面服务保险主业，助力形成中再集团境外资产负债协同发展格局

为更好地发挥“两个市场、两种资源”协同联动优势，2015年初，中再资产在香港设立全资子公司中再资产（香港），致力于打造中再集团系统集中统一的境外资产管理平台，成为支持国家“一带一路”倡议和发展海外投资的重要平台。随着集团国际化战略持续落地，中再

资产（香港）先后稳步承接了集团境内QDII资金、发债资金、中再（中国香港）和英国桥社集团的全部美元资金，实现了对中再集团所有海外机构主要资产管理服务的全覆盖。

保险资金的特殊性决定了保险资金配置与一般资金配置存在差异性，“资产负债匹配”和“风险管理”是保险资金管理最为重要的考虑因素。面对多种资金来源、多个投资市场的差异化金融市场规则和监管约束，中再资产（香港）以资产负债管理为首要原则，加强对各类业务负债资金特性的认识，持续提升跨周期组合调整管理能力。经过8年的发展，已初步具备“多资产、多市场、多币种、多账户”的投资管理能力，形成了中再集团境内4家、境外3家的“4+3”的委托人客户格局；资产配置边界不断拓展，由建立初期的港股、美股两类二级权益，拓展至固定收益、长期股权投资、二级权益、另类投资及衍生品等五大类领域，投资目标逐步由追求“收益最大化”转变为“风险可控前提下的投资收益最大化”，具有中再特色的长期健康可持续的投资理念逐步形成，目前管理规模超过600亿港元。

（二）全面支持国家战略，创新投资方式助推“一带一路”境外投资项目落地

中再集团作为“一带一路”再保险共同体主席单位，依托北京、伦敦和新加坡三地“一带一路”共同体平台，担任首席再保人。带领共同体为“走出去”公司量身定制保险业务，制定专门的风险保障与保险服务方案。投资业务方面，选择国际著名、资产管理经验丰富的机构作为境外投资管理人，陆续投资了KKR、凯雷、CBRE、华平等境外的股权和不动产美元基金，为“一带一路”投资积累了丰富经验。同时，借助股东强大的海外投资优势和项目资源，创新开展支持“一带一路”境外投资。以Logicor项目为例，该项目由中国投资有限责任公司子公司发起，项目拥有包括英国、德国、法国、南欧、北欧、中东欧和荷比卢区域等17个国家共600余个物流基础设施，合计面积约

1 400万平方米，覆盖了“一带一路”国家中的匈牙利、波兰、斯洛伐克、罗马尼亚、捷克、俄罗斯、奥地利、意大利、葡萄牙等9个国家；项目整体收购对价约122.5亿欧元，公司出资约5.769亿欧元，为“一带一路”建设提供了坚实的资金保障，2021年9月实现退出，项目回报率（IRR）约11.4%。

（三）全面统筹发展与安全，推进境内外一体化管理

疫情以来，地缘政治呈现出前所未有的复杂形势，全球通胀高企叠加货币政策激进调整，外溢效应持续显现，全球金融资产处于高波动期。2021年四季度开始，面临境外美元基础利率迅速大幅加息，叠加中资房地产行业板块震动、疫情和区域性风险事件等挑战，保险资金海外投资普遍面临巨大考验。公司深入把握国际格局演变、宏观范式转变，加强对境内外投资布局的整体统筹，加强风险管理一体化建设，依托于母公司投研资源、风险管理等优势资源，重点强化提升境外宏观政策研判能力、配置能力和风险管理能力，特别是加强投前风险预判及投后管理机制建设，实现风险、内控、合规、运营等方面管理的境内外融合，形成对全面风险敞口的全覆盖、穿透式管理。

在国内大循环为主体、国内国际双循环相互促进的新发展格局、新市场环境下，中再资产将借助中再集团境内外保险双平台、资产管理双平台优势，进一步平衡境内、境外保险业务拓展及投资资产分布，提升全市场、全品种、多资产、多策略的投资管理能力。通过跨市场联动，把握宏观周期与市场阶段性机会，寻找低成本负债来源和高性价比配置机会，为集团全球化发展战略提供有力支撑。

三、着眼长期，着力推进保险资管机构国际化能力发展

近年来，各国政策呈现明显的内顾倾向，逆全球化从经济因素转向政治考量，从加征关税转向供应链脱钩。流动性进入紧缩周期，叠加地缘政治风险影响，国际金融市场周期性的调整和结构性变化带来

多重冲击。全球经济从20世纪90年代的“大缓和”“大稳健”阶段的“三低一高”演变为“一低三高”：低增长、高通胀、高利率、高债务，全球化红利进入回报递减阶段，全球资产价格重新进行评估。

反映在投资上，体现出三个新特点：一是固定收益类资产的投资价值、传统价值投资策略配置价值重新显现；二是权益市场仍然体现为对成长性的追逐，但资本市场对成长股估值溢价将会有一定限度；三是全球市场空前联动、外溢效应明显，股票、债券之间的相关性显著上升，整体存量风险大幅抬升。通过传统资产配置的模式分散风险、平衡收益的难度进一步加大。在实践中要求投资策略上更加多元包括投资区域、资产类别、资金来源等维度，资产配置上更加均衡，财富管理上要更加专业和理性，加强风险管控能力，统筹做好收益性、安全性、流动性。

一是坚持风险导向的资产负债匹配。基于经济资本模型对账户整体风险进行统一管理，建立以资本为约束、以最优回报为目标的资产组合配置机制，将资本在承保端、投资端、不同区域市场之间进行合理分配，并根据市场变化进行动态调整，确保业务经营、风险偏好和资本配置联动，将盈利目标传导至每个业务单元的同时，实现资本的高效和灵活配置。

二是建立更加完善的境外区域布局。在保险业务端，继续以香港特区为主阵地，充分发挥新加坡作为我国建设“一带一路”重要战略支点作用，运用在本土已有业务能力、信息技术能力辐射至相关市场满足客户需求。在管理资金端，借鉴安联等通过开展第三方业务募资经验，探索在境外通过受托第三方资产等来增加资金来源。

三是坚持更加多元化资产配置布局。持续构建国际宏观分析框架与研判体系，加快提升多类别资产、多品种币种、多国家地区的全球化、全市场投资管理能力，夯实传统公开市场能力，分步骤有节奏地加强非公开市场品种投资能力，建立更加完备的多元化投资组合，规避单一经济体周期和单一资本市场风险。在当前“一低三高”的不确定、不稳定性常态化市场环境中，更需要积极布局应对经济波动的防御性策略，如高股息策略等，提升强化抗通胀资产投资能力和另类投资业务的管理能力，同时通过更主动、更多元的ESG能力体系建设，把握可持续投资的发展机会。

四是高度关注地缘政治等风险因素。短周期看，全球货币紧缩的影响，资产价格波动加剧，海外资金成本攀升，汇率风险、信用风险、流动性风险等仍然值得重视。在境外公开市场投资方面，由于风险溢出效应易受到全球各种“黑天鹅”冲击，要做好市场风险和交易风险的防范。在另类投资方面，做好资产估值、交易结构设计、投后管理等工作，有效防控交易对手信用风险等各类风险，规避单一项目集中度风险。在固定收益投资方面，加强研究、配置和管理能力，增加尾部利率风险关注，做好开放环境下的投资风险防范，尽可能熨平市场波动，稳定收益基本盘。此外，还需充分考虑目标投资国政治和经济运行中的不稳定因素、文化冲突等中长期的可能影响，做实做细极端情形应对预案，全力维护境外资产安全。

展望未来，全球开放合作是推动世界经济稳定复苏的现实需要，金融资本和跨境投资在促进深化国际产业合作过程中将发挥重要的纽带作用。保险资产管理机构需要继续秉承专业化能力、市场化原则和开放的心态，把握全球的需求和资源，提升整体投资收益，逐步发掘通过跨境和海外业务重要增长极，打造新的成长曲线。